人口普查

格网数据理论及应用研究

张红历◎著

西南财经大学出版社

中国·成都

图书在版编目(CIP)数据

人口普查格网数据理论及应用研究/张红历著.--
成都:西南财经大学出版社,2024.9
ISBN 978-7-5504-6074-4

Ⅰ.①人… Ⅱ.①张… Ⅲ.①人口普查—数据—中国
Ⅳ.①C924.25

中国国家版本馆 CIP 数据核字(2024)第 029885 号

人口普查格网数据理论及应用研究

RENKOU PUCHA GEWANG SHUJU LILUN JI YINGYONG YANJIU

张红历　著

责任编辑:林　伶
助理编辑:陈婷婷
责任校对:李　琼
封面设计:墨创文化
责任印制:朱曼丽

出版发行	西南财经大学出版社(四川省成都市光华村街55号)
网　　址	http://cbs.swufe.edu.cn
电子邮件	bookcj@swufe.edu.cn
邮政编码	610074
电　　话	028-87353785
照　　排	四川胜翔数码印务设计有限公司
印　　刷	成都国图广告印务有限公司
成品尺寸	170 mm×240 mm
印　　张	25.25
字　　数	470 千字
版　　次	2024 年 9 月第 1 版
印　　次	2024 年 9 月第 1 次印刷
书　　号	ISBN 978-7-5504-6074-4
定　　价	92.00 元

前　言

　　人口数据是社会和经济发展关注的核心基础数据之一，传统的人口普查数据时空分辨率较低，存在可变元、时空尺度差异、调查单元不稳定等问题，难以满足科学研究和社会深入应用研究的需要。因此，深度开发人口普查数据，构建多尺度、高精度的人口普查格网数据集，对于正确认识人口分布，分析其与资源、环境、社会、经济发展间的相互作用机制，从而提高社会综合管理能力的意义重大。如何打破人口普查数据行政单元的束缚，提高其时空分辨率，是学术界关注的热点问题之一，其中最具代表性、最活跃以及成果最突出的研究则聚焦于"人口数据空间化"（也称为"人口数据格网化"，或简称为"人口空间化"）的研究上。

　　在人口数据空间化模型日益丰富，精度不断提高，人口格网数据集不断增多的情况下，由于人口分布规律的复杂性和建模方法的局限性，现有研究成果主要集中在人口数据空间化的模型方法上，而对人口空间分布规律和机理、精细尺度人口数据空间化模型、人口属性信息空间化及应用等方面的研究还需加强和深入。因此，为满足科学研究和社会应用对人口普查数据的新需求、适应大数据新技术发展、创新人口普查数据及其属性空间化方法、提升人口普查数据开发与应用层次，本书对人口数据及其属性信息空间化的模型方法及应用展开了深入研究。

　　本书的研究逻辑如下：

　　首先，系统梳理了人口空间分布研究与人口空间化的相关文献，总结了城市人口空间分布特征，以及自然、人文、社会、经济等因素与人口分布的关系与作用机理；总结了人口空间化研究的多源建模指标与模型方法，并从实证视角，基于我国超大城市街镇尺度，采用空间统计分析方法和地理探测器模型，对城市人口空间分布的时空特征及影响因素进行实证研究，为后续人口空间化指标选择与模型方法选择奠定了理论与实践基础。同时，综合人口数据空间化方法和统计学发展前沿，进行了基于空间计量模型的人口空间化模型研究、人口空间化时空分辨率提升方法研究，以及基于机器学习的人口空间化模型研究。

其次，基于"自下而上"的建模思想，借鉴人工人口合成方法，采用合成重构法中的迭代比例拟合法、迭代比例更新法，以及组合优化法中的改进遗传算法，以国际微观人口共享数据与国家统计局试点人口微观数据为基础，进行人工人口的合成研究，以及探索智能化模型视角下的人口属性空间化途径。

再次，以上述研究生成的多尺度人口格网数据和人工人口数据集为基础，以我国超大城市成都和武汉为例，展开城市人口空间分布特征、人口分布影响因素识别、人口收缩时空格局、社会空间分异格局，以及传染性疾病仿真模拟等多视角的应用研究。

上述人口普查数据格网化理论与应用研究的主要结论有以下几个方面：

第一，经过近30年的快速发展，关于人口空间化建模指标与方法、人口空间分布规律与机理的研究，已经形成了成熟的建模思想和常用的全球、中国人口空间化数据集；建模方法也从单纯的、静态的格网化方法，逐步向自然、经济和社会因素综合影响下的空间模型过渡，并朝着精细化和动态化模型方向发展。自然地理和社会经济因素是影响人口分布的重要因素，但是其作用效应及途径存在显著的空间异质性与尺度依赖性，因此在进行大范围区域人口空间化建模时，首先需要充分研究空间化区域人口的分布特征及其影响因素的异质性。只有将理论研究共性结论与实证研究特性结果相结合，然后再选用适当的多源数据和模型方法，才能生成高精度的人口格网数据集。

第二，对于本书选取的研究对象——超大城市成都而言，其人口空间分布不均衡且悬殊，人口密度以五个主城区为中心，呈同心圆状向郊区急剧降低的态势，人口集中性及不均衡性较强。虽然近年来主城区的人口集聚能力有所减弱，次中心的人口集聚能力逐渐增强，但人口多中心结构仍处于发展阶段，呈零星点状分布，尚未成熟。社会经济因素、自然地理因素均对成都市的人口空间分布具有驱动作用，但自然地理因素对人口分布的驱动作用弱于社会经济发展因素，影响因素之间存在显著的交互作用，特别是当经济因素与社会因素交互时，其对人口空间分布的影响较大。

第三，基于空间计量模型的人口空间化研究发现，相较于多元线性回归（OLS）、地理加权回归（GWR）和时空地理加权回归（GTWR）模型，多尺度地理加权回归（MGWR）模型具有较优的拟合效果和较高的生成精度，表明成都市的人口空间分布是多因素空间异质性与多尺度共同作用的结果。同时，具备体现微观个体实时位置特征的位置服务数据，以及建筑物、住宅小区等AOI数据，与传统人口空间化建模指标相结合，可以有效提高人口空间化结果的时空分辨率，为构建高精度时空分辨率人口数据探索了新的途径和方法。

第四，较为精确地获取和利用多源地理数据，同时利用机器学习的方法能够实现高精度的人口空间分布拟合，而在机器学习模型中，基于RF-XGBoost-MGWR堆叠学习模型拟合的人口空间分布的结果更好，即以多尺度地理加权回归模型作为次级模型，对机器学习捕捉到的影响因素与人口分布的非线性影响进行精度修正，可以实现非线性影响与人口分布的空间分异拟合融合建模，能够最大程度地还原人口在空间中的实际分布。

第五，构建"自下而上"的人口数据集是人口空间化的前沿研究，基于迭代比例更新算法的人口属性空间化研究，在能够获取人口微观样本数据的情况下，其总体的收敛速度和拟合精度也都能够满足进一步研究的需要，尤其是在家庭层面的拟合中，迭代比例更新算法能够有效与属性信息的边际分布匹配；在个人层面虽然有一定的误差，但也能够满足一定的精度需求。在人工人口数据生成的基础上，面积权重模型可以较好地在中小尺度实现人口空间化建模，基于人工人口微观数据的格网化过程既能在数量上与实际情况接近，又能够包含人口的属性信息，是人口属性空间化研究的一种有效方法。

第六，基于迭代比例拟合算法的人口属性空间化研究发现，城市人工人口的生成质量主要取决于微观人口数据源的质量，微观人口数据的属性信息越全面，合成的人工人口数据集的稳定性与精度越高；微观数据的样本量越多，合成的人工人口数据集的精度也越高。经过测试比较发现，由于国家统计局试点开放的人口普查微观数据中的人口属性信息详细、样本量多，因此其合成的人工人口数据集较以世界微观人口数据库生成的数据集稳定性更高、精度更优。合成方法的选择也会影响合成的人工人口数据集的精度。相比于简单随机抽样法与矩匹配法，迭代比例拟合法在家庭户规模分布与户主民族分布的联合约束下，所合成的人工人口属性分布在全市整体与区（市）县层面更接近真实的人口统计特征，且结果更稳定。

第七，基于遗传算法的人口属性空间化研究发现，遗传算法具有的搜索空间范围大，能够进行并行计算等特点，为高效构建人工人口数据提供了有效的可选择方案。在利用标准遗传算法构建人工人口数据的基础上，采用模拟退火算法对初始解进行优化，并选择增加精英保留策略来提高算法的生成精度。对生成数据的误差进行分析可知，采用优化策略的遗传算法生成的数据更稳定且误差更低，但生成过程耗时变长。通过与传统合成方法做比较，也进一步验证了遗传算法用于解决人工人口合成问题的可行性。

第八，针对人口普查格网数据及人工人口数据集的应用研究发现，基于人口普查格网数据的相关分析与上述基于行政区划统计人口的分析比较而言，局部地区的人口空间分布在细节表达上更准确，整体的人口空间化分布的边缘跳跃性较小；人工人口数据集则因其属性更接近城市人口统计特征，在建模时保证了个体的异质性与群体的联动性，因此在疫情防控仿真等基于多智能体的城市微观仿真模拟研究中具有更高的应用价值。

最后，针对当前我国人口数据的管理、人工人口数据的生成与应用情况，本书从政府统计视角，提出提高人口数据的公开性与多样性，加强人工人口数据库建设，提升高时空分辨率人口数据集与人工人口数据集的应用价值，以及积极探索构建高时空分辨率的社会经济数据集等针对性对策建议。

本书分析人口空间分布所用的图均为示意图，仅用作对文字进行辅助说明。本书基于多源数据和前沿研究对人口空间化进行了系统的分析，但由于受到数据可得性的限制，相关问题还存在巨大的研究空间，且笔者学术水平有限，本书仍存在诸多不足之处，恳请广大读者批评指正！

张红历

2024 年 4 月

目　录

1 绪论

1.1 研究问题与意义

1.1.1 研究问题及现状

人是社会活动的主体,因此在探讨社会经济发展重大问题时,人口信息是主要的数据和变量。人口普查数据、人口抽样调查数据是国家官方统计机构以各级行政区划为单元对外发布的权威人口信息,为科学制定国民经济和社会发展规划、统筹安排人民生活提供了科学准确的数据支持。但是,只有人口普查数据和人口抽样调查数据远远不够,还需要对这些数据进行深入系统的分析与开发,才能较好实现上述目标[①]。随着科学研究和社会应用的不断深入,人们对于精细尺度的人口数量信息,人口属性信息,人口与自然、环境、社会、经济等数据综合集成分析的需求日益强烈[②]。

当直接使用国家统计部门提供的人口普查数据、人口抽样调查数据等进行如上研究时,可能存在如下不足:①人口分布信息被行政单元匀质化。人口统计所依赖的行政单元与自然单元不一致,在行政单元边界易出现突变(地学研究中的"可变元问题")[③],不能准确详细地展现人口空间分布特征,不能反映空间属性与人口分布之间的相关关系[④]。②空间分

---

① 乔晓春. 中国人口普查研究 [M]. 北京:中国人口出版社,1995.

② 林丽洁,林广发,颜小霞,等. 人口统计数据空间化模型综述 [J]. 亚热带资源与环境学报,2010,5 (4):10-16.

③ 柏中强,王卷乐,杨飞. 人口数据空间化研究综述 [J]. 地理科学进展,2013,32 (11):1692-1702.

④ 王广州. 大数据时代中国人口科学研究与创新 [J]. 人口研究,2015,39 (5):15-26.

辨率较低，当前能公开获取的人口统计数据多是区县级别的，乡镇街道（以下简称"街镇"）级的人口统计数据根据地区不同酌情公开，人口数据地理精度无法达到科学研究和社会应用的深层次要求，也难以满足社会精细化管理的需求[1]。③对于空间运算和分析的支持较差，不利于可视化和时空对比研究[2]。④与自然、资源以及环境等数据存在空间尺度差异，不能叠加，不利于与多源数据融合，无法进行精细尺度的空间模拟、预测研究[3]。⑤时间分辨率较低，全国人口普查每10年进行一次，时效性较差。⑥调查单元不稳定，行政边界随着时间而变化，使得人们对人口统计数据进行动态时间比较分析变得困难[4]。

对人口普查数据进行深度开发，构建多尺度、高精度的人口空间数据库，对于正确认识人口分布，分析其与资源、环境、社会、经济发展间的相互作用机制，提升社会综合管理能力意义重大[5]。如何打破行政单元对人口数据的束缚，以及提高人口数据的时空分辨率，是学术界相关领域关注的热点问题之一[6]。

因此，针对如上不足，研究人员以愈发强大的现代空间信息技术、海量和快速更新的对地观测（遥感）信息为支撑，以人口普查数据为基础，依据人口分布指示因子，反演出人口在一定时间和空间中的分布状态。同时，将基于行政区划的人口统计数据与自然单元数据共同转换到高分辨率的统一地理格网中进行融合，生成多尺度的人口格网数据集，为深入发掘和展现人口统计数据中隐含的空间信息提供了简捷而精细的空间数据模型，这一过程被称为"人口统计数据空间化""人口数据空间化"，或简称

① 王熙. 基于多源数据并顾及空间差异的北京市人口空间化方法研究 [D]. 北京：中国测绘科学研究院，2021.

② BRIGGS D J, GULLIVER J, FECHT D, et al. Dasymetric modelling of small-area population distribution using land cover and light emissions data [J]. Remote sensing of Environment, 2007, 108 (4)：451-466.

③ 符海月，李满春，赵军，等. 人口数据格网化模型研究进展综述 [J]. 人文地理，2006, 89 (3)：114, 115-119.

④ ZENG C Q, ZHOU Y, WANG S X, et al. Population spatialization in China based on night-time imagery and land use data [J]. International journal of remote sensing, 2011, 32 (24)：9599-9620.

⑤ 李飞，张树文，杨久春，等. 社会经济数据空间化研究进展 [J]. 地理与地理信息科学，2014, 30 (4)：102-107.

⑥ 柏中强，王卷乐，杨飞，等. 人口数据空间化研究综述 [J]. 地理科学进展，2013 (11)：1692-1702.

为"人口空间化"①。简言之，人口空间化是指利用一定的方法，对基于较大空间尺度统计的人口特征汇总数据进行空间维度的离散化处理，以得到更小空间尺度上的人口特征。它是"社会数据空间化"和"空间数据社会化"研究的典型代表和重要领域，是其中最活跃、成果最突出的部分②。

人口数据空间化的成果是人口格网数据集，它可以有效弥补人口普查数据的不足，并在空间维度对其形成有益补充，具有重要的科学意义和应用价值③：①有效打破了行政单元的边界束缚，更为直观真实地反映了人口空间分布规律，并且易于在时间上形成可比数据序列；②具有高空间分辨率，提高了人口分析的地理精度；③空间化后的人口数据以栅格为单位进行存储，与大多数遥感数据一致，因此易与自然地理、夜间灯光等多元数据融合、构建和表达人口空间模型，为从人文、经济、地理系统过程进行分析、模拟、预测提供了统一的空间基准、分析体系和技术支撑。

高精度的空间化人口数据在自然和社会领域中的研究和应用，如灾害风险评估、疫情防控、贫困识别、资源环境与人口交互作用、城市规划等领域，以及加强基层治理体系，统筹推进街镇和城乡社区治理等方面都有重要意义④⑤。人口数据空间化是新时代研究人口空间分布的新方法，是探究人口分布与内部分异特征、探索人口与自然地理要素和社会经济要素关联的重要手段⑥。

因此，以格网为基础的"人口数据空间化""社会数据空间化""空间数据社会化"理论、分析方法及其应用，已成为测绘科学、地理学、社会学、人口地理学等学科共同关注的焦点问题之一⑦。但是，当前统计学界和统计学者对"人口数据空间化"的模型方法及应用研究，只有个别定

---

① 后文为行文统一，主要采用"人口空间化"这一说法，但是对引用自文献的内容，采用原表达方式，不做简写。

② 李军，胡云峰. 我国经济社会统计数据空间均匀程度分析 [J]. 地域研究与开发，2009，28（3）：130-134.

③ 董南，杨小唤，蔡红艳. 人口数据空间化研究进展 [J]. 地球信息科学学报，2016，18（10）：1295-1304.

④ 吴吉东，王旭，王菜林，等. 社会经济数据空间化现状与发展趋势 [J]. 地球信息科学学报，2018，20（9）：1252-1262.

⑤ 刘云霞，田甜，顾嘉钰，等. 基于大数据的城市人口社会经济特征精细时空尺度估计：数据、方法与应用 [J]. 人口与经济，2022（1）：42-57.

⑥ 王涛. 基于集成机器学习方法的青藏高原人口精细制图 [D]. 重庆：西南大学，2021.

⑦ 柏中强，王卷乐，杨飞. 人口数据空间化研究综述 [J]. 地理科学进展，2013，32（11）：1692-1702.

性讨论与展望，系统深入的定性定量结合研究较少。

此外，大数据发展也为测绘科学、地理学、人口学、统计学等的研究带来了巨大机遇和挑战①。智能终端，特别是手机、穿戴设备和互联网信息采集等新技术的广泛应用，为人们提供了感知人口分布的多种直接手段，对个体信息的收集变得便捷，丰富的人口/地理空间大数据随之产生②。目前研究采用较多的有手机、公交卡、出租车轨迹、社交媒体、兴趣点（points of interest，POI）等数据，它们记录了大量的个体微观位置、行为及各类地面设施信息③，具有粒度细、范围广、更新快等特征④。这种从微观个体层面感知人口及其分布的方法，建立了人口空间化新模型和人口研究的新范式，但是相关研究才出现不久，还处于探索阶段⑤。

国家和全球大尺度区域人口空间化的理论、方法及数据库建设，在20世纪90年代后期得到大力发展。1994年，全球人口制图研讨会达成共识，认为统一的全球栅格人口数据对跨学科研究具有重要意义，从而诞生了一批全球及国家尺度的人口格网数据集，如中国公里网格人口分布数据集。进入21世纪后，随着地理定量化研究的不断深入，为满足新时代社会、区域规划及其动态管理的需要，国内外对人口空间化理论、方法、应用研究，以及格网数据库建设的需求更加强烈⑥。

人口空间化的概念起源于20世纪末，其本质是基于反映人口分布的因素和模型方法，对一定区域内的人口时空分布情况进行模拟。近30年相关研究成果丰硕，由早期人口空间分布规律定性或半定量简单函数模型，发展到多尺度多源数据综合的复杂模型，按照时间脉络，主要的建模方法有如下几种：

---

① KITCHIN R. Big data and human geography：opportunities，challenges and risks ［J］. Dialogues in Human Geography，2013，3（3）：262-267.

② 王广州. 大数据时代中国人口科学研究与创新［J］. 人口研究，2015，39（5）：15-26.

③ 刘瑜. 社会感知视角下的若干人文地理学基本问题再思考［J］. 地理学报，2016，71（4）：564-575.

④ 薛冰，许耀天，赵冰玉. 地理学视角下POI大数据的应用研究及反思［J］. 贵州师范大学学报（自然科学版），2022，40（4）：1-6.

⑤ 毛夏，徐蓉蓉，李新硕，等. 深圳市人口分布的细网格动态特征［J］. 地理学报，2010，65（4）：443-453.

⑥ 胡云锋，曾澜，李军，等. 新时期区域规划的基本任务与工作框架［J］. 地域研究与开发，2010，29（4）：6-9.

（1）人口密度模型

人口密度模型是早期人口空间化研究常用的模型，基于"人口围绕城市中心呈圆形分布，且人口密度随着人口与城市中心的距离的增加而减小"这一假设展开。由于人口空间分布密度衰减函数的不同，人口密度模型又分为Clark 负指数模型、基于高斯分布的 Smeed 模型和 Newling 模型等①。

（2）空间插值模型

空间插值的理论基础是假设空间位置上越靠近的点，越可能具有相似的特征值。依据空间插值法在人口数据空间化中不同的应用范式，可将其分为点插值法和面插值法②。点插值法的基本原理是，用一定抽样规则的点代替表面，然后进行插值加密③。面插值法假设人口在各行政单元内均匀分布，基于区域的重叠面积或依据地形、交通等辅助信息将目标区域按性质分类，将人口分布分成能够反映空间变化的地理格网单元，从而生成精细尺度人口分布数据，该方法简单清晰、易于实现，能够保证源区域与目标区域人口总量的不变性，适合精细尺度的人口数据空间化模拟④。

（3）统计模型

在人口数据空间化理论的发展过程中，影响人口分布的自然、社会和经济等因素被给予越来越多的关注。统计建模法主要基于遥感信息（remote sensing，RS）和地理信息系统（geography information system，GIS）技术的快速发展，通过土地利用/地表覆盖类型、夜间灯光、居民点、POI 等蕴含人口分布的指示信息⑤，遵循"无土地则无人口，不同土地利用类型的人口密度不同""夜间灯光强度和居民点、兴趣点密度与人口密度呈显著正相关关系"等原则，构建人口分布的多元线性或非线性回归模型，以实现人口数据

---

① 吴文钰，高向东. 中国城市人口密度分布模型研究进展及展望 [J]. 地理科学进展，2010，29（8）：968-974.

② 柏中强，王卷乐，杨飞. 人口数据空间化研究综述 [J]. 地理科学进展，2013，32（11）：1692-1702.

③ MARTIN D. Mapping population data from zone centroid locations [J]. Transactions of the Institute of British Geographers, 1989, 14 (1): 90-97.

④ MENNIS J. Generating surface models of population using dasymetric mapping [J]. The Professional Geographer, 2003, 55 (1): 31-42.

⑤ 蒋来文. 社会化的图像和图像化的社会：遥感科学与人口科学研究的结合. 市场与人口分析，2002，8（2）：42-49.

空间化[①]。该模型所需参数少、易于建模、结果可控，适合中大尺度人口数据空间化模拟。但是，在实际应用统计建模法时，要注意不同尺度下应考虑的影响因素存在差异，如在省级尺度下应主要考虑地形地貌等因素，在城市尺度下则应重点考虑土地利用类型、居民点、POI 等因素[②]。

近年来，高维复杂大数据的分析方法得到了快速发展，人口空间化模型开始向着机器学习模型发展。当前，在人口空间化中常用的机器学习模型有浅层机器学习单模型，如随机森林（random forest，RF）[③]、神经网络[④]、极限梯度提升（extreme gradient boosting，XGBoost）[⑤]、Cubist[⑥] 模型等；集成模型，如加权平均集成模型和堆叠集成模型[⑦]；以及深度卷积神经网络、深度神经网络和深度随机森林模型等[⑧]。与多元线性回归、地理加权回归相比，机器学习模型具有无须考虑多元共线性问题、能够避免出现过拟合问题、模型结构灵活多变且适合处理高维特征数据等优点[⑨]，适合城市地区精细尺度人口分布模拟，易于描述城市内部的人口分布特征，具有强大的复杂计算和时空动态模拟功能[⑩]。在人口空间分布的预测上，

① 董南，杨小唤，蔡红艳. 人口数据空间化研究进展 [J]. 地球信息科学学报，2016，18 (10)：1295-1304.

② 柏中强，王卷乐，姜浩，等. 基于多源信息的人口分布格网化方法研究 [J]. 地球信息科学学报，2015，17 (6)：653-660.

③ BELGIU M，DRǍGU L. Random forest in remote sensing：a review of applications and future directions [J]. ISPRS Journal of Photogrammetry and Remote Sensing，2016，114：24-31.

④ HU L，HE S，HAN Z，et al. Monitoring housing rental prices based on social media：an integrated approach of machine-learning algorithms and hedonic modeling to inform equitable housing policies [J]. Land Use Policy，2019，82：657-673.

⑤ GEORGANOS S，GRIPPA T，VANHUYSSE S，et al. Less is more：optimizing classification performance through feature selection in a very-high-resolution remote sensing object-based urban application [J]. GIScience & Remote Sensing，2018，55 (2)，221-242.

⑥ YANG X，YAO C，CHEN Q，et al. Improved estimates of population exposure in low-elevation coastal zones of China [J]. International Journal of Environmental Research and Public Health，2019，16 (20)：4012.

⑦ 王涛. 基于集成机器学习方法的青藏高原人口精细制图 [D]. 重庆：西南大学，2021.

⑧ ZHAO S，LIU Y，ZHANG R，et al. China's population spatialization based on three machine learning models [J]. Journal of Cleaner Production，2020，256：120644.

⑨ SORICHETTA A，HORNBY G M，STEVENS F R，et al. High-resolution gridded population datasets for Latin America and the Caribbean in 2010，2015，and 2020 [J]. Scientific Data，2015，2 (1)：150045.

⑩ 卓莉，黄信锐，陶海燕，等. 基于多智能体模型与建筑物信息的高空间分辨率人口分布模拟 [J]. 地理研究，2014，33 (3)：520-531.

近年来的研究也有出色表现，如 Stevens[1] 和 Ye[2] 都认为，由于机器学习模型具有灵活的算法和强大的管理能力，因此能够有效处理复杂的非线性数据关系[3]。

（4）智能化模型

上述三种人口空间化的建模过程都是"自上而下"的"粗尺度"向"细尺度"下推的过程[4]。相较而言，人口空间化的智能化模型方法简单，但较依赖于样本，普适性较差；并且通常直接将较大统计单元获得的模型用于小尺度人口估算，较少考虑尺度效应；自动化程度较低，难以分析人口分布成因，且因精细尺度的人口样本较难获取，所以不太适用于高空间分辨率人口分布模拟[5]。柏中强等[6]认为，想要用单一的思想及模型准确表达人口空间分布的内在机理是不可能的，人口空间化理论的前沿研究是集成了影响人口分布的多要素，进行的多模型的人口空间化自适应、智能化方法研究。近年来，迅猛发展的移动位置服务产生了海量的地理空间大数据，为人口空间化模拟提供了新的数据源；同时，有关研究人员借助计算机多智能体仿真模拟技术优化算法，并进行人工人口合成，构建出"自下而上"的建模方法。人口空间化的智能化模型不仅能获得微观上的人工人口个体数据，而且能够汇聚成宏观上的人口分布模式[7][8]。

① STEVENS F R, GAUGHAN A E, LINARD C, et al. Disaggregating census data for population mapping using random forestswith remotely-sensed and ancillary data [J]. PloS one, 2015, 10 (2): e0107042.

② YE T, ZHAO N, YANG X, et al. Improved population mapping for China using remotely sensed andpoints-of-interest data within a random forests model [J]. Science of The Total Environment, 2019, 658: 936-946.

③ REICHSTEIN M, CAMPS-VALLS G, STEVENS, et al. Deep learning and process understanding fordata-driven Earth system science [J]. Nature, 2019, 566 (7743): 195-204.

④ 王熙. 基于多源数据并顾及空间差异的北京市人口空间化方法研究 [D]. 北京: 中国测绘科学研究院, 2021.

⑤ 卓莉, 黄信锐, 陶海燕, 等. 基于多智能体模型与建筑物信息的高空间分辨率人口分布模拟 [J]. 地理研究, 2014, 33 (3): 520-531.

⑥ 柏中强, 王卷乐, 杨飞. 人口数据空间化研究综述 [J]. 地理科学进展, 2013, 32 (11): 1692-1702.

⑦ 肖洪, 田怀玉, 朱佩娟, 等. 基于多智能体的城市人口分布动态模拟与预测 [J]. 地理科学进展, 2010, 29 (3): 347-354.

⑧ 康停军, 张新长, 赵元, 等. 基于 GIS 和多智能体的城市人口分布模拟 [J]. 中山大学学报 (自然科学版), 2012, 51 (3): 135-142.

综上所述，近年来人口空间化研究呈现出"建模因素综合化、数据获取多元化、模型应用实用化"等发展趋势①。建模因素综合化，是指人口空间化模型从简单负指数、核密度估计模型，向综合考虑自然、经济因素影响下的分区密度、多元回归、多因素融合模型发展。数据获取多元化，是指数据来源从采用单一的人口密度、距离、土地利用类型、夜间灯光等数据，到综合考虑地形地貌、交通、城市规模、居民地等，到引入建筑物轮廓及体积、公共设施等多源数据②，再到引入机载激光雷达（LiDAR）点数据③、社会感知数据等新型数据④。模型应用实用化，是指当前的人口空间化模型都基于某一格网尺度（如1 km）、某一年份人口普查数据，因此需要加大格网尺度效应研究，构建多尺度人口格网动态数据集，特别是精细尺度城市人口格网数据集，拓展其在人文、社会地理研究、应急管理、城市规划等领域的深入应用。

在人口空间化模型日益丰富，结果精度不断提高，人口格网数据集不断增多的情况下，由于人口分布规律的复杂性和建模方法的局限性，现有研究成果主要集中在利用传统数据对人口数量（或人口密度）进行空间化模拟上，对人口空间分布规律和机理、精细尺度城市人口数据空间化模型、人口属性数据空间化、长时间序列数据、数据集验证、人口数据空间化应用等方面的研究还需加强和深入⑤⑥⑦⑧。特别是在诸多社会和经济特征中，人口数量的时空分布研究最为成熟，它经历了从单一数据源到多种

① 董南，杨小唤，蔡红艳. 人口数据空间化研究进展 [J]. 地球信息科学学报，2016，18 (10)：1295-1304.

② LWIN K, MURAYAMA Y. A GIS approach to estimation of building population for micro-spatial analysis [J]. Transactions in GIS, 2010, 13 (4)：401-414.

③ DONG P L, RAMESH S, NEPALIA A. Evaluation of small-area population estimation using LiDAR, Landsat TM and parcel data [J]. International Journal of Remote Sensing, 2010, 31 (21)：5571-5586.

④ LIU Y, LIU X, GAO S, et al. Social Sensing: a new approach to understanding our socioeconomic environments [J]. Annals of the Association of American Geographers, 2015, 105 (3)：1-19.

⑤ 董南，杨小唤，蔡红艳. 人口数据空间化研究进展 [J]. 地球信息科学学报，2016，18 (10)：1295-1304.

⑥ 柏中强，王卷乐，杨飞. 人口数据空间化研究综述 [J]. 地理科学进展，2013，32 (11)：1692-1702.

⑦ 柏中强，王卷乐，姜浩，等. 基于多源信息的人口分布格网化方法研究 [J]. 地球信息科学学报，2015，17 (6)：653-660.

⑧ 叶宇，刘高焕，冯险峰. 人口数据空间化表达与应用 [J]. 地球信息科学学报，2006，8 (2)：59-65.

数据源、从一般格网化到带有空间信息的格网化、从低时空分辨率到高时空分辨率的发展。虽然城市人口的性别、年龄、民族和受教育程度等特征可基于社交媒体数据预测得到,但尚不成熟,还需进行深入研究①。

因此,为应对科学研究和社会应用对人口普查数据的新需求、适应大数据新技术发展,我们应创新人口数据及其属性的空间化方法,提升人口普查数据的开发与应用层次。本书从统计学的视角出发,以"人口普查数据"的深度应用为研究对象,不仅对人口数据空间化的创新模型进行了研究,而且对人口属性信息空间化的方法与应用进行了深入探讨。

1.1.2 研究意义

1. 学术价值

第一,本书以现有人口分布理论和人口格网数据库为基础,从理论和实证两方面对人口空间分布理论进行研究,并综合地理空间信息技术、人口空间化模型新发展和统计学前沿方法,对人口空间化模型进行创新,对于丰富和推进人口空间化研究具有一定的学术价值。

第二,人口统计因大数据技术的发展而改变,新型人口分布感知数据可以解决人口普查数据时效性较差的问题,通过多源空间数据、地理空间大数据与人口普查数据的融合,探索人口数据获取的新方式,为人口普查工作、人口普查数据的开发应用提供新的研究视角。

第三,作为社会经济统计数据的典型代表,人口空间化的研究方法和应用,可以为其他社会经济统计数据的空间化研究提供借鉴和参考,比如地区生产总值、资本存量、碳排放等其他社会和经济指标。

2. 应用价值

本书旨在探索和构建多尺度的人口普查格网数据库,并对其展开应用研究。本书的研究突破了传统人口统计数据的局限,对于提升人口普查资料开发应用的层次和水平,以及发挥人口普查资料的使用价值有着积极的促进作用。与此同时,本书的研究成果在环境保护、灾害评估预警、商业决策、区域规划等领域有广泛的应用前景,在生成的人口数据及属性信息空间化数据集基础上,进行了人口空间分布、社会空间分异和疫情扩散传播等实证研究,为人口普查数据更好地服务社会探索了新道路,为城市规划、社会精细化管理等提供了可靠的基础数据。

---

① 刘云霞,田甜,顾嘉钰,等.基于大数据的城市人口社会经济特征精细时空尺度估计:数据、方法与应用 [J]. 人口与经济,2022(1):42-57.

1.2 研究目标与内容

1.2.1 研究目标

本书的研究目标主要有以下两点：

（1）为应对科学研究和社会应用对人口普查数据的新需求、适应统计建模新技术，本书将从理论与实证视角，梳理和总结人口空间分布的规律与机理，创新人口数据及属性信息空间化的模型与方法，并对与之相关的我国人口普查工作的开展、人口普查数据的深层次开发应用进行探究。

（2）本书将对我国典型城市高时空分辨率人口普查格网数据集进行探索和构建，以为相关学科研究和政府决策提供精细的人口数据支持。

1.2.2 研究内容

本书以"人口普查格网数据"为研究对象，对其理论、方法和应用展开系统研究，主要包括三个方面：人口空间分布规律与机理研究、人口空间化模型的创新研究、人口普查格网数据在人口与社会地理学中的典型应用研究。

1. 人口空间分布规律与机理研究

人口空间分布规律与机理，是人口空间化模型构建及指示因子选择的理论基础，也是其成果评价的重要标准。在构建人口空间化模型之前，我们必须对其支撑理论进行系统分析，当前的人口空间化结果基本能够刻画乡村人口分布特征，而对城市人口分布特征的刻画较为粗糙，需要进一步深入研究①。

因此，本书第一部分将系统梳理人口空间分布的研究文献，总结城市人口的空间分布特征，以及自然、人文、社会、经济等因素与人口之间的关系与作用机理。同时，从实证视角，基于街镇尺度人口数据，采用空间统计分析方法、地理探测器和空间计量模型，以我国典型的超大城市——成都为研究对象，对城市人口空间分布的时空特征及影响因素进行实证研

---

① 柏中强，王卷乐，杨飞. 人口数据空间化研究综述［J］. 地理科学进展，2013，32（11）：1692-1702.

究。该研究的目的是从理论与实践两方面，探讨人口分布与多源数据之间的相关关系，验证多源数据作为区域人口空间化辅助数据的合理性，为第二部分人口空间化模型的创新奠定理论和实证基础。

2. 人口空间化模型的创新研究

基于人口空间化理论和统计学发展前沿，本书将从以下途径对人口空间化模型进行创新研究：

（1）基于空间计量模型的人口空间化模型研究

人口空间分布具有显著的空间特征，现有研究主要采用经典统计学方法分析人口与空间分布指示因子之间的关系，忽略了人口分布的空间特征——空间异质性和空间相关性。因此，本书以文献综述和第一部分的理论研究为指导，以土地利用类型、夜间灯光和 POI 等多源数据为基础，引入以城市人口空间分布的时空异质性和相关性刻画与测度的空间变系数模型——地理加权回归（geographically weighted regression，GWR）模型、时空地理加权回归（geographically and temporally weighted regression，GTWR）模型和多尺度地理加权回归（mulitscale geographically weighted regression，MG-WR）模型，来构建人口空间化模型，以提高人口空间化精度，并以成都市城区为例，生成 2000 年、2010 年、2020 年的 100 m×100 m、500 m×500 m 和 1 km×1 km 成都市人口格网数据集。

（2）人口空间化数据的时空分辨率提升方法研究

传统的人口空间化结果多集中在静态年度上的区域或百米以上网格等尺度，缺少对较为精细的时空尺度的认识和理解，而高时空分辨率的人口数据应用价值更大[1][2]。随着 2015 年我国第一次地理国情普查工作的完成，以及基于位置服务（location based services，LBS）技术的快速发展，城市建筑数据的可获得性进一步增加，是有效的高分辨率人口空间化数据源[3]。同时，收集人口分布数据，最简单精确的方法是直接采集每个人的地理位

---

① 董南，杨小唤，蔡红艳. 人口数据空间化研究进展 [J]. 地球信息科学学报，2016，18（10）：1295-1304.

② 柏中强，王卷乐，姜浩，等. 基于多源信息的人口分布格网化方法研究 [J]. 地球信息科学学报，2015，17（6）：653-660.

③ 董南，杨小唤，蔡红艳. 基于居住空间属性的人口数据空间化方法研究 [J]. 地理科学进展，2016，35（11）：1317-1328.

置，然后计算格网内的人口数量①。而现在，这一想法变得可行，社交媒体数据具有样本量大、覆盖面广、时空分辨率高等特征，使得人的空间分布、行为，以及城市场所等信息在空间上反映成为现实，且不存在尺度效应②③。因此，本书以城市建筑物轮廓与楼层数据、住宅小区 AOI 数据、微信定位数据三类细粒度地理大数据，作为精细人口分布的基本单元，对提升人口空间化数据的时空分辨率的方法进行研究，旨在实现城市人口在建筑物尺度上的高时空分布模拟。

（3）基于机器学习的人口空间化模型研究

在构建人口空间化模型时，相关研究认为，与多元线性回归、地理加权回归相比，机器学习模型为数据所驱动，没有固定的模型，结构灵活，能拟合因变量与自变量之间的非线性关系，不用考虑多元变量的共线性、过拟合等问题。因此，本书基于人口统计数据、土地利用类型、夜间灯光和各类 POI 数据，采用机器学习中的随机森林模型、XGBoost 模型及其与OLS、MGWR 模型的堆叠集成学习模型进行人口空间化的实证研究。

（4）人口属性空间化模型研究

我国人口普查个体样本数据是不面向公众开放的，可获取的仅为统计层面的数据，当前的人口空间化主要针对人口数量（人口密度）的空间分布，并不涉及人口样本社会经济属性的空间化，这部分研究成果较少，既包含人口空间分布，又包括属性信息的格网数据更有价值。基于国家统计局陆续公布的全国人口普查数据和全国 1% 人口抽样调查微观数据，本书拟借鉴人工人口合成方法，采用合成重构法中的迭代比例拟合和迭代比例更新，以及组合优化法中的改进遗传算法，分别进行人工人口的生成研究，以探索各种合成方法的适用范围与特点，并在此基础上进行人口属性空间化及应用研究。

3. 人口普查格网数据在人口与社会地理学中的典型应用研究

（1）成都市人口分布与收缩格局时空特征分析

本书对 2000 年、2010 年、2020 年成都市 100 m×100 m、500 m×500 m

---

① 刘瑜. 社会感知视角下的若干人文地理学基本问题再思考 [J]. 地理学报，2016，71（4）：564-575.

② 秦萧，甄峰，熊丽芳，等. 大数据时代城市时空间行为研究方法 [J]. 地理科学进展，2013，32（9）：1352-1361.

③ 徐仲之，曲迎春，孙黎，等. 基于手机数据的城市人口分布感知 [J]. 电子科技大学学报，2017，46（1）：1-7.

和 1 km×1 km 人口密度及其变化率进行了空间统计分析，以研究成都市人口分布的时空动态变化过程、城市化阶段及不同区域的时空特征；同时，采用成都街镇人口普查数据进行比较分析，以对人口格网数据的应用效果进行验证。

（2）成都市社会空间分异研究

社会地图是指基于历史或当下的社会数据，通过空间可视化方法，对社会要素的空间特征、社会空间结构等进行解析，在社会空间研究中有着独特作用，是分析复杂社会空间的有力工具。人口数据是社会地图的核心变量，本书基于多尺度格网和行政区划人口数据，采用隔离指数中的匀度、能见度、浓度、聚类度四个维度下的双组指数，对成都市进行了社会空间分异研究，以探索人口格网数据在社会学研究中的应用。

（3）基于人工人口数据的传染性传播仿真实证研究

本书以高精度的人工人口数据为基础，建立了多智能体疫情传播仿真模型，刻画了疫情在城市中的动态传播情况，并对采取的防控措施的有效性进行研究。同时，根据研究结论提出了相应的对策建议，以期为疫情防控提供高精度基础人口数据集和仿真研究方法。

1.3 研究方法与技术路线

1.3.1 研究方法

本书力求在吸收国内外相关研究成果的基础上，采用理论与实证研究相结合的方法，对人口普查格网数据的理论、方法和应用进行综合性、多学科研究，以创新人口空间化模型，拓展对人口普查数据开发与应用的视野和深度。本书采用的研究方法主要有以下 5 种：

1. 理论与文献研究

准确理解人口分布规律与机理是开展人口空间化研究的前提，对提升人口空间化精度意义重大。本书对研究所需要的人口空间分布规律和机理，以及人口空间化和人工人口合成建模指标、建模方法等相关内容进行了系统梳理与总结，从理论与文献方面为本书的研究奠定了基础。

2. 空间统计与地统计分析方法

人口分布的关键特征是具有空间性，空间数据所特有的关联性和集聚性，使得传统描述性统计分析方法同质独立的假设前提不再成立。因此，为深入挖掘人口分布的空间特征，本书采用空间统计分析方法中的全局与局部空间自相关，以及地统计分析方法中的人口重心、误差椭圆、结构指数等，对人口空间分布的理论进行实证检验。

3. 空间计量模型

在构建人口空间化模型时，人们常采用多元线性回归模型，假设样本同质独立且仅考虑自变量与因变量之间的线性相关关系，但忽略了空间数据所特有的相关性和异质性特征，且生成的人口空间化数据集普遍存在城市人口低估和乡村人口高估的问题。因此，本书采用空间计量模型中的空间变系数模型 GWR、GTWR 和 MGWR，对超大城市进行人口空间化建模与对比分析，以提升人口空间化的模拟精度。

4. 机器学习模型

本书基于人口统计数据、土地利用类型、夜间灯光数据和多类 POI 等多源数据，采用机器学习中的随机森林模型、XGBoost 模型及其与 OLS、MGWR 模型的堆叠集成学习模型，对超大城市进行人口空间化建模与对比分析，以探索机器学习模型在人口空间化中的应用与生成效果。

5. 人工人口合成方法

在当前的人口空间化研究中，受限于属性信息的复杂性，现有对人口属性空间化的研究较少，本书采用微观模拟人工人口合成的方法，对人口属性空间化进行探索。当前，人工人口合成方法主要有合成重构法和组合优化法，前者为确定性方法，后者为随机性方法，两种方法与基础数据密切相关，各有优缺点。因此，本书分别采用合成重构法中的迭代比例拟合和迭代比例更新方法，以及组合优化法中的改进遗传算法，探索不同人口微观数据源下人工人口合成的过程与精度等。

1.3.2 研究技术路线

本书的研究技术路线如图 1-1 所示。

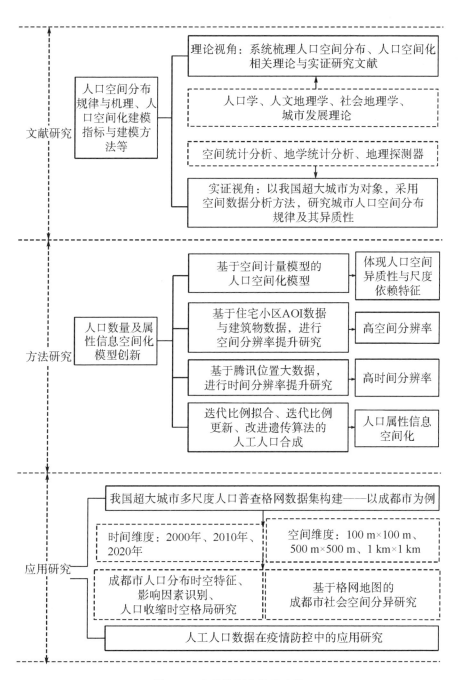

图 1-1 本书的研究技术路线

1.4　研究创新点

与现有研究相比，本书以人口普查数据的深度应用为研究对象，对人口空间化的模型方法和人口属性信息空间化的方法与应用进行了系统深入的研究。具体而言，研究创新点体现在以下五个方面：

第一，基于空间计量模型中 MGWR 和 GTWR 模型的人口空间化模型研究。现有的人口空间化研究中，统计建模方法多采用多元线性回归模型，忽视了人口分布影响因素的空间异质性与尺度依赖性；GWR 模型中变量采用固定带宽的参数估计方法，无法揭示人口分布影响因子的多尺度差异，造成局部参数估计不稳健、精度虚高等问题。MGWR 模型既可将变量的空间自相关性和空间异质性整合考虑在一起，又可通过变量带宽可变性有效解决地理单元的尺度问题。基于上述原因，本书采用多元线性回归、GWR、MGWR 和 GTWR 模型进行人口空间化对比研究。

第二，基于细粒度地理大数据的人口空间化时空分辨率提升方法研究。现有的人口空间化研究多基于人口普查统计数据，以及地形地貌、土地利用类型、夜间灯光、POI 等多源数据展开，人口数据集多为规则格网和年度数据，时空分辨率较低。而地理大数据提供了"自上而下"感知人口分布的新数据，能够更好地保留人口空间分布的细节信息。因此，本书将城市建筑物轮廓及楼层数据与住宅小区 AOI 数据进行融合，识别出住宅小区范围内的建筑物，并利用建筑物轮廓与楼层信息，计算出建筑物的面积信息，然后以此为权重，在格网人口基础上进行建筑物精细尺度的人口数量模拟，并尝试整合传统数据与腾讯位置大数据，以进行动态人口数据估算，从而提高从微观精细视角理解城市动态人口分布特征与规律的能力。

第三，基于机器学习的人口空间化模型研究。与多元线性回归、地理加权回归相比，机器学习模型为数据所驱动，没有固定的模型，结构灵活，能拟合因变量与自变量之间的非线性关系，不用考虑多元变量的共线性、过拟合等问题，适合城市地区精细尺度的人口空间化研究。现有针对这一方向的研究尚处于起步阶段，本书对机器学习中集成模型的应用研究进行探索，提出随机森林-XGBoost-多尺度地理加权回归堆叠集成模型，有助于提高人口空间化拟合精度，在模型筛选、建立和融合上也为其他社会经济数据空间化的研究提供了新思路和新方法。

第四，基于人工人口合成的人口属性空间化模型研究。人口属性数据空间化是人口空间化研究的难点之一，本书借鉴人工人口生成方法，以国家统计局试点的开放人口微观数据和世界微观人口数据库为基础，采用迭代比例拟合、迭代比例更新和改进遗传算法三种方法，进行人工个体属性数据合成，探索了两种人口微观数据源、三种合成办法的效率与优势，并针对当前我国政府统计部门关于人口数据管理以及人工人口数据的生成与应用情况提出相应的对策建议。

第五，基于人工人口的疫情传播研究。现有相关研究多从流行病学及医学领域展开，方法上多以统计数据为基础，采用统计分析和数理建模等方法，从宏观层面进行预测分析。对于全球大流行传染病，社会个体属性特征及社会个体之间的接触是疫情发展的关键要素，而以个体为基础，利用仿真模型，从下至上刻画传染病传播路径、不同防控措施的效果的研究较少。本书以新型冠状病毒感染（COVID-19）疫情为例，对大型城市人工人口的构建及其在疫情防控中的应用展开研究，人工人口数据集因其属性真实，且接近城市人口统计特征，在建模时保证了城市疾病传播的个体异质性与群体联动性，因此在疫情防控仿真研究中具备良好的应用价值。

2 文献综述

本书拟在梳理和总结人口空间分布规律与机理的基础上，创新人口空间化模型与方法，因此，本章将从人口分布研究、人口空间化研究与人工人口合成研究三个方面，对相关文献进行细致的综述。

2.1 人口分布研究综述

2.1.1 文献计量分析

学术界对人口分布的研究由来已久，为了全面掌握该领域的研究现状，以及有关人口分布研究的发展趋势及热点领域，本节采用文献计量分析方法对 CNKI 总库收录的与人口空间分布相关的论文进行综述分析。具体而言：首先，通过万方选题的"人口分布"跨学科综合发展趋势图，分析"人口分布"研究的发展趋势；其次，通过相关关键词检索得到该主题研究的发文量趋势；最后，通过统计该主题被引用量排名前 10 的文章以及发文量排名前 10 的作者，以对"人口分布"领域的研究概况进行梳理。

1. 文献发表趋势

以"人口分布"为关键词，在中国知网按"篇名"检索，截至 2023 年 8 月 1 日，搜索结果显示共有 2 053 篇相关文献，发文量年度趋势如图 2-1 所示。

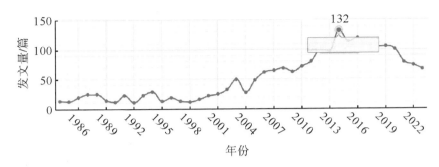

图 2-1 1984—2023 年与"人口分布"相关的文献发表数量

由图 2-1 可知，学术界在研究人口分布问题方面的发文量总体呈上升趋势，其间相关研究经历了缓慢增长、快速增长、稳定发展与小幅回落四个阶段。2004 年之前，发文量保持在 50 篇/年以下；2008 年，发文量快速提升至 68 篇；随着 2010 年第六次全国人口普查工作的开展与普查数据的公布，学术界对"人口分布"的关注度持续走高，有关"人口分布"问题的发文量逐步攀升；2014 年，发文量达到峰值 132 篇，之后小幅回落。

2. 相关研究学科

与人口分布相关的学科及其关注热点如图 2-2 所示。"人口分布"研究呈现出广泛的跨学科综合发展趋势，与"人口密度""空间自相关""人口流动""人口老龄化"研究之间相互交叉、相互渗透，并衍生出了很多研究主题。其中，测绘科学与技术为人口分布研究提供了空间数据分析方法支撑，本书的研究主题"人口空间化"与其关系密切，为人口分布研究提供了精细尺度的人口数据；地理学和理论经济学的相关研究则为人口分布研究提供了基础理论支撑。

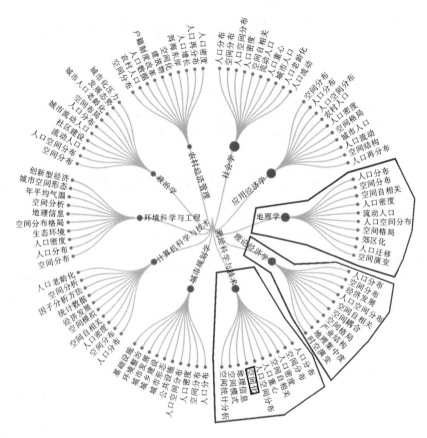

图 2-2 人口分布跨学科综合发展趋势

3. 高被引论文

对高被引论文根据同时间段内的同专业、同研究方向文章的被引用次数进行排序。在人口分布研究领域,前 10 篇高被引文章及其作者排序如表 2-1 所示。

表 2-1 人口分布领域前 10 篇高被引文章

序号	作者	题目	发表期刊	发表年份	被引次数/次
1	封志明,唐焰杨艳昭,等	中国地形起伏度及其与人口分布的相关性	《地理学报》	2007	498
2	胡焕庸	中国人口之分布——附统计表与密度图	《地理学报》	1935	469

表2-1(续)

序号	作者	题目	发表期刊	发表年份	被引次数/次
3	朱传耿，顾朝林，马荣华，等	中国流动人口的影响要素与空间分布	《地理学报》	2001	371
4	李国平，范红忠	生产集中、人口分布与地区经济差异	《经济研究》	2003	370
5	冯健	杭州市人口密度空间分布及其演化的模型研究	《地理研究》	2002	281
6	江东，杨小唤，王乃斌，等	基于RS、GIS的人口空间分布研究	《地球科学进展》	2002	221
7	冯健，周一星	近20年来北京都市区人口增长与分布	《地理学报》	2003	252
8	王振波，徐建刚，朱传耿，等	中国县域可达性区域划分及其与人口分布的关系	《地理学报》	2010	231
9	高志强，刘纪远，庄大方	基于遥感和GIS的中国土地资源生态环境质量同人口分布的关系研究	《遥感学报》	1999	219
10	葛美玲，封志明	中国人口分布的密度分级与重心曲线特征分析	《地理学报》	2009	188

注：详细引用信息见文末参考文献。

表 2-1 中列出的文章是人口分布领域的经典文献，对后续开展的人口分布相关研究有重要的参考价值和指导意义。由表 2-1 可知，人口分布领域高被引论文的研究问题主要集中在人口空间分布特征、人口分布的时空演变规律、人口分布的影响因素等方面。

4. 高产学者

学者是文献的另一个重要的外部特征，作者的学术水平直接影响到一个领域的研究水平，学者的专业程度直接影响到一个领域的研究深度。中国知网中人口分布研究领域发文量排名前 10 的学者及其主要研究重点如表 2-2 所示。

表 2-2　人口分布研究领域的高产学者及其研究重点

序号	学者	发文量/篇	研究重点
1	高向东	23	人口空间分布及变动情况的研究，空间分布、人口密度分布模型的模拟，人口郊区化、社会分异研究
2	封志明	17	人口的时空格局分布、资源环境承载力研究，人口分布与经济发展的一致性研究，自然地理因素与人口分布的相关性研究
3	张善余	15	人口空间分布特征，人口郊区化问题研究、人口迁移的空间统计及机制分析
4	杨艳昭	14	资源环境承载力研究，人居环境自然适宜性研究
5	游珍	11	人口时空分异、人口分布适宜度研究
6	张耀军	11	城市群视角下中国人口空间分布研究，人口与产业空间演变及相互关系、人口分布与城镇化研究
7	周春山	9	人口聚集格局演变及影响因素、城市群视角下中国人口分布演变特征、老龄化空间分异及形成机制研究
8	王桂新	9	中国人口地理学综述、流动人口的空间分布及其影响因素、城市农民工研究
9	刘盛和	9	城市土地利用类型研究，人口空间格局演化、城镇化发展的时空分异研究
10	米瑞华	9	人口空间分异及其影响因素研究

由表 2-2 可知，上述学者主要围绕我国的"人口分布"问题展开了一系列研究，研究内容聚焦于"人口分布时空格局""人口分布与经济发展""人口分布适宜度"等方面，反映出当前学者们研究中国人口分布不均衡，以及由此引发的人口非均衡分布、人地关系等问题的重要性。

5. 研究主题分析

科学知识图谱是以知识域为对象，显示科学知识的发展进程与结构关系的一种图像。它具有"图"和"谱"的双重性质与特征：既是可视化的知识图形，又是序列化的知识谱系，显示了知识单元或知识群之间网络、结构、互动、交叉、演化或衍生等诸多隐含的复杂关系[①]。人口分布研究主题的知识图谱如图 2-3 所示。

---

① 陈悦，陈超美，刘则渊，等. CiteSpace 知识图谱的方法论功能［J］. 科学学研究，2015，33（2）：242-253.

图 2-3 中气泡代表某一时期的热点研究主题，从左到右分别表示学术脉络知识图谱的不同时期，其中气泡面积与研究主题相关论文数量成正比，气泡之间的连线代表主题之间的演化关系，线条疏密程度和主题之间的关联度成正比。从不同研究主题的发文量变化来看，"人口空间分布"和"空间分布"始终是热点研究主题，"人口密度""贫困人口""经济发展""空间自相关"等主题紧随其后。从各研究主题间的演化关系来看，人口分布主题的研究可发散至以下两个主题："人口空间结构""人口重心""人口迁移"等与空间演化分布特征相关的研究；"老龄人口""流动人口""贫困人口""农村人口"等与人口属性相关的研究。从人口分布研究的时间维度来看，2018—2021 年，"空间分布""人口密度""空间自相关""流动人口"主题的发文量呈上升趋势。之后，随着 2021 年第七次全国人口普查数据发布，新一轮的人口研究周期开始，"人口时空分布""空间自相关""流动人口""人口老龄化"等研究主题备受关注。

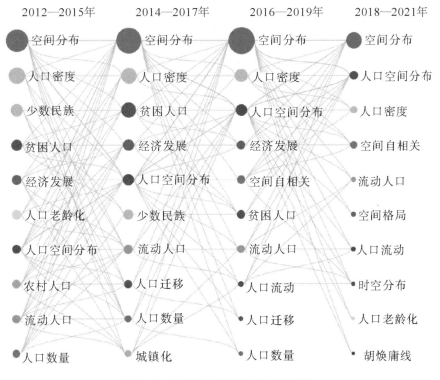

图 2-3　人口分布研究主题知识图谱

通过上述文献计量分析，我们进一步明确了对人口分布主题进行研究的意义，同时在总体上对人口分布主题的研究重点以及研究脉络有了较为清晰的认知，接下来分别对国内外与本书研究主题密切相关的文献进行综述。

2.1.2 国外研究综述

19 世纪以前是人口地理学发展的萌芽阶段，该阶段研究的重点聚焦于与人口现象有关的各种素材积累，研究的主要成果是积累了大量的人口资料，但仅是少量和初步地归纳与分析了人口特点。1544 年，德国地理学家明斯特尔主持编辑的《宇宙志》是人口学研究的开篇之作，论述了地球的主要分区及人口的简单分布[①]。17 世纪中期，德国地理学家瓦伦纽斯在其著作《通论地理》中，将地理学划分为普通地理学和专门地理学，其中普通地理学研究的是整个地球的总体概况，并解释了各种地理现象；而专门地理学则单独研究每个国家的特征，包括描述各国的出生率、死亡率等人口特征[②]。1798 年，英国经济学家和人口学家马尔萨斯发表了其代表作《人口原理》，认为人口增长快于生存物资供给，该观点的提出对后续的人口学研究起到了重要的推动作用，成为近代人口学诞生的标志[③]。

19 世纪是人口地理学研究和学科发展的起步阶段，主要通过叙述或描述手段，定性分析人口数量和人口密度的分布问题[④]。1882 年，德国地理学家拉采尔是首位将人口地理学当作独立学科进行研究的地理学家，他的代表作《人类地理学》奠基了人口地理学的理论基础，他提出的"环境决定论"认为地理自然环境是决定人口地理分布以及社会发展的关键性因素[⑤]。

20 世纪初期，人口地理学的理论体系逐渐趋于完善，法国地理学家白兰士对拉采尔提出的"环境决定论"进行了补充修正，在承认自然地理环

---

① 顾朝林. 大发现时代的地理学 [J]. 中学地理教学参考，2022（5）：26-29.

② 封志明，李鹏. 20 世纪人口地理学研究进展 [J]. 地理科学进展，2011，30（2）：131-140.

③ 郑鹏，彭航. 进步主义的敌人：马尔萨斯 250 周年诞辰之后重读《人口原理》[J]. 山西农业大学学报（社会科学版），2017，16（7）：52-57.

④ 克拉瓦尔. 地理学思想史 [M]. 4 版. 郑胜华，刘德美，刘清华，等，译. 北京：北京大学出版社，2015.

⑤ 刘盛佳. 地理学思想史 [M]. 武汉：华中师范大学出版社，1990.

境会对人口分布产生重要影响的基础上，强调人类对外界生存环境的主动适应性①。此后他的学生又对该理论进行了补充和完善②。

同时期人口统计方法也得到了完善，1920 年之后，许多欧美发达国家逐渐建立并推广了人口普查制度。其中，瑞士是最早开展人口普查的国家，美、英、法等国家紧随其后，由此人口普查机制得到各国的推广并逐渐制度化③。人口普查制度的建立和实施为人口学研究提供了形式丰富的数据，推动了人口地理学的发展。

人口统计数据的丰富，推动了人口地理学研究由定性分析转向定量分析，研究者开始利用数量统计的方法研究人口问题。1902 年，英国地理学家赫伯森在著作《人类及其劳动》中，从人口密度变化角度讨论了人口的分布和移动问题。法国地理学家白兰士在其著作《世界人口的分布》中，通过分析地球上人口分布的疏密情况，探讨了人口分布的形成机制。1932 年，德方丹的《加龙河中游各地的居民及其劳动状况》利用人口普查数据，从时空维度进行分析，得到了人口密度由就业行业密度来决定的结论。1939 年，美国地理学家杰斐逊从人口角度分析了 51 个国家的城市规模分布情况，提出了著名的"城市首位律"。但是截至第二次世界大战之前，人口地理学仍未发展成为一门独立完整的学科④。

在第二次世界大战结束后，各国经济逐渐恢复，人口增长日趋快速，世界范围内的人口呈爆发式增长，因此，引导人口合理分布成为各国政府亟待解决的难题。与此同时，人口地理学的研究手段不断增加，相关研究理论逐渐丰富，这为后续人口地理学的发展和完善打下了良好的基础。

20 世纪下半叶以来，区域人口地理学相关的研究论文、系统性著作如雨后春笋般产出，丰富了人口地理学的理论与方法。1953 年，美国人口地理家特里瓦萨界定了人口地理学的主要定义及研究范围，带动了人口地理领域的研究，被认为是该领域的开拓者⑤。1965 年，英国人口地理学家约

① 方德泉. 基于随机森林模型与地理探测器的广西人口分布影响因素研究 [D]. 南宁：南宁师范大学，2020.

② 李润田. 我国人文地理学发展的回顾与展望 [J]. 河南大学学报（自然科学版），1984（3）：11-18.

③ 高新雨. 城市收缩问题研究进展 [J]. 经济学动态，2021（3）：145-158.

④ 祝俊明. 国内外人口地理学的进展 [J]. 西北人口，1994（4）：44-48.

⑤ 郭金铭. 四川省人口分布及影响因素分析 [D]. 成都：四川师范大学，2014.

翰·克拉克①在其著作《人口地理学》中指出,人口地理学的重点是揭示人口的分布、结构、迁移和发展是如何与各地条件的空间差异相关的,侧重于从地理空间的角度来研究人口分布问题。1966 年,美国地理学家泽林斯基②指出,人口地理学研究应该着重研究人口分布及其特点,以及不同人口分布的空间表现形态,应该从人口分布的时空演化特征与人口分布的形成机制等领域进行研究。20 世纪五六十年代,许多国家相继开展了人口统计工作,成立了人口研究机构,人口统计学家们也加入了研究队伍,开始重视人口统计与空间位置的关系③。

20 世纪 70 年代后,一方面,计量革命促使人口地理学迈向定量分析、动态模拟的量化发展阶段;另一方面,其他社会经济学科的发展也对人口统计等数据提出了更高的要求,进一步拓展了人口地理学的研究范围,空间分析方法已成为人口地理学的主要研究方法④。1982 年,Woods⑤强调空间分析方法对地理学的重要性,指出人口地理学就是从空间角度进行人口研究的科学。

进入 20 世纪 80 年代,随着计量革命的深入,人口地理学开始同地理学相分离,逐渐偏向人口(统计)学,尤其强调人口过程与现象,如不同层次的人口迁移与逆城市化,有人称这一转变为人口地理学的"人口革命"。其间,人口学研究的许多新成果与新方法逐渐为人口地理学者所采用,人口地理学的研究范围得到了拓展。1986 年,帕西欧内⑥认为,人口地理学的特征就是其对人口空间特征的分析方法。

20 世纪 90 年代以后,全球经济的持续增长使得资源短缺、气候变化、生态退化、环境恶化及粮食安全等问题日益严峻,人口地理学家逐渐将人口、资源、环境与发展问题作为主要研究方向之一。这些问题迫使人口地理学家从不同尺度、不同角度,引入其他学科的成熟理论、数理模型和统计分析方法,以加强人口与资源、环境、社会、经济之间相互关系的定量

① CLARK J. Population geography [M]. Oxford:Permagon Press,1965.

② ZELINSKY W. A prologue to population geography [M]. Englewood Cliffs:Prentice Hall,1966.

③ 封志明,李鹏. 20 世纪人口地理学研究进展 [J]. 地理科学进展,2011,30 (2):131-140.

④ REES P H,WILSON A G. Spatial population analysis [M]. London:Edward Arnold,1977.

⑤ WOODS R. Theoretical population geography [M]. London:Longman,1982.

⑥ PACIONE M. Population geography:progress & prospect [M]. London:Croom Helm,1986.

研究，从而迎来了人口地理学蓬勃发展的新局面①。

进入 21 世纪，随着 GIS 技术的应用越加频繁，空间自相关性、空间滞后模型、空间误差模型、地理加权回归、时空模拟等空间数据分析方法逐步成为人口空间分布研究的主流。Hugo② 认为，将 GIS 与空间分析方法融入人口空间分布的研究中，已成为 21 世纪人口空间分布研究的重要趋势。

2.1.3　国内研究综述

国内针对人口空间分布的相关研究开始较晚，但研究内容与方向更为多元化。我国关于人口空间分布的初期研究，主要基于"人地关系论"和"环境决定论"展开，随着研究的推进，我国著名地理学家竺可桢和胡焕庸等相继发表了刻画中国人口空间分布的论文③，之后我国在该领域的研究成果逐渐丰富。改革开放后，伴随着研究方法的进步、技术的创新，以及我国日益凸显的人地关系矛盾、区域不协调发展等问题的产生，我国人口地理方面的研究逐渐成为热点。通过文献计量分析可知，人口空间分布的研究主要侧重于人口分布的空间格局及其演化、影响因素与形成机制等。

1. 人口分布的空间格局及其演化

国内最早着手人口分布研究的是地理学家竺可桢和胡焕庸。1935 年，胡焕庸发表的《中国人口之分布》一文指出，我国的人口空间分布格局不均衡，提出了"瑷珲—腾冲线"，也称"胡焕庸线"，是描述我国人口分布宏观格局的地理分界线，反映了我国人口"东多西少"的格局④。1962 年，竺可桢发表了《论江浙两省人口之密度》一文，他以人口密度作为度量指标，研究发现江浙两省的人口密度远高于我国其他省份⑤。近年来，国内学者对我国人口分布的研究，主要侧重于不同尺度上的人口分布现状特征和演变规律⑥。

①　封志明，李鹏. 20 世纪人口地理学研究进展 [J]. 地理科学进展，2011，30（2）：131-140.

②　HUGO G. Population geography [J]. Progress in Human Geography，2007，31（1）：77-78.

③　葛美玲，封志明. 基于 GIS 的中国 2000 年人口之分布格局研究：兼与胡焕庸 1935 年之研究对比 [J]. 人口研究. 2008，321：51-57.

④　丁金宏，程晨，张伟佳，等. 胡焕庸线的学术思想源流与地理分界意义 [J]. 地理学报，2021，76（6）：1317-1333.

⑤　樊杰. 中国人文地理学 70 年创新发展与学术特色 [J]. 中国科学：地球科学，2019，49（11）：1697-1719.

⑥　张小林，石诗源，王亚华. 改革开放以来中国人文地理学发展的回顾与展望 [J]. 云南师范大学学报（哲学社会科学版），2009，41（1）：26-34.

在国家尺度上，韩惠等[1]利用我国第四次全国人口普查数据分析人口分布的空间格局，研究发现，我国的人口分布具有历史承继性，呈现东部人口稠密而西部人口分散的格局。自然因素、经济因素和政策因素是影响人口分布的主要因素，其中，自然因素决定人口初始分布情况，而经济、政策因素对人口分布具有"再塑造"作用。刘德钦等[2]通过人口空间化，分析了2000年中国的人口分布特征与空间地理分布的内在关系。韩嘉福等[3]借鉴研究收入分配平均程度的洛伦兹曲线，对中国人口空间分布的不均匀性进行了研究。杨振[4]基于2000年全国各省份的统计年鉴数据，以人口密度、经济密度和人口集中度为指标，探究了我国的人口经济分布情况，研究结果表明，我国的人口空间分布情况与经济空间分布情况基本一致，即东南部地区人口密集程度较高、经济发展水平也相对发达；西北部地区人口分布较为稀疏，经济发展水平相对落后。

葛美玲等[5]采用人口密度分布图系法对2000年中国的人口空间分布进行了研究，发现中国的人口密度具有明显的多圈层过渡特征。刘睿文等[6]基于人口集聚度，对中国人口集疏的空间格局和形成机制进行研究，发现我国人口分布的空间不平衡性日益加剧，并呈现沿海、江、线集聚的态势。施华萍[7]等借鉴统计物理学研究方法，构建了人口系统的演化模型，以研究分析中国人口分布的复杂性，其结果显示，中国人口在省、市、县三级尺度上都具有相似指数增加的规律等。杨波[8]以2010年中国县级行政区人口数据为基础，采用人口密度的渐变等值图分析中国人口空间分布格

① 韩惠，刘勇，刘瑞雯. 中国人口分布的空间格局及其成因探讨 [J]. 兰州大学学报，2000 (4)：16-21.

② 刘德钦，刘宇，薛新玉. 中国人口分布及空间相关分析 [J]. 测绘科学，2004，29 (7)：76-79.

③ 韩嘉福，张忠，齐清文. 中国人口空间分布不均匀性分析及其可视化 [J]. 地球信息科学，2007 (6)：14-19.

④ 杨振，牛叔文. 中国人口与经济空间分布关系研究 [D]. 兰州：兰州大学，2008.

⑤ 葛美玲，封志明. 中国人口分布的密度分级与重心曲线特征分析 [J]. 地理学报，2009，64 (2)：202-210.

⑥ 刘睿文，封志明，游珍. 中国人口集疏格局与形成机制研究 [J]. 中国人口·资源与环境，2010，20 (3)：89-94.

⑦ 施华萍，柯见洪，孙策，等. 中国人口分布规律及演化机理研究 [J]. 物理学报，2009，58 (1)：1-8.

⑧ 杨波. 中国县域人口空间分布格局研究 [J]. 西北人口，2014，35 (3)：33-42.

局，证明 2010 年中国人口的地理分界线与"胡焕庸线"趋于一致。王露等[1]对 2000—2010 年中国不同地区的人口密度变化及其影响因素进行了研究。

周靖祥[2]从社会和经济协调发展的视角，对中国人口分布的时空演化进行了研究。邓羽等[3]通过构建自上而下的人口预测方法，预测了 2050 年中国省际人口的分布格局，结果显示，人口空间分布的阶梯效应将继续存在。王露等[4]以 1982—2010 年四次全国人口普查数据为依据，运用 Logistic 模型预测了 2020 年和 2030 年中国县级人口的分布格局，认为中国人口的集聚趋势将更为明显。戚伟等[5]结合 1982—2010 年四次全国人口普查数据，探讨了"胡焕庸线"两边的人口空间分布模式。柏中强等[6]从更为细致的乡镇层面，探索分析了 2000 年中国人口空间分布的特征，更为详细地解析了中国的人口空间分布模式。李博等[7]依据 1982—2010 年四次分县（区）的人口普查数据，采用标准差椭圆分析、多阶段嵌套 Theil 系数、重心曲线、空间分布图等方法，对中国人口空间分布格局及其变化进行对比分析，揭示了改革开放以来中国人口空间分布的基本演变态势。张耀军[8]利用 2000 年第五次全国人口普查和 2010 年第六次全国人口普查数据，以地级市为研究单元，从空间分布视角探讨了中国人口安全问题中的人口结构与布局。

曾永明[9]运用第五次和第六次全国人口普查中的分县尺度数据，模拟

① 王露，封志明，杨艳昭，等. 2000—2010 年中国不同地区人口密度变化及其影响因素[J]. 地理学报，2014，69（12）：1790-1798.

② 周靖祥. 中国人口分布的时空演化研究：直面社会与经济双重困扰[J]. 重庆大学学报：社会科学版，2014，20（1）：1-17.

③ 邓羽，刘盛和，蔡建明，等. 中国省际人口空间格局演化的分析方法与实证[J] 地理学报，2014，69（10）：1473-1486.

④ 王露，杨艳昭，封志明，等. 基于分县尺度的 2020—2030 年中国未来人口分布[J]. 地理研究，2014，33（2）：310-322.

⑤ 戚伟，刘盛和，赵美风."胡焕庸线"的稳定性及其两侧人口集疏模式差异[J]. 地理学报，2015，70（4）：551-566.

⑥ 柏中强，王卷乐，杨雅萍，等. 基于乡镇尺度的中国 25 省区人口分布特征及影响因素[J]. 地理学报，2015，70（8）：1229-1242.

⑦ 李博，金淑婷，陈兴鹏，等. 改革开放以来中国人口空间分布特征：基于 1982—2010 年全国四次人口普查资料的分析[J]. 经济地理，2016，36（7）：27-37.

⑧ 张耀军. 空间分布视角下的中国人口结构布局[J]. 国家治理，2016（32）：33-40.

⑨ 曾永明. 中国人口空间分布形态模拟与预测：基于"五普"和"六普"的分县尺度人口密度研究[J]. 人口与经济，2016（6）：48-61.

了中国分县尺度人口密度的概率分布函数，并进行概率分布预测，分析了中国未来人口分布统计特征，研究发现，中国分县尺度人口密度符合对数正态分布形态。曾永明等①基于 1990—2010 年我国分县尺度的人口普查数据，对人口空间分布格局演变与非均衡性测度展开了研究。张建武等②采用"重心"法探讨了改革开放以来，中国人口、经济和产业重心的空间演变过程，研究发现，2010 年以后，我国的人口、经济、产业及产业内部重心均向西南方向偏移，但整体未改变集聚于东南沿海的格局，与经济、产业重心相比，人口重心变动较小。随着时空大数据的出现和数据挖掘技术的发展，学术界在精细时空尺度上对城市人口社会经济特征分布的研究取得了长足进展，有效弥补了传统数据时效性差、空间精细度低的不足③。姜彤等④在共享社会经济（shared socioeconomic pathways，SSPs）情景下，对 2020—2060 年我国总体和分省份的人口经济发展状况进行了预测。

在省级和区域尺度上，李俊莉等⑤利用 1982 年第三次全国人口普查数据，对 1982—2010 年西安市的人口空间演化特征进行了探讨，发现西安市自 1982 年起，就形成了城市中心区人口密度逐渐降低、人口数量逐渐向外推移扩散的特征，并且随着时间的推移，该特征愈发明显。俞路等⑥基于2000—2003 年上海市乡镇尺度的人口密度变化率进行分析，研究发现，上海市的人口分布呈现中心城区人口稠密，而周围城区人口分散的"圈层式"空间分布结构，但随着时间的推移，人口逐渐由中心城区向周围城区迁移，表明上海市人口分布不均衡的现象正在逐步改善。向云波等⑦基于1993—2009 年的人口统计数据，利用人口不均衡指数和偏移-分享方法分析了湘江流域人口分布格局的演化特征，研究结论表明，湘江流域的人口

① 曾永明，张利国.中国人口空间分布格局演变与非均衡性测度：基于分县尺度人口普查数据：1990—2010 [J].南方人口，2017，32（5）：68-80.
② 张建武，高聪，赵菁.中国人口、经济、产业重心空间分布演变轨迹：基于 1978—2019 年省级数据的分析 [J].中国人口科学，2021（1）：64-78.
③ 刘云霞，田甜，顾嘉钰，等.基于大数据的城市人口社会经济特征精细时空尺度估计：数据、方法与应用 [J].人口与经济，2022（1）：42-57.
④ 姜彤，赵晶，景丞，等.IPCC 共享社会经济路径下中国和分省人口变化预估 [J].气候变化研究进展，2017，13（2）：128-137.
⑤ 李俊莉，王慧，曹明明.西安市人口的分布变动研究 [J].人文地理，2005（1）：121-125.
⑥ 俞路，张善余.近年来上海市人口分布变动的空间特征分析 [J].华东师范大学学报（哲学社会科学版），2006（5）：10-14.
⑦ 向云波，张勇，赵会丽.湘江流域人口分布空间演化特征分析 [J].西北人口，2011，32（2）：34-37.

分布具有"先分散后集聚"的特征，人口分布重心在东北—西南方向往返移动，人口偏移增长在不同区域层面具有阶段性特征，人口具有向各地级市市辖区集聚的特点。

近年来，随着空间分析工具的增加和空间分析方法的进步，人口分布研究的视角逐渐转向县域和乡镇精细尺度，这是当前我国公开发布的人口数据的最小尺度。当前，关于我国人口分布在乡镇层面的研究较为薄弱，全国层面的研究较少，多为局部区域的分析[①]。如杜国明等以沈阳市人口密度为研究指标，利用地统计方法探究沈阳市人口的空间自相关性和变异性，对10种不同粒度规则格网的人口密度进行半变异函数拟合研究[②]；杨剑等[③]对浙江省人口分布的空间格局及其时空演变进行了研究；匡文慧等[④]对北京城市人口空间分布特征进行了GIS分析；马颖忆等[⑤]对江苏省人口空间格局变化特征进行了研究；游珍等[⑥]对珠三角地区人口分布时空格局进行了研究；孟延春和汤苍松[⑦]利用1982—2010年的四次全国人口普查数据，通过标准差椭圆与人口重心相结合的方法，探究了人口分布的聚散特征与趋势，揭示了北京市人口空间分布的时空演化格局。

吴文钰[⑧]利用第五次、第六次全国人口普查数据，分别从圈层、市域以及区（市）县三个尺度，对长三角地区的人口空间分布演变特征进行探究，研究结果显示，长三角地区作为我国的经济增长极，其对人口的拉动作用明显。2000—2010年，长三角地区人口总量不断增长，人口分布的空

① 尹旭，王婧，李裕瑞，等. 中国乡镇人口分布时空变化及其影响因素 [J]. 地理研究，2022，41（5）：1245-1261.

② 杜国明，张树文，张有全. 城市人口分布的空间自相关分析：以沈阳市为例 [J]. 地理研究，2007，26（2）：383-390.

③ 杨剑，蒲英霞，秦贤宏，等. 浙江省人口分布的空间格局及其时空演变 [J]. 中国人口·资源与环境，2010，20（3）：95-99.

④ 匡文慧，杜国明. 北京城市人口空间分布特征进行了GIS分析 [J]. 地球信息科学学报，2011，13（4）：506-512.

⑤ 马颖忆，陆玉麒，张莉. 江苏省人口空间格局变化特征 [J]. 地理科学进展，2012，31（2）：167-175.

⑥ 游珍，王露，封志明，等. 珠三角地区人口分布时空格局及其变化特征 [J]. 热带地理，2013，33（2）：156-163.

⑦ 孟延春，汤苍松. 改革开放以来北京市人口空间分布的变动特征：基于1982—2010年四次人口普查资料的分析 [J]. 中国人口·资源与环境，2015，25（3）：135-142.

⑧ 吴文钰. 2000年以来长三角人口分布变动研究 [J]. 西北人口，2017，38（2）：39-45.

间集聚性进一步增加，其中上海市和苏州市的人口增长率最大。刘乃全等[①]从总体结构、偏移增长、圈层结构以及不均衡特征四个层面剖析了长三角地区城市群人口分布的时空演变特征。刘子鑫等[②]以关天经济区为研究区域，利用空间统计工具探究市、县、镇三个不同尺度下的人口时空格局及影响因素，同时分析尺度间存在的差异，研究发现，不同尺度下的人口分布存在明显差异。赵蕊[③]依据 2006—2015 年的人口统计数据，综合利用传统数量和空间分析方法，从全市和四大功能区两个空间层次对北京市常住人口空间分布的最新变动及特征进行了分析。钟易霖等[④]以第六次全国人口普查数据及相关统计年鉴数据为基础，运用人口结构指数和相关统计分析方法，从空间属性和社会属性两个层面对成都市的人口空间分布特征进行了分析。

李雪等[⑤]以 2005—2014 年四川省人口数据为基础，采用人口密度、人口重心和热点分析了四川县域人口空间分布规律。陈浩等[⑥]对西部欠发达城市——兰州街镇尺度的常住人口数据进行了空间化处理，并采用变形椭圆圈层、GIS 空间分析和人口密度模型拟合等方法，多角度揭示了 2000—2010 年兰州市的人口空间分布格局及其演变特征。马晓帆等[⑦]基于西宁市 1982—2010 年的人口普查数据，利用人口分布结构指数、Thieil 系数、标准差椭圆等方法，对西宁市主城区的人口空间分布变化进行了研究。郭金铭等[⑧]采用趋势分析、空间自相关分析和 PCA-GWR 模型等方法，定量分析了重庆市人口半城镇化的时序特征、空间差异和空间关联特征，并揭示

① 刘乃全，吴伟平，刘莎.长三角城市群人口空间分布的时空演变及影响因素研究 [J].城市观察，2017 (5)：5-18.
② 刘子鑫，殷江滨，曹小曙，等.基于不同尺度的关天经济区人口格局时空变化特征与差异 [J].人文地理，2017, 32 (1)：123-131.
③ 赵蕊.北京常住人口空间分布变动与对策研究 [J].北京社会科学，2018 (1)：14-25.
④ 钟易霖，罗若愚.成都市人口空间分布特征分析 [J].电子科技大学学报（社科版），2018, 20 (6)：33-38.
⑤ 李雪，李少达，杨容浩，等.四川县域人口空间分布特征分析 [J].地理空间信息，2018, 16 (12)：58-61.
⑥ 陈浩，权东计，赵新正，等.西部欠发达城市人口空间分布与演变：以兰州市为例 [J].世界地理研究，2019, 28 (4)：105-114.
⑦ 马晓帆，张海峰，高子轶，等.改革开放以来西宁市主城区人口空间分布变动趋势研究 [J].现代城市研究，2019 (11)：20-25.
⑧ 郭金铭，王维婷，袁天凤，等.重庆市人口半城镇化空间分布及影响因素 [J].安徽师范大学学报（自然科学版），2020, 43 (3)：284-291.

其影响因素及空间分异性。王海涛等[①]以 1993—2014 年陕西省县级行政区农业人口数量为基础数据，采用空间相关性、不均衡指数和人口重心等研究方法，对陕西省的农业人口分布空间相关性与时空演变特征进行了研究。肖金成等[②]通过分析 2000—2018 年我国 15 个城市群人口和城镇格局的空间变化特征和态势，发现这一时期城市群人口持续增加，但存在分布不均、集中趋势明显等问题，极化倾向的存在使城市群之间的人口规模差异进一步扩大。

2. 人口空间分布的影响因素与形成机制

人口空间分布是城市空间结构的重要表现形式，人口空间分布的变化不仅可以反映城市人口的集聚变化趋势，还是城市经济发展扩散集聚、城市空间扩张重组情况的映射。人口分布及其影响因素的研究，具有厘清人口分布规律、预判人口分布变化趋势、促进区域人口优化分布等重要的理论和应用价值[③]。直接作用于人口分布的人口学变量包括生育、死亡和迁移三个因素，而人口的生育、死亡和迁移模式又分别受到经济、社会和自然地理等因素的影响[④]。为了简化分析过程，我们通常会省去对每一空间单元的人口生育、死亡和迁移等人口学变量的单独讨论，而将影响人口分布的因素概括为：自然环境因素、经济发展因素和社会发展因素[⑤]，即人口分布的"三因素理论"[⑥]。新古典经济学的宏观和微观迁移理论基于即期或预期的净收益，从而解释人口流动及人口分布变动[⑦]。经典的推拉理论认为，充足的就业机会、较高的工资收入、良好的教育条件和生活条件等因素会促进区域人口增长和聚集[⑧]。

我国学者关于人口空间分布的影响因素研究，早期重点集中在自然环

①　王海涛，吴通宜，白正兵，等. 陕西省农业人口空间分布与时空演变特征研究 ［J］. 地理空间信息，2020，18 (10)：106–109.
②　肖金成，洪晗. 城市群人口空间分布与城镇化演变态势及发展趋势预测 ［J］. 经济纵横，2021 (1)：19–30.
③　张耀军，岑俏. 中国人口空间流动格局与省际流动影响因素研究 ［J］. 人口研究，2014 (5)：54–71.
④　WOODS R. Population analysis in geography ［M］. London：Longman，1979：37–196.
⑤　张耀军，岑俏. 中国人口空间流动格局与省际流动影响因素研究 ［J］. 人口研究，2014 (5)：54–71.
⑥　张善余. 中国人口地理 ［M］. 北京：科学出版社，2007：243–285.
⑦　李竞能. 现代西方人口理论 ［M］. 上海：复旦大学出版社，2004：139–179.
⑧　LEE E S. A theory of migration ［J］. Demography，1966 (3)：47–57.

境因素上，如廖顺宝等①定量分析了青藏高原地区的人口分布与地理环境因素，包括河网密度、高程、土地利用类型等因素之间的关系，以及人口密度与居民点密度之间的关系。杜本峰等②对毕节市的人口分布进行研究发现，虽然气候条件、海拔水平、地形地貌等自然条件对人口分布有着重要影响，但随着工业化水平的提高和社会经济的高速发展，经济、政治等因素对人口分布的影响程度愈发显著。吕晨等③基于 2005 年我国县域尺度的人口密度数据，利用探索性空间数据分析方法，对全国人口的空间分布的影响机制进行研究，结果表明，自然因素和经济因素均会对人口空间分布产生影响；在自然因素中，气候条件和地形因素对人口空间格局的影响具有长期性和稳定性，而产业结构和交通发达程度是经济因素中对人口格局影响最显著的因素。总体而言，自然因素对人口格局的影响具有长期性和稳定性，而经济因素是引起人口分布短期变动的主要原因。

柏中强等④利用街镇尺度的人口普查数据，对 2000 年中国 25 个省份的人口空间分布格局以及影响因素进行实证研究，结果表明，我国人口分布不均衡，总体呈现出西北稀疏、东南密集的情况；人口分布受海拔高度、水网密度、路网密度及经济发展水平的影响，且各影响因素对人口分布影响的强弱具有空间异质性。刘乃全等⑤基于 2005—2012 年上海市的人口普查数据，对该市的人口空间演化发展趋势和特征进行了研究，同时利用空间计量手段对影响机制进行分析，结果表明，上海市人口分布不均衡的情况逐渐缓解，人口逐渐由高集聚的中心城区向人口相对稀疏的周边城区分流；同时，产业结构、居民收入水平、交通条件、教育条件以及医疗卫生条件等均会对人口分布产生影响，其中，产业结构的影响最为关键。

① 廖顺宝，孙九林.基于 GIS 的青藏高原人口统计数据空间化 ［J］.地理学报，2003，58（1）：25-33.

② 杜本峰，张耀军.高原山区人口分布特征及其主要影响因素：基于毕节地区的 Panel Data 计量模型分析 ［J］.人口研究，2011，35（5）：90-101.

③ 吕晨，樊杰，孙威.基于 ESDA 的中国人口空间格局及影响因素研究 ［J］.经济地理，2009，29（11）：1797-1802.

④ 柏中强，王卷乐，杨雅萍，等.基于乡镇尺度的中国 25 省区人口分布特征及影响因素 ［J］.地理学报，2015，70（8）：1229-1242.

⑤ 刘乃全，耿文才.上海市人口空间分布格局的演变及其影响因素分析：基于空间面板模型的实证研究 ［J］.财经研究，2015，41（2）：99-110.

贾占华等①采用探索性空间数据分析方法，结合人口集中指数与人口重心，对东北地区人口的空间分布特征进行了分析，同时利用空间计量模型对人口分布的影响因素进行了分析，研究发现，2003—2014 年东北地区的人口重心发生偏移，由东北向西南偏移。同时，人口集中指数的变化表明，东北地区人口分布的不均衡性上升；空间计量结果显示，气温、降水、产业结构及卫生医疗水平等与人口增长呈正相关关系，但人均固定资产投资与人口增长呈负相关关系。张红历等②综合新经济地理学模型与迁移效应函数，构建了包含市场潜能和预期收入的人口迁移理论模型，并采用空间计量模型及其稳健性检验进行了中国数据的实证分析，研究发现，市场潜能和预期收入及其空间溢出效应与人口迁入呈正相关关系，但是两者对人口迁移的作用路径不同。李佳洺等③利用地理探测器的方法对"胡焕庸线"两侧的人口空间分异的变化特征进行了分析，并解释了该现象产生的原因，结果表明，"胡焕庸线"两侧人口的空间集聚模式发生了改变。具体来说，分界线以东地区的人口分布从相对均衡向沿海地区集聚；而分界线以西地区的人口分布的集聚程度下降，并逐渐趋于均衡。研究还发现，虽然自然因素和经济因素均会对人口分布产生影响，但经济因素是最关键的决定性因素。

吴友等④从集聚收益与成本角度探讨了城市人口规模的空间演化机制，并采用含有地理距离、经济距离和流动网络权重的空间自回归模型，实证检验了不同层级城市人口规模的空间演化路径与影响因素，发现工资、第三产业发展、教育、医疗水平提升是促进人口规模扩大的主要收益因素，环境污染强度增加是抑制人口规模扩大的主要成本因素。于婷婷等⑤根据我国第四次、第五次、第六次分县人口普查资料，运用洛伦兹曲线、人口密度相对变化率和空间自相关分析方法，对东北三省 1990—2010 年 176 个

① 贾占华, 谷国锋. 东北地区人口分布的时空演变特征及影响因素 [J]. 经济地理, 2016, 36 (12)：60-68.

② 张红历, 梁银鹤, 杨维琼. 市场潜能、预期收入与跨省人口流动：基于空间计量模型的分析 [J]. 数理统计与管理, 2016, 35 (5)：868-880.

③ 李佳洺, 陆大道, 徐成东, 等. 胡焕庸线两侧人口的空间分异性及其变化 [J]. 地理学报, 2017, 72 (1)：148-160.

④ 吴友, 刘乃全. 中国城市人口规模的空间演化及影响因素：基于 264 个地级市的实证研究 [J]. 人口与经济, 2017 (6)：32-42.

⑤ 于婷婷, 宋玉祥, 浩飞龙, 等. 东北三省人口分布空间格局演化及其驱动因素研究 [J]. 地理科学, 2017, 37 (5)：709-717.

县域的人口分布空间格局演化进行了深入分析，发现自然因素与社会经济因素同时作用于人口密度变化，但社会和经济发展水平是人口密度变化的主要影响因素。米瑞华等[①]以 2015 年中国西北地区 325 个区（市）县的人口普查数据为基础，建立了广义嵌套空间计量经济学模型，认为经济和社会发展水平较高的地区以及低海拔地区，更易集聚较为密集的人口。同时，地形和降水等自然地理环境因素通过影响人口的自然承载力和生存繁衍条件，而对人口分布发挥着作用，以上因素及其空间交互效应共同导致空间不均衡成为中国西北地区人口分布的长期稳定特征。

罗君等[②]以兰西城市群乡镇的人口普查数据为基础，采用 GIS 空间分析和地理探测器的方法，探讨了人口分布特征及影响因素，研究发现，兰西城市群人口分布不均衡，人口密度两极化，"马太效应"不断加剧，城乡差异所导致的"核心—外围"结构明显，人口呈"大分散、小集中"的分布格局；此外，还发现人口分布是多因素共同作用下非线性耦合的结果，自然因素是人口分布的稳定性影响因素，经济因素会对人口空间分异的方向和程度产生扰动，社会因素对人口分布具有明显的导向作用，各驱动因子之间具有协同增强的作用。

2.1.4 人口分布研究评述

我国关于人口分布及其影响因素的研究，主要以省级、地级市、区（市）县级和乡镇级人口为研究对象，采用探索性空间数据分析、相关分析、多元线性回归、空间常系数计量模型、空间变系数计量模型、地理加权回归模型、面板数据模型等多种分析方法，并选取自然、经济、社会、政治、科教、文化、历史等多个方面的指标，对人口分布及其影响因素进行了多项实证研究，研究成果丰富。

学者们一致认为，自然地理和社会经济因素都是影响人口分布的重要因素，但对于影响因素的作用强度则结论不一。其中，一部分学者重点考察了自然地理因素对人口分布的影响，认为建筑环境、生态、地形、距海岸线距离、地形起伏度等自然地理特征对人口分布具有显著的影响；另一

---

① 米瑞华，高向东. 中国西北地区人口分布影响因素的空间计量分析 [J]. 人口与经济，2019（4）：65-78.

② 罗君，石培基，张学斌. 基于乡镇尺度的兰西城市群人口分布特征及其影响因素 [J]. 干旱区资源与环境，2020，34（7）：104-111.

部分学者认为基础教育、人均可支配收入、政策因素、经济密度、电话密度、医疗床位密度、道路密度、GDP、第二产业增加值比重、第三产业增加值比重、第二产业就业人员构成等社会经济因素对人口分布的影响较为显著。

但是，不同研究时段、研究区域、空间尺度、量化分析方法、指标遴选方法得出的结论迥异①。虽然没有完全一致的结论，但现有研究成果对于我们深刻理解人口分布的影响因素具有重要价值，可以启发学者们思考人口分布的影响因素是否也具有尺度依赖特征，以及现有的研究工具、方法、数据和视角的局限性是否会对研究结论产生影响等问题②。如在研究尺度方面，当前的研究多以市、区（市）县为研究单位展开分析，精确到街镇尺度的研究较少，但人口空间分布具有尺度依赖性，研究尺度过大可能会遮掩研究区域内部人口变动的细微特征，导致某些人口分布信息被"均质化"处理③。

在研究方法上，现有研究在对人口分布的影响因素进行分析时，多采用传统计量模型进行研究，或采用空间常系数计量模型进行实证分析，只考虑了影响因素的空间自相关性，没有考虑到空间异质性，无法明确各影响因子在局部研究区域的作用机制。另外，现有研究缺乏对两两因子间交互作用的探测分析。与单因素作用相比，两两因素交互作用于因变量时具有作用强弱不同、作用方向各异、作用线性或非线性等差异④。

2.2 人口空间化研究综述

人口空间化以传统行政区内的总人口统计数据为基础，采用人口理论和统计模型，将总人口统计数据展布到格网中，在保证一定预测精度的情

---

① 张耀军，任正委. 基于地理加权回归的山区人口分布影响因素实证研究：以贵州省毕节地区为例 [J]. 人口研究，2012 (4)：53-63.

② 米瑞华，高向东. 中国西北地区人口分布影响因素的空间计量分析 [J]. 人口与经济，2019 (4)：65-78.

③ 柏中强，王卷乐，杨雅萍，等. 基于乡镇尺度的中国25省区人口分布特征及影响因素 [J]. 地理学报，2015，70 (8)：1229-1242.

④ 武鹏，李同昇，李卫民. 县域农村贫困化空间分异及其影响因素：以陕西山阳县为例 [J]. 地理研究，2018，37 (3)：593-606.

况下，实现人口统计单元由行政单元向格网的转换，明确反映了人口规模和详细的空间分布[①]。本节首先采用文献计量和知识图谱分析方法，对人口空间化的相关文献进行量化分析，从宏观层面把握人口空间化研究的热点问题和演进脉络[②]。

2.2.1 文献计量分析

从人口空间化的实现流程来看，人口空间化主要是基于人口空间分布的影响因素，将行政区域人口反演到格网等更小尺度上；从人口空间化的实现目标来看，人口空间化的核心在于实现人口的格网化和离散化。因此，本书以"人口空间化""人口数据空间化""人口格网""人口离散化""人口模拟"为关键词，以 CNKI 全文数据库为文献来源，进行主题和篇名、关键词和摘要字段检索，检索时间截至 2023 年 8 月 1 日，初始检索共得到 735 篇核心文献，期刊来源于 SCI、EI、北大核心、CSSCI、CSCD。删除初始文献中的报纸、会议论文、卷首语、读后感、新闻报道等与研究主题无关的内容后，最终得到 274 篇文献。

1. 文献发表趋势

文献发表数量可以反映相关领域的研究热度、发展规模和发展速度。2003 年至 2023 年 8 月 1 日，检索到的 274 篇有效文献的发表情况如表 2-3 所示。

表 2-3　2003—2023 年人口空间化文献发表数量

年份	发表数量/篇	年份	发表数量/篇
2003	6	2014	15
2004	7	2015	13
2005	4	2016	15
2006	4	2017	18
2007	7	2018	15
2008	7	2019	21

---

① 符海月，李满春，赵军，等. 人口数据格网化模型研究进展综述 [J]. 人文地理，2006（3）：115-119.

② 陈悦，陈超美，刘则渊，等. CiteSpace 知识图谱的方法论功能 [J]. 科学学研究，2015，33（2）：242-253.

表2-3(续)

年份	发表数量/篇	年份	发表数量/篇
2009	6	2020	23
2010	9	2021	24
2011	9	2022	20
2012	16	2023	23
2013	12	—	—

由表 2-3 可知，CNKI 数据库收录的人口空间化的研究源于 2003 年，2003—2011 年的年平均发文量约为 7 篇；2012—2021 年，在人口空间化新方法、新数据、多维度应用等背景驱动下，年平均发文量达 17 篇，文献发表数量显著增加。随着第七次全国人口普查人口数据陆续公开，2022 年以后与该主题相关的文献发表数量持续增加。

2. 相关研究学科

"人口空间化"研究呈现出广泛的跨学科综合发展趋势，与"人口密度""城镇化""老龄化""时空格局"等研究领域之间相互交叉、相互渗透，并衍生出了很多新的研究主题，如图 2-4 所示。由图 2-4 可知，在人口空间化的研究中，测绘科学与技术领域的关键词为"DMSP/OLS""地理加权回归""统计数据""土地利用类型数据""夜间灯光数据""人口密度""人口分布""NPP/VIIRS""空间化"等，这一视角的文献主要对人口空间化的模型方法与数据来源进行研究。地理学研究与人口空间化模型方法研究的关系比较紧密，其中有一个分支为"空间化"。在其他研究领域，如理论经济学、社会学、城市规划学等，都是与人口空间化数据的应用研究相关的领域。

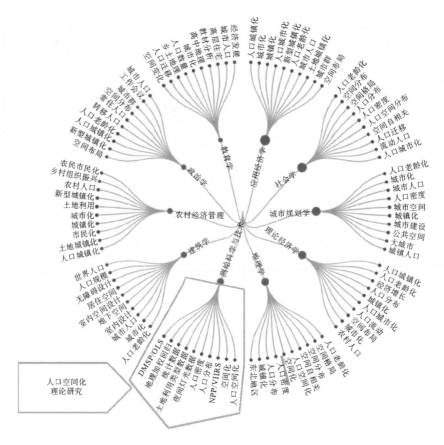

图 2-4　人口空间化的相关研究领域

3. 高被引论文

在人口空间化研究领域，前 10 篇高被引文章及其作者排序如表 2-4 所示。

表 2-4　人口空间化领域前 10 篇高被引文章

序号	作者	题目	发表期刊	发表年份	被引次数/次
1	卓莉，陈晋，史培军，等	基于夜间灯光数据的中国人口密度模拟	《地理学报》	2005	385
2	廖顺宝，孙九林	基于 GIS 的青藏高原人口统计数据空间化	《地理学报》	2003	310

表2-4(续)

序号	作者	题目	发表期刊	发表年份	被引次数/次
3	田永中，陈述彭，岳天祥，等	基于土地利用的中国人口密度模拟	《地理学报》	2004	292
4	刘纪远，岳天祥，王英安，等	中国人口密度数字模拟	《地理学报》	2003	229
5	廖顺宝，李泽辉	基于人口分布与土地利用关系的人口数据空间化研究——以西藏自治区为例	《自然资源学报》	2003	145
6	杨小唤，江东，王乃斌	人口数据空间化的处理方法	《地理学报》	2002	143
7	高义，王辉，王培涛，等	基于人口普查与多源夜间灯光数据的海岸带人口空间化分析	《资源科学》	2013	132
8	王春菊，汤小华	基于GIS的福建省人口统计数据空间化	《地理与地理信息科学》	2004	128
9	柏中强，王卷乐，杨飞	人口数据空间化研究综述	《地理科学进展》	2013	123
10	闫庆武，卞正富，张萍，等	基于居民点密度的人口密度空间化	《地理与地理信息科学》	2011	117

注：详细引用信息见文末参考文献。

由表2-4可知，人口空间化领域前10篇高被引文章被引用的次数均在100次以上，发表期刊集中在地理类相关期刊上，如《地理学报》《地理与地理信息科学》《资源科学》与《自然资源学报》，学者们的研究方向多为地理学领域。在高被引文章中，有两篇为综述性研究，其余为人口空间化方法的研究，关注的影响因素集中在土地利用类型、夜间灯光、居民点等方面，研究所采用的实现技术为GIS。

4. 高产学者

在人口空间化研究领域，发文量排名前10的学者如表2-5所示。

表 2-5　人口空间化研究领域的高产学者及其研究重点

序号	学者姓名	发文量/篇	研究重点
1	杨小唤	12	人口空间化模型：城市公共设施要素、夜间灯光数据、农村居住地和城镇居民地（土地利用类型） 人口格网尺度适宜性评价：位置、数值信息、空间关系表达度、景观生态学指标、不同格网大小的模拟精度 人口空间化方法：多元统计回归及地理加权回归方法
2	蔡红艳	5	人口空间化模型：土地利用类型、夜间灯光、城镇居民用地
3	丁文秀	5	人口、房屋数据空间化及其应用 人口空间化方法：土地利用分类模型和重力模型
4	董南	5	格网适宜性评价、城市公共设施要素
5	韩贞辉	5	面向防震减灾的人口数据空间化研究、人口房屋格网模型
6	王卷乐	5	基于夜间灯光、土地利用类型数据，以及多源信息的人口分布格网化方法研究
7	闫庆武	5	基于居民点密度、LJ1-01（珞珈一号）夜间灯光、DMSP/OLS、NDVI 及土地利用类型数据对人口空间化进行研究
8	陈振拓	4	服务于地震应急的人口数据格网化方法研究
9	高航	4	基于多源数据、多种夜间灯光数据，以及随机森林模型的人口空间化方法研究
10	黄金侠	4	利用高分影像和珞珈一号进行人口空间化研究

由表 2-5 可知，中国科学院地理科学与资源研究所、中国科学院大学的杨小唤教授，以发表了 12 篇"人口空间化"领域的相关文章而居首位，他的研究重点集中在人口空间化模型、人口格网尺度适宜性评价和人口空间化方法上。之后，发表文献为 5 篇左右的高产作者有蔡红艳、丁文秀、董南、王卷乐和闫庆武等。上述高产作者的典型特征是他们之间多为合作者，如杨小唤、蔡红艳和董南合作了多篇文献；丁文秀、韩贞辉和陈振拓在面向防震减灾的人口数据空间化研究方面进行了密切合作；高航和黄金侠则在利用多源数据和珞珈一号夜间灯光数据进行人口空间化的研究方面展开了多项合作。

5. 研究主题分析

为了把握国内人口空间化研究的热点和重点，本书主要对各篇文献的关键词进行研究。从检索到的 274 篇有效文献中得到 664 个不重复的关键词，为了减少同义词的不同表达对可视化结果的影响，我们将此类关键词进行同义合并，一共得到 513 个不重复的关键词。首先，在 CiteSpace 软件中导入研究文献题录，对合并后的关键词进行关键词共现分析；其次，以 pathfinder 寻径算法为基础，默认勾选在每一时间切片中提取 50 个被引次数最高的文献，并设置中心性阈值超过 4 的关键词进行可视化显示；最后，得到的关键词共现图谱如图 2-5 所示。

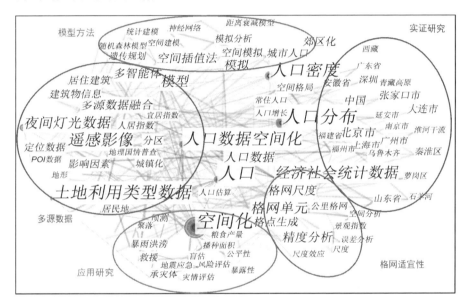

图 2-5 人口空间化领域的关键词共现图谱

在图 2-5 的关键词共线图谱中，共有 284 个关键词节点和 382 条连接线，网络密度为 0.009 5。关键词的节点大小对应频次的高低，关键词频次越高，表示包含该关键词的文献数量越多，说明该关键词是该领域的关注热点；关键词之间的连接线代表不同的关键词在同一篇文献中出现的共现关系，连接线的粗细对应中心性的高低，中心性越高，表示该关键词共现的其他关键词数量越多，关键词之间的关系更加紧密，该关键词在关键词共现网络中覆盖范围越广，在共现网络中处于越重要的地位。在图 2-5 中，"空间化""人口数据空间化"是共现网络中较大的节点，围绕它们链接的高频关键词有"人口分布""人口密度""经济社会统计数据""土地利用类型数据""夜间灯光数据""遥感影像""模型""格网单元"等。同时还可以看出，人口空间化研究领域的研究重点与关键问题集中在"人口空间化模型方法""人口空间化数据""格网适宜性""人口空间化应用"等方面。人口空间化领域出现频次及中心性排名前 20 的关键词如表 2-6 所示。

表 2-6　人口空间化领域出现频次及中心性排名前 20 的关键词

序号	关键词	出现频次	累计频率	关键词	中心性
1	人口数据空间化	79	6.78	空间化	0.32
2	夜间灯光数据	58	11.75	人口分布	0.31
3	空间化	53	16.30	人口	0.30
4	土地利用类型数据	34	19.21	人口密度	0.30
5	人口分布	33	22.04	人口数据空间化	0.26
6	人口	32	24.79	土地利用类型数据	0.18
7	人口密度	30	27.36	遥感影像	0.14
8	地理信息系统	26	29.59	经济社会统计数据	0.14
9	遥感影像	19	31.22	常住人口	0.11
10	经济社会统计数据	12	32.25	格网数据	0.09
11	多元线性回归模型	11	33.19	夜间灯光数据	0.08
12	POI 数据	10	34.05	多智能体	0.08
13	多源数据融合	10	34.91	匹配度	0.08
14	北京市	9	35.68	格网单元	0.07
15	精度分析	9	36.45	空间插值法	0.07
16	人口空间布局	9	37.22	可达性	0.07
17	地理加权回归模型	8	37.91	模拟	0.06
18	格网单元	8	38.59	郊区化	0.06
19	居住建筑	8	39.28	精度分析	0.05
20	分区	7	39.88	模型	0.05

由表 2-6 可知，出现频次排名前 20 的关键词数量占总关键词数量的

40%左右，具有较强的集中性。从关键词的中心性来看，关键词中心性均大于或等于0.05，说明这些关键词与其他关键词联系紧密，在关键词共现网络中处于重要地位。

　　人口空间化研究领域关键词的演化脉络如图2-6所示。由图2-6可知，21世纪初至2010年，研究热点集中在运用土地利用类型数据和遥感数据进行人口空间化的研究上，并基于人口空间化数据开展人口密度、人口空间分布、郊区化以及城市增长的应用研究。2011—2015年，研究热点集中在多智能体、形成机制、人口集聚、城镇化以及格网尺度的适宜性研究上。2016年至今，人口空间化研究的热点聚焦在多源数据、人口合成、多尺度、精度验证、多元分区等领域。

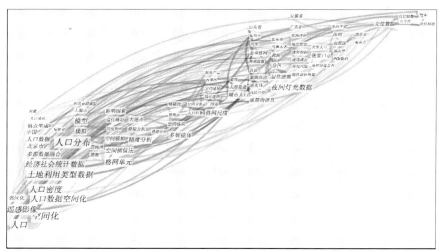

2002 2003 2004 2005 2006 2007 2008 2009 2010 2011 2012 2013 2014 2015 2016 2017 2018 2019 2020 2021 2022

图2-6　人口空间化领域的关键词演化脉络

　　上述分析表明，人口空间化领域的研究重点与关键问题为"人口空间化多源数据""人口空间化建模方法""人口格网适宜性分析"及"人口空间化应用研究"，下面对这些研究重点与关键问题进行细致综述。

2.2.2　建模指标研究

　　人口空间化，也称为人口数据空间化（或格网化），人口空间化建模是以人口统计数据为基础，依据人口指示因子或者其他多源数据，构建的人口空间分布模型，通过将行政区域人口数据细分到固定规格的地理格网上来实现对人口统计数据的离散化处理，从而得到人口在格网上的具体分布形态，便于区域内人口空间分布规律和状态的呈现①，由此体现人口分布信息的基本载体由行政单元转换为格网②。

人口空间化的基础数据是人口空间分布建模指标，它以人口分布理论研究和测绘科学技术发展为基础进行采集与应用研究。近几十年来，随着GIS技术的发展和空间数据的丰富，人口空间化建模因素从单因素研究逐渐过渡到多因素及其相互作用研究③，从仅依赖宏观尺度的面数据，发展到对微观个体数据的充分应用④。柏中强等⑤、林丽洁等⑥将人口空间化建模的常用指标分为地形地貌、居民点密度、土地利用类型、水热条件、交通廊道、像元波谱反射率、夜间灯光和纹理量八类。王涛⑦将人口空间化建模指标分为影响人口分布的指标和人口分布耦合指标两类，其中，影响人口分布的指标包括地形地貌因子、气候因子、交通信息等；人口分布耦合指标包括土地利用类型数据、夜间灯光指数与POI数据等。本书借鉴王涛对人口空间化的分类标准，并在此基础上进行补充和完善。

1. 影响人口分布的指标

早期学者们对人口空间分布的研究主要是探索自然地理因素对人口分布的影响规律。自然因素是促使人口演变的自然基础，包括地形地貌、气候、水文、植被覆盖、交通网络情况等，这些因素决定了该区域是否有人口分布以及人口的密集程度。人类的居住地总是要满足一定的地形地貌条件，它主要在大尺度上对人口分布产生明显影响。建模常用的地形因素为

① 董南，杨小唤，蔡红艳. 人口数据空间化研究进展 [J]. 地球信息科学学报，2016，18（10）：1295-1304.

② 柏中强，王卷乐，杨飞. 人口数据空间化研究综述 [J]. 地理科学进展，2013，32（11）：1692-1702.

③ 范一大，史培军，辜智慧，等. 行政单元数据向网格单元转化的技术方法 [J]. 地理科学，2004（1）：105-108.

④ 王熙. 基于多源数据并顾及空间差异的北京市人口空间化方法研究 [D]. 北京：中国测绘科学研究院，2021.

⑤ 柏中强，王卷乐，杨飞. 人口数据空间化研究综述 [J]. 地理科学进展，2013，32（11）：1692-1702.

⑥ 林丽洁，林广发，颜小霞，等. 人口统计数据空间化模型综述 [J]. 亚热带资源与环境学报，2010，5（4）：10-16.

⑦ 王涛. 基于集成机器学习方法的青藏高原人口精细制图 [D]. 重庆：西南大学，2021.

高程，地貌因素则为坡度、坡向和地面起伏度（粗糙度）等①②。在人口空间化过程中，地形因子往往被离散为不同类别来限制人口的分布。研究发现，地形对人口分布的影响大于气候，随着地形坡度的增加，人口密度迅速降低，且人口主要分布在阳坡上，除此之外，人口分布与地形起伏度也呈明显负相关关系③。在我国，人口数量随海拔高度呈三级阶梯状分布，大约85.22%的人口生活在海拔低于500米的地区，随着海拔升高，人口逐渐减少④。

气候因素主要包括温度、湿度、降水、积温等，其决定着一个区域的土壤、植被和水文条件。一方面，湿度较低和较高都不适宜人类生活；另一方面，我国气候对人口分布的影响主要通过对农业生产的制约作用间接实现。交通网络是人类活动的通道，其在一定缓冲区范围内对人口分布具有集聚作用。研究发现，人口密度与路网密度有较强的正相关关系⑤。但是，随着交通基础设施的不断完善，特别是对山区道路的建设以及人民生活水平的提升，不少研究发现，交通路网对人口分布的影响正在逐渐减小⑥。一般来说，海拔合适、温度适宜、水源丰富、坡度小、地形起伏平缓、降水丰沛、交通发达的地区更适合现代城市建设，人口也比较稠密。然而，此类数据由于尺度较大，仅能反映宏观层面的人口分布，因此主要适用于大尺度区域的人类定居点人口模拟⑦。

2. 人口空间分布耦合指标

耦合是物理学概念，本义是指两个（或两个以上）系统或运动形式通

①　地形地貌数据可通过数字高程模型（digital elevation model，DEM）获取，可采用美国NASA与日本经济产业省共同推出的 ASTERG DEM，空间分辨率为1″。

②　廖顺宝，孙九林. 青藏高原人口分布与环境关系的定量研究［J］. 中国人口·资源与环境，2003，13（3）：65-70.

③　SMALL C，COHEN J E. Continental physiography, climate, and the global distribution of human population［J］. Current Anthropology, 2004, 2（45）：269-277.

④　XIAO C, FENG Z, LI P, et al. Evaluating the suitability of different terrains for sustaining human settlements according to the local elevation range in China using the ASTER GDEM［J］. Journal of Mountain Science, 2018, 15（12）：2741-2751.

⑤　谭敏，刘凯，柳林，等. 基于随机森林模型的珠江三角洲30 m格网人口空间化［J］. 地理科学进展，2017，36（10）：1304-1312.

⑥　唐楠，魏东，吕园，等. 秦巴山区人口分布的影响因素分析及分区引导：以陕西省安康市为例［J］. 西北人口，2015，36（1）：111-116.

⑦　廖顺宝，孙九林. 青藏高原人口分布与环境关系的定量研究［J］. 中国人口·资源与环境，2003（3）：65-70.

过各种相互作用而彼此影响的现象①。人口空间分布耦合指标则指的是综合反映人类分布或活动情况的指标，主要包括土地利用/地表覆盖类型、夜间灯光、居民地建筑物、POI、社会感知大数据等。这些指标多为大范围、高分辨率的指标，一般以卫星遥感影像为基础，经过 GIS 等技术提取得到，它能综合反映人类活动对客观自然世界的改造，是人口空间化研究向细尺度方向发展的有力支撑。其中，土地利用/地表覆盖类型、夜间灯光数据是研究中最常用的两类基础数据②。

（1）土地利用/地表覆盖类型

人口分布格局与土地利用/地表覆盖格局具有耦合关系，而全球变化研究的兴起增加了土地利用/地表覆盖类型数据的易获得性，使得其成为人口数据空间化研究中最常用的指标之一③。土地利用与地表覆盖类似，不同点在于前者更关注土地的社会属性，后者更关注地表的天然状况即自然属性。目前研究常用的四种城市建设用地或地表覆盖产品为 GlobeLand30、GAIA（global artificial impervious area）、GHSL 和 GLC_FCS30-2020，这些数据集的空间分辨率均为 30 米，覆盖全球陆表的大部分区域，面向公众公开发布，具有较好的分类精度和可靠性④。

其中，GlobeLan30 数据（发布网址：https://www.tianditu.gov.cn/）是国家基础地理信息中心研制的全球 30 米分辨率地表覆盖遥感制图产品，该数据覆盖南北纬 80°的陆地范围，包括 2000 年、2010 年和 2020 年的人造地表和裸地等 10 个一级地表覆盖类、59 个二级地表覆盖类和 143 个三级地表覆盖类⑤。GAIA 数据是基于 Google Earth Engine 云计算平台，以近150 万景长时序的 Landsat 光学影像、夜间灯光及 Sentinel-1 雷达数据等辅

① 刘耀彬，李仁东，宋学锋. 中国城市化与生态环境耦合度分析 [J]. 自然资源学报，2005 (1)：105-112.

② ELVIDGE C D, BAUGH K E, DIETZ J B, et al. Radiance calibration of DMSP OLS lowlight imaging data of human settlements [J]. Remote Sensing & Environment, 1999, 68 (1)：77-88.

③ 柏中强，王卷乐，杨飞. 人口数据空间化研究综述 [J]. 地理科学进展，2013, 32 (11)：1692-1702.

④ 束磊，周美玲，鹿琳琳，等. 2000—2020 年京津冀城镇建设用地及 SDG11.3.1 指标数据集 [J]. 中国科学数据（中英文网络版），2022, 7 (2)：171-181.

⑤ 周腊梅，赵真，王孝龙. 顾及人造地表空间聚集性的人口空间化探索：以江苏省为例 [J]. 测绘与空间地理信息，2022, 45 (3)：126-129.

助数据为数据源，所生产的全球不透水地表数据①。全球人类居住图层
（GHSL）数据集（发布网址：https://ghslsys.jrc.ec.europa.eu）由欧盟联
合研究中心（JRC）开发，包含全球范围内的人类居住区空间信息数据。
该数据集以过去40年的Landsat影像作为主要数据源进行建设用地信息分
类提取②。GLC_FCS30-2020数据（发布网址：https://doi.org/10.12237/
casearth.6123651428a58f70c2a51e49）是中国科学院空天信息创新研究院发
布的2020年全球30米地表覆盖精细分类产品③。除上述土地利用类型数
据集外，也有学者采用德国航空航天中心发布的全球城市足迹数据
（GUF）④，其空间分辨率约为12米。Kuang等⑤研究的CLUD-Urban产品
制作了2000—2018年的长时间序列的城市用地数据，空间分辨率为30米。

　　土地利用/地表覆盖类型数据能反映、影响和限制人类的活动，并作
为人类社会和自然环境相互作用的结果，对人口空间分布进行指示：一是
居住区是人类居住的主要载体，地表覆盖中的水体、荒漠、冰川等类型因
不适合人类居住而被剔除，利用居住区面积进行区域人口估计；二是可以
利用各类土地的面积信息，统计每个栅格中各类土地所占的面积百分比，
这种方法在具体应用中简单可行、空间精度较高，因此得到广泛应用⑥⑦。
但仅使用土地利用类型数据实现人口的空间化，可能难以体现同一土地利
用类型内部的人口分布差异问题，于是学者们将土地利用/地表覆盖类型
与夜间灯光数据结合，或者构造表征人造地表斑块空间聚集性特征的因子

　　① GONG P, LI X, WANG J, et al. Annual maps ofglobal artificial impervious area（GAIA）be-
tween 1985 and 2018 [J]. Remote Sensing of Environment，2020，236：111510.

　　② PESARESI M, HUADONG G, BLAES X, et al. A global human settlement layer from optical
HR/VHR RS data：concept and first results [J]. IEEE Journal of Selected Topics in Applied Earth Obser-
vations and Remote Sensing，2013，6：2102-2131.

　　③ ZHANG X, LIU L Y, CHEN X D, et al. GLC_FCS30：global land-cover product with fine classi-
fication system at 30 m using time-series Landsat imagery [J]. Earth System Science Data，2021，13
（6）：2753-2776.

　　④ ESCH T, HELDENS W, HIRNER A, et al. Breaking new groundin mapping human settlements
from space：The global urban footprint [J]. ISPRS Journal of Photogrammetry andRemote Sensing，2017，
134：30-42.

　　⑤ KUANG W, ZHANG S, LI X, et al. A 30 m resolution datasetof China's urban impervious surface
area and greenspace，2000—2018 [J]. Earth System Science Data，2021，13（1）：63-82.

　　⑥ 张建辰，王艳慧. 基于土地利用类型的村级人口空间分布模拟：以湖北鹤峰县为例 [J].
地球信息科学学报，2014，16（3）：435-442.

　　⑦ 潘颖，黄万里，叶士琳，等. 基于土地利用类型数据的统计人口空间化模型研究：以福建
省为例 [J]. 云南大学学报（自然科学版），2020，42（4）：701-711.

——平均邻近指数，利用人造地表面积与人造地表斑块进行人口空间化建模①。

（2）夜间灯光数据

在人口空间化建模常用的遥感数据中，夜间灯光数据对人类活动的反映比日间光学遥感卫星数据更为纯粹简洁，能够敏锐探测到不同强度的光亮，从而综合反映人类的活动情况。与统计数据或者其他类型的遥感数据相比，它的优势在于能够长时间提供关于人类活动、城市变迁、社会经济动态变化的连续的定量观测数据②。在用于人口空间化建模时，夜间灯光数据融合了交通廊道、土地利用类型和居民地等信息，具有综合性强、所需建模因子少的特点。经典的夜间灯光数据有以下三类：

第一类是 DMSP/OLS 夜间灯光数据。20 世纪 70 年代，美国发射的国防气象卫星（defense meteorological satellite program，DMSP）搭载的可见光线性扫描业务系统（operational line scan system，OLS）可以探测夜晚灯光的亮度信息。1992 年，美国将 DMSP/OLS 数据进行数字化并对公众开放，包括 1992—2013 年的数据，空间分辨率约为 2.7 千米，早期大中尺度的区域人口空间化研究常采用这一数据。

第二类是 NPP/VIIRS 夜间灯光数据。2011 年，美国发射的新一代国家极轨卫星（suomi national polarorbiting parternership，Suomi-NPP）携带的可见光近红外成像辐射仪（visible infrared imaging radiometer suite，VIIRS）所捕捉到的新型灯光数据源，具有更高的时空分辨率和更大的辐射探测范围，提高了夜间灯光数据的质量和辨识度③，在中低尺度上反演精细人口空间分布的精度更高④，数据的时间范围为 2012 年至今，空间分辨率为 740 米。

第三类是 LJ1-01 夜间灯光数据。2018 年 6 月，由武汉大学牵头设计的全球首颗专业夜光遥感卫星"珞珈一号"01 星传回的最新一代的夜间灯

① 周腊梅，赵真，王孝龙. 顾及人造地表空间聚集性的人口空间化探索：以江苏省为例[J]. 测绘与空间地理信息，2022，45（3）：126-129，133.

② ELVIDGE C D，BAUGH K E，ZHIZHI M，et al. Why VIIRS data are superior to DMSP for100m apping nighttime lights [J]. Proceedings of the Asia-Pacific Advanced Network，2013，35：19-62.

③ 刘艳姣，王介勇，王志炜. 基于 NPP/VIIRS 夜间灯光数据的黄淮海地区城乡常住人口格局模拟[J]. 地域研究与开发，2019，38（3）：176-180.

④ MA T，ZHOU Y K，WAND Y J，et al. Diverse relationships between suomi-npp viirs night-time light and multiscale socioeconomic activity [J]. Remote Sensing Letters，2014，5（7）：652-661.

光数据源 LJ1-01①，其空间分辨率为 130 米，与前两类夜间灯光数据相比，其时空分辨率和光谱量化等级显著提高，居同类产品全球领先水平。LJ1-01 夜间灯光数据解决了像元过饱和的问题，具有明显的城市结构分布，能清晰地区分城市范围、道路以及大面积房屋②，对地表照明分布的刻画更为准确，有效减少了灯光溢出现象的影响，为小尺度的人口分布模拟提供了更为精细的数据源③。

尽管夜间灯光数据使用广泛，但也存在一些不足，如由于 DMSP 卫星传感器本身存在缺陷，DMSP/OLS 空间分辨率粗糙，在高强度灯光区存在严重饱和效应④，在低辐射亮度区域探测能力不足⑤，时空分辨率低、时间序列积累不长；又如，由于发达国家和发展中国家的城乡基础设施和人类的活动强度等具有不同的特征，存在发展中国家城市区域人口被低估，而农村或者郊区的人口被高估的情况⑥。另外，夜间灯光数据同时涵盖了多维度信息，如交通道路、城市亮化工程、产业结构等，存在像元溢出效应⑦，容易对人口模拟产生干扰，即单纯基于夜间灯光数据的人口空间化结果精度有限，难以真实反映人口分布特征⑧。因此，夜间灯光数据需要与其他数据融合调整后再用于人口空间化研究，如运用土地利用类型数据

---

① 该数据来源于高分辨率对地观测系统湖北数据与应用中心高分数管平台（http：//datasearch.hbeos.org.cn：3000/）。

② OU J P, LIU X P, LIU P H, et al. Evaluation of Luojia 1-01 nighttime light imagery for impervious surface detection：a comparison with NPP/VIIRS nighttime light data ［J］. International Journal of Applied Earth Observation and Geoinformation, 2019, 81：1-12.

③ 邹雅婧, 闫庆武, 黄杰, 等. 基于 LJ1-01 夜间灯光影像的苏锡常地区人口空间化研究 ［J］. 长江流域资源与环境, 2020, 29（5）：1086-1094.

④ 卓莉, 张晓帆, 郑璟, 等. 基于 EVI 指数的 DMSP/OLS 夜间灯光数据去饱和方法 ［J］. 地理学报, 2015, 70（8）：1339-1350.

⑤ ELVIDGE C D, BAUGH K E, ZHIZHIN M, et al. Why VIIRSdata are superior to DMSP for mapping nighttime lights ［J］. Proceedings of the Asia-Pacific Advanced Network, 2013, 35：62-69.

⑥ 王熙, 宁晓刚, 张翰超, 等. 融合 LJ1-01 夜间灯光和微信定位数据的人口空间化：以北京市为例 ［J］. 测绘科学, 2022, 47（2）：173-183.

⑦ 陈晴, 侯西勇, 吴莉. 基于土地利用数据和夜间灯光数据的人口空间化模型对比分析：以黄河三角洲高效生态经济区为例 ［J］. 人文地理, 2014, 29（5）：94-100.

⑧ 肖东升, 杨松. 基于夜间灯光数据的人口空间分布研究综述 ［J］. 国土资源遥感, 2019, 31（3）：10-19.

矫正非人口聚居区夜间灯光数据[①②]；利用 EVI 植被指数对夜间灯光数据进行修正[③]；对城镇和农村地区进行分区分级建模[④]；以夜间灯光数据为基础，添加 NDVI 和人居面积比例等植被指数，以构建人居指数[⑤⑥]；利用高精度建筑区轮廓及 POI 数据修正夜间灯光溢出；识别城市功能区，去除可能产生的伪灯光区域[⑦]。

（3）植被指数

植被是自然地理环境中的重要组成部分，21 世纪以来，遥感技术的快速发展为大面积植被的检测、量化提供了有效的手段[⑧]，从而构建了归一化植被指数（normalized difference vegetation index，NDVI）和增强型植被指数（enhanced vegetation index，EVI）数据[⑨]。该两种数据可以从美国宇航局陆地进程分布式主动档案中心（LPDAAC）进行下载，空间分辨率为250 米。

以往的研究多单独使用 NDVI 或 EVI 对植被的覆盖变化进行研究。NDVI 具有能在较大范围内较为精确地反映植被生长状况的特点，对季节性和年变化研究具有重大意义，但当地面植被茂密时，NDVI 会出现饱和现象[⑩]；EVI 能较好地解决 NDVI 的饱和问题，但同时也会将类似于植被光

① 陈晴，侯西勇. 集成土地利用数据和夜间灯光数据优化人口空间化模型 [J]. 地球信息科学学报，2015，17（11）：1370-1377.

② 李翔，陈振杰，吴洁璇，等. 基于夜间灯光数据和空间回归模型的城市常住人口格网化方法研究 [J]. 地球信息科学学报，2017，19（10）：1298-1305.

③ 王明明，王卷乐. 基于夜间灯光与土地利用数据的山东省乡镇级人口数据空间化 [J]. 地球信息科学学报，2019，21（5）：699-709.

④ 江威，吕娟，左惠强，等. 利用夜光遥感的中国人口参量空间化模拟 [J]. 遥感信息，2021，36（6）：9-17.

⑤ 杜培培，侯西勇. 基于多源数据的中国海岸带地区人口空间化模拟 [J]. 地球信息科学学报，2020，22（2）：207-217.

⑥ 王熙，宁晓刚，张翰超，等. 融合 LJ1-01 夜间灯光和微信定位数据的人口空间化：以北京市为例 [J]. 测绘科学，2022，47（2）：173-183.

⑦ 吴京航，桂志鹏，申力，等. 顾及格网属性分级与空间关联的人口空间化方法 [J]. 武汉大学学报（信息科学版），2022（8）：1-14.

⑧ 李丹利，苟思，赵娜娜，等. 基于 MODIS-NDVI 与 EVI 数据的若尔盖区域植被生育期分析 [J]. 灌溉排水学报，2018，37（S1）：162-166.

⑨ 杨杰，张莹莹，王建雄，等. 利用 NDVI 与 EVI 再合成的植被指数算法 [J]. 遥感信息，2020，35（5）：127-133.

⑩ 王正兴，刘闯，阿尔弗雷多. 植被指数研究进展：从 AVHRR-NDVI 到 MODIS-EVI [J]. 生态学报，2003（5）：979-987.

谱特征的像素点提取出来，最终影响植被变化的分析结果①。从整体上来说，单独使用 NDVI 或 EVI 研究植被覆盖的变化，其效果都有所欠缺，因此，需要将两种植被指数进行合成，构成植被指数（vegetation index，VI），它对研究植被覆盖变化具有重要意义②，这一数据来源于美国国家航空航天局的 MODIS 植被指数产品③。

人口空间化研究中单独使用植被指数的很少，它多与夜间灯光数据、土地利用类型数据等融合使用，如王明明等④面向精细尺度格网人口数据的需求，以山东省为例，基于乡镇级人口统计数据，以 EVI 修正 DMSP/OLS 夜间灯光数据，增加了城镇用地内部人口分布的差异性，并以城乡二级分区方法避免了夜间灯光数据在农村低辐射亮度区模拟人口的缺点，提高了建模精度。韩用顺等采用土地利用类型数据、全球人工不透水区数据、夜间灯光数据以及 EVI 植被指数，基于分区和识别真实居住区的人口空间化方法，解决了建筑数据不能反映真实人口居住情况的遥感估计技术难题⑤。

（4）建筑物

上述的土地利用/地表覆盖类型数据、植被指数、夜间灯光数据等遥感数据多为中等空间分辨率数据，在较小尺度单元上存在均质性问题，刻画人口分布细节差异的能力有限，尤其不足以反映复杂城市环境下的人口分布⑥。随着 2013—2015 年我国第一次全国地理国情普查工作的完成，以及现代测绘、遥感技术的发展，越来越多高分辨率的影像数据出现，为建立地表三维立体进而获得地表建筑特征，如建筑物类型、高度、位置、轮

① 王兴，楚恒，刘红彬，等. 基于 NDVI 和 EVI 联合使用的遥感图像植被提取方法 [J]. 广东通信技术，2015，35（12）：65-70.
② 杨杰，张莹莹，王建雄，等. 利用 NDVI 与 EVI 再合成的植被指数算法 [J]. 遥感信息，2020，35（5）：127-133.
③ 韩用顺，王文娟，张东水，等. 一种基于分区和识别真实居住区的人口空间化方法：以雅砻江流域为例 [J]. 山地学报，2022，40（2）：303-316.
④ 王明明，王卷乐. 基于夜间灯光与土地利用数据的山东省乡镇级人口数据空间化 [J]. 地球信息科学学报，2019，21（5）：699-709.
⑤ 韩用顺，王文娟，张东水，等. 一种基于分区和识别真实居住区的人口空间化方法：以雅砻江流域为例 [J]. 山地学报，2022，40（2）：303-316.
⑥ 高雪梅，杨续超，陈柏儒，等. 基于随机森林模型的环渤海地区人口空间化模拟 [J]. 地球信息科学学报，2022，24（6）：150-1162.

廊等提供了有力的支持①。建筑物数据在精细尺度人口空间化研究中具有重要作用，可以有效提高人口空间化精度，甚至达到 10 米级别的精度，成为未来人口空间化研究的重要建模指标之一②。

居民建筑是人口生活居住及参与相关活动的直接的土地载体，是土地利用类型中最能直接反映人口分布的因子，是人口空间分布的载体。在进行人口空间化建模时，居民建筑侧重反映人口在住宅用地上的分布差异，而其他土地利用类型则较少有人口分布或无人口分布，即遵循"无房屋无人口"的原则展开研究。如董南等③利用居住建筑斑块相关信息——居住建筑斑块面积、斑块内建筑面积比重、建筑物层数、公摊率等，从人口分布位置和分布数量方面，精细化研究人口分布。朱瑾等④从 2015 年武汉市房屋调查专项数据和公安部门社区实有人口调查数据中，得到社区人口数据和居住建筑数据，并将两者进行融合，以实现人口的网格化。刘正廉等⑤利用房屋建筑及POI 数据，结合随机森林模型，生成武汉市 2015 年常住人口 50 米空间化数据集，研究发现，相较于 WorldPop 所构建的格网人口数据，该数据集在武汉市高、中、低 3 种不同人口密度社区单元均具有更高的拟合精度。

夜间灯光数据和居民地建筑物都是基于像元特征所提取的信息，基于这一信息的人口空间化模型多属于经验型统计模型，遥感数据自身的不确定性及区域差异性导致其普适性较差⑥。但是，随着中分辨率和高分辨率影像越来越易于获取，像元特征估计法在提高人口数据空间化的时间和空间分辨率上有着不可比拟的优势，具有广阔的应用前景，特别是居民地建筑物数据直接从像元尺度的城镇范围内或居民地提取，是人口数据高分辨率空间化的重要手段之一。

---

① 谷国梁，王晓蕾，李雅静，等．天津市面向震害快速评估的房屋和人口空间化研究 ［J］．地震，2016，36（2）：149-158.

② 卓莉，黄信锐，陶海燕，等．基于多智能体模型与建筑物信息的高空间分辨率人口分布模拟 ［J］．地理研究，2014，33（3）：520-531.

③ 董南，杨小唤，蔡红艳．基于居住空间属性的人口数据空间化方法研究 ［J］．地理科学进展，2016，35（11）：1317-1328.

④ 朱瑾，李建松，蒋子龙，等．基于"实有人口、实有房屋"数据的精细化人口空间化处理方法及应用研究 ［J］．东北师大学报（自然科学版），2018，50（3）：133-140.

⑤ 刘正廉，桂志鹏，吴华意，等．融合建筑物与 POI 数据的精细人口空间化研究 ［J］．测绘地理信息，2021，46（5）：102-106.

⑥ 柏中强，王卷乐，杨飞．人口数据空间化研究综述 ［J］．地理科学进展，2013，32（11）：1692-1702.

（5）兴趣点与兴趣面

人口空间化建模数据从土地利用/地表覆盖类型数据，逐渐拓展到居民地建筑物和公共设施要素数据。其中，居民地建筑物数据仅能指示人口分布区域，反映人口在空间分布上的位置差异，较难反映人口在空间分布上的数量情况。比起自然地理因素，在城市小尺度区域内，城市公共设施数据等社会经济因素更能反映城市区域人口空间分布的数量差异①。

于是，有学者提出将地理大数据——POI 数据纳入人口空间化的研究中。POI 数据是基于位置服务的核心数据，包含地理要素名称、地理位置及分类等丰富的空间语义信息，为出行导航、地点查询等提供了关键性支撑。它与人口分布高度相关，能直观有效地反映城市要素的空间分布状况，能对人类活动进行有效的空间表征与预测，以及对人地关系耦合进行挖掘与探析，且不同类型的 POI 数据可以揭示不同的人类活动状况，弥补了遥感数据在复杂城市环境下对人口稠密地区的人口分布表征的不足②。目前 POI 数据已被成功应用于宏观尺度和微观尺度的人口数据空间化研究。POI 数据依赖于互联网及移动定位服务，多取自百度或高德等电子地图，随着相关技术与服务商的迅速发展，该数据具有易获取、定位精度较高等特点③。

邹雅婧等④通过融合 POI 数据对 LJ1-01 原始影像的模拟结果进行优化，进行了乡镇尺度上人口空间化的实证研究。吴京航等⑤将武汉市建筑区类型数据和 POI 数据相结合，衡量了居民建筑区对 POI 的潜在空间约束。厉飞等⑥融合夜间灯光数据和 POI 数据，生成了几何平均指数，弥补了夜间灯光边界模糊和 POI 内部存在空隙的缺陷，实现了较高精度的城市

① 董南，杨小唤，黄栋，等. 引入城市公共设施要素的人口数据空间化方法研究 [J]. 地球信息科学学报，2018，20（7）：918-928.

② 高雪梅，杨续超，陈柏儒，等. 基于随机森林模型的环渤海地区人口空间化模拟 [J]. 地球信息科学学报，2022，24（6）：1150-1162.

③ 薛冰，许耀天，赵冰玉. 地理学视角下 POI 大数据的应用研究及反思 [J]. 贵州师范大学学报（自然科学版），2022，40（4）：1-6.

④ 邹雅婧，闫庆武，黄杰，等. 基于 LJ1-01 夜间灯光影像的苏锡常地区人口空间化研究 [J]. 长江流域资源与环境，2020，29（5）：1086-1094.

⑤ 吴京航，桂志鹏，申力，等. 顾及格网属性分级与空间关联的人口空间化方法 [J]. 武汉大学学报（信息科学版），2022（8）：1-14.

⑥ 厉飞，闫庆武，邹雅婧，等. 利用 POI 提高夜间灯光数据提取建成区的精度研究：以珞珈一号 01 星和 NPP/VIIRS 数据为例 [J]. 武汉大学学报（信息科学版），2021，46（6）：1-14.

建筑区的数据提取。POI 数据已是人口空间化建模中常用的重要指标，但是，POI 数据类别众多，存在重复记录的可能性，为防止模型冗余和减少计算量，一些研究通过主成分分析法对不同类别的 POI 赋予相应的权重[①]。然而，也有研究发现，一些 POI 数据与人口分布的耦合性较低，甚至会干扰模型的准确性，因此将 POI 数据分为敏感性 POI 数据和非敏感性 POI 数据[②]。

AOI（area of interest），指的是互联网电子地图中的兴趣面，同样包含四项基本信息，主要用于在地图中表示区域状的地理实体，如居民小区、大学、写字楼、产业园区、商场、医院、景区等；AOI 与 POI 相比，具有更好的表达力和计算力。AOI 数据可分为栅格 AOI 数据和矢量 AOI 数据。栅格 AOI 数据指各类栅格数据，每个像素所表达的地理空间范围（分辨率）是栅格 AOI 数据的边界，每个像素中存储的各类数值（多波段）是栅格 AOI 数据的属性值。目前栅格 AOI 数据的获取方式越来越多，获取成本越来越低，分辨率越来越高，波段越来越丰富，处理算法和工具也越来越成熟。矢量 AOI 数据即矢量地图中的各类面数据，目前百度、腾讯、高德等电子地图供应商都积累了大量的高质量矢量 AOI 数据，更新频率也较高，是理想的 AOI 数据源。通过使用 Python 开发爬虫工具，可以获取互联网地图中的 POI 和 AOI 数据；基于位置关联主流房地产、旅游、交通、美食、生活服务网站的相关数据，可以建立覆盖全面、坐标相对精确、时效性好、属性内容丰富的 POI 和 AOI 矢量数据。

（6）地理位置大数据

传统的遥感技术通过接收地表反射数据，以获取地物信息，但对社会经济数据的获取有限，而人口空间分布是微观个体运动集聚而产生的宏观现象[③]，是典型的"自下而上"的问题。以"自下而上"的方式记录个体的地理位置数据，是获取人口空间分布最简单、最精确的方法，也是人口

① YE T, ZHAO N, YANG X, et al. Improved population mapping for China using remotely sensed and points-of-interest data within a random forests model [J]. Science of The Total Environment, 2019, 658: 936-946.

② ZHAO, LI, ZHANG. Improving the Accuracy of Fine-Grained Population Mapping Using Population-Sensitive POIs [J]. Remote sensing (Basel, Switzerland), 2019, 11 (21): 2502.

③ 康停军, 张新长, 赵元, 等. 基于多智能体的城市人口分布模型 [J]. 地理科学, 2012, 32 (7): 790-797.

空间化今后研究的重点方向①②。随着互联网、物联网、大数据、云计算、移动智能客户端等新一代信息技术的发展与普及，手机地图定位服务（如微信、QQ、微博、高德、百度、腾讯地图等）在日常生活中被广泛使用。

Goodchild③将利用网络、传感器搜集的个人用户主动提供的地理信息称为自愿（或志愿）地理信息（volunteered geographic information，VGI）。如今，越来越多与城市居民活动有密切关系的数据形式涌现出来，包括出租车 GPS 轨迹数据、公共交通刷卡记录、手机位置信息和通话数据、社交媒体用户数据等，这些数据具有比较丰富的时空和语义信息，被广泛用于研究和测定人类的社会和经济活动规律，各种行为之间潜在的关系和空间交互，被称为地理大数据或社会感知数据（social sensing data）④。这种数据在一定程度上也能反映城市的人口分布情况⑤，如手机定位数据具有精度高、实时更新、易于获取和覆盖范围广等优势，为在空间上反映人的经济属性提供了可能⑥。

地理大数据包含丰富多样的人群属性与行为信息，不同的数据可以捕捉到基本事实的不同方面，特别是对于实际人口分布的反映，弥补了传统遥感数据的不足，为人口精细尺度的估计方法引入了新数据和新视角⑦。如黄益修在夜间灯光数据的基础上，利用出租车轨迹数据制作了上海市人口分布校正格网，结果表明，将二者有效融合可在一定程度上提高人口空

① 董南，杨小唤，蔡红艳. 人口数据空间化研究进展 [J]. 地球信息科学学报，2016，18（10）：1295-1304.

② 吴中元，许捍卫，胡钟敏. 基于腾讯位置大数据的精细尺度人口空间化：以南京市江宁区秣陵街道为例 [J]. 地理与地理信息科学，2019，35（6）：61-65.

③ GOODCHILD M F. Citizens as sensors：the world of volunteered geography [J]. Map Reader Theories of Mapping Practice & Cartographic Representation，2007，69（4）：211-221.

④ 刘瑜. 社会感知视角下的若干人文地理学基本问题再思考 [J]. 地理学报，2016，71（4）：564-575.

⑤ LIU Y，LIU X，GAO S，et al. Social sensing：a new approach to understanding our socioeconomic environments [J]. Annals of the Association of American Geographers，2015，105（3）：1-19.

⑥ 郭璨，甄峰，朱寿佳. 智能定位数据应用于城市研究的进展与展望 [J]. 人文地理，2014，140（6）：18-23.

⑦ YU L，XI L，SONG G，et al. Social sensing：a new approach to understanding our socioeconomic environments [J]. Annals of the Association of American Geographers，2015，105（3）：512-530.

间模型的模拟精度①。徐仲之②认为，手机数据便于获得且时效性强，能有效用于刻画人口分布，对于获取其他信息较为困难的地区具有更强的适应性。王熙等③基于微信定位数据和"珞珈一号"夜间灯光数据的几何平均融合数据，采用地理加权回归模型，对北京中心城区进行空间化建模，发现这一方法具有优良的拟合精度。王晓洁等和吴中元等尝试将腾讯位置大数据，特别是定位次数与不同土地利用类型④、居住空间属性相结合⑤，为格网人口分布的生成提供了新思路，提高了人口格网数据的精度。李慧敏等⑥利用腾讯位置大数据进行多尺度人口空间化估算研究，以建设用地和住宅小区体积数据作为相关因子，将5千米格网精细化到1千米及住宅小区级尺度，发现估算结果可行度较高。

虽然人口普查数据与社会感知数据融合建模方法依赖大数据进行分析，可以实现从多维度描绘微观尺度下的人口状态；但是大数据并非全数据，地理大数据同样也存在代表性不足，以及语义信息偏少、不能准确衡量实际人口、定位授权受到限制等问题，如移动电话基站具有可变的有效发射机功率，这会使生成的泰森多边形与实际无线电的覆盖范围之间出现不一致等⑦。

综上所述，对于人口空间化建模指标而言，仅用单一数据无法充分反映人口分布的实际情况，多源数据融合成为人口空间化的研究趋势，特别是宏观数据和微观个体数据的结合，前者具备体现宏观城市人口综合活动的优点，而后者拥有体现微观个体实时位置特征的优势，两者优势互补，

① 黄益修. 基于夜间灯光遥感影像和社会感知数据的人口空间化研究 [D]. 上海：华东师范大学，2016.
② 徐仲之，曲迎春，孙黎，等. 基于手机数据的城市人口分布感知 [J]. 电子科技大学学报，2017，46（1）：1-7.
③ 王熙，宁晓刚，张翰超，等. 融合 LJ1-01 夜间灯光和微信定位数据的人口空间化：以北京市为例 [J]. 测绘科学，2022，47（2）：173-183.
④ 王晓洁，王卷乐，薛润生. 基于普查和手机定位数据的乡镇尺度人口空间化方法研究 [J]. 地球信息科学学报，2020，22（5）：1095-1105.
⑤ 吴中元，许捍卫，胡钟敏. 基于腾讯位置大数据的精细尺度人口空间化：以南京市江宁区秣陵街道为例 [J]. 地理与地理信息科学，2019，35（6）：61-65.
⑥ 李慧敏，罗大伟，窦世卿. 利用腾讯位置大数据进行多尺度人口空间化估算 [J]. 测绘通报，2022（6）：93-97.
⑦ DEVILLE P，LINARD C，MARTIN S，et al. Dynamic population mapping using mobile phone data [J]. Proceedings of the National Academy of Sciences，2014，111（45）：15888-15893.

有望实现更具说服力的人口空间化模拟结果①。

2.2.3 建模方法研究

自 1857 年第一张人口密度等值线图产生，人口空间化的研究方兴未艾②。特别是 20 世纪末以来，关于人口空间化的学术研究成果丰硕。同时，随着现代遥感技术、地理信息技术、移动通信网络技术的普及，以及高维统计方法的发展，人口空间化建模方法更加先进智能，逐步形成了如下建模思想和方法：

1. 人口密度模型

人口密度模型是早期人口空间化建模常用的方法，基于地理学研究中"人口围绕城市中心呈圆形分布，且人口密度随着人口与城市中心的距离的增加而减小"这一假设展开。由于人口空间分布密度衰减函数的不同，人口密度模型又分为 Clark 负指数模型、Smeed 模型、Newling 模型等③。现有研究主要集中于北京、上海、广州等超大城市，发现在城市发展的不同阶段，人口密度呈现出不同模型的分布特征④。在长期的城市化进程中，当城市中心因聚集过多人口而出现显著的环境破坏、交通拥挤等城市问题后，会产生郊区人口密度增加、城市中心常住人口密度降低的现象。因此，依托于"人口密度由城市中心向外降低"假设的人口密度分布模型则变得不适用。同时，城市中心的人口和就业变得分散，城市次中心兴起，城市逐渐从单中心变为多中心城市，人口密度模型也逐渐从单中心密度模型过渡到多中心密度模型⑤。现代城市的多中心分布以及城区边界的复杂性等问题，对上述理论提出了挑战，因此，学术界对这一模型的应用逐渐减少。

---

① 王熙. 基于多源数据并顾及空间差异的北京市人口空间化方法研究 [D]. 北京：中国测绘科学研究院，2021.

② 闫庆武. 空间数据分析方法在人口数据空间化中的应用 [M]. 南京：东南大学出版社，2011.

③ 吴文钰，高向东. 中国城市人口密度分布模型研究进展及展望 [J]. 地理科学进展，2010，29（8）：968-974.

④ 冯健，周一星. 近 20 年来北京都市区人口增长与分布 [J]. 地理学报，2003（6）：903-916.

⑤ 吴文钰，马西亚. 多中心城市人口模型及模拟：以上海为例 [J]. 现代城市研究，2006（12）：39-44.

2. 空间插值模型

以"地理学第一定律：距离近的空间对象的属性值比相距远的空间对象的属性值更为相似"[1] 为理论基础，空间插值法将大尺度空间单元分解为小尺度空间单元，包含无辅助信息插值法和有辅助信息插值法两类。无辅助信息插值法又分为点插值法（point interpolation）和面插值法（areal interpolation）。点插值法以每个行政区的质心为控制点，采用距离衰减法对质心间的栅格进行赋值[2][3]，核密度函数法是其典型代表[4]。点插值法的优势为简单易用，无须借助辅助信息，一般用于展示人口分布的总体格局；缺点是内插结果取决于人口中心点位置的选取和区域呈现的几何形状。

面积权重法是最基础的面插值法，假设人口在统计区域内均匀分布，目标区域的人口数量取决于其所占面积，将统计区域的人口数量均匀展布到小尺度格网后，通过对目标区域所包括的格网内人口数量进行求和，即可得到目标区域人口数量。这一方法假设人口均匀分布，但这与现实情况可能存在较大的偏差，刻画人口真实分布的能力不足[5]。因此，有学者在面插值法中引入控制区概念，提出使用控制区的面域比重法，即有辅助信息的面插值法[6]。此外，一些学者提出了基于统计面积的内插方法，假设目标区域人口的分布符合特定的数学模型或统计模型，并用公式估计变量值，如泊松分布、正态分布等，利用随机方法处理面积内插中的不确定性问题[7]。

有辅助信息的面插值法，即分区密度制图（dasymetric mapping），它以人口普查数据为基础，基于区域的重叠面积或依据地形、交通等位置辅助信息将研究区域按性质进行分类，然后运用面插值法，将统计区域分为多个小区域，分别估算其人口密度，从而使研究区域的人口密度产生差

---

① 李小文，曹春香，常超一. 地理学第一定律与时空邻近度的提出 [J]. 自然杂志，2007（2）：69-71.

② 吕安民，李成名，林宗坚. 面积内插算法初探 [J]. 测绘通报，2002（1）：44-46.

③ LINARD C, GILBERT M, TATEM A J. Assessing the use of global land cover data for guiding large area population distribution modelling [J]. Geograhical Journal, 2011. 76（5）：525-538.

④ 张镱锂，李炳元，郑度. 论青藏高原范围与面积 [J]. 地理研究，2002（1）：1-8.

⑤ 潘志强，刘高焕. 面插值的研究进展 [J]. 地理科学进展，2002（2）：146-152.

⑥ GOODCHILD M F, ANSELIN L, DEICHMANN U. A framework for the areal interpolation of socio-economic data [J]. Environment and Planning A, 1993, 25：383-397.

⑦ BAKILLAH M, LIANG S, MOBASHERI A, et al. Fine-resolution population mapping using OpenStreetMap points-of-interest [J]. International Journal of Geographical Information Science, 2014, 28（9）：1940-1963.

异，进而生成高精度的人口地理格网单元数据集①。分区密度模型广泛应用于人口空间化的研究中，利用该模型的代表性做法有：将目标区域分为居住区和非居住区的两分法②，分为高度城市化、低度城市化和无城市化区域的三分法③，以及分为非居住区、农村、多种公共基础设施密度区域的多分类法等④。

总体而言，空间插值模型本身只是对人口统计数据的再加工，与自然、经济、社会因素结合困难，导致人口空间分布模拟的精度有限，一般只能达到公里（千米）级⑤。

3. 统计模型

随着研究的深入，遥感影像和地理空间大数据逐步丰富，为人口空间化研究提供了更多的数据源，而统计模型的发展也为人口空间化提供了新的建模思路。统计模型分为多元回归模型和多源信息融合模型。

（1）多元回归模型

学者们认为，在人口格网化过程中，自然、社会和经济等因素都会对人口分布产生影响，因此对人口分布的考虑因素也愈加丰富，多元回归模型由此产生。它的核心思想是以人口统计数据为因变量，以多个影响人口空间分布的指标，如自然因素、土地利用（地表覆盖）类型⑥、夜间灯光⑦、实有房屋⑧、自然地形、城市公共设施（POI 数据）⑨ 等为自变量，

---

① LWIN K, MURAYAMA Y. A GIS approach to estimation of building population for micro-spatial analysis [J]. Transactions in GIS, 2010, 13 (4)：401-414.

② HOLT J B, LO C P, HODLER T W. Dasymetric estimation of population density and areal interpolation of census data [J]. Cartography and Geographic Information Science, 2004, 31 (2)：103-121.

③ MENNIS J. Generating surface models of population using dasymetric mapping [J]. The Professional Geographer, 2003, 55 (1)：31-42.

④ SU M D, LIN R C, HSIEH R I, et al. Multi-layer multi-class dasymetric mapping to estimate population distribution [J]. Science of the Total Environment, 2010, 408 (20)：4807-4816.

⑤ QIU F, CROMLEY R. Areal interpolation and dasymetric modeling [J]. Geographical Analysis, 2013, 45 (3)：213-215.

⑥ 田永中，陈述彭，岳天祥，等. 2004. 基于土地利用的中国人口密度模拟 [J]. 地理学报，59 (2)：283-292.

⑦ ZENG C Q, ZHOU Y, WANG S X, et al. 2011. Population spatialization in China based on night-time imagery and land us data [J]. International Journal of Remote Sensing, 32 (24) 9599-9620.

⑧ 朱瑾，李建松，蒋子龙，等. 基于"实有人口、实有房屋"数据的精细化人口空间化处理方法及应用研究 [J]. 东北师大学报（自然科学版），2018, 50 (3)：133-140.

⑨ 董南，杨小唤，黄栋，等. 引入城市公共设施要素的人口数据空间化方法研究 [J]. 地球信息科学学报，2018, 20 (7)：918-928.

通过构建多元回归模型，量化各指示因子对人口数量的影响，然后将各格网的指示因子数据带入回归模型，以反演人口格网的空间分布。

多元线性回归模型由于形式简洁、设置简单，得到了较多的运用，如卓莉等①利用夜间灯光强度信息和人口距离衰减规律、电场叠加理论对大尺度人口密度进行估算，认为这一方法适用于大尺度人口密度的快速估算。黄耀欢等②利用农村居民地、城镇居民地和耕地数据建立人口空间化模型，发现二级人口区划后的人口空间化数据在数值精度和空间精度上都有明显提高。Briggs 等③将研究区域的灯光区面积、非灯光区面积和灯光亮度值作为多元线性回归模型的解释变量，生成了两种尺度的人口密度图。

但是，也有学者指出，多元线性回归模型假设样本同质独立且仅考虑了自变量与因变量之间的线性相关关系，忽略了空间数据所特有的相关性和异质性特征，并且生成的人口空间化数据集普遍存在城市人口低估和乡村人口高估的问题④。因此，又有学者提出使用空间常系数模型（空间滞后模型或空间误差模型）和空间变系数模型（局部回归模型，如 GWR、SGWR、MGWR 等模型）进行人口空间化建模⑤。李翔等⑥发现，使用空间回归模型对常住人口进行回归，可以取得较高的精度。王珂靖等⑦在人口特征分区的基础上，引入夜间灯光数据对城镇用地进行再分类，并利用多元统计回归和地理加权回归模型，开展人口空间化的多尺度研究，发现人口空间化数据的精度不仅与建模方法关系密切，还受到建模格网尺度大小的影响，同时，利用地理加权回归模型模拟的结果误差更小，拟合精度更

---

① 卓莉，陈晋，史培军，等. 基于夜间灯光数据的中国人口密度模拟 [J]. 地理学报，2005 (2)：266-276.

② 黄耀欢，杨小唤，刘业森. 人口区划及其在人口空间化中的 GIS 分析应用：以山东省为例 [J]. 地球信息科学，2007 (2)：49-54.

③ BRIGGS D J, GULLIVER J, FECHT D, et al. Dasymetric modelling of small-area population distribution using land cover and light emissions data [J]. Remote Sensing of Environment, 2007, 108 (4)：451-466.

④ 刘艺，杨歆佳，刘劲松. 基于随机森林的人口密度模型优化试验研究 [J]. 全球变化数据学报（中英文），2020, 4 (4)：402-416.

⑤ 黄杰，闫庆武，刘永伟. 基于 DMSP/OLS 与土地利用的江苏省人口数据空间化研究 [J]. 长江流域资源与环境，2015, 24 (5)：735-741.

⑥ 李翔，陈振杰，吴洁璇，等. 基于夜间灯光数据和空间回归模型的城市常住人口格网化方法研究 [J]. 地球信息科学学报，2017, 19 (10)：1298-1305.

⑦ 王珂靖，蔡红艳，杨小唤. 多元统计回归及地理加权回归方法在多尺度人口空间化研究中的应用 [J]. 地理科学进展，2016, 35 (12)：1494-1505.

高。肖东升等①提出，地理加权回归模型未能充分考虑参数在不同区域的非平稳和尺度效应，他们尝试采用混合地理加权回归模型，以提高人口空间化数据的精度。

王熙②认为，MGWR 模型假设不同解释变量不应存在非此即彼的全局或局部尺度关系，解释变量拥有不同的作用带宽，对应着不同的空间尺度，进而代表不同空间过程的尺度差异，最终实现对空间异质性尺度差异的诠释③。相比之下，GWR 模型假设所有解释变量具有同样的作用带宽，因而对空间异质性的尺度差异的解释能力不足；SGWR 模型假设解释变量存在非此即彼的尺度关系，对模型运用要求严格。当前，采用 MGWR 模型进行人口空间化的研究成果较少。

（2）多源信息融合模型

多源信息融合模型与多元回归模型都要考虑多种人口分布的影响因子，而其不同之处在于因子影响程度的确定方法各异。多源信息融合模型采用多元综合评价方法进行信息融合，建立影响人口空间分布的综合指标，并通过计算各格网的人口分布系数对区域内的人口进行空间分配。Holt 等④认为该模型最典型的应用是全球人口分布数据库 LandScan，它综合考虑了对人口分布起指示作用的多个因素，并赋予其客观权重；因此，多源信息的权重设置是关键⑤。多源信息融合模型的优点是综合考虑了多种要素，模拟结果精度较高，能比较真实地反映人口数据的空间分布情况；缺点是因子权重确定的过程较为复杂，多采用专家打分、层次分析、机器学习等方法，主观性较强，且精度易受到参数的影响，不适合大范围的人口估算。

针对上述不足，廖顺宝等⑥通过较为客观的方式，对海拔、土地利用

① 肖东升，练洪. 顾及参数空间平稳性的地理加权人口空间化研究 [J]. 自然资源遥感，2021，33（3）：164-172.

② FOTHERINGHAM A S, YANG W, KANG W. Multiscale geographically weighted regression (MGWR) [J]. Annals of the American Association of Geographers, 2017, 107 (6): 1247-1265.

③ 王熙. 基于多源数据并顾及空间差异的北京市人口空间化方法研究 [D]. 北京：中国测绘科学研究院，2021.

④ HOLT J B, LO C P, HODLER T W. Dasymetric estimation ofpopulation density and areal interpolation of census data [J]. Cartography and Geographic Information Science, 2004, 34 (2): 103-121.

⑤ 何艳虎，龚镇杰，林凯荣. 基于地理大数据和多源信息融合的区域未来人口精细化空间分布模拟研究：以珠江三角洲为例 [J]. 地理科学，2022，42（3）：426-435.

⑥ 廖顺宝，孙九林. 基于 GIS 的青藏高原人口统计数据空间化 [J]. 地理学报，2003（1）：25-33.

类型和主要道路等影响人口分布的因素赋予权重，发现运用多源融合技术生成的青藏高原的县级栅格人口数据，与第五次全国人口普查数据的一致性较高。田永中等[①]以农村人口和土地利用类型数据之间的关系为依据来选取指标，并结合生态信息赋予各指标权重，采用线性加权模型模拟农村人口分布；基于城镇规模建立人口距离衰减和幂指数模型，以模拟城市人口分布。黄安等[②]利用主成分分析模型，以人居适宜性指数、地形起伏度、格网内建设用地比例、格网内耕地比例、格网内园地比例、格网内水域比例等因素构建综合指标，确定各影响因素对栅格单元内人口空间分布的贡献系数，并进行人口空间化建模。赵鑫等[③]基于 NPP/VIIRS 夜间灯光、土地利用类型、POI 等自然地理和社会经济因素，构建人口空间化指标体系，并采用主成分赋权法确定人口分布权重，以及利用 GIS 技术对人口统计数据进行空间化处理。张玉等[④]提出夜间灯光遥感影像、地理国情普查和人口统计数据的融合方法，实现行政单元人口向房屋建筑物图斑单元的空间转换和精细模拟。董海燕等[⑤]以地表覆盖类型、河流道路、DEM、珞珈一号夜间灯光以及兴趣点等多源数据为基础，采用主成分分析法挖掘各项数据特征，并以各因子对人口空间化指标体系的贡献率作为权重进行多因子加权融合，实现北京市 30 m×30 m 精细人口空间化建模。

4. 智能化模型

近年来，基于互联网及移动定位服务技术的迅速发展，同时，处理高维复杂大数据的分析方法、智能仿真模拟方法也得到了快速发展，人口空间化模型朝着智能化方向发展。人口空间化的智能化模型分为机器学习模型和多智能体建模。

（1）机器学习模型

机器学习最早应用在计算机和人工智能领域的原理是根据输入数据训

① 田永中，陈述彭，岳天祥，等. 基于土地利用的中国人口密度模拟 [J]. 地理学报，2004（2）：283-292.

② 黄安，许月卿，孙丕苓，等. 基于多源数据人口分布空间化研究：以河北省张家口市为例 [J]. 资源科学，2017，39（11）：2186-2196.

③ 赵鑫，宋英强，刘轶伦，等. 基于卫星遥感和 POI 数据的人口空间化研究：以广州市为例 [J]. 热带地理，2020，40（1）：101-109.

④ 张玉，董春，尹诗画，等. 基于夜间灯光和地理国情数据模拟高精度人口分布 [J]. 地理信息世界，2021，28（1）：73-79.

⑤ 董海燕，潘耀忠，朱秀芳，等. 多因子贡献率权重的城市精细人口空间化方法：以北京市为例 [J]. 北京师范大学学报（自然科学版），2022，58（1）：135-142.

练出模型，再基于训练好的模型对新数据进行预测。当前，在人口空间化建模中常用的机器学习模型有浅层机器学习单模型，如随机森林[①]、神经网络[②]、XGBoost[③]、Cubist[④] 等；集成模型，如加权平均集成模型和堆叠集成模型[⑤]；以及深度卷积神经网络和深度神经网络模型等[⑥]。其中，随机森林模型的应用较多，如谭敏等[⑦]使用随机森林模型对珠江三角洲 2010 年的人口数据进行了 30 m 网格空间化模拟。高雪梅等[⑧]以多源遥感数据和 POI 数据作为影响人口分布的自变量因子，利用随机森林模型对环渤海地区进行分区密度人口空间化建模，发现模拟精度较高。随机森林模型属于浅层机器学习单模型的一类，可调整参数较少，理解和操作容易。

与多元线性回归、地理加权回归模型相比，机器学习模型为数据所驱动，没有固定的模型，结构灵活，能拟合因变量与自变量之间的非线性关系[⑨]，不用考虑多元变量的共线性、过拟合等问题[⑩]，适合进行城市地区精细尺度的人口空间化研究，易于描述城市内部的人口分布特征，具有强大的复杂计算和时空动态模拟功能。在人口分布的空间预测上，最近的研究

① BELGIU M, DRĂGU L. Random forest in remote sensing：A review of applications and future directions ［J］. ISPRS Journal of Photogrammetry and Remote Sensing, 2016, 114：24–31.

② HU L, HE S, HAN Z, et al. Monitoring housing rental prices based on social media：An integrated approach of machine–learning algorithms and hedonic modeling to inform equitable housing policies ［J］. Land Use Policy, 2019, 82：657–673.

③ GEORGANOS S, GRIPPA T, VANHUYSSE S, et al. Less is more：Optimizing classification performance through feature selection in a very–high–resolution remote sensing object–based urban application ［J］. GI Science & Remote Sensing, 2018, 55（2）：221–242.

④ YANG X, YAO C, CHEN Q, et al. Improved estimates of population exposure in low–elevation coastal zones of China ［J］. International Journal of Environmental Research and Public Health, 2019, 16（20）：4012.

⑤ 王涛. 基于集成机器学习方法的青藏高原人口精细制图 ［D］. 重庆：西南大学, 2021.

⑥ ZHAO S, LIU Y, ZHANG R, et al. China's population spatialization based on three machine learning models ［J］. Journal of Cleaner Production, 2020, 256：120644.

⑦ 谭敏, 刘凯, 柳林, 等. 基于随机森林模型的珠江三角洲 30 m 格网人口空间化 ［J］. 地理科学进展, 2017, 36（10）：1304–1312.

⑧ 高雪梅, 杨续超, 陈柏儒, 等. 基于随机森林模型的环渤海地区人口空间化模拟 ［J］. 地球信息科学学报, 2022, 24（6）：1150–1162.

⑨ REICHSTEIN M, CAMPS–VALLS G, STEVENS B. et al. Deep learning and process understanding fordata–driven Earth system ［J］. Science Nature, 2019, 566（7743）：195–204.

⑩ SORICHETTA A, HORNBY G M, STEVENS F R, et al. High–resolution gridded population datasets for Latin America and the Caribbean in 2010, 2015, and 2020 ［J］. Scientific Data, 2015, 2（1）：150045.

也有出色表现，如 Stevens 等[1]提出半自动分区密度建模方法，将人口普查、高分辨率图像与对称映射、随机森林技术相结合，生成了肯尼亚、越南和柬埔寨的精细人口分布。Ye 等[2]基于随机森林模型，结合夜间灯光指数、百度 POI 数据，以及路网、NDVI 和海拔数据，在 2010 年中国县级人口普查数据的基础上生成 100 m×100 m 的人口格网数据集。Yang 等[3]采用随机森林模型和 Cubist 模型，对中国海岸带 100 km 缓冲区内的人口进行空间化处理，发现随机森林模型的拟合精度更高。Zhao 等[4]使用卷积神经网络、深度神经网络和随机森林模型，生成了 2015 年全国 1 km 人口空间分布栅格，比较研究表明，基于深度学习的卷积神经网络具有最高的拟合精度。

与单个机器学习模型相比，集成模型可以组合多个不同类型的机器学习模型，以最大程度地提高模型的拟合精度，更适用于复杂数据的建模。王涛[5]以青藏高原为研究区域，从自然条件和社会经济两个方面选择海拔、坡度、地形起伏度、归一化植被指数、河流和道路等廊道数据、夜间灯光数据、POI 数据和建成区数据等作为表征人口分布的影响因素；然后基于 2010 年第六次全国人口普查的乡镇尺度数据，并结合青藏高原行政区划，分别用单模型（随机森林模型、XGBooost 模型和 Cubist 模型）和集成模型（加权平均集成模型和堆叠集成模型）将青藏高原的人口统计数据空间化为 30 m×30 m 的栅格数据，并对各模型的拟合精度进行验证，研究发现，基于集成模型的人口空间化方法更适合用在地形复杂、人口分布差异较大的地区。

虽然机器学习模型生成的人口空间化结果在某些地区具有精度较高的

① STEVENS F R, GAUGHAN A E, LINARD C, et al. Disaggregating census data for population mapping using random forestswith remotely-sensed and ancillary data [J]. PLOS One, 2015, 10 (2): e0107042.

② YE T, ZHAO N, YANG X, et al. Improved population mapping for China using remotely sensed andpoints-of-interest data within a random forests model [J]. Science of The Total Environment, 2019, 658: 936-946.

③ YANG X, YAO C, CHEN Q, et al. Improved estimates of population exposure in low-elevation coastal zones of China [J]. International Journal of Environmental Research and Public Health, 2019, 16 (20): 4012.

④ ZHAO S, LIU Y, ZHANG R, et al. China's population spatialization based on three machine learning models [J]. Journal of Cleaner Production, 2020, 256: 120644.

⑤ 王涛. 基于集成机器学习方法的青藏高原人口精细制图 [D]. 重庆：西南大学, 2021.

优势，但当前的研究依旧处于探索阶段，对于集成模型和深度学习模型的应用研究还较少。另外，这种方法也存在一定的局限性，如机器学习严重依赖于数据，需要大量的人口分布样本数据作为支撑，如果训练数据不充分，则得不到较好的结果，因此该方法在小样本区域难以应用[①]。另外，机器学习还属于"黑匣子"，其对训练好的模型的解释能力不足，很难解释建模的过程。

（2）多智能体建模

前面总结的人口空间化的建模方法都是"自上而下"的，这些模型的方法简单，但较依赖于样本，普适性较差；并且通常直接将较大统计单元获得的模型用于小尺度人口估算，较少考虑尺度效应；自动化程度较低，难以分析人口分布成因，且因精细尺度的人口样本较难获取，不太适用于高空间分辨率的人口分布模拟[②]。由大（尺度）向小（尺度）、自上而下的人口数据精细尺度分解方式，随着多源大数据的出现和计算机、统计分析技术的快速发展而出现转折。近年来，随着智能终端设备、电子商务平台、社交媒体的兴起，以及遥感、人工智能等技术的发展，海量时效性高、空间尺度精细，且隐含着人口社会经济及行为特征的数据产生[③]。

柏中强等[④]认为，想要用单一的思想及模型来准确表达人口空间分布的内在机理，是不可能的，人口空间化理论的前沿研究是集成了影响人口分布的多要素和新数据，进行的"自下而上"的人口空间化自适应、智能化方法研究。这种"自下而上"的建模方法，通常从微观视角出发，在带有行为、位置信息和社会属性的微观个体或家庭受自身经济状况、偏好和居住环境因素的影响下，与宏观的迁出行为和整体居住环境相互作用，从模拟人类居住行为的角度获取人口分布。智能化模型的核心在于对人的决策行为进行刻画，包括不同类型的人如何评价其居住环境，以及对周围居住环境的偏好程度、迁出可能性和迁出目标选择等；因此，人口空间化的

---

① 董南，杨小唤，蔡红艳. 人口数据空间化研究进展 [J]. 地球信息科学学报，2016，18（10）：1295.

② 卓莉，黄信锐，陶海燕，等. 基于多智能体模型与建筑物信息的高空间分辨率人口分布模拟 [J]. 地理研究，2014，33（3）：520-531.

③ 刘云霞，田甜，顾嘉钰，等. 基于大数据的城市人口社会经济特征精细时空尺度估计：数据、方法与应用 [J]. 人口与经济，2022（1）：42-57.

④ 柏中强，王卷乐，杨飞. 人口数据空间化研究综述 [J]. 地理科学进展，2013，32（11）：1692-1702.

智能化模型不仅能获得宏观层面的人口分布模式，而且能在一定程度上从微观角度解释人口分布的成因。

肖洪等[①]模拟了户籍人口、流动人口等不同类型智能体，根据自身偏好对居住位置的交通通达度、服务设施、自然环境以及区位压力进行评价，进而调整其居住地，并结合整体环境下的智能体生长、消亡和社会环境更新人口分布，得到长沙市区的人口动态变化格局。康停军等[②]构建了以家庭为单位的智能体，通过设置智能体间的搬迁协商、房屋价格更新和折旧、收入更新等规则，判断智能体在各自居住压力的作用下是否做出迁居的决策，并模拟了广州市街道内居住元胞不断迁居所形成的城市人口分布格局。郭璨等[③]认为，与人口空间分布密切相关的地理空间大数据主要为手机定位数据和交通数据，手机定位数据具有精度高、实时更新、易于获取和覆盖范围广等优势，为在空间上反映人的属性提供了可能，进而实现人口空间化分布。基于手机定位数据的人口分布感知方法，操作便捷，尤其是在获取其他数据困难的地区具有更大的实用价值。

卓莉等[④]利用建筑物信息，基于多智能体方法建立了"自下而上"的高空间分辨率居住人口分布模型，对传统统计模型构成了有益补充。董春等[⑤]通过夜间灯光、POI、地理国情普查等数据模拟了各建筑物的人口初始分布情况，并基于智能体的收入差异设置不同的建筑物搜索范围，从房屋的内部属性和外部属性构建不同建筑物的综合吸引力指数，然后与初始位置进行比较，以判断人口发生移动的不同情况。智能化建模由于所需数据涉及个体微观行为数据，获取难度较大，且构成复杂，因此基于这一建模思想的人口空间化方法当前还处于探索研究阶段。

依据建模思想的不同，人口空间化的主要建模方法如表2-7所示。

---

① 肖洪，田怀玉，朱佩娟，等. 基于多智能体的城市人口分布动态模拟与预测 [J]. 地理科学进展，2010，29（3）：347-354.

② 康停军，张新长，赵元，等. 基于GIS和多智能体的城市人口分布模拟 [J]. 中山大学学报（自然科学版），2012，51（3）：135-142.

③ 郭璨，甄峰，朱寿佳. 智能手机定位数据应用于城市研究的进展与展望 [J]. 人文地理，2014，140（6）：18-23.

④ 卓莉，黄信锐，陶海燕，等. 基于多智能体模型与建筑物信息的高空间分辨率人口分布模拟 [J]. 地理研究，2014，33（3）：520-531.

⑤ 董春，尹诗画，张玉. 多智能体的城市精细尺度人口估算模型 [J]. 测绘科学，2019，44（8）：113-119.

表 2-7　人口空间化的主要建模方法

	模型方法	建模指标	原理	优点	局限性
人口密度模型	负指数模型及改进 Smeed、Newling 模型	中心人口密度理论值、城市影响力范围、城市特征半径等	基于城市地理学中的人口分布理论：人口密度由城市中心向外围递减，且围绕城市中心呈圆形分布	模型简单，用于宏观人口分布研究	城市中心确定较为主观，未考虑影响人口密度的其他要素，不适用于小城市及乡村地区
空间插值模型	核密度估计模型（点插值法）	区域中心人口密度、最优带宽等	区域内人口密度从外围向中心递增，根据地理学第一定律，将人口密度内插到格网面	利用统计分析方法，模拟人口分布情况；模型趋于实际	未能考虑人口空间分布的自然、经济、社会等其他影响因素，模拟精度有限
	面积权重模型（面插值法）	面积	假设人口在行政区域内均匀分布，根据行政单元在格网中所占的面积，实现人口数据的格网化	公式简单，便于叠置分析；具有人口数量的保值性	未考虑影响人口空间分布的因素，刻画真实人口分布的能力较弱；空间分辨率较低
	分区密度模型（有辅助信息）	夜间灯光、土地利用类型、交通路网等	假设人口在同类别面元上分布相同，通过面插值技术实现人口空间化	模型简单，能够确保人口空间化后人口总量不变	准确性取决于所使用的辅助变量；各分区人口分配权重确定困难；不足以反映复杂城市环境下的人口分布
统计模型	多元回归模型	地形地貌、交通、河流水系、土地利用类型、夜间灯光、植被指数、居民点、POI、手机信令、地理位置大数据（腾讯、百度人口热力图）等数据	考虑多种影响因素，构建多元线性回归模型、地理加权回归模型等	适合中小尺度研究，参数少，清晰简洁，易于解释	多反映人口与多源数据之间的线性关系，忽略了非线性关系
	多源信息融合模型		关注各类因子对人口分布的影响大小，根据影响大小分配各因子权重	综合考虑人口分布的多因素	影响因素权重确定较为主观，缺少因子间的相关性分析，模型复杂
智能化模型	机器学习模型		利用神经网络、随机森林、Cubist、深度机器学习等方法，构建智能算法，实现人口数据内插	智能化、自动化程度高，模型结构灵活多变	模型精度受样本、算法影响较大，操作为"黑匣子"，解释性不好
	多智能体建模		个体依照环境等因素决定居住地，影响了人口空间分布，从而建立多智能体模拟系统	适合城市地区精细尺度的人口分布模拟，易于描述城市内部人口分布	环境参数的选取主观、设置复杂

2.2.4 格网适宜性研究

格网单元是可以更为精细地表征研究区域人口分布状态的载体，但是，不同尺度的格网单元，在人口信息的表达及应用方面存在较大差异。人口空间化并不是尺度越细精度越高，而是在不同空间化方法、数据、研究尺度的组合下有各自的适宜尺度①。人口空间数据格网尺度适宜性研究的关键在于确定适宜的格网大小，适宜的格网大小能充分表达人口空间分布特征，且数据简洁不冗余，有利于提高人口空间数据集的模拟精度，是提高人口空间数据集质量的有力支撑②。

现有的选择格网的方法主要有两种。一种是基于数据源的限制，通过数据源的基本属性选择适宜格网大小，如金君等③提出利用居住单元的最小面积确定格网大小，将可能不规则的最小居住单元看作近似圆形区域，并求出最小居住单元的半径作为格网尺度，该方法确定的格网能够确保任一居住地理单元不会完全落入一个格网，从而保证格网内居住单元的多样性。闫庆武等④认为，在研究市区人口分布时，可以街道办平均面积的2%作为格网大小。利用土地覆盖数据确定格网大小的方法主要基于最大面积原则和中心属性原则，在不同研究尺度下，选择格网中土地覆盖占比最大的土地类型，或是位于格网中心位置的土地类型作为整个格网的属性，然后以各格网属性与真实土地利用类型之间的误差面积与误差比例衡量矢量与栅格转换的精度损失，其中，精度损失较小的格网大小则为适宜格网尺度，典型研究如刘明亮等⑤、高占慧等⑥。

另一种则是基于人口空间化结果表达度的考虑，关注不同尺度下人口空间分布的属性特征，以选择适宜格网大小。学者们从人口分布的模拟精度出发，比较不同格网尺度下某一行政区域模拟人口和真实人口的差异，以模拟精度较高的格网大小作为适宜格网尺度，如金耀等⑦、吴京航等⑧的

---

① 杜国明，张树文，张有全. 城市人口分布的空间自相关分析：以沈阳市为例 [J]. 地理研究，2007（2）：383-390.

② 董南，杨小唤，蔡红艳，等. 人口密度格网尺度适宜性评价方法研究：以宣州区乡村区域为例 [J]. 地理学报，2017，72（12）：2310-2324.

③ 金君，李成名，印洁，等. 人口数据空间分布化模型研究 [J]. 测绘学报，2003（3）：278-282.

④ 闫庆武，卞正富，王红. 利用泰森多边形和格网平滑的人口密度空间化研究：以徐州市为例 [J]. 武汉大学学报（信息科学版），2011，36（8）：987-990.

⑤ 刘明亮，唐先明，刘纪远，等. 基于1 km格网的空间数据尺度效应研究 [J]. 遥感学报，2001（3）：183-190.

⑥ 高占慧. 区域生态环境评价中的统计数据空间化方法研究 [D]. 济南：山东师范大学，2012.

⑦ 金耀，李士成，倪永，等. 基于地表覆盖及夜间灯光的分区人口空间化：以京津冀地区为例 [J]. 遥感信息，2021，36（5）：81-89.

⑧ 吴京航，桂志鹏，申力，等. 顾及格网属性分级与空间关联的人口空间化方法 [J]. 武汉大学学报（信息科学版），2022，47（9）：1364-1375.

研究。另外，也有学者考虑到人口分布的空间自相关特征具有较强的尺度依赖性，同一城市在不同的格网尺度下可能会呈现出不同的人口格局，如杜国明等[①]和王培震等[②]通过格网和空间自相关关系来确定适宜格网大小。李月娇等[③]利用景观生态学的相关指数和方法，分析了人口分布景观格局随着人口空间化尺度变化的发展趋势，探索了不同格网尺度表达人口空间分布的适宜性。李志林等指出，最佳尺度问题的实质就是寻求尺度的最佳匹配，并提出可以基于分形维数、变异函数、地理方差、局部方差和信息熵等方法提取最佳尺度，这些寻找尺度适宜性的方法能够为衡量格网尺度效应的指标提供参考[④]。

杨瑞红[⑤]以株洲市住宅设施作为人口分布的参考，提出了基于建筑物重分类的人口数据空间化方法，并对格网尺度适宜性进行了探讨，发现对株洲市人口进行空间化建模最适宜的格网尺度是100~250 m。董南等[⑥]基于人口分布位置准确程度、区域人口密度差异程度、局部区域人口分布差异程度，提出应从位置、数值信息和空间关系三个方面分析人口空间数据的格网尺度适宜性。徐凤娇[⑦]以安徽省为例，对夜间灯光和土地利用类型进行重分类，并基于地理加权回归模型生成了十九种尺度的人口格网数据集，从多个角度探讨了格网尺度适宜性，发现200 m精度的格网为最适宜的格网尺度。

刘正廉[⑧]以武汉市为研究区域，将城市夜间灯光、土地利用类型、建筑物属性和建筑物与POI的空间位置作为模型变量，并将这些变量划分为训练集和测试集，用随机森林模型进行训练和预测，构建500 m×500 m、

① 杜国明，张树文，张有全. 城市人口分布的空间自相关分析：以沈阳市为例 [J]. 地理研究，2007 (2)：383-390.

② 王培震，石培基，魏伟，等. 基于空间自相关特征的人口密度格网尺度效应与空间化研究：以石羊河流域为例 [J]. 地球科学进展，2012，27 (12)：1363-1372.

③ 李月娇，杨小唤，王静. 基于景观生态学的人口空间数据适宜格网尺度研究：以山东省为例 [J]. 地理与地理信息科学，2014，30 (1)：97-100.

④ 李志林，王继成，谭诗腾，等. 地理信息科学中尺度问题的30年研究现状 [J]. 武汉大学学报（信息科学版），2018，43 (12)：2233-2242.

⑤ 杨瑞红. 基于高精度数据的人口空间化方法和应用研究 [D]. 阜新：辽宁工程技术大学，2014.

⑥ 董南，杨小唤，蔡红艳，等. 人口密度格网尺度适宜性评价方法研究：以宣州区乡村区域为例 [J]. 地理学报，2017，72 (12)：2310-2324.

⑦ 徐凤娇. 人口数据空间化格网尺度适宜性研究 [D]. 延吉：延边大学，2017.

⑧ 刘正廉. 基于多源地理数据的精细人口空间化方法研究 [D]. 武汉：武汉大学，2019.

100 m×100 m 和 50 m×50 m 三种尺度的格网单元，发现基于夜间灯光和土地利用类型的数据在 500 m×500 m 格网尺度下效果最好，而基于 POI 和建筑物的数据在 50 m×50 m 格网尺度下效果最好。侯剑等[①]基于第六次全国人口普查数据、全球地表覆盖数据（GlobleLand 30，GL30）及其派生的网格数据，以四川省为研究区域，结合分区密度思想，对四川省进行了二次分区，在此基础上，分别构建了县级人口在 30 m、240 m、450 m、660 m、870 m 和 1 080 m 尺度上的格网数据集，发现县级人口在 450 m 格网尺度下的人口空间化模拟精度较高。

从目前研究来看，研究人员选择的格网大小与研究区域的尺度无明显关系，在洲、国家、省、市、县尺度上，皆存在大格网（1 km、500 m）及小格网（100 m、50 m、30 m）的研究[②]。大多学者主要根据经验选择格网大小，并未对格网大小选择的适宜性进行讨论，因此，格网适宜性分析在人口空间化研究中的重视程度有待加强。

从模拟精度评价来看，模拟精度评价包括数值层面和空间分布形态层面的评价，数值层面的相关指标主要包括相对误差、平均相对误差、相关系数等，而空间分布形态层面则关注模拟结果是否符合人口分布差异特征、人口分布是否与区划边界衔接自然等。从现有研究来看，实现静态分区分级建模和动态分区分级建模是改善模拟精度的重要方法。

2.2.5 应用研究与公共数据集

1. 应用研究

现有的人口空间化研究成果主要应用在城市公共管理评价、风险灾情评估、辅助完善其他评价指标等评估维度，同时也需要将人口和经济、社会变量相结合，以人口空间化为桥梁，实现其他指标的空间化呈现。如《中共中央关于制定国民经济和社会发展第十四个五年规划和二〇三五年远景目标的建议》中就指出，要"推进以人为核心的新型城镇化"和坚持以人为本的城市发展理念。推进基本公共服务均等化必须检验公共资源分布与人口分布是否协调，防止出现公共资源在人口规模较小的地区过度分

---

① 侯剑，徐柱，赵真，等. 基于 GL30 人口空间化尺度适宜性探究 [J]. 测绘与空间地理信息，2019，42（2）：90-93.

② 董南，杨小唤，蔡红艳. 人口数据空间化研究进展 [J]. 地球信息科学学报，2016，18（10）：1295-1304.

配，而在人口密集地区分配不足的问题。

因此，有学者基于人口空间化研究成果，从基础教育资源①、公共医疗服务水平②、公园绿地社会服务③、城市健康资源水平④等方面分析了评价公共资源的空间可达性和供需匹配程度，以期为政府制定公共服务政策、调节公共资源分配提供支持。区别于基于传统行政区划对人口发展功能区进行划分，向华丽等⑤利用地表覆盖类型数据对人口数据进行格网化空间展布，并结合耕地、水体和高程数据构建的决策树来划分人口功能区的方法具有简化人口发展功能评价指标体系、提高分区精度、利于社会经济数据和资源环境数据耦合分析等优势。Liu 等⑥基于不同细粒度的人口数据对中国 22 个城市区域的多中心城市发展进行了多个地理尺度的对比分析。Xu 等⑦基于夜间灯光图像和人口分布数据，量化分析了 1990—2010 年中国城市的扩张。

人口空间化研究还能促使风险灾情评估得到快速、精准响应，如张眉等⑧以市县级人口和 GDP 空间化结果作为承灾体易损性评价指标，从承灾体易损性、台风灾害致灾因子危险程度、孕灾环境敏感程度和防灾减灾能力四个方面对浙江省的台风灾害风险进行了评估。谷国梁等⑨以天津市房屋建筑面积为基础，通过面积权重法将人口分配到房屋建筑上，结合房屋

① 马宇，李德平，周亮，等. 长沙市基础教育资源空间可达性和供需匹配度评价 [J]. 热带地理，2021，41（5）：1060-1072.

② 杨智威，陈颖彪，千庆兰，等. 人口空间化下公共医疗服务水平匹配度评价：以广州市为例 [J]. 地理与地理信息科学，2019，35（2）：74-82.

③ 吴健生，沈楠. 基于步行指数的深圳市福田区公园绿地社会服务功能研究 [J]. 生态学报，2017，37（22）：7483-7492.

④ 王芳，朱明稳，陈崇旺，等. 基于步行指数与人口空间格局的城市健康资源公平性：以广州市中心城区为例 [J]. 资源科学，2021，43（2）：390-402.

⑤ 向华丽，杨云彦. 基于人口数据空间化技术的区域人口发展功能分区研究：以武汉城市圈为例 [J]. 长江流域资源与环境，2013，22（9）：1133-1141.

⑥ LIU X, DERUDDER B, WANG M. Polycentric urban development in China: a multi-scale analysis [J]. Environment Planning，2018，45（5）：953-972.

⑦ XU G, JIAO L, YUAN M, et al. How does urban population density decline over time? An exponential model for Chinese cities with international comparisons [J]. Landscape and Urban Planning，2019，183（11）：59-67.

⑧ 张眉，韩照全，金有杰. 浙江省台风灾害风险评估 [J]. 科学技术与工程，2014，14（10）：123-129.

⑨ 谷国梁，王晓蕾，李雅静，等. 天津市面向震害快速评估的房屋和人口空间化研究 [J]. 地震，2016，36（2）：149-158.

的住宅或公建等属性，模拟人口在白天和夜间的动态分布情况，以此评估不同时间段的震害损失。

人口空间化研究能辅助完善现有指标。以空气质量指标为例，相同浓度的空气污染对人口密集区产生的危害比对稀疏区产生的危害更加严重，仅使用空气污染浓度指标难以反映人口与污染分布之间较大的空间不一致性，也不能全面、客观地反映人口所面临的健康风险①。从人口空间化出发，以格网人口密度和空气质量指数之积构建的空气污染暴露强度指标同时兼顾了城市污染物的浓度大小及其对人口规模的影响，比原来使用单一的污染物浓度指标更具合理性②。基于人口空间化结果，利用人口与其他经济社会变量的关系，也可推演其他指标的空间化结果，如刘忠等③基于2000年中国公里网格人口数据集构建了省（区、市）耕地人口密度和省（区、市）单位耕地面积粮食产量的回归关系，并将该关系推演到格网上，实现了粮食产量的空间化。

2. 代表性公共数据集

人口空间化数据集是以上各种方法和模型应用的直接成果。经过30余年的发展，当前国内和国外具有代表性、区域性的人口空间公共数据集产品主要有：中国公里网格人口分布数据集和 WorldPop、GPWv4、LandScan、UNEP/GRID 数据集。

（1）中国公里网格人口分布数据集（CnPop）。该数据集由中国科学院地理科学与资源研究所完成，空间分辨率为 1 km。其中，数据来自中国科学院地理科学与资源研究所全球变化科学研究数据出版系统和中国科学院资源环境科学数据中心数据注册与出版系统。两种数据由不同团队采用不同的生产方式完成，前者的生产方式是根据人口分布的空间特征将中国分为 8 个一级人口片区，然后在一级人口片区下按照人口密度和各种土地利用类型所占比例划分出 40 个二级区，每个二级区建立 1 个人口分布模

---

① 宋万营，杨振，王平平，等. 基于 LUR 模型的大气 PM_(2.5) 浓度分布模拟与人口暴露研究：以湖北省为例 [J]. 华中师范大学学报（自然科学版），2019，53（3）：451-458.

② 郭恒亮，杨硕，赫晓慧，等. 基于夜间灯光数据的郑州市大气污染暴露强度研究 [J]. 河南理工大学学报（自然科学版），2019，38（3）：81-88.

③ 刘忠，李保国. 基于土地利用和人口密度的中国粮食产量空间化 [J]. 农业工程学报，2012，28（9）：1-8.

型，以实现基于土地利用类型数据的人口空间化①。后者的生产方式是综合考虑与人口密切相关的土地利用类型、夜间灯光亮度、居民点密度的人口分布权重，并利用多因子权重分配法将人口数据分配到空间格网上，以实现基于权重占比的人口空间化②。当前发布的全国 1995 年、2000 年、2005 年、2010 年、2015 年的公里网格人口分布数据集，可从国家地球系统科学数据中心下载③。

（2）世界人口数据集（WorldPop，网址：https://www.worldpop.org/）。WorldPop 项目于 2011 年启动，是由佛罗里达大学地理系和新型病原研究所主持的百米格网人口数据空间化项目，牛津大学参与其中。该项目从 2005 年启动的 AfriPop 和 AsiaPop 项目发展而来，旨在为非洲和亚洲提供开放的、具有高分辨率和高精度的人口空间化数据集档案，旨在为流行病学、扶贫、道路和城市规划及人口迁移研究提供基础数据④。

WorldPop 开发了数据的集成和分解方法，基于人口普查、人口调查、夜间灯光数据、土地利用类型数据、手机数据，以及各类土地利用类型的距离因子和高程信息，采用分类回归树算法中的随机森林模型估算人口分布的权重图层，再利用分区密度制图实现人口空间化，生成了全球 100 m × 100 m 的人口格网数据集⑤。它的人口空间化方法透明，其附带元数据和不确定性度量的空间分辨率是当前全球大规模人口数据集中最高的⑥。Bai 等研究发现，Worldpop 在其研究的数据集中的估计精度最高，能够准确估计约 60% 的区域人口分布情况⑦。此外，WorldPop 数据集还常作为对照组，

① 付晶莹，江东，黄耀欢. 中国公里网格人口分布数据集［J］. 地理学报（增刊），2014，69：41-44.

② 徐新良. 中国人口空间分布公里网格数据集［D/OL］. 北京：中国科学院资源环境科学数据中心数据注册与出版系统，2017［2020-06-28］. http://www.resdc.cn/DOI. DOI：10.12078/2017121101.

③ 国家地球系统科学数据中心. 中国公里网格人口空间分布数据集（1995、2000、2005、2010、2015 年）［EB/OL］. https://www.geodata.cn/main/#/face_science_detail? id = 58741&guid = 23724041532515，2022-06-10.

④ LINARD C，GILBERT M，SNOW R W，et al. Population distribution，settlement patterns and accessibility across Africain［J］. PLOS ONE. 2012，7（2）：e31743.

⑤ TATEM A. WorldPop，open data for spatial demography［J］. Scientific Data，2017，4（1）：1-4.

⑥ LLOYD C T，SORICHETTA A，TATEM A J. High resolution global gridded data for use in population studies［J］. Scientific Data，2017，4（1）1-17.

⑦ BAI Z Q，WANG J L，WANG M M，et al. Accuracy assessment of multi-source gridded population distribution datasets in China［J］. Sustainability，2018，10（5）：1363.

以验证产品精度，该数据集在中国范围内有较高的适用性①。但也有学者提出，由于其使用的开源众包 Open Street Map 数据在中国等多个发展中国家的质量较低，其精度仍有较大的提升空间②。

（3）全球栅格人口数据集（GPW）。GPW（gridded population of the world）数据集由哥伦比亚大学的国际地球科学信息网络中心（center for international earth science information network，CIESIN）和 NASA 的社会经济数据和应用中心（socioeconomic data and applications center，SEDAC）合作完成，至今，GPW 已经发布了 4 个版本的数据集，即 GPWv4。第 4 版于2016 年发布，最高空间分辨率为 30 弧秒，相当于赤道处 1 km。GPW 数据的生产方式是通过面积加权法将人口普查数据分配到网格中，同时使用水域作为掩膜，将湖泊、河流和冰覆盖的区域设为无人区③。哥伦比亚大学和 SEDAC 在 GPW 数据集的基础上生成了全球城乡测绘项目（global rural-urban mapping project，GRUMP）数据集，包含了人口数量网格数据集、人口密度数据集、城市居住点数据集等 8 个全球数据集。它与 GPW 的不同之处在于，其更加注重城乡差异化，在人口普查单位的人口空间重新分配中纳入了城乡单元。

（4）LandScan。该数据集由美国能源部橡树岭国家实验室（ORNL）于 2000 年创建，它采用 GIS 与遥感影像（remote sensing，RS）相结合的方法，在空间分辨率大约为 1 km 的格网内，采用空间数据、图像分析技术和多元分区密度模型在特定的行政边界范围内对人口统计数据进行分析④，旨在为应急准备、监测预警、应急处置，以及恢复重建等工作提供精细人口数据。从 1998 年开始，该数据集每年更新一次，但该数据集为商业数据集，无法免费获得。

（5）UNEP/GRID。由联合国环境计划署（the United Nations

---

① 成方龙，赵冠伟，杨木壮，等. 集成地理探测器与随机森林模型的城市人口分布格网模拟 [J]. 测绘通报，2020（1）：76-81.

② 邱歌. 基于随机森林模型的高精度人口数据空间化 [D]. 呼和浩特：内蒙古师范大学，2019.

③ DOXSEY-WHITFIELD E, MACMANUS K, ADAMO S B, et al. Taking advantage of the improved availability of census data: a first look at the gridded population of the world, version 4 [J]. Papers in Applied Geography, 2015, 1（3）: 226-234.

④ DOBSON J E, BRIGHT E A, COLEMAN P R, et al. LandScan: A global population database for estimating populations at risk [J]. Photogrammetric Engineering and Remote Sensing, 2000, 66（7）: 849-857.

Environment Programme，UNEP）支持建立的全球资源信息数据库（global resource information database，GRID），由多个数据中心组成，设立在美国苏瀑市的子数据库中，可提供全球人口和行政边界数据。当前该数据库能够提供非洲（1960—2000 年）、亚洲（1995 年）和拉丁美洲（1960—1980 年和 2000 年）5 km 空间分辨率的人口数据，数据的时空分辨率较低。

林丹淳等[1]对 Worldpop、GPWv4 和 2 种中国公里网格人口分布数据集的空间分布一致性和数据集的精度进行对比分析，研究发现在 4 种人口数据集中，WorldPop 整体的数据精度及人口密集区的数据精度最高；GPWv4 在低人口密度和中等人口密度区域的数据精度略高于 WorldPop，但对街镇人口分布的细节刻画得不够详细；2 种中国公里网格人口分布数据集受空间化方法和模型变量的选择限制，其数据精度较前两者低。因此，WorldPop 适合用于中等人口密度区域及高人口密度区域的精细的人口空间化研究，GPWv4 适合用于长时序、最小研究单元大于街镇的人口空间化研究。

上述数据集中除了 LandScan 为商业数据集，其他数据集均为开放无偿的共享数据集。除这些公共数据集之外，研究者们也为特定的研究需求开发了其他数据集，如 Bengtsson 等[2]基于全球气候变化模式和城镇扩张而构建的全球 1900—2050 年人口分布数据集。Jones 等[3]开发的共享社会经济路径（shared socioeconomic pathways，SSPs）网格化人口数据集，可应用于多项气候变化研究，但是这个数据集有两个重要的限制：首先，它的空间分辨率相对较低（0.125°×0.125°），不足以研究区域或地方层面的气候变化影响；其次，该数据集的开发没有使用辅助数据，过高估计了人口稠密地区的人口。

Chen 等[4]认为，SSPs 现有的网格化人口预测的分辨率相对较低，会高估人口稠密地区的人口。因此，他们通过整合高分辨率的历史人口地图和

① 林丹淳，谭敏，刘凯，等. 代表性人口空间分布数据集的精度评价：以 2010 年广东省为例［J］. 热带地理，2020，40（2）：346-356.

② BENGTSSON M，SHEN Y，et al. A SRES-based gridded global population dataset for 1990—2100［J］. Population and Environment，2006，28（2）：113-131.

③ JONES B，O'NEILL B. Spatially explicit global population scenarios consistent with the shared socioeconomic pathways［J］. Environmental Research Letters，2016，11（8）：084003.

④ CHEN Y，GUO F，WAND J，et al. Provincial and gridded population projection for China under shared socioeconomic pathways from 2010 to 2100［J］. Scientific Data，2020，7（1）：83.

机器学习模型，以预测未来建成用地和人口分布情况，生成了中国 2015—
2100 年的 100 m×100 m SSPs 人口地图。科学数据银行（science data bank）
于 2022 年 4 月 18 日正式发布了共享社会经济路径（SSPs）的人口和经济
格网化数据库（gridded datasets for population and economy under shared soci-
oeconomic pathways）。该数据集包含了 SSP1—SSP5 的 2020—2100 年全球、
"一带一路"沿线国家、中国城市和农村的人口和 GDP 逐年格网预估数
据，分辨率为 0.5°×0.5°，以及中国第一、第二和第三产业的产值格点预
估数据，分辨率约 5′×5′①。

综上所述，人口空间化的大规模代表性公共数据集如表 2-8 所示。尽
管当前人口空间化的研究成果较为丰富，但是当这些人口数据集被"数据
生产者"之外的人口学及相关领域研究者广泛应用时，还需要对数据进行
裁剪、切割、转换等再加工②；另外这些数据集主要从大区域视角出发，
对精细尺度的人口分布的刻画还不够。

表 2-8　人口空间化的大规模代表性公共数据集

数据集名称		空间分辨率	时间
中国公里网格人口分布数据集		1 km	1995 年、2000 年、2005 年、2010 年、2015 年
WorldPop		1 km、100 m	2000—2020 年
GPWv4		1 km	1990—2020 年
LandScan		1 km	1998 年、2000—2019 年
SSPs	Global population scenarios	0.5°	1980–2100 年（SSPs）
	NCAR spatial population scenarios	0.125°	2010–2100 年（SSPs）

2.2.6　人口空间化研究评述

经过 30 多年的快速发展，人口空间化研究形成了成熟的建模思想和常

---

① 姜彤，苏布达，王艳君，等. 共享社会经济路径（SSPs）人口和经济格点化数据集［J］.
气候变化研究进展，2022，18（3）：381-383.
② 刘云霞，田甜，顾嘉钰，等. 基于大数据的城市人口社会经济特征精细时空尺度估计：数
据、方法与应用［J］. 人口与经济，2022，（1）：42-57.

用的全球与中国的人口空间化数据集。人口空间化模型从单纯的、静态的格网化模型，逐步向自然、经济和社会因素综合影响下的空间模型过渡，并朝着精细化和动态化模型方向发展①。

在人口空间化模型日益丰富，模拟结果精度不断提高，人口格网数据集不断增多，以及从微观个体层面感知人口及其分布的方法和统计分析技术不断发展的情况下，出现了全新的人口数据采集方法、人口空间化新模型和人口科学研究范式，但是这一方向的研究才开始不久，还需要对人口空间化的建模方法、人口空间化研究的内涵和外延、高时空分辨率人口空间化数据集等进行深入研究和创新。

1. 人口空间化建模方法的创新研究

在当前的人口空间化建模方法中，人口密度法和空间插值法模型比较简单，且易于操作，但没有考虑影响人口分布的自然和社会等多种因素；分区密度模型简便，能保证源区域与目标区域人口总量不变，但确定各分区的人口分配权重较为困难；地理加权回归模型的参数少，易于建模，但其方法过于片面，仅考虑了数据的空间特性，而忽略了时间特性对模型的影响；多源信息融合模型综合考虑了各种因素对人口分布的影响，但选取指标多变，参数设置和模型计算较为复杂；智能化模型具有精度高、智能化和自动化等优点，但完整因子库构建较为困难，模型算法实现复杂；高时空分辨率人口空间化模型的模拟精度较高，但对数据分辨率的要求高，数据搜集、处理和分析困难。因此，对于人口空间化的建模方法还需做进一步创新研究，GTWR 模型和 MGWR 模型是 GWR 模型的新发展，充分考虑了变量的时空关联性和异质性特征，是很好的创新研究方向之一。

另外，虽然某些地区的实证研究表明，采用机器学习模型进行人口空间化建模的方法，较传统模型具有一定的精度优势，但是它的研究尚处于初级阶段，当前研究者多采用的是浅层机器学习模型，对于机器学习的集成模型和深度学习模型的应用研究还较少。与单个机器学习模型相比，集成模型可以组合多个不同类型的机器学习单模型，从而最大程度地提高模型的拟合精度，更适合用于复杂数据的建模。当然，这种方法也存在一定的局限性，在应用时需要结合传统方法进行建模因子的选择与结果的比较分析。

---

① 符海月，李满春，赵军，等. 人口数据格网化模型研究进展综述 [J]. 人文地理，2006，21 (3)：115–119.

2. 人口空间化内涵和外延的创新性研究

人口空间化的内涵创新体现在：一方面，将人口空间化的内容从人口数量空间化拓展到人口属性信息或人口社会经济特征的空间化，以进一步丰富人口空间化的内涵；另一方面，在政府微观人口抽样数据开放的背景下，可与多学科交叉融合，以开拓新的人口空间化创新思路。

现阶段的人口空间化研究多关注的是人口数量的空间化，主要将地区常住人口指标作为模拟数据。而常住人口规模仅作为人口学中最基本的属性特征，基于其他人口学细分特征的人口空间化研究较少。如江威等[1]基于夜间灯光数据对全国范围、省级层面的总人口和非农业人口进行了人口空间化研究。Montasser 等[2]利用社交媒体数据预测了研究区域的性别、年龄、民族和受教育程度等的分布，并在精细的空间分辨率下绘制了分布图。Suel 等[3]利用预训练的 CNN 和 Google 街景图像，估计了空间格式下伦敦市的收入、就业、教育等人口社会经济特征。

当前，地理学与测绘科学等研究领域对于高精度人口数据集的构造思路是：以人口空间分布的影响因素和多源人口空间分布的耦合指标为基础，采用人口空间化的模型方法进行估计或构造。由于受教育程度、收入、民族、就业、出生、死亡、婚姻、住房等人口属性或人口社会经济特征没有直接的耦合指标（如土地利用类型、夜间灯光强度、POI 和生活环境等），因此当前研究大多使用社交媒体中的用户推文和个人资料对文本进行分析，并提取变量进行估计，相关研究仍处于起步阶段[4]。

在计算机和管理科学等研究领域，人口数据信息，特别是微观人口数据是建模与仿真系统的重要基础数据，但由于其具有高成本和隐私保护的特征，微观人口及其属性数据很难获取，针对该问题，人们采用的有效办法是进行人工人口生成，即生成全社会虚拟人口数据集。该数据集并不包含真实的个体信息，但在一定范围内，其统计属性与现实人口相近或相

---

① 江威，吕娟，左惠强，等. 利用夜光遥感的中国人口参量空间化模拟 [J]. 遥感信息，2021，36（6）：9-17.

② MONTASSER O, KIFER D. Predicting demographics of high-resolution geographies with geotagged tweets [C]. Thirty first 100AAAI Conference on Artificial Intelligence, 2017：1460-1466.

③ SUEL E, POLAK J W, BENNETT J E, et al. Measuring social, environmental and health inequalities using deep learning and street imagery [J]. Scientific Reports, 2019, 9 (1)：1-10.

④ 刘云霞，田甜，顾嘉钰，等. 基于大数据的城市人口社会经济特征精细时空尺度估计：数据、方法与应用 [J]. 人口与经济，2022，(1)：42-57.

符，进而可以代替现实人口①。

同样地，随着优化算法、机器学习模型的快速发展，以及国家统计机构对人口微观数据的开放，人工人口合成方法的研究也取得了丰富的成果，合成质量显著提升。这一思路为人口属性或社会经济特征空间化建模提供了新的研究范式，可以尝试以合成的人工人口为基础进行人口空间化建模，这样可以使人口空间化的产品蕴含丰富的属性信息，且便于同时生成多尺度的人口空间化数据集，有助于不同层面的研究选择合适的产品尺度。关于人工人口的研究综述，在下一节中将具体展开讨论。

人口空间化的外延创新性是指应进一步增强人口空间化的应用价值，现有人口空间化的应用研究仍较少，主要围绕人口与公共设施的适宜性、地震灾情影响评估展开②。我们应将以人口为基础的格网与相关经济属性、社会属性、地理属性等指标结合，以扩展格网的属性维度，在区域自然风险评估、资源配置、区域规划、疫情防控等方面实现更精细尺度下的应用研究，从而提升人口空间化的实践价值。

3. 高时空分辨率人口空间化数据集的创建

人口空间化的重要研究方向之一是高时空分辨率人口空间化数据集的创建。其中，时间维度的精细化取决于建模指标数据采集的时间间隔，而空间尺度的精细化则依赖于科学的估计与预测方法。这些具有社会和经济特征的高时空分辨率的人口空间分布，对于城市精细化管理有着重要作用③。现有人口空间化研究中的时间特性有待提升，从近几年的研究来看，模拟人口数据的年份较早，最远的数据年份可追溯到 2000 年，最近的数据多为 2015 年的，所用数据的年度与文献发表的年度存在 6~8 年的滞后时间。随着城市扩张规划、人口自然增长和人口流动迁移，基于较早年度数据的人口空间化模拟产品难以支持当前对人口精细化管理的要求。

同时，即使研究使用的模拟人口数据较新，但其人口空间化产品大多基于特定年份，数据的时效性有限。相较于特定年份的人口空间化研究，基于长序列的人口空间化研究在精细尺度下预测人口规模变化及趋势、资源环境规划、区域发展战略的制定等方面的优势更加突出，但由于存在较

---

① 刘列，许晴，祖正虎，等. 针对多代户家庭的人工人口生成方法研究 [J]. 生物技术通讯，2016，27（2）：237-243.

② 谷国梁，王晓蕾，李雅静，等. 天津市面向震害快速评估的房屋和人口空间化研究 [J]. 地震，2016，36（2）：149-158.

③ XIE M, JEAN N, BURKE M, et al. Transfer learning fromdeep features for remote sensing and poverty mapping [C]. Thirtieth AAAI Conference on Artificial Intelligence，2016：3929-3935.

低等级的行政单元（如乡镇、街道、社区、村）频繁地进行区划调整和变更，以及其人口统计数据难以公开以支持人口数据的空间重分配、辅助人口空间化的高分辨率数据更新周期长等问题，现阶段我国开展的长序列人口空间化研究相对较少。

除上述三点不足之外，对于建模指标而言，也存在一些需要创新的地方，如当前记录的POI数据仍处于"碎片化"阶段，存在时间序列不完整、属性挖掘不充分，以及空间覆盖率较低、精准度不高等问题，导致相关精细化研究难以开展①。因此，需要进一步加强POI与居民点、社交媒体与遥感影像等多源数据的融合，深入挖掘具有潜在价值的多重信息，以实现对地理要素全方位、多领域的精细化描述，构建包含经济、社会、地理、生态等多领域信息的新型地理空间数据②。

2.3 人工人口合成研究综述

人口是社会发展中的基本要素，对社会和经济发展影响重大。随着计算机技术的快速发展，仿真技术被广泛应用于疾病传播、交通出行、应急事件及城市规划等领域③。相关研究结果的准确性与人口数据密切相关，数据越微观，研究结果的精度越高。但是，由于高成本和隐私保护等问题的存在，高精度微观人口数据很难获取，而人工人口合成是解决这一问题的有效方法。随着国家统计局陆续公开2010年全国人口普查数据和2015年全国1%人口抽样调查的微观数据，针对人口空间化中属性缺乏直接耦合指标，难以空间化的情况，本书提出利用人口普查统计数据和抽样调查微观数据，进行多重属性的人工人口合成，然后在此基础上进行人口属性信息的空间化尝试，所以此处我们对人工人口的合成方法与应用研究进行重点综述。另外，由于人工人口合成的国内研究文献较少，因此本节不再对其进行文献计量分析。

---

① 薛冰，许耀天，赵冰玉. 地理学视角下POI大数据的应用研究及反思［J］. 贵州师范大学学报（自然科学版），2022，40（4）：1-6.

② 薛冰，李京忠，肖骁，等. 基于兴趣点（POI）大数据的人地关系研究综述：理论、方法与应用［J］. 地理与地理信息科学，2019，35（6）：51-60.

③ 葛渊峥，宋智超，孟荣清. 人工社会大规模人工人口生成方法综述［J］. 系统仿真学报，2019，31（10）：1951-1959.

2.3.1 人工人口合成方法

人工人口合成，也称为人工人口构建，是指利用计算机技术，将现实人口的统计信息和少量样本数据作为输入数据，生成符合统计分布的人口列表，即虚拟人口数据集，使得每个虚拟个体都包含输入数据所关联的属性信息[1]。在该数据集中，每一个个体可代表社会中的"人"，不同个体具有不同的属性，因此可为人们分析社会性突发事件提供研究基础及决策依据。通常情况下，人工人口包含人口数据（年龄、性别等）和家庭数据（家庭成员构成、地理位置等），其他情况下可根据研究目的的不同进行信息的选择性使用。在合成人工人口时，不仅要考虑到研究问题所需要的数据，更要重视方法或工具的选择。

人工人口合成的研究发展至今，已经衍生出越来越多的算法，这些算法不仅能够满足不同研究领域的特定需求，而且在拟合程度上也越来越接近实际情况。当前，人工人口的合成方法主要有合成重构法（synthetic reconstruction，SR）、组合优化法（combinatorial optimization，CO）和统计学习法（statistical learning，SL）三类。其中，SR 和 CO 通过复制个体生成人工人口，SL 根据联合概率估计总体；SR 为确定性方法，CO 和 SL 为随机性方法[2]。

1. 合成重构法

SR 是最早提出且当前仍被广泛应用的一种人工人口合成方法，它通过拟合联合分布表和复制个体属性信息生成人工人口。具体而言，SR 中的合成方法多采用迭代比例拟合法（iterative proportional fitting，IPF），它最早由 Deming 和 Stephan[3] 提出，用于估计已知边际约束下每个单元值占总数的比例。Fienberg[4] 从理论上证明了这一方法的收敛性。

针对复杂系统的人工人口合成，IPF 最早出现在 Beckman 等的交通分析模拟系统研究中，他们采用这一方法合成了研究所用的人工人口[5]。IPF

① 刘列，许晴，祖正虎，等. 针对多代户家庭的人工人口生成方法研究 [J]. 生物技术通讯，2016，27（2）：237-243.

② BOYAM F Y, PASCAL G, PIERRE H, et al. Comparing methods for generating a two-layered synthetic population [J]. Transportation Research Record, 2020, 2675 (1): 136-147.

③ DEMING W E, STEPHAN F. On a least squares adjustment of a sampled frequency table when the expected marginal totals are known [J]. Annals of Mathematical Statistics, 1940, 11 (4): 427-444.

④ FIENBERG S E. Association and estimation in contingency tables [J]. Annals of Mathematical Statistics, 1970, 41 (3): 907-917.

⑤ BECKMAN R, BAGGERLY K, MCKAY M. Creating synthetic baseline populations [J]. Transportation Research Part A, 1996, 30: 415-429.

的优点是计算效率较高、生成步骤规范，在实践中被广泛应用。之后，学者们借鉴这一方法合成了多个国家或地区的人工人口，如 Arentze 等①合成了欧洲的人工人口，Zhu 等②则对 IPF 方法进行改进，得到两步 IPF 算法，并结合土地利用类型、建筑物等多源信息，对新加坡 129 万个家庭和 390 万人口实现了合成。Wheaton 等③以 TRANSIMS 系统中的人工人口模型（population synthesizer）和美国人口地理数据（US census bureau tiger data）、5%抽样的家庭数据（public use microdata sample，PUMS）为基础，合成了美国各州、市的综合人口数据库，作为人工社会仿真系统的基础数据库。

虽然 IPF 得到了广泛应用，但当它合成人工人口时，家庭属性和个体属性的联合分布都是单独或顺序拟合的，并不能保证这两个属性之间的一致性，即这种方法只能保证家庭或个体一个层面的属性分布得到很好的模拟，无法兼顾多个统计水平的约束。针对这一不足，Ye 等④对 IPF 算法进行改进，提出迭代比例更新法（iterative proportional updating，IPU），该方法在特定类型家庭之间进行迭代和对权重进行重新分配，同时兼顾了个体和家庭数据的合成精度要求。他们将该方法实际应用于美国亚利桑那州小区域，证明了 IPU 算法在匹配家庭和个人级别的分布以及计算时间上的表现良好。

IPU 算法在满足家庭和个体层面的边际分布的基础上，可以计算每个家庭在整体分布中所占的比重，后续通过蒙特卡洛抽样方法，按照比例进行概率抽样，最终抽取的结果既能满足家庭层面的控制变量的边际分布，又能满足个体层面的约束条件。IPU 算法在 IPF 算法的基础上前进了很大一步，但是该算法并没有考虑不同地理层次单元的条件分布；另外，该合成过程也严重依赖于调查样本数据的质量⑤。

① ARENTZE T, TIMMERMANS H, HOFMAN F. Creating synthetic household populations：problems and approach［J］. Transportation Research Record, 2007, 2014（1）：85-91.

② ZHU Y, FERREIRA J. Synthetic population generation at disaggregated spatial scales for land use and transportation microsimulation［J］. Transportation Research Record, 2014, 2429（1）：168-177.

③ WHEATON W D, CAJKA J C, CHASTEEN B M, et al. Synthesized population databases：a us geospatial database for agent-based models［J］. RTI Press Methods Report, 2009（10）：905-921.

④ YE X, KONDURI K, PENDYALA R M, et al. A methodology to match distributions of both household and person attributes in the generation of synthetic populations［C］. 88th Annual Meeting of the Transportation Research Board, 2009：09-2096.

⑤ 雷焕宇，胡封疆. 基于 Extended IPU 的人口合成模型及应用［C］//第十五届中国智能交通年会学术委员会. 第十五届中国智能交通年会科技论文集. 北京：中国工业出版社，2020：353-367.

Ma 等①提出了一种基于适应度的综合方法（fitness based synthesis approach，FBS），该方法可以直接生成一个家庭列表来匹配多个多级控制，而不需要确定联合多路分布；并通过对合成种群与真实种群进行综合验证，证明了 FBS 方法具有生成属性间多维关联的能力，是一种有效的、可扩展的方法，相对于 IPF 算法有显著的性能改进。Konduri 等②在 IPU 算法的基础上对其进行了扩展，提出了扩展 IPU 算法，在原来只考虑家庭和个体属性分布的基础上，加入了地理单元属性，从而生成可满足多层边缘分布的人工人口合成模型。MÜller③提出分层迭代比例更新方法（HIPF），通过熵优化调整步骤，同时估计家庭和个体层面的属性，这些方法需要对输入数据进行预处理以适应算法要求，并且对所需数据的要求非常严格，样本和汇总数据必须在个体和家庭层面都可用。

Saadi 等④分析了两种不同水平的群体合成的 2~5 个不同属性的样本规模，结果表明，随着属性数量的增加，基于仿真方法得到的结果比 IPF 算法更稳定，相对而言，IPF 算法对样本量的变化不敏感。IPF 算法存在对样本质量要求高，且不能做到同时拟合个体和家庭层面的属性的缺点，当面对样本数据不足或者需要合成大区域人口数据时，IPF 算法不再合用⑤。IPF 算法还存在另外一个局限性，由于它是以样本数据为基础进行迭代的，如果原有数据代表性不强，某些关键群体缺失，那么最终合成的人工人口中也会缺失这部分群体，即 IPF 算法的合成精度受数据质量的影响较大，组合优化法由此产生⑥。

① MA L, SRINIVASAN S. Synthetic population generation with multilevel controls：a fitness-based synthesis approach and validations ［J］. Computer-Aided Civil and Infrastructure Engineering, 2015, 30（2）：135-150.

② KONDURI K C, YOU D, et al. Enhanced synthetic population generator that accommodates control variables at multiple geographic resolutions ［J］. Journal of the Transportation Research Board, 2016, 2563：40-50.

③ MÜLLER K A. Generalized approach to population synthesis ［D］. Zurich：ETH Zurich, 2017.

④ SAADI I, EFTEKHAR H, TELLER J, et al. Investigating scalability in population synthesis：a comparative approach ［J］. Transportation Planning and Technology, 2018, 41（7）：724-735.

⑤ RICH J. Large-scale spatial population synthesis for denmark ［J］. European Transport Research Review, 2018, 10（2）：1-18.

⑥ LEE D H, FU Y. Cross-entropy optimization model for population synthesis in activity-based microsimulation models ［J］. Transportation Research Record, 2011, 2255（1）：20-27.

2. 组合优化法

通过组合优化构建人工人口的方法，其思想是从样本数据中寻找最优的组合来满足总体数据。虽然相对于 IPF 算法，其计算量更大，但随着科学技术的飞速发展，计算机的计算能力不断增强，组合优化法的优势便得以体现，即它对样本量及离散程度的要求更低，这促使组合优化成为构建大规模人口数据集的一个有效方法。常用的组合优化法包括爬山算法、模拟退火算法等。

组合优化法（CO）也是常用的构建人工人口的方法之一，使用 CO 法生成人工人口通常需要把目标区域划分成互不重叠的多个子区域，然后确定各区域包含的属性集合。与 IPF 算法一样，该方法也需要两部分基础数据，一是研究区域内包含所有属性的总体人口样本数据，二是各子区域内包含部分属性的统计分布表。具体过程一般是：从子区域的目标个体样本的初始随机选择开始，为了逐步提高目标边际分布的拟合度，在迭代中，随机选择合成种群中的一个个体，将其替换为样本中的另一个个体，并计算目标函数，然后根据使用的不同算法采取不同的迭代规则[1]。这类方法同时实现了个体和家庭人工人口的直接合成，它的优点是对数据的要求低于 SR 法，可同时生成个体和家庭层面数据；不足之处是计算复杂度较高，随着合成规模的扩大，需要的计算时间增加[2][3]。

原则上来说，所有基于适应度的优化算法都可用于从 CO 角度生成合成种群。Williamson[4] 以英国人口普查数据和匿名记录样本为基础，对爬山算法、遗传算法（genetic algorithm，GA）和模拟退火算法（simulated annealing，SA）进行人工人口合成实验，取得了较好效果。澳大利亚国家社

---

① 葛渊峥，宋智超，孟荣清. 人工社会大规模人工人口生成方法综述 [J]. 系统仿真学报，2019, 31（10）：1951-1959.

② CHAPUIS K, TAILLANDIER P, DROGOUL A. Generation of synthetic populations in social simulations: a review of methods and practices [J]. Journal of Artificial Societies and Social Simulation, 2020, 25（2）：6-29.

③ TEMPL M, MEINDL B, KOWARIK A, et al. Simulation of synthetic complex data: the R package simpop [J]. Journal of Statistical Software, 2017, 79（10）：1-38.

④ WILLIAMSON P, BIRKIN M, REES P H. The estimation of population microdata by using data from small area statistics and samples of anonymized records [J]. Environment and Planning A, 1998, 30（5）：785-816.

会与经济建模中心采用 CO 算法合成了澳大利亚的人工人口。Huang 等[①]认为，相对于 IPF 算法，CO 算法的计算量更大，而且对于输入数据的离散程度要求更低，可能会导致合成结果无法保持不同属性联合分布的准确度。Kim 等[②]对 IPF 算法和 SA 算法的计算精度进行对比发现，SA 算法能够有效解决 IPF 算法中的零单元和数据代表性偏差问题，在使用中更具可行性。Voas[③] 则证实了 CO 算法对于不同级别的人口统计数据适用性都较好，为大规模的人工人口合成提供了有效方法。Ryan 等[④]则发现，使用 CO 算法得到的人工人口质量主要依赖于属性交叉表的质量，并发现 CO 算法的稳定性高于 IPF 算法，CO 算法比 IPF 算法能生成更准确的群体数据[⑤]。但是，CO 算法合成过程中的参数设置多且灵活，取决于建模者对适应度标准及生成方案的设计，因此需要对其进行更深入的探究。Hermes 等[⑥]认为，由于缺乏对生成种群的可靠性认识，合成空间微观数据的许多潜在应用受到阻碍，需要通过进一步的研究来确定哪种技术最适合各种应用。

3. 统计学习法

合成重构和组合优化方法由于易于实现而成为人工人口合成的常用方法，但它们主要是一种启发式方法，对于合成样本的数据分布过于敏感。如果某些特定的属性组合不存在或者代表性不足，将会影响合成结果。为了解决这一问题，研究人员陆续提出了新的实践方法。第三种可用于人工人口合成的方法是统计学习法（SL），也称为基于模拟的方法，它只考虑样本并关注联合分布，通过估计每个组合的概率计算所有属性。在此基础上衍生出的合成方法有马尔可夫链-蒙特卡洛模拟、深度学习生成方法和

---

① HUANG Z, WILLIAMSON P. A comparison of synthetic reconstruction and combinatorial optimisation approaches to the creation of small-area microdata [J]. Department of Geography, 2001 (10).

② KIM J, LEE S. A reproducibility analysis of synthetic population generation [J]. Transportation Research Procedia, 2015, 6: 50-63.

③ VOAS D, WILLIAMSON P. An evaluation of the combinatorial optimization approach to the creation of synthetic microdata [J]. International Journal of Population Geography, 2000, 6 (5): 349-366.

④ LEE D H, FU Y. Cross-entropy optimization model for population synthesis in activity-based microsimulation models [J]. Transportation Research Record, 2011, 2255 (1): 20-27.

⑤ RYAN J, MAOH H, KANAROGLOU P. Population synthesis: comparing the major techniques using a small, complete population of firms [J]. Geography Analysis, 2009, 41 (2): 181-203.

⑥ HERMES K, POULSEN M. A review of current methods to generate syntheticspatial microdata using reweighting and future directions [J]. Computers, Environmentand Urban Systems, 2012, 36 (4): 281-290.

贝叶斯网络等①。SL 的优点是只需要样本的微观数据，对于高维数据的拟合效果较好；缺点是不能在满足条件分布的同时，满足所有变量的边际分布。

Gargiulo 等②提出了一种以年龄描述个体的人工人口算法，根据不同的统计约束（如家庭类型分布、规模、户主年龄），将个体聚集在家庭中，发现生成的总体数据与可用的统计数据集（未用于生成）表现出良好的一致性，计算耗费的时间也表现合理。这种方法在不需要家庭样本的情况下可以获得很好的结果，与 IPF 算法等方法相比这是它的优势。Farooq 等③提出 Gibbs 抽样方法，该方法在研究低维问题（例如 10 个人口属性变量以下）时表现出良好的性能。随后，Sun 等④提出的贝叶斯网络部分解决了高维问题。基于马尔可夫过程的种群合成方法是较晚出现的区别于合成重构和组合优化法的一种性能优越的方法，如马尔可夫链蒙特卡洛模拟。Saadia 等⑤提出了基于隐马尔可夫模型（hidden markov model，HMM）的扩展方法，该方法在数据需求和模型训练方面具有很大的灵活性和较高的效率，它可以合并多个数据源，从而得到良好的总体估计结果。

Jeong 等⑥提出了基于 Copula 的新方法（copula-based approach to joint fitting，CBJF），并与 IPF 算法的结论进行了比较，发现在大多数测试案例中，该方法在保持样本联合分布的依赖结构方面优于 IPF 算法，但是该方法仅能处理有序变量，而不能对分类变量使用，这一要求使得人工人口的属性涵盖范围较窄。Wan 等⑦提出了基于高斯 Copula 的人工人口合成方法

---

① GARRIDO S, BORYSOV S S, PEREIRA F C, et al. Prediction of rare feature combinations in population synthesis: application of deep generative modelling [J]. Transportation Research Part C: Emerging Technologies, 2020, 120: 102787.

② GARGIULO, et al. An iterative approach for generating statistically realistic populations of households [J]. Public Library of Science, 2010, 5 (1): 1-9.

③ FAROOQ B, BIERLAIRE M, HURTUBIA R G. Simulation based population synthesis [J]. Transportation Research Part B: Methodological, 2013, 58: 243-263.

④ SUN L, ERATH A. A bayesian network approach for population synthesis [J]. Transportation Research Part C: Emerging Technologies, 2015, 61: 49-62.

⑤ SAADI I, MUSTAFA A, TELLER J, et al. Hidden markov model-based population synthesis [J]. Transportation Research Part B: Methodological, 2016, 90: 1-21.

⑥ JEONG B, LEE W, KIM, et al. Copula-based approach to synthetic population generation [J]. Public Library of Science, 2016, 11 (8): 11-20.

⑦ WAN C, LI Z, ZHAO Y. SynC: a unified framework for generating synthetic population with gaussian copula [J]. arXiv e-prints, 2019. DOI: 10.48550/arXiv.1904.07998.

（synthetic population via gaussian copula，SynC），利用先进的机器学习和统计技术，将来自多个数据源的数据结合起来，生成个体层面的数据。Johnsen 等[1]提出一种基于机器学习的方法来模拟大社区环境中的人口分布，并使用条件变分自动编码器（conditional variational autoencoder，CVAE）和条件生成对抗网络（conditional generative adversarial nets，CGAN）创建合成代理种群。Fournier 等[2]通过整合人口合成和工作场所分配来减少误差，得到一个以家庭和工作地点为属性的综合人口数据，并使用更有效的基于优化的重新加权方法来减少计算时间，利用经典的 IPF、马尔可夫链-蒙特卡洛模拟和贝叶斯网络等综合技术，将该集成过程与传统的自适应位置分配过程进行了比较。

国内相关研究并不多，由于中国特有的重家庭、多代同住观念，国内学者提出了一些适用于中国家庭的人工人口合成方法[3]。葛渊峥[4]提出了基于家庭户的大规模人工人口合成方法，该方法以宏观的人口统计数据为基础，提出了以家庭户结构生成为核心的人工人口合成算法，结果表明，通过这种方法得到的虚拟人口数据与宏观的人口统计数据大致相符，并且模拟了人口内部的结构，更好地实现了人口的异构化。刘列等[5]从我国特殊的家庭组织出发，提出了新的人工人口构建方法，其重点聚焦于母子关系与夫妻关系两种家庭关系上，并在此基础上提出了一种解决复杂多代户家庭的人工人口合成方法，研究表明该方法能够保证多代户家庭成员结构的合理性。

杭轩等[6]基于 IPU 算法对四川省绵阳市的 49 万个居民个体属性数据进

① JOHNSEN M, BRANDT O, GARRIDO S, et al. Population synthesis for urban resident modeling using deep generative models ［J］. Neural Computing and Applications，2021. DOI：10. 1007/S00521-021-06622-2.

② FOURNIER N, CHRISTOFA E, et al. Integrated population synthesis and workplace assignment using an efficient optimization-based person-household matching method ［J］. Transportation，2021，48：1061-1087.

③ 龙瀛，沈振江，毛其智. 城市系统微观模拟中的个体数据获取新方法 ［J］. 地理学报，2011，66（3）：416-426.

④ 葛渊峥. 基于 agent 的人工社会框架设计与合成方法 ［D］. 长沙：国防科学技术大学，2014.

⑤ 刘列，许晴，祖正虎，等. 针对多代户家庭的人工人口生成方法研究 ［J］. 生物技术通讯，2016，27（2）：237-243.

⑥ 杭轩，杨超. 城市居民个体属性数据获取方法 ［J］. 交通信息与安全，2016，34（2）：37-44.

行合成，结果证实该算法在精度及运算效率上满足要求。邱晓刚等[1]以家庭结构为基础实现了北京人工人口的合成。李丁杰等[2]引入基于人工人口合成技术的 IPU 算法和 GRE 算法（generalized regression，GRE），对深圳市居民的出行入户调查数据进行实证分析，研究发现，利用算法可关联家庭与个体层面的频数矩阵，并通过迭代调整扩样权重值，IPU 算法和 GRE 算法均能很好地拟合家庭与个体的属性分布，其中 IPU 算法更具普适性，算法不受初始权重及稀疏样本的限制，其扩样误差及波动性较小，扩样结果更为稳健。雷焕宇等[3]认为 IPF 算法没有考虑家庭户和个体的层级结构关系，IPU 算法没有考虑不同地理层级之间的约束关系，而 Extended IPU 算法考虑的情况则更符合基于活动出行的交通模型需求分析的需要。

2.3.2 人工人口应用研究

人工人口数据是交通行为、传染病传播以及社会政策模拟等多种仿真系统的关键性基础数据，本书重点以传染病传播为研究对象，进行人工人口的应用研究综述。

在传染病传播研究中，首次将人工人口用于疾病建模的是 Eubank 等[4]提出的 EpiSims 系统，它基于高精度传感器数据和土地使用数据，结合人口流动估计，将社会关系网络作为人工人口的一个重要组成部分，并将其融合到微观个体 Agent 的日常行为模型中，同时使用动态二分图对特定位置之间的个体移动产生的物理接触模式的过程进行建模。Burke 等[5]使用 EpiSimS 模拟美国波特兰市的天花病毒传播，通过构建基于个体的计算模型，在两种流行病规模下评估了 8 种应对方案；研究表明，追踪接触者并

① 邱晓刚，陈彬，张鹏. 面向应急管理的人工社会构建与计算实验［M］. 北京：科学出版社，2017.

② 李丁杰，乐阳，郭莉. 基于人口合成技术的居民出行调查数据扩样［J］. 交通科技与经济，2021，23（6）：24-31.

③ 雷焕宇，胡封疆. 基于 Extended IPU 的人口合成模型及应用［C］//第十五届中国智能交通年会学术委员会. 第十五届中国智能交通年会科技论文集. 北京：中国工业出版社，2020：353-367.

④ EUBANK S, GUCLU H, KUMAR V A, et al. Modelling disease outbreaks in realistic urban social networks［J］. Nature, 2004, 429：180-184.

⑤ ［5］BURKE D S, EPSTIN J M, CUMMINGS D A T. Individual-based computational modeling of smallpox epidemic control strategies［J］. Society for Academic Emergency Medicine, 2006（7）：1142-1149.

对家庭、工作场所和学校接触者进行疫苗接种，以及对医院工作人员进行迅速的反应性疫苗接种和对确诊病例进行隔离，可以在不同流行规模下控制天花病毒的传播。

人工人口数据作为一种基础数据，反映了社会系统中个体的属性与行为方式，个体之间具有文化、社会关系等差异性，个体与个体的交互、个体与环境的交互都会对社会性疾病的传播有直接的影响。Germann[①] 以高致病性甲型 H5N1 流感病毒为研究对象，基于美国国家人口调查和交通统计数据，构建了大规模的美国人口仿真系统，通过引入并使用大规模随机模拟模型，模拟了在流行毒株基本再生数为 1.6~2.4 的条件下，多种流感抗病毒药物、疫苗的水平，以及改进的社会流动性（包括关闭学校和限制旅行）对疫情传播时间和程度的影响。Milne[②] 将澳大利亚一个拥有 3 万人的小镇作为一个社区，利用真实的家庭结构、家庭人口统计等数据，采用网络模型方法模拟了大流行性流感在社区的传播情况，评估了关闭学校、加强病例隔离、不出席工作场所和减少社区接触四种措施对每日和最终发病率的影响。

Epstin 等[③]提出了全球规模的基于个体的人工社会模型（global scale agent model，GASM），该系统利用固定的和非固定的两种社会关系对个体的空间接触行为进行建模，仿真研究了从日本东京开始的全球流感传播过程，并对传染病的传播与控制进行探索。个体交互规则被抽象成了社会关系网络模型，使得个体交互规则的复杂度降低了，这为大规模人口的计算实验提供了可能。2014 年西非埃博拉病毒疫情暴发时，美国弗吉尼亚理工大学相继发布了塞拉利昂、利比里亚等国的人工人口数据，无偿提供给科研人员使用，如 Gomes[④] 使用全球流行病和流动模型，以基于个体的方式对全世界的流行病进行模拟，提供了对西非和世界各地埃博拉病毒局部传

---

① GERMANN T C, KADAU K, LONGINI I M, et al. Mitigation strategies for pandemic influenza in the United States [J]. Proceedings of the National Academy of Sciences, 2006, 103 (15): 5935-5940.

② MILNE G J, KELSO J K, KELLY H A, et al. A small community model for the transmission of infectious diseases: comparison of school closure as an intervention in individual-based models of an influenza pandemic [J] Public Library of Science, 2008, 3 (12): e4005.

③ EPSTIN J M. Modeling to contain pandemics [J]. Nature, 2009, 460 (7256): 687.

④ GOMES M F C, PIONTTI A P, ROSSI L, et al. Assessing the international spreading risk associated with the 2014 West African Ebola outbreak [J]. PLoS currents, 2014, 9.

播的定量估计。Bogoch[①]利用这些人工人口数据集，并结合埃博拉病毒监测数据，对国际出口中埃博拉病毒感染的预估数量、航空旅行限制的潜在影响以及国际出入境口岸基于机场的旅行者筛查的效率进行了建模。

近年来，我国针对社会性疫情的传播研究也逐渐展开，主要通过Agent 计算实验平台构建与现实世界平行的虚拟世界，从微观个体实验中得出现实社会的涌现规律，以实现对不同情境下疫情传播风险的预测与评估。例如，梅珊等[②]基于 Repast 环境构造了虚拟的人工校园，并采用异质化的病程模型，得出了在封闭环境中，即使不添加任何干预措施，甲型H1N1 流感也不会无限制传播的结论。徐展凯[③]提出了基于个体的传染病传播模型，运用 IPF 算法合成北京市的人工人口，并将其匹配到所构建的虚拟家庭、虚拟学校等社会场所中，以构建家庭、学校、工作单位等接触网络，实现了人工社会场景下传染病大规模传播的计算实验，并使用建立的模型探讨了个体行为、学校停课两种干预措施对疾病传播的干预效能。陈彬等[④]采用人工人口数据库，基于 SEIR 模型和人工社会情景建立了 COVID-19 传播模型和人员接触网络模型，并运用 Agent 计算实验方法模拟人工城市中社区、学校和工作场所等典型区域的疫情传播情况，以及预测和评估复工复学后疫情传播的风险。马亮等通过人工人口建模、人工地理建模、个体交互建模、COVID-19 病程建模及管控措施建模，搭建了人工城市计算实验平台，建立了针对具体疫情管控的社区、学校、工厂三类典型的人工社会模型，并通过计算实验评估疫情管控措施的作用[⑤]。

2.3.3　人工人口研究评述

随着计算机的发展，以人口微观数据为基础的研究越来越多，针对人工人口合成方法的研究也越来越多，但是就国内外的研究现状来看，我们

---

①　BOGOCH I I. Assessment of the potential for international dissemination of Ebola virus via commercial air travel during the 2014 west African outbreak [J]. The Lancet, 2015. 385 (9962)：29-35.

②　梅珊，何华，朱一凡. 空气传播传染病城市扩散建模 [J]. 管理评论，2016，28 (8)：158-166.

③　徐展凯. 基于个体的传染病传播模型构建及应用 [D]. 北京：中国人民解放军军事医学科学院，2016.

④　陈彬，杨妹，艾川，等. 基于人工社会的疫情传播风险预测和防控措施评估 [J]. 系统仿真学报，2020，32 (12)：2507-2514.

⑤　马亮，杨妹，艾川，等. 基于 ACP 方法的新型冠状病毒肺炎疫情管控措施效果评估 [J]. 智能科学与技术学报，2020，2 (1)：88-98.

还可以从如下方面加强研究：

（1）从国内来看，现有的聚焦于人工人口构建方法的研究较少，大多数研究聚焦于对合成结果的应用上，合成技术则主要借鉴国外已有的 IPF 算法、模拟退火算法等，而且在实际应用中也缺少基于已有的方法结合我国实际情况进行有效性验证的研究。

（2）从当前所有合成人工人口的方法来看，如 IPF 算法和 CO 算法，大都受到样本数据的限制，基于仿真个体研究所需要的高精度人口数据在中国很难获取，这对各类仿真模型的精度有很大的影响。CO 算法相较于 IPF 算法对样本的限制更少，在样本数据有限的情况下更有优势，而且计算机技术的飞速进步，为采用计算量较大的组合优化法提供了条件。

（3）近年来，我国政府越来越重视微观数据的开发和应用工作，从 2012 年开始，国家统计局人口和就业统计司陆续整理制作了 2010 年全国人口普查和 2015 年全国 1% 人口抽样调查的微观抽样开发应用数据库，并采用申请审核制将其对高校和科研机构的研究人员开放使用，累计服务学者数百人次，发挥了调查数据的价值，取得了一系列研究成果和较好的社会反响①。此外，国家卫生健康委员会也从 2016 年开始公开流动人口动态监测调查数据，土地调查数据、农业数据、专利数据等微观数据也在逐步向社会开放，这些人口普查微观数据源的开放，为人口空间化和人工人口的国内研究提供了较高质量的基础数据，相关学者们可以在政府开放的微观数据的基础上，展开人工人口合成的深入研究。

---

① 许宪春，叶银丹，余航. 中国政府微观数据开发应用：现状、挑战与建议［J］. 经济学动态，2018（2）：88-98.

3 基础理论与研究方法

准确理解人口分布规律与机理是开展人口空间化研究的前提，对于提升人口空间化模拟精度意义重大。本章主要对支撑课题研究所需要的人口空间分布规律和机理，以及研究中所用到的主要研究方法，如人口分析方法、探索性空间数据分析方法、人口空间化统计建模法和人工人口合成法等进行梳理总结，以为本书的研究奠定理论与方法基础。

3.1 人口空间分布规律与机理

3.1.1 基本概念

人口空间分布是指人口发展过程在地理空间上的分布状态，主要包括人口在一定区域内由点至面的聚合、分散以及迁移等人口现象在区域空间内的关联[1]。人口分布是一个连续的过程，一定时期人口的分布特征既是前一阶段人口增减变化的叠加结果，又是下一阶段人口分布演变发展的前提条件。人口空间分布的概念有广义与狭义之分，广义的概念不仅指人口数量或密度在地理空间上的集散状态，也指人口的各种属性的分布情况，这些属性包括人口年龄构成、性别构成、受教育水平以及民族等；而狭义的概念则仅指一定时期内人口总量的分布状况[2]。

从时间视角来看，人口空间分布一般分为静态人口分布和动态人口分布。静态人口分布指特定时期内，人口相对静止的空间分布现象，它是社

---

① 游珍，雷涯邻，封志明，等. 京津冀、长三角、珠三角人口分布的社会经济协调性及区域差异对比研究 [J]. 现代城市研究，2017（3）：78-84.

② 吕晨，樊杰，孙威. 基于 ESDA 的中国人口空间格局及影响因素研究 [J]. 经济地理，2009，29（11）：1797-1802.

会政策、生态环境、历史、经济发展水平等因素综合作用的结果；动态人口分布是指人口空间分布现象在长期历史发展过程中的演变状况，其会随着社会生产方式和产业结构的改变而发生变动[1]。

从空间视角来看，人口空间分布分为水平式人口空间分布和垂直式人口空间分布。水平式人口空间分布是指特定时期内，人口在水平面上的空间分布情况；垂直式人口空间分布具有垂直带状特征，是指特定时期内，人口在不同海拔高度上的空间分布状态[2]。

根据上述对人口空间分布含义的梳理，以及结合本书的研究重点和数据的可得情况，本书采用狭义上的人口空间分布，即人口数量的空间分布情况。在研究人口空间演变特征时，本书采用静态与动态分析相结合的办法，分析 2000 年和 2010 年的静态人口空间分布特征，以及 2000—2010 年的动态人口空间分布特征。由于本书选取的研究对象——成都市地处平原地带，因此本书对成都市人口分布的垂直式特性不做考虑。

3.1.2 人口空间分异理论

本书将人口空间分异理论分为两类：一类是研究人口空间分异形成机制和原理的理论，包括推拉理论和"中心—边缘"理论；另一类是研究人口空间分异特征的理论，包括区位理论和距离衰减效应理论。

1. 推拉理论

推拉理论是人口研究领域的重要理论，主要用于探究人口迁移问题的形成机制。人口迁移理论的相关研究始于 19 世纪末，经历了从宏观理论的定性研究到微观理论研究的发展过程，推拉理论是其中最具代表性的理论，得到了学者们的广泛应用。1938 年，推拉理论最早由赫伯尔在《乡村城市迁移的原因》一文中提出，他认为人口迁移流动是推力和拉力相互作用的结果。将人口的迁移行为落实到迁移者个体的决策过程来看，推拉理论包括以下两个基本假设：首先，迁移者是完全理性人，单纯从利益的角度做决策；其次，迁移者完全掌握迁入、迁出地的基本信息。推拉理论中的拉力能够促进人口迁移，拉力因素包括较高的薪资待遇、良好的生活环

---

[1] 钟业喜，刘运伟，赖格英. 红三角经济圈人口与经济空间分布关系研究 [J]. 华南师范大学学报（自然科学版），2012，44（1）：118-123.

[2] 李正，武友德，蒋梅英. 人口与经济发展的空间协调性分析及对策：以云南省为例 [J]. 地理与地理信息科学，2010，26（3）：49-53.

境、较高的社会和经济发展水平、优越的医疗环境等可以改善生活的因素；而推力则会抑制人口迁移，推力因素包含较差的生态环境、低迷的就业形势、较低的社会和经济发展水平等对生活不利的因素①。1960 年，博格在对赫伯尔提出的理论表示赞同和支持的基础上，又对该理论进行了拓展和丰富，他对推拉理论中的推力和拉力进行了详细的总结，提炼出十二种代表推力的因素和六种表示拉力的因素②。

1966 年，Lee 在其文章《迁移理论》中对推拉理论进行了修正，将影响人口迁移的要素概括为四类，分别为迁移者个人因素、迁入地因素、迁出地因素和各种中间障碍因素，其中，中间障碍因素主要包括迁入地和迁出地相隔的距离，两地的语言是否一致，以及两地风俗文化的差异性。由于推拉理论可以较好地反映出影响人口迁移的因素，能够解释因人口流动产生的人口空间分布变化的现象，因此该理论可以作为探究人口空间分异形成机制的基础理论③。

2. 中心—边缘理论

1966 年，美国经济学家弗里德曼提出了"中心—边缘"理论，用于描述社会和经济空间结构的发展和演变规律，该理论假设任何地区都是由中心地区和边缘地区两个空间组成的。在社会发展初期，与边缘空间相比，中心空间在资本集中度、科技生产水平、经济发展水平等方面具有绝对优势，使得该地区成为中心地区和边缘地区共存的二元地区。随着社会和经济的不断发展，中心地区的社会发展水平与边缘地区的差距逐渐加大，同时中心地区对周边地区的辐射作用愈加强烈，导致边缘外围地区的政治结构、经济发展模式等不断向中心地区趋同，使得整个区域的经济空间结构处于动态变动过程中，并最终达到动态平衡④。

由于人口的集散与经济兴衰具有密切相关性，人口的迁移、定居必然会促进区域生产力水平提高，而区域经济的繁荣也会大大推动人才的流动，基于此，"中心—边缘"理论也常用于分析人口的集聚与迁移问题。应用该理论分析人口问题时，同样将人口的空间分布格局一分为二，即分

---

① 梅莹. 城乡融合背景下人口"逆城市化"趋势、动因及引导策略研究 [D]. 华中师范大学, 2021.

② 曹向昀. 西方人口迁移研究的主要流派及观点综述 [J]. 中国人口科学, 1995, (1)：45-53.

③ LEE E S. A theory of migration [J]. Demography, 1966, 3 (1)：47-57.

④ 詹国辉, 刘邦凡, 王奕骅. 中心边缘理论与区域经济的研究脉络：兼评中心边缘理论与核心外围理论的逻辑差异 [J]. 南京财经大学学报, 2015 (4)：7.

为人口中心地区与人口边缘地区，人口的分布过程也具有动态变化的特点，起初人口大多聚集在中心地区，但随着城市发展水平的提高、人地矛盾日益突出，人口又会逐渐向边缘外围地区流动，从而使得城市空间结构发生变化。

3. 区位理论

地理区位影响着人口的空间分布，区位理论模型认为，城市人口的变动，取决于城市所处的区位。区位理论最早在 1826 年由德国经济学家杜能在《孤立国同农业和国民经济之关系》中提出，该理论认为城市具有特有的社会生产方式和运行机制，以各生产要素在空间上的集散为特征。当城市的集聚系统创造的社会和经济效益高于分散系统创造的社会和经济效益时，就会出现城市化的社会现象[①]。杜能首次提出"圈层结构"这一概念，他以农业产业为研究对象，发现农田租金成本、农产品价格以及运输成本等因素存在差异，使得农业生产出现了地理圈层结构，"圈层结构"概念的提出为后续区位理论的发展奠定了基础。

1909 年，韦伯发表的《工业区位论》认为，对工业生产效益起关键性作用的影响因子分别是运输成本、人力成本和工业企业集聚，其中，运输成本对工业区位的选择具有决定性作用；而人力成本变动则可能导致以运输成本为导向的工业区位产生第一次偏离；工业企业集聚被归纳为由外部经济引起的，向一定地点集中的一般性区位因素，可能会通过改变运输成本和人力成本而使工业区位发生第二次偏离。工业区位理论提出了产业集聚效应，即只有工业集聚才能够产生最大化的内、外部经济效应[②]。在此基础上，1933 年，经济地理学家克里斯泰勒开创了中心地理论，该理论围绕探究城市服务功能性空间的网络体系规律展开。该理论认为，中心地区主要承担为居民提供服务及商品的责任，中心地区的特点是城市化发展水平较高，在产业结构上主要以第三产业为主。中心地理论以商品和服务的发展水平为基础，将城市内部分为高、中、低三种圈层结构。中圈层位于城市的外围边缘地区，有半郊区化的特征，人口密度较低，以第二产业为主；低圈层是城市外部的小城镇和卫星城市，呈现明显的郊区化特征。因

---

① 张明龙. 杜能农业区位论研究 [J]. 浙江师范大学学报：社会科学版，2014，39 (5)：6.

② 郭菘蔺. 论韦伯对工业区位理论体系的贡献及其理论缺陷 [J]. 中国投资，2013 (S1)：244.

3 基础理论与研究方法 | 97

此，城市内部具有层次分异和向心性的圈层特征①。

4. 距离衰减效应理论

距离衰减效应是以地理学第一定律为基础发展起来的，于 2004 年由地理学家米勒提出，该效应指出地理事物的空间距离与作用强度呈负相关关系，即随着空间距离的增加，地理事物间的相互作用强度会逐渐降低②。距离衰减效应符合人口空间分布现状，从人口分布角度看，距离衰减效应能够解释在决策者仅考虑迁移距离时，其更倾向于迁往离自己距离较近的地方的原因。当前，大多数城市的人口分布呈"圈层化"特征，同等级人口密度的区域总是集中分布的，即城市人口"内密外疏"，且随着与中心城区距离的拉大，这样的规律会逐渐淡化，当距离达到某一阈值时，人口密度和距离的相关性消失，距离衰减效应理论能够有效解释人口分布出现的圈层化现象③。

综上所述，在人口空间分异的研究中，推拉理论和"中心—边缘"理论是大多数研究的理论基础，其中，推拉理论从微观角度展开，从研究迁移人口个体决策的角度出发，将决定人口迁移的因素分为"推力"和"拉力"两类；而"中心—边缘"理论则聚焦于迁入地和迁出地，通过研究迁入地和迁出地的特点来说明人口变动的机制和原因。区位理论和距离衰减效应理论为城市内部人口分布圈层化的产生提供了解释，其中，区位理论提出了"圈层结构"的概念，从区位发展的角度出发，说明了城市内部圈层化产生的原因；而距离衰减效应理论以地理学第一定律为基础，解释了人口空间分布出现圈层化现象的原因。

3.1.3 人口空间分布的影响因素及作用机理

一般来说，人口分布状况是自然地理因素、经济因素和社会因素综合作用的结果，其中自然地理因素对人口分布的影响是长期且稳定的，它决定了人口分布的初始状态；随着社会发展和经济水平的提高、生产力的进步，自然地理因素对人口分布的约束作用降低，社会因素和经济因素成为

---

① 林锦屏，周美岐，易琦，等. 近代德国地理学的理论与贡献 [J]. 世界地理研究，2021，30（5）：957-965.

② 张光耀. 基于地理位置大数据的城市群划分研究 [D]. 大连：大连理工大学，2020.

③ 刘瑜，康朝贵，王法辉. 大数据驱动的人类移动模式和模型研究 [J]. 武汉大学学报（信息科学版），2014，39（6）：660-666.

决定人口分布格局的主要力量①。基于此，我们在探究人口分布空间格局演化的影响因素时，须从自然、经济和社会因素三方面考虑。

1. 自然因素

人类的生存方式在某种程度上取决于不同自然因素间的相互作用，这些因素包括资源、气候、地形等，同时它们也会影响人口的空间分布情况。

（1）地形地貌因素。地形因素对人口分布的影响主要体现在海拔高度这一特征上。由于温度随着海拔的上升而不断下降，热量更多的低海拔地区更利于人类开展生产活动，从而使得人口大量分布于低海拔地区。此外，人类在文化、经济领域的交流也部分取决于地形条件，更利于经济文化交流的地形通常更有利于人口的聚集。

（2）气候因素。在多种相互作用的自然因素中，气候因素对人口空间分布发挥着最为直接和显著的作用。一般来说，不同的气候对应着不同的温度、湿度特征，而人口往往分布于温湿度条件相对适宜的地区，因为在这样的气候条件下，人类的生产活动能够更加便利地开展。从客观世界的人口空间分布状况来看，相比于气候条件较为严苛的高纬度和热带地区，中纬度和亚热带地区集聚了世界上的主要人口。

（3）自然资源因素。水、矿产、能源等自然资源在空间上的分布会直接影响人口的分布状况。人类的生产生活离不开对自然资源的消耗，而且依赖度会随着科技的进步而不断增加，因此，人口分布密集的地区往往是自然资源禀赋优越的地区。

2. 经济因素

虽然自然因素间的相互作用显著影响了人口分布，但其作用的发挥还必须借助特定的生产方式，表现为在一定生产关系下人类的劳动和物质财富生产。

（1）社会生产力的发展取决于一定的生产关系，而一定的生产关系也会影响人口的分布。生产关系和生产力的结合能够决定生产力的分布，而生产力的分布又决定人口的分布。同时，两者之间也存在相反的作用，即人口的分布状况能够对生产力的发展产生推动或抑制作用。

---

① 吕晨，樊杰，孙威. 基于 ESDA 的中国人口空间格局及影响因素研究 [J]. 经济地理，2009，29（11）：1797-1802.

（2）在社会生产力从低水平向高水平发展的过程中，生产力的发展水平和结构对人口分布具有重要影响。随着社会分工不断深入和产业不断集中，地区间的经济联系不断加强，这些都会对人口分布产生深刻影响。

3. 社会因素

一些包括教育、医疗、交通等基础设施建设在内的社会因素也会影响人口的空间分布状况。一般情况下，在经济、文化等方面具有相对优势的地区对人口有着更大的吸引力，因此这些区域的人口更加稠密。

综上所述，人口的空间分布状况取决于自然、经济、社会因素的综合作用。具体来讲，气候条件、地形条件、自然资源状况、生产力和生产关系的发展水平、教育和医疗水平等都是在研究地区人口空间分布状况时必须考虑的因素。这些因素的选择与研究区域的范围密切相关，如果是在大范围区域内研究人口空间分异，气候条件、地形条件、自然资源状况、生产力和生产关系的发展水平这些因素的影响比较重要；如果是小范围研究，教育、医疗水平等社会因素的影响则更为重要。

3.2 研究方法

3.2.1 人口分布分析方法

基于本书的研究内容，我们主要采用空间自相关、地统计手段探究人口分布的时空格局变化特征；利用人口分布结构指数、人口重心模型衡量人口空间分布的均衡性演变规律；利用人口密度模型拟合寻找能够刻画当前成都市人口分布现状的最优密度模型；以及利用地理探测器和地理加权回归模型找出人口空间分异的影响机制。具体研究方法概述如下：

1. 人口分布结构指数

人口分布结构指数是从总体上衡量某区域内人口分布的集中或均衡水平的常用指标[1]，包括不均衡指数和集中指数，计算公式如式（3-1）和式（3-2）所示。

---

① 杨强，李丽，王运动，等. 1935—2010 年中国人口分布空间格局及其演变特征 [J]. 地理研究，2016，35（8）：1547-1560.

$$U = \sqrt{\frac{\sum_{i=1}^{n} \left[\frac{\sqrt{2}}{2}(x_i - y_i)\right]^2}{n}} \tag{3-1}$$

$$C = \frac{1}{2}\sum_{i=1}^{n} |x_i - y_i| \tag{3-2}$$

在式（3-1）与式（3-2）中，U 为该区域的人口不均衡指数，C 为该区域的人口集中指数，n 为研究单元数，x_i 为 i 研究单元人口占总人数的比重，y_i 为 i 研究单元土地面积占研究区域总土地面积的比重。其中，U、C 的值越小，表明人口分布越均衡；否则表明人口分布越不均衡。其数值的变化也能反映该区域的城市化水平及社会经济发展状况。通常 U 和 C 两个指标一起使用，可以从整体上反映人口空间分布的均衡性和集中性程度，从而挖掘该区域内的人口演变特征。

2. 人口重心模型

"重心"起源于力学概念，是指在重力场中物体处于任何方位时所有组成质点的重力的合力都通过的作用点，后来被应用到人口、经济、产业等社会和经济领域，以考察某些事物或现象空间分布的均衡程度及演变趋势[1]。随着重心的应用逐渐广泛，学术界出现了人口重心[2]、GDP 重心以及就业重心等概念[3]。人口重心是以各区域人口数量为权重而求取的空间质心，通过研究某一时间段内某区域人口重心的移动方向、移动速度、移动距离，以及人口重心与几何重心的偏移情况，分析出该区域人口分布的空间格局和演变的基本态势。当某区域的人口分布达到均衡状态时，该区域的人口重心与几何重心的地理位置重合，即人口重心为几何重心；当人口分布不均衡时，人口重心的位置按其数学公式计算。人口重心的位置通常用经纬度坐标表示，如式（3-3）和式（3-4）所示。

---

① 张开洲. 基于云模型和 ESDA 的人口老龄化时空特征及机制研究 [D]. 福州：福州大学，2014.

② 徐建华，岳文泽. 近 20 年来中国人口重心与经济重心的演变及其对比分析 [J]. 地理科学，2001（5）：385-389.

③ 廉晓梅. 我国人口重心、就业重心与经济重心空间演变轨迹分析 [J]. 人口学刊，2007（3）：23-28.

$$X = \frac{\sum\limits_{i=1}^{n} P_i X_i}{\sum\limits_{i=1}^{n} P_i} \qquad\qquad (3-3)$$

$$Y = \frac{\sum\limits_{i=1}^{n} P_i Y_i}{\sum\limits_{i=1}^{n} P_i} \qquad\qquad (3-4)$$

在式（3-3）和式（3-4）中，X 为研究区域人口重心的经度，Y 为研究区域人口重心的纬度，n 为研究区域内研究单元的个数，X_i 为 i 研究单元中心的经度，Y_i 为 i 研究单元中心的纬度，P_i 为 i 研究单元分布的人口数量。

人口重心的演变轨迹展现了研究区域内人口分布变化的转变路径，其重心移动距离的变化可以反映出人口分布变化的强烈程度，人口重心与几何重心的偏移可以反映出人口分布的均衡程度。假设第 a、b 年研究区域的人口重心分别为 A（X_a，Y_a），B（X_b，Y_b），则从第 a 年到第 b 年的人口重心移动距离如式（3-5）所示。

$$D_{ab} = k\sqrt{(X_b - X_a)^2 + (Y_b - Y_a)^2} \qquad (3-5)$$

由于人口重心的移动距离的单位为米或千米，而人口重心的坐标为经纬度坐标，因此式（3-5）中的 k 为地球表面经纬度坐标转换为平面坐标距离的转换系数，k 约取 111.12 千米。同样地，人口重心与几何重心的偏移距离的计算方法也与人口重心移动距离的计算方法类似。

3. 人口密度模型

城市人口密度会随着城市空间的拓展而逐渐降低，这是处于各个发展阶段的城市所具有的共同特征，该特征的产生包括城市空间结构演化、人口分布结构调整等方面的原因。国内外学者针对该问题展开了诸多研究，并提出了能够描述城市人口空间结构的数学模型，包括单中心模型和多中心模型两类。在城市发展初期阶段，其一般表现为单中心结构，随着城市发展进程加快，其逐渐向多中心结构靠拢。单中心模型是以城市内仅存在一个中心为前提建立的，该类模型主要包括线性模型、对数模型、Clark 模型、Smeed 模型和 Newling 模型 5 种，各模型的表达式及参数如表 3-1 所示。

表 3-1　各模型的表达式及参数

单中心模型	表达式	参数限定	参数含义
线性模型	$Y(r) = a + br$	$a > 0,\ b < 0$	r 表示距离市中心的距离；$Y(r)$ 表示 r 处的人口密度；a、b、c 为参数
对数模型	$Y(r) = a + b\ln r$		
Clark 模型	$Y(r) = a\,e^{-br}$	$a > 0,\ b > 0$	
Smeed 模型	$Y(r) = a\,r^{b}$		
Newling 模型	$Y(r) = a\,re^{br+cr^{2}}$	$a > 0,\ b > 0,\ c < 0$	

多中心模型是单中心城市发展到一定阶段后的产物，表达式如式（3-6）所示。

$$D(r) = \sum_{r=1}^{n} a_n\, e^{b_n r_{mn}} \qquad (3-6)$$

在式（3-6）中，n 为城市中心的数量，m 为研究单元的数量，r_{mn} 表示研究单元 m 到城市中心的距离，a_n 和 b_n 为参数，$D(r)$ 为 r 处的人口密度。

4. 地理探测器

地理探测器（Geo-detector）是王劲峰研发出的能够识别和探测地理事物的空间异质性，并揭示其驱动因子的统计学方法[1]。该方法基于 "如果某自变量能够对某因变量产生重要作用，则该自变量与因变量在空间分布上具有相似性" 的假设提出。与传统回归方法相比，地理探测器具有两个优势：一是地理探测器在使用时没有过多的前提条件和限制，二是地理探测器可以探究驱动因子间的交互作用。

地理探测器主要由因子探测器（factor detector）、交互探测器（interaction detector）、风险探测器（risk detector）和生态探测器（ecological detector）四个模块构成。其中，因子探测器可以测度出各驱动因子的作用强弱，而交互探测器能够判断出两个驱动因子通过空间叠加后的交互作用对因变量的影响与单个驱动因子相比的加强或削弱作用。近年来，地理探测器被越来越多地应用到人口分布的影响因素探测上来，一般是用因子探测器先识别出显著的影响因子，再利用交互探测器探测影响因子间的交互作用。依据选择的指标，本书使用因子探测器和交互探测器进行实证分析，其原理如下：

① 王劲峰，徐成东. 地理探测器：原理与展望 [J]. 地理学报，2017，72（1）：116-134.

（1）因子探测器

因子探测器可以用于测度自变量对因变量的影响程度。利用因子探测器探测影响成都市人口分布的变量，能够明确每个自变量对人口密度空间分异的具体解释程度。影响因子的解释力 q 值的计算公式如式（3-7）所示。

$$q = 1 - \frac{\sum\limits_{h=1}^{L} N_h \sigma_h^2}{N \sigma^2} = 1 - \frac{\text{SSW}}{\text{SST}}, \ h = 1, 2, \cdots, L \qquad (3-7)$$

在式（3-7）中，q 是影响因子对人口密度空间分异的解释力，且 $0 \leqslant q \leqslant 1$，$q$ 值越大表示影响因子对人口密度空间分异的解释力度越强；h 是人口密度或影响因子的分层或分区状况；N_h 表示层 h 的单元数；N 表示区域的单元数；σ_h^2 表示层 h 的方差；σ^2 表示区域 y 的方差；SSW 表示层内方差之和；SST 表示区域总方差。

（2）交互探测器

随着空间统计学的发展，对于更大范围或者更精细的空间自相关性研究来说，各个自变量单独地对因变量产生影响的思想已经不足以解释更多的社会和经济现象。除各个因子的单一影响之外，这些自变量之间可能还存在相互影响，即两个或多个自变量通过交互作用而最终作用于因变量。

这种交互作用的一般识别方法是在回归模型中添加两因子的乘积项，从而检验其显著性。然而，各个因子之间的交互作用并不局限于相乘关系这一种。为了探求各影响因子间的具体作用关系，交互探测器通过分别计算和比较各个因子的 q 值及两因子叠加后的 q 值，来明确不同影响因子之间是否存在交互作用，以及交互作用的具体方式。交互探测器的计算流程：首先将 x_1 和 x_2 进行相交，得到它们的交互因子 $x_1 \cap x_2$，其次计算它们交互后的 q 值为 $q(x_1 \cap x_2)$，最后根据表 3-2 中的判断依据分别比较 $q(x_1 \cap x_2)$ 与 $q(x_1)$、$q(x_2)$ 的关系，以判断它们的交互作用属于哪种类型。

表3-2 两个自变量对因变量的交互作用类型

判断依据	交互作用类型
$q(x_1 \cap x_2) < \min[q(x_1), q(x_2)]$	非线性减弱
$\min[q(x_1), q(x_2)] < q(x_1 \cap x_2) < \max[q(x_1), q(x_2)]$	单因子非线性减弱

表3-2(续)

判断依据	交互作用类型
$q(x_1 \cap x_2) > \max[q(x_1), q(x_2)]$	双因子增强
$q(x_1 \cap x_2) = q(x_1) + q(x_2)$	独立
$q(x_1 \cap x_2) > q(x_1) + q(x_2)$	非线性增强

3.2.2 探索性空间数据分析方法

1. 空间自相关性

1970 年，托勃勒（Tobler）提出地理学第一定律，指出事物之间均具有相关性，相隔较近的事物的相关性要高于相隔较远的事物[1]，之后，"空间自相关"概念产生。空间自相关，是指一些事物的观测数据在地理空间上存在的潜在相互依赖性。它利用统计学的研究方法计算目标事物的空间自相关程度，以确定地理空间中某一单元与相邻单元的关系，并分析目标事物在地理空间上的相关性及相关程度，从而评价目标事物的空间聚集程度[2]。

人的流动受到自然环境、社会和经济因素等的影响，因此人口在地理空间中并非随机分布的，它具有一定的空间分布形态，表现出空间自相关性。人口分布的空间自相关性可以衡量人口分布的空间聚集程度，进而可以分析研究区域内人口分布的空间特征。空间自相关性可以分为全局空间自相关和局部空间自相关两种类型[3]。

2. 全局空间自相关

全局空间自相关主要从整体上描述整个研究区域内各事物间的相关性及总体空间的关联特征。在人口分布研究中，全局空间自相关分析可以反映研究区域内人口分布的相关程度及空间聚集特征。表示全局空间自相关的指标很多，包括全局 Moran's I，全局 Geary's C 和全局 G 统计量，其中，

---

① TOBLER W. A computer model simulation of urban growth in the detroit region [J]. Economic Geography, 1970, 46 (2): 234-240.

② 陈彦光. 基于 Moran 统计量的空间自相关理论发展和方法改进 [J]. 地理研究, 2009, 28 (6): 1449-1463.

③ 郭恒亮, 刘如意, 赫晓慧, 等. 郑州市景观多样性的空间自相关格局分析 [J]. 生态科学, 2018, 37 (5): 157-164.

全局 Moran's I 是最常用的全局空间自相关指标。全局 Moran's I 指数的计算公式如式（3-8）所示。

$$I = \frac{n \sum\limits_{i=1}^{n} \sum\limits_{j=1}^{n} w_{ij}(x_i - \bar{x})(x_j - \bar{x})}{\left(\sum\limits_{i=1}^{n} \sum\limits_{j=1}^{n} w_{ij} \right) \sum\limits_{i=1}^{n} (x_i - \bar{x})^2} \tag{3-8}$$

在式（3-8）中，n 为研究区域内研究单元的个数，w_{ij} 为 i 研究单元与 j 研究单元间的空间权重，x_i 为 i 研究单元的人口密度，x_j 为 j 研究单元的人口密度，$\bar{x}$ 为研究区域内的人口密度平均值。I 值有正有负，但绝对值不大于 1，且绝对值越接近于 1，人口分布的相关性越强。当 I 值大于 0 时，人口分布呈现出正的相关性，空间格局表现出聚集分布的特征；当 I 值小于 0 时，人口分布呈现出负的相关性，空间格局表现出离散分布的特征；当 I 值等于 0 时，人口分布无相关性，这时人口为随机分布。此外，Moran's I 指数需要进行显著性检验，这样得到的空间自相关性分析结果才更可靠、更具有说服力。学术界常用标准化统计量 Z 得分和 P 值来检验 Moran's I 指数的显著性。其中，P 值是根据已知分布的曲线得出的面积近似值，Z 得分的表达式如式（3-9）所示。

$$Z = \frac{I - E(I)}{\sqrt{V(I)}} \tag{3-9}$$

在式（3-9）中，$E(I)$ 为预期指数，$V(I)$ 为理论方差，其表达式如式（3-10）和式（3-11）所示。

$$E(I) = \frac{1}{1-n} \tag{3-10}$$

$$V(I) = E(I^2) - E(I)^2 \tag{3-11}$$

在进行显著性检验时，我们先做零假设，即人口在研究区域内是随机分布的，接着根据 Z 得分和 P 值的计算结果进行分类讨论。当 P 值不具有统计学上的显著性时，不能拒绝零假设，即认为人口在研究区域内是随机分布的，否则认为人口在研究区域内的分布表现出聚集性。

3. 局部空间自相关

全局空间自相关只能表明整个研究区域内各事物的总体自相关性，并不能反映研究区域内单个研究事物间或研究事物所处单元的自相关性。局部空间自相关则是用来探测某一地区与其相邻地区间的相关性，弥补了全局空间自相关只能对研究区域的整体相关性进行探测，而缺少对内部地区差异性与异质性的识别的不足。局部空间自相关分析使用的指标和方法很多，包括 Moran 散点图、LISA 聚集图、G 统计量和 Geary's C，其中，Moran 散点图、LISA 聚集图较为常用。

3.2.3　空间计量模型

1. 地理加权回归模型

测度空间异质性常用的计量模型为地理加权回归（GWR）模型，它的一般形式如下：

$$y_i = \beta_0(\mu_i,\ v_i) + \sum_{k=i}^{p} \beta_k(\mu_i,\ v_i) x_{ik} + \varepsilon_i \qquad (3-12)$$

在式（3-12）中，$\beta_0(\mu_i,\ v_i)$ 和 $\beta_k(\mu_i,\ v_i)$ 分别表示第 k 个回归变量对应的截距项和第 i 个地区的第 k 个解释变量的回归系数函数，y_i、x_{ik} 分别为模型的被解释变量和解释变量，$\varepsilon_i \sim N(0,\ \sigma^2)$ 表示模型的扰动项，反映了空间随机效应水平，$\mathrm{cov}(\varepsilon_i,\ \varepsilon_j) = 0(i \neq j)$。Fotheringham 等（1998）根据地理学第一定律，利用加权最小二乘法估计参数，如式（3-13）所示。

$$\hat{\beta}(\mu_i,\ v_i) = [X^T W(\mu_i,\ v_i) X]^{-1} X^T W(\mu_i,\ v_i) Y \qquad (3-13)$$

在式（3-13）中，$W(\mu_i,\ v_i)$ 是一个 $n \times n$ 的矩阵，其对角线元素表示观测数据对观测 i 的地理权重，非对角线元素为零，全是回归点所在的地理空间位置到其他各观测点的地理空间位置之间的距离函数。

2. 时空地理加权回归模型

在实证分析中，只采用关注某一时点的空间差异性的 GWR 模型是不够的，因为 GWR 模型是从截面角度出发分析时空数据的，没有充分考虑时间维度上的变化趋势，而忽略时间因素的影响也会降低模型的估计效率和精度。因此，GWR 模型不适用于分析时空数据问题。Huang 等[1]则基于GWR 模型的理论框架，考虑了时间因素对参数估计的影响，提出了时空地理加权回归（GTWR）模型，通过构建时空窗宽（spatio - temporal bandwidth）和时空权重矩阵来刻画区域间的最优邻近关系，以探测不同区域、不同时点的变量关系，从而有效识别变量的时空异质性。Fotheringham

---

① HUANG B, WU B, BARRY M. Geographically and temporally weighted regression for modeling spatio-temporal variation in house prices [J]. International Journal of Geographical Information Science, 2010, 24（3）: 383-401.

等①发现，一方面，当时间差异性十分显著时，GTWR 模型往往具有更优的统计性质，并且在偏差—方差权衡问题上表现更好。另一方面，当时间差异性对变量关系的影响很大，而空间异质性几乎可以忽略时，GTWR 模型将退化为时间加权回归（time weighted regression，TWR）模型，采用这一模型分析此类问题将会是更优的选择。

Huang 等②提出的可识别参数时空差异性的时空地理加权回归模型，主要是建立起一个三维的椭圆坐标系，并根据（long，lat，t）三维坐标构建时空权重矩阵，定义距离 i 区域较近的区域具有更大的权重（包括时间和空间的接近），利用以 i 区域为球心构建的球体内的地区进行局部回归，进而得到不同时间内不同区域的参数估计值，GTWR 模型的一般形式如式（3-14）所示。

$$y_i = \beta_0(\mu_i,\ v_i,\ t_i) + \sum_{k=i}^{p} \beta_k(\mu_i,\ v_i,\ t_i)\ x_{ik} + \varepsilon_i \qquad (3\text{-}14)$$

在式（3-14）中，主要变量的设定与 GWR 模型类似，t_i 为第 i 个样本的时间信息，$\beta_0(\mu_i,\ v_i,\ t_i)$ 和 $\beta_k(\mu_i,\ v_i,\ t_i)$ 分别表示在不同时期 t_i 内第 k 个回归变量对应的截距项和第 k 个解释变量在不同时期 t_i 内在不同地区的回归系数函数。$\beta_k(\mu_i,\ v_i,\ t_i)$ 的估计公式如式（3-15）所示。

$$\hat{\beta}(\mu_i,\ v_i,\ t_i) = [X^T W(\mu_i,\ v_i,\ t_i) X]^{-1} X^T W(\mu_i,\ v_i,\ t_i) Y \qquad (3\text{-}15)$$

在式（3-15）中，$W(\mu_i,\ v_i,\ t_i)$ 是对角线元素，表示观测数据对观测 i 的时空权重，即回归点与其他各观测点之间的时空距离函数，可以将时空距离定义为地理距离和空间距离的加权线性函数，如式（3-16）所示。

$$d^{ST} = k_s\ d^S + k_t * d^T \qquad (3\text{-}16)$$

在式（3-16）中，d^S、d^T 分别表示地理距离和空间距离；k_s 和 k_t 为零分别表示时间加权回归（TWR）模型和地理加权回归（GWR）模型。Fotheringham 等③验证了当时空异质性十分显著时，GTWR 模型具有更优的统计性质，并且在偏差—方差权衡问题上表现更好。当时间异质性对变量

---

① FOTHERINGHAM A S, CRESPO R, YAO J. Geographical and temporal weighted regression (GTWR) [J]. Geographical Analysis, 2015, 47 (4): 431-452.

② HUANG B, WU B, BARRY M. Geographically and temporally weighted regression for modeling spatio-temporal variation in house prices [J]. International Journal of Geographical Information Science, 2010, 24 (3): 383-401.

③ FOTHERINGHAM A S, CRESPO R, YAO J. Geographical and temporal weighted regression (GTWR) [J]. Geographical Analysis, 2015, 47 (4): 431-452.

关系的影响很大，且空间异质性可以忽略时，GTWR 模型可以简化为 TWR 模型；当空间异质性对变量关系的影响很大，且时间异质性可以忽略时，GTWR 模型可以简化为 GWR 模型。

3. 多尺度地理加权回归模型

GWR 模型虽然在多元线性回归的基础上进一步考虑了观测点的空间特性，但空间过程中的"唯一带宽"使得研究较为局限，为了允许每个自变量拥有各自不同的空间平滑水平，Fotheringham 提出了一种所有建模过程都在相同空间尺度上进行的多尺度地理加权回归（MGWR）模型[①]，其一般表达式如式（3-17）所示。

$$y_i = \sum_{j=1}^{k} \beta_{bwj}(\mu_i, v_i) x_{ij} + \varepsilon_i, \ i, \ j = 1, \ 2, \ \cdots, \ k \qquad (3-17)$$

在式（3-17）中，(μ_i, v_i) 表示第 i 个样本点的地理坐标，y_i 表示点 i 处因变量的值，$\beta_{bwj}(\mu_i, v_i) x_{ij}$ 代表点 i 处的待估参数，bwj 代表了第 j 个变量回归系数使用的带宽，x_{ij} 代表第 i 个样本点的第 j 个自变量的值，k 为自变量的个数，ε_i 是独立同分布的随机误差，满足 $\varepsilon_i \sim N(0, \sigma^2)$ 假定。

带宽是衡量 y 和每个自变量 x 之间的关系，且基于空间尺度变化而变化的直接指标，换句话说，带宽反映的是待估参数进行回归需要使用的周围样本点的个数。对不同变量采用不同带宽来对模型进行回归（有的带宽接近全局，有的带宽是局部），从而产生了不同尺度。总之，带宽反映的是回归过程中每个自变量的规模和变化。为了更直观地理解带宽的确定过程，可将 MGWR 模型看成一个广义加性模型，如式（3-18）所示。

$$\sum_{j=1}^{k} f_j + \varepsilon, \ (f_j = \beta_{bwj} x_j) \qquad (3-18)$$

多尺度地理加权回归利用一种反向拟合算法对模型进行校准，其基本步骤为：首先，对式（3-18）中所有的加性项 f_j 进行初始化，利用这些初始值，得到 y 的初始估计值，并计算得到一组残差。其次，利用这组残差和第一个加性项 $\hat{f}_1$，使用 GWR 模型进行回归，从而产生 y 和 x_1 之间关系的最佳带宽 bw1，以及一组新的 y 和 x_1 之间关系的局部估计；再用残差加上第二个加性项 $\hat{f}_2$ 与第二个自变量 x_2 进行回归，以创建最佳带宽 bw2，并更新第二个变量的参数估计和残差。最后，以这种方式继续进行估计，直

① FOTHERINGHAM A S, WENBAI Y, WEI K. Multiscale geographically weighted regression （MGWR）[J]. Annals of the American Association of Geographers, 2017, 107（6）: 1247-1265.

到估计出与最后一个变量 x_j 相关联的局部参数。重复上述步骤，经过多次迭代直至估计收敛于收敛准则。

MGWR 模型的每个回归系数 β_{bwj} 都是建立在局部回归的基础上得到的，通过黄金分割搜索或等间隔搜索选择具有自适应性的带宽，这也是多尺度地理加权回归模型与地理加权回归模型在本质上的不同。在 MGWR 模型中，每个自变量的带宽可以反映出各自空间过程的空间作用尺度，这种多带宽方法更好地体现了因变量与影响因素在不同空间上的变化关系。同时，MGWR 模型还放宽了对自变量带宽的要求，允许各个变量都有独立的带宽值和不同的空间平滑水平，并以不同的空间比例为不同的空间变化建模，这种多带宽的空间过程有效提高了模型精度，使得其测算结果比传统模型的测算结果更加真实有效。

3.2.4 人工人口合成方法

1. 基于代理的人工人口模型

现代社会现象的研究依赖于大型数据集的可用性，这些数据集捕捉了合成的、城市级别的人口属性和活动。例如，在流行病学中，需要合成人群数据集来研究疾病传播，并采取干预措施；在社会科学中，需要综合人口数据集来理解政策决策对个人偏好和行为的影响。然而，我国公开发布的人口普查数据的地理尺度较粗，可以访问的属性细节较少，无法获得详细的人口属性信息。为了解决社会生活中存在的一些复杂问题，如疾病传播预测等，创建人工人口模型逐渐成为相关研究的重要工作。

人工人口的合成依附于计算机的计算能力与存储能力，将人口普查数据中的真实人口统计信息和少量的样本数据作为基础数据，经过算法与程序的处理，最终合成高度符合真实人口统计分布的人口列表[1]。通过上述方法合成的人工人口数据集，是虚拟人口数据集，每个虚拟个体既包含了所输入的人口普查数据中的属性信息，又带有所关联的组合属性。人工人口模型是对个体 Agent 的社会属性的描述，由个体的全局标识符和人口属性集构成，其形式化表达如下[2]：

---

① 刘列，许晴，祖正虎，等. 针对多代户家庭的人工人口生成方法研究 [J]. 生物技术通讯，2016，27（2）：237-243.

② 邱晓刚，陈彬，张鹏. 面向应急管理的人工社会构建与计算实验 [M]. 北京：科学出版社，2017.

人工人口＝＜个体编号，{人口属性集}＞

其中，{人口属性集}＝{家庭编号，年龄，性别，家庭角色，社会角色，环境实体}，这些属性信息来源于人口普查数据及人口统计学特征，一般包括个体所需的家庭编号、年龄、性别、家庭角色、社会角色以及与之相关联的环境实体，具体设定可根据实际研究的社会问题决定。在本书的研究中，每一个个体都是不同的，个体之间的差异性不光体现在其基本的人口统计特征（性别、年龄等）上，还体现在结合真实地理信息而使个体所具有的"位置（坐标）"属性上。

个体是社会构成的最基本要素，人的属性特征也影响着社会的运作。人工人口数据中个体所表现出的不同的社会属性代表了其在社会中的不同角色，此外，也可以通过属性划分社会群体、社会组织、社会关系网络。此外，社会空间环境、自然环境等为个体提供了活动场所，结合个体的社会角色，就会产生一系列的行为及事件，大量的个体在产生动态交互行为时所产生的涌现现象，就是社会现象的一种体现。此时，人工人口数据的作用就在于为研究者提供了社会现象或社会性事件中个体的详细社会属性特征，为有关部门制定社会性突发事件的应急管理制度提供了依据。

2. 遗传算法

遗传算法（genetic algorithms，GA）是约翰·霍兰德（John H. Holland）教授在 20 世纪 70 年代初受生物进化论的启发而提出的，它是基于自然选择原理发展起来的一种广泛应用的、高效的随机搜索与优化的方法。达尔文阐述了自然选择原理的主要思想：自然界中的生物会大量繁殖，由于遗传变异的存在，个体之间通常存在显著的差异。由于自然界物质的匮乏和自然环境的恶劣，生物个体为了生存而斗争，对环境适应性强的个体便能够生存繁殖下去，不适应环境的生物个体则会被环境淘汰，这就是"物竞天择，适者生存"的自然选择原理。生命是进化的产物，所有的生物都是长期进化的结果。

遗传算法就是模拟生物进化的过程，首先会设置种群数量，产生一组初始解；然后开始在解空间进行搜索，种群中的每一个个体都是一个解，对应生物进化中的"染色体"；接着定义问题的"适应度函数"来评价染色体的优劣；最后通过遗传算子，常用选择、交叉和变异操作来产生下一代种群。经过若干代进化之后，算法收敛于表现最好的染色体，它可能是问题的最优解或次优解。在求解较为复杂的组合优化问题时，相对于一些常规的优化算法，遗传算法能够较快获取表现较好的优化结果。

遗传算法属于进化算法的一种，在进化算法中占据着重要的地位，它不仅包含了进化算法的各种优点，而且具备以下的特点：

遗传算法在搜索最优解时，处理的是可行解而不是目标函数本身，将可行解进行编码后再处理，可以减少数据运算的工作量，提升工作效率。同时，遗传算法对求解函数的形式没有要求，其搜索过程不受目标函数连续性条件的约束，目标函数既可以是线性的也可以是非线性的，具有很好的扩展性。此外，遗传算法还具有很好的并行性。传统的迭代搜索算法的原理是通过不断迭代计算，不断用最新较优解代替原始解，从而逐步收敛得到最终结果，但是这种方法很容易忽略非连续函数或多峰函数的极值解；而遗传算法在对每一代种群进行操作时，实际上每一代的种群都是独立并行进化的，因此可以避免陷入局部最优解困境，具有较高的搜索效率。

遗传算法的基本步骤如下：

（1）编码。编码是指对问题的解进行编码操作。解的编码就是染色体。编码能避免直接操作目标函数，且可以减少进化过程中的计算量。通常用于评估编码策略的标准有：一是完备性，指问题空间中的所有候选解都能编码为染色体的表现形式；二是健全性，遗传算法空间中的染色体包含所有候选解；三是非冗余性，染色体需要和候选解一一对应。

（2）初始种群。遗传算法基于初始染色体集合，即初始种群进行遗传操作，每一轮操作后保留下来的染色体组成新的种群，然后继续下一代繁衍。初始群体中的个体一般是随机选择的，但是可以采取一定的策略，以提高初始解的质量。

（3）构造适应度函数。适应度是指个体对环境的适应能力，也能反映该个体繁殖后代的能力。适应度函数一般依据求解问题的目标函数而定。在进化过程中，为了更容易地比较适应度的大小，适应度函数一般要求为非负。因此，在很多情况下，人们都会选择将目标函数转换成求最大值的形式，且要求函数值为非负来作为适应度函数。

（4）选择（selection）运算。将选择算子作用于群体，目的是选择优秀的个体参与下一代的繁衍，选择的原则是适应性强的个体作为父代参与下一代繁殖的概率更大，这样可以保证群体总体向好的方向进化。

（5）交叉（crossover）运算。交叉算子是遗传算法中最核心的操作。

将交叉算子作用于群体，通过概率挑选两个父代将它们相异的部分基因进行交换，从而产生新的个体。通过交叉，遗传算法的搜索能力也会得到较大的提升。

（6）变异（mutation）运算。变异是指改变个体染色体上的某个基因值。常见的变异方法有二进制变异、实值变异等。相比于自然界，遗传算法中发生变异的概率很低，通常取值为 0.001~0.01。变异为新个体的产生提供了可能，有利于增加种群的多样性，避免早熟现象。此外，变异算子的局部搜索能力也可以加速求解过程的收敛。

（7）算法终止。算法终止的条件可概括为：第一，事先规定一个最大的进化代数，迭代次数达到最大代数时算法终止；第二，给定一个可接受的误差范围，当进化过程达到下界限的偏差范围时算法终止；第三，迭代过程中得到的结果不能继续改进时，则停止计算。

总的来说，遗传算法的编码操作比较简单，且整体的搜索策略和搜索方法在进化时不依赖其他知识，仅依赖目标函数及适应度函数。因此，遗传算法成为一种求解复杂系统问题的通用框架，被广泛地应用于许多领域，比如函数优化、组合优化等。对于组合优化问题而言，当问题规模扩大时，组合优化问题的搜索空间也急剧扩大，如果在计算上仅采用枚举法等搜索算法，则很难求出最优解，遗传算法是在这种情况下寻求满意解的最佳工具之一。

3. 模拟退火算法

模拟退火（simulated annealing，SA）算法是由柯克帕特里克（Kirkpatrick）等人于 1983 年将"退火"思想引入组合优化领域提出的一种算法。它具有较强的局部搜索能力，适合求解大规模的组合优化问题。

"模拟退火"一词起源于热力学和冶金学，退火是指首先将固体加热到足够高的温度，使分子呈现随机排列状态，然后逐步降温使其冷却，最后分子以低能状态排列，固体达到某种稳定状态的热力学过程。简言之，模拟退火算法可将从实际问题中求最优解的过程，模拟成金属从高温退温到低温，强度不断增加的过程。

固体在恒定温度下达到热平衡状态的过程可以用蒙特卡洛（monte carlo）方法进行模拟，但是采用这种方法的计算量很大，为减少计算量，模拟退火算法采用 Metropolis 准则进行抽样，如式（3-19）所示。

$$P = \begin{cases} 1, & E(x_{\text{new}}) < E(x_{\text{old}}) \\ \exp\left(-\dfrac{E(x_{\text{new}}) - E(x_{\text{old}})}{T}\right), & E(x_{\text{new}}) \geq E(x_{\text{old}}) \end{cases} \qquad (3\text{-}19)$$

根据 Metropolis 准则，每一次迭代除接受优化解以外，还要在一个给定的概率内接受恶化解，其状态转移的概率与温度 T 有关，这也是模拟退火算法与局部搜索算法的主要区别。

4. SPEW 人工人口合成过程与方法

（1）合成过程

SPEW 由一组坐落在特定地理位置的家庭及其成员和相关环境组成：

$$\text{SPEW} = （家庭，成员，环境）\in 位置 L$$

其中，位置 L 区域有多个家庭，每一个家庭有不同的家庭成员数，每一个家庭成员又有不同的属性特征，每一个个体所处的环境也具备不同的特征。因此，在采用 SPEW 合成系统合成人口时，大致分为三个部分：收集数据、人工人口合成、合成数据输出。具体流程如图 3-1 所示。

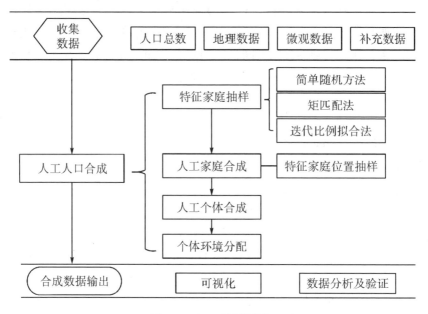

图 3-1　SPEW 流程框架

由图 3-1 可知，基于 SPEW 的人工人口合成，主要包括特征家庭抽样、特征家庭合成、人工个体合成、个体环境分配四个步骤。其中，特征家庭抽样可通过区域均匀抽样或者沿道路均匀抽样实现，后者因能够避免家庭或个体分布于诸如江河湖泊等非住宅区，故较前者更符合实际。人工家庭合成通过对特征家庭抽样构建。人工个体合成依赖于家庭微观样本数据，家庭成员可根据所抽取的家庭样本编号进行连接，故在合成特征家庭的同时可实现个体特征的分配，此方法不仅易于实施，而且可以保留"成员被包含于家庭"这一结构，因此更加符合实际。在个体环境分配中，SPEW 使用重力模型将个体成员分配到工作场地、学校等不同的场所，并根据成员与环境之间的物理距离和环境容量进行分配，如图 3-2 所示。

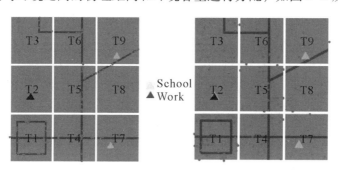

图 3-2　区域均匀抽样（左）、道路均匀抽样（右）的人口合成情况

假设环境 e_i（$i=1$，2，$\cdots$，P）处于区域 l_i 中，且容量为 c_i，那么对于一个 l_j 区域的成员 a_j 来说，他被分配到环境 e_i 的概率为

$$P(将 a_j 分配到 e_i) \propto d(l_i，l_j)^{-1} * f(c_i)$$

其中，d 为两个区域之间的距离，f 为环境 e_i 与容量 c_i 的单调递增函数。

上述步骤展示了 SPEW 人口合成工具的工作原理及方法，在具体应用过程中，其实施过程较其他工具而言更清晰明了，但是该方法对输入数据的要求较高，若要达到与现实无差别的数据效果，就要提供精确的数据源。此外，在不同的步骤中，所采用的方法有多种选择，运用不同方法得到的结果也会有所不同。

（2）合成方法

为了合成特征家庭，SPEW 需要根据微观数据来估计家庭中每个特征的分布，并尽可能使其接近真实分布，从而达到更高的精度。针对不同情况，SPEW 提供了三种估计方法：

第一，简单随机抽样法。简单随机抽样（simple random sampling，SRS）法是指均匀地从微观数据中抽取某一特征的一些数据，并用这些数据来估算该特征的分布。该方法只需要相关的微观数据，但其准确性完全依赖于微观数据对真实数据的表征程度。假设要在给定区域内产生 X 户家庭和 Y 个人，首先就要从家庭微观数据中统一抽样 X 条记录进行替换，从而产生 X 个家庭，对于"合成人"，应使用 ID 变量连接家庭和个人层面的数据，因此家庭被抽样的人组成了"合成人"。

第二，矩匹配法。矩匹配法（moment matching，MM）是为微观数据中的记录分配权重的一种方法，以便在抽样后，得到的总体矩能够与来自先验信息的矩匹配。假设我们可以得到区域 r 的一个种群特征的第一个矩，但该特征的分布是未知的，因此用 M_r 表示。此外，假设存在一个微观数据，有 m 个不同的特征值 $n = (n_1, \cdots, n_m)^T$，其中 $n_i > 0$。在取样之后，期望 M_r 仍然是合成生态系统的第一个矩。这种方法可以解决很多问题。为了确定特定的值，我们构建一个二次方程并将其最小化，如式（3-20）所示。

$$f(w) = \frac{1}{2} \|W\|_2^2 \tag{3-20}$$

其目标函数及约束条件如下：

$$f(w) = \frac{1}{2} \|W\|^2 \tag{3-21}$$

$$-x_i \leq 0, \ i = 1, 2, \cdots, N; \tag{3-22}$$

$$\sum_{i=1}^{N} w_i - 1 = 0; \tag{3-23}$$

$$\sum_{i=1}^{N} n_i w_i - M_r = 0. \tag{3-24}$$

式（3-23）和式（3-24）满足：

$$AW = b \tag{3-25}$$

其中，$A = \begin{bmatrix} 1 & \cdots & 1 \\ n_1 & \cdots & nN \end{bmatrix}$，$W = \begin{bmatrix} w_1 \\ \vdots \\ w_n \end{bmatrix}$，$b = \begin{bmatrix} 1 \\ M_R \end{bmatrix}$

因此，上述二次方程可表示为

$$\min_{W \in R^N} \frac{1}{2} W^T W, \ AW = b, \ W \geq 0 \tag{3-26}$$

第三，迭代比例拟合法。迭代比例拟合（iterative proportional fitting，IPF）法是指用已知的边缘总数估计列联表的单个单元格值，如图 3-3 所示。

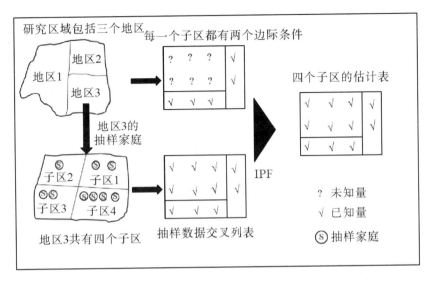

图 3-3　IPF 阶段的拟合函数

由图 3-3 可知，IPF 阶段的拟合函数分为两个步骤：第一阶段是整数转换，将区域非整数表转换为整数，如家庭户数；第二阶段是选择（匹配），一旦确定整数表，每个单元则表示某种类型和数量的家庭居住在一个特定的区域，之后从可用的记录中为每个家庭随机分配人口。一旦完成分配，抽样家庭的全部性质和属性就分配给分区表中的综合家庭。在SPEW 人工人口合成过程中，该方法需要知道每一个小区域中家庭某一特征的全部分级数据（如某一区域户主年龄大于 40 岁的总人数和小于等于40 岁的总人数）。相较于上述两种方法，该方法的精度最高，但所需数据量最大，运算时间也最长。

在 SPEW 人工人口合成过程中，IPF 采样方案分两步：一是用 IPF 合成人口统计的列联表；二是样本家庭使用列联表概率作为权重。该算法的具体步骤如下：

①使用边际总数估计 m 维列联表。就本书的研究目的而言，每个维度代表一个人口统计。每个人口统计是由类别组成的。人口统计学的一个例子是性别，它分为两类：男性和女性。

根据 Beckmam 等[①]的研究，对符号做以下说明：

①　BECKMAN R, BAGGERLY K, MCKAY M. Creating synthetic baseline populations [J]. Transportation Research Part A, 1996, 30: 415-429.

n 表示列联表中总观察值的个数；

m 表示人口统计特征数量，即列联表维度；

n_j 表示第 j 个人口统计的类别个数，$j = 1，2，\cdots，m$；

i_j 表示第 j 个统计量的值，$i_j = 1，2，\cdots，n_j$；

$p_{i_1, i_2, \cdots, i_m} = \dfrac{n_{i_1} n_{i_2}，\cdots，n_{i_m}}{n}$ 表示单个值在观察值中的比例；

$T_k^{(j)}$ 表示在第 k 个分类下，第 j 个人口统计特征的边际总数。

对于所有的 j，都有

$$n = \sum_{k=1}^{n_j} T_k^{(j)} \tag{3-27}$$

IPF 更新列联表，直到边际总数在已知边际的范围内。每次更新称为一次迭代。假设 $p_{i_1, i_2, \cdots, i_m}^{(t)}$ 表示迭代 t 次时单元格（$i_1，i_2，\cdots，i_m$）的估计，初始列联表为

$$p_{i_1, i_2, \cdots, i_m}^{(0)} = p_{i_1, i_2, \cdots, i_m} \tag{3-28}$$

这是种子列联表，同时将之前的信息合并到最终列联表中。实际上，种子列联表来源于微观数据。

每次迭代都会经过每个边界，并更新估计的比例 $\hat{p}_{i_1, i_2, \cdots, i_m}$。具体来说，对于每一个 j 边际，都可通过式（3-29）更新第 k 个分类变量：

$$p_{i_1, i_2, \cdots, i_j = k, \cdots, i_m}^{(t)} = p_{i_1, i_2, \cdots, i_j = k, \cdots, i_m}^{(t-1)} = \dfrac{\dfrac{T_k^{(j)}}{n}}{\sum_{i=1}^{n_1} \sum_{i=1}^{n_2} \cdots \sum_{i=1}^{n_m} p_{i_1, i_2, \cdots, i_j = k, \cdots, i_m}^{(t-1)}}$$

$$\tag{3-29}$$

随后继续迭代，直到达到容忍度（公差），该过程通常在 10~20 次迭代中收敛。

②按列联表中的概率对住户进行抽样。概率决定了每个人口组合中应该抽样多少个家庭。对于每一个人口统计组合，依据一定概率被分配给每一个微观家庭；同时，基于家庭在人口统计方面的接近程度，每户的集中度由距离函数式（3-30）确定：

$$D(p，c) = w_p \prod_{i \in j} \left(1 - \left|\dfrac{d_i^p - d_i^c}{r_i}\right|^k\right) \times \prod_{i \notin j} \left[1 - \delta(d_i^p，d_i^c)\right] \tag{3-30}$$

其中，p 表示微观数据的家庭样本；c 表示列联表的单元格；d_i^p 表示家庭 p 的第 i 个人口统计值；d_i^c 表示种类 c 的第 i 个人口统计值；r_i 表示在微观数据

集中 i 的人口统计范围；k 代表当前人口统计分类的权重；w_p 表示家庭 p 的权重。

$$\delta(d_i^p,\ d_i^c) = \begin{cases} \alpha & d_i^p = d_i^c \\ 1-\alpha & d_i^p \neq d_i^c \end{cases} \qquad (3\text{-}31)$$

当 $\alpha=0$ 且 $k\to 0$ 时，$D(p,\ c)$ 是 0-1 的损失函数，这意味着只从那些与 IPF 中列联表单元格中的记录中采样。最后，根据以下权重对每条记录进行采样。

$$P(\text{选择家庭 } p) = \frac{D(p,\ c)}{\sum_j D(j,\ c)} \qquad (3\text{-}32)$$

5. 人工人口合成常用的软件

人工人口合成可以理解为创建全社会所有个体的集合，这些个体具有联合分布的属性，合成所需的数据会直接影响个体集合。当前，这种合成数据集已成为公共政策研究领域的重要信息，然而，数据及资料的获取受到严格的隐私保护与查阅限制，因此我们只能查找分散于不同渠道、不同类型的可用数据。此外，数据集的质量问题也会导致研究设计在数据融合及样本校准方面出现异常。

基于上述问题，科研工作者通过建立人口数据合成器，来获得一致的数据集，以生成合成种群数据集。人口数据合成器的主要思想是，将来自覆盖整个种群的聚合数据与来自样本的分类数据合并，从而为研究总体取得完整而详细的分类数据集。在国内研究方面，龙瀛等编写了基于 ArcGIS 的人工人口合成模块，利用已有的统计信息、典型调查和常规规则等多源数据，反演个体样本的属性信息，并结合关于个体样本空间分布的统计性描述，将个体样本体现在空间上[①]。但是国内学者开发的如上人工人口合成工具并没有对外开放。

国外学者在人工人口合成方面的研究较早，已开发了相应的应用平台和软件供科学界开展学术研究。例如，基于 IPU 算法的 PopGen 是由亚利桑那州立大学 SimTRAVEL 研究计划开发的开源合成种群遗传算法；基于 web 的应用程序 Synthia 实现静态空间微模拟的 SMILE 系统[②]。为满足公共

---

① 龙瀛，茅明睿，毛其智，等. 大数据时代的精细化城市模拟：方法、数据和案例 [J]. 人文地理，2014，29（3）：7-13.

② MORRISSEY K, O'DONOGHUE C, CLARKE G, et al. SMILE: an applied spatial micro-simulation model for Ireland [M]. Cheltenham: Edward Elgar Publishing, 2012.

研究所需，很多合成工具以 R 包的形式进行开发，如 Sms[①]、Synthpop[②]、simPop[③]、Spew[④]，常用的人工人口合成软件的方法、用途或特点如表 3-3 所示。

表 3-3　人工人口合成的常用软件

软件名称	方法	用途或特点
PopGen	迭代比例更新算法（IPU）	用于 VirtualBelgium 项目，以探索比利时人口发展
Synthia	迭代比例拟合算法（IPF）	由 RTI 国际开发的基于 web 的应用程序，可以为用户定义的研究区域建立自定义特征变量的合成人口数据集
SMILE	静态的空间微观模拟模型	用于匹配爱尔兰农业普查和爱尔兰国家农场调查的技术，并合成爱尔兰农业的农场级静态合成人口
Sms	遗传算法	R 包；该软件包不能处理包含层次结构的数据（如家庭中包含的个人）
Synthpop	回归树	R 包；该软件包不能处理复杂的数据结构，在模拟社会经济综合人口方面的作用有限
simPop	迭代比例更新拟合、模拟退火校准、logistic 回归或数据融合	R 包；对合成数据的评估与验证更为精准
Spew	简单随机抽样法、矩匹配法、迭代比例拟合法	R 包；人口统计数据可以结合环境数据进行人口合成

　　早期生成合成生态系统的方法有一些局限性：它们不是开源的，不能适应新的或更新的输入数据源，也没有可供选择的方法，以选取合适的个体特性及位置。基于此，Gallagher 等提出了合成世界、种群和生态系统的

　　① KAVROUDAKIS D. Sms：an r package for the construction of microdata for geographical analysis [J]. Journal of Statistical Software, 2015, 68（2）：1-23.
　　② NOWOK B, RAAB G M, DIBBEN C. Synthpop：bespoke creation of synthetic data in R [J]. Journal of Statistical Software, 2016, 74（11）：1-26.
　　③ TEMPL M, MEINDL B, KOWARIK A, et al. Simulation of synthetic complex data：the R package simPop [J]. Journal of Statistical Software, 2017, 79（10）：1-38.
　　④ GALLAGHER S, RICHARDSON L F, VENTURA S L, et al. SPEW：synthetic populations and ecosystems of the world [J]. Journal of Computational & Graphical Statistics, 2018：1-12.

一般框架 SPEW，作为一个开放源码 R 包实现人工人口合成①。该软件包不仅可以实现对数据源的处理分析，还可根据研究问题及场景，选择多种不同的人工人口合成算法，构建人工人口数据集。

具体说来，SPEW 软件包的优势体现在三方面：一是数据输入更灵活，运用了适应现有数据的采样方法，以及用于验证生态系统的统计和图形工具。SPEW 仅需要特定格式的数据，而不依赖于特定来源或时间范围内的数据，这意味着当新数据可用时（例如，更新的人口数据或特征），未来的用户可以生成 SPEW 合成生态系统，并且拥有专有数据的用户（例如，拥有机密数据的政府机构）可以将其整合到他们的生态系统中。二是提供了针对不同类型的输入数据设计的采样方法，包括简单随机抽样法、矩匹配法、迭代比例拟合法。三是提供了用于地理空间可视化以及生成生态系统的图形和表格摘要工具。

3.2.5　社会空间分异隔离指数

隔离指数主要用于量化城市社会空间分异程度，Apparicio 等②认为该类指数的主要用途包括：确定并比较各人口群体在大都市地域中的分布，并进行城际比较和动态分析。Massey 等③将居住隔离分为五大维度：匀度（evenness）、能见度（exposure）、浓度（concentration）、聚类度（clustering）和趋中度（centralization），具体概念如表 3-4 所示。

表 3-4　居住隔离五大维度概念

维度	概念
匀度	指的是某一个或多个人口群体在大都市地区各细分空间单位（如人口普查片区）中的分布情况。匀度指数可以衡量一个群体在细分单位空间里的数量是否高于或低于平均水平。一个群体在各细分空间里的分布越不均匀，隔离情况就越严重

① GALLAGHER S, RICHARDSON L F, VENTURA S L, et al. SPEW：synthetic populations and ecosystems of the world [J]. Journal of Computational & Graphical Statistics, 2018：1-12.

② APPARICIO P, PETKEVITCH V, CHARRON M. Segregation Analyzer：a C#. Net application for calculating residential segregation indices [J]. CyberGeo：European Journal of Geography, 2008：414.

③ MASSEY S, DENTON N A. The dimensions of residential segregation [J]. Social Forces, 1998, 67 (2)：281-315.

表3-4（续）

维度	概念
能见度	指的是在单位空间里，同组个体之间（单组）或异组个体之间（组间）的潜在接触程度。能见度指数可衡量某一个体在其所在的单位空间里遇到其他同组个体的可能性（孤立度），或遇到异组个体的可能性（互动度）
浓度	指的是某一群体所占用的空间大小。一个群体占用的空间越小，它的浓度就越高。据 Massey 和 Denton（1988）的研究，被隔离的少数族裔通常在大都市中只占用小部分空间
聚类度	用于衡量某一群体的聚类程度。人口群体占用相邻的空间单位，从而在城市中形成被包围的"飞地"（enclave）。群体占用的相邻空间越多，聚类效果越好，因而隔离情况就越严重
趋中度	衡量某一群体所在地点距离都市中心（通常指中心商业区，CBD）的远近程度。所在地点越靠近市中心，该群体的趋中度越高，因而隔离情况也越严重

上述指标的计算公式可参见孙秀林等的研究①。

---

① 孙秀林，施润华，顾艳霞. 居住隔离指数回顾：方法、计算、示例 [J]. 山东社会科学，2017（12）：98-105.

4 街镇尺度人口分布时空特征 与影响因素研究

本章以我国的超大城市成都市为研究对象，以街镇尺度人口普查数据为基础，采用空间统计分析、地统计和地理探测器方法，对我国超大城市人口分布格局的时空特征与影响因素进行实证研究，深入理解成都市人口分布的空间性质和特征，以为后续人口空间化模型方法的创新奠定基础。

具体而言，本章从以下四个方面展开研究：①成都市人口空间分布格局研究。以人口密度、人口总量和人口密度增长率等指标为基础，从人口规模和人口分布的疏密程度两方面，对成都市人口空间分布格局进行整体把握，并利用空间自相关指标探究人口的空间集聚效应，以及利用地统计中的变异函数研究成都市人口空间变异特征。②成都市人口均衡性演变特征研究。利用人口结构指数、人口重心、标准差椭圆法，对成都市人口分布的均衡性演变特征进行分析。③成都市人口密度模型的拟合研究。进行人口密度模型的拟合，旨在找到最符合成都市人口空间结构的密度模型，并对成都市所处的城市发展阶段以及空间结构的演变进行探究。④成都市人口分布影响因素的实证研究。采用地理探测器模型，对成都市人口分布的影响因素进行探测识别。

4.1 研究区域概况

成都市简称"蓉"，是四川省省会，地处四川盆地西部，位于东经102°54′~104°53′、北纬30°05′~31°26′。截至 2020 年年底，成都市常住人口突破 2 000 万人，达到 2 094 万人，成为继重庆、上海、北京之后，我国第四个常住人口超 2 000 万的城市。2020 年，成都市总面积为 14 335 平方千米，中心城区建成区面积977.12平方千米①。成都地处四川盆地西部边缘，地势由西北向东南倾斜；西部属于四川盆地边缘地区，以深丘和山地为主，多数地区海拔为1 000~3 000米，最高处位于大邑县西岭镇大雪塘（苗基岭），海拔高度为5 364米；东部属于四川盆地盆底平原，是成都平原的腹心地带，主要由平原、台地和部分低山丘陵组成，海拔高度一般为750米，适宜人类定居。成都属于亚热带湿润季风气候区，热量丰富、雨量充沛、四季分明，但由于成都市东、西两部分海拔高度悬殊，使得其降水、温度等气候条件在空间地理分布上存在差异，不仅西部山地的气温、降水量远低于东部地区，而且山地之间也存在具有明显热量差异的垂直气候带。成都市的地形地貌、街镇行政区划及圈层分布示意如图4-1所示。

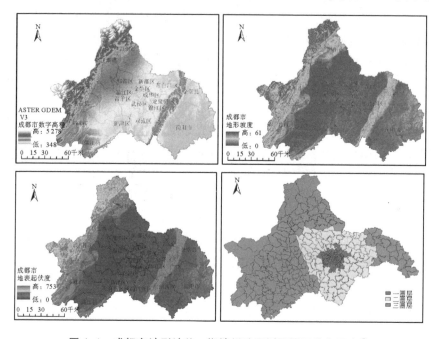

图4-1　成都市地形地貌、街镇行政区划及圈层分布示意②

　　成都是我国西部地区规模最大的城市，随着共建"一带一路"倡议、西部大开发、成渝地区双城经济圈等国家战略部署的深入推进，成都市已

　　①　成都市统计局. 成都统计年鉴2021[EB/OL].https://cdstats.chengdu.gov.cn/cdstjj/c155886/2023-03/01/content_bcd1de004c294357943fa4ba838724b4. shtml, 2022-01-29.
　　②　由于本书为单色印刷，部分示意图颜色区分不大，因此将本书第4、5、6、7、8、10章的部分示意图放至二维码（见附录）中，读者可通过识别二维码获取相应章节的彩色示意图。

逐渐成为我国西部地区的科技、商贸、金融中心，以及辐射中西部地区的关键交通枢纽。截至2020年年底，成都市辖锦江、青羊、金牛、武侯、成华、龙泉驿、青白江、新都、温江、双流、郫都、新津12个区，简阳、都江堰、彭州、邛崃、崇州5个县级市，金堂、大邑、蒲江3个县。

根据历年的成都统计年鉴①可知，2000年，成都市辖19个区（市）县，包括96个街道、129个乡和209个镇，共计434个行政单元；2010年，成都市辖19个区（市）县，包括92个街道、27个乡和196个镇，共计315个行政单元；2020年，成都市辖20个区（市）县，增加了简阳市，包括161个街道和100个镇，共计261个行政单元。本章研究所选取的基础数据为成都市街镇尺度的2000年第五次全国人口普查（以下简称"五普"）、2010年第六次全国人口普查（以下简称"六普"）和2020年第七次全国人口普查（以下简称"七普"）数据。

从上述区（市）县及街镇数量变化也可知，在"六普"到"七普"期间，成都市的区（市）县统计口径的变化不多，只增加了简阳市，但是街镇行政单元的变化则很大，由434个行政单元减少为261个行政单元。这是因为该时期成都市深入推进街镇行政区划调整，"撤乡并镇""改名并迁"，街镇尺度统计口径的变化巨大。因此，对于成都市区（市）县人口数量分析而言，可以将其2000—2020年的数据经合并和分割后直接进行对比；但是，对于街镇尺度的人口数据则不能直接进行比较分析。如果以2020年的行政区划对街道和乡镇进行合并与划分，数据会不准确，可比性较差，并且也会因为合并损失较多人口分布的细节信息，这正是人口普查数据以行政区划作为统计口径的重要不足之一。

考虑到统计口径，在本章的实证研究中，凡是涉及区（市）县层面的研究，我们以2020年的成都市行政区划为基准，将简阳市人口数据按行政区划调整方式纳入成都市，然后对五普、六普和七普的数据进行对比分析。凡是涉及街镇尺度的研究，我们以2010年的成都市行政区划为基准，将2000年和2010年的相关数据修正为一致的街镇统计口径，共计315个行政单元。

由于2020年成都市的街镇尺度行政单元大幅减少，因此不具有可比性，且人口分布的空间特征细节减弱。同时，这一调整为外因所致，非人

---

① 成都市统计局. 统计年鉴［EB/OL］. https://cdstats.chengdu.gov.cn/cdstjj/c155886/old_list.shtml, 2023-01-19.

口分布的自然调整，若将其纳入对比分析，在行政区划大幅调整的背景下，可能会引致实证结果偏误，因此本章不将 2020 年数据纳入比较分析。针对 2020 年的数据，后续我们会进行成都市人口空间化数据集的构建，基于格网人口进行人口分布时空特征的比较研究将不存在这一问题。

与"核心—边缘"理论一致，成都市的行政区划按社会经济发展和人口分布一般分为三圈层：一圈层是主城区，包括锦江区、武侯区、青羊区、金牛区和成华区；二圈层是发展中的新城区，包括龙泉驿区、青白江区（含成都北新经济技术开发区）、新都区（含新都工业开发区）、温江区（含海峡两岸产业开发园区）、双流区（含航空港工业开发区）和郫都区；三圈层是远郊区，包括简阳市、都江堰市、彭州市、邛崃市、崇州市、金堂县、大邑县、蒲江县和新津区。

依据《成都市城市总体规划（2003—2020 年）》，成都市致力于打造出"一心多极多轴"的城市空间格局，以改变"摊大饼"式的均衡拓展趋向，逐步形成南北展开的城市格局，构建多中心城市的空间结构。其中，"一心"是指城市主城区，"多极"是指五市（都江堰市、邛崃市、彭州市、崇州市、简阳市）、四县（新津区[①]、大邑县、金堂县、蒲江县），"多轴"是指由主城区沿各放射道路形成的发展轴，其中南北轴和东轴是发展的重点。

4.2 成都市人口时空格局的演化特征

4.2.1 人口时空格局的尺度效应差异

人口空间分布具有尺度依赖性，在不同空间尺度下会表现出不同的分布特征，采用精细尺度研究人口分布状况，能够更客观地刻画人口空间分布的格局及态势。2000 年、2010 年和 2020 年成都市街镇尺度人口密度的最大值、最小值，以及全局 Moran's I 指数计算如表 4-1 所示。

---

① 2020 年 6 月，经国务院批准，同意撤销新津县，设立成都市新津区。

表 4-1　"五普""六普"和"七普"的不同尺度下成都市人口空间属性差异

年份	尺度	单位个数/个	最大密度/(人·平方千米)	最小密度/(人·平方千米)	Moran's I
2000	区（市）县	19	6 921	321	0.16 ***
	街镇	315	48 340	7	0.29 ***
2010	区（市）县	19	8 499	453	0.21 ***
	街镇	315	40 006	7	0.31 ***
2020	区（市）县	20	16 088	389	0.24 ***
	街镇	261	45 730	8	0.34 ***

注：*** 表示在1%的置信水平下显著，后表同。

由表 4-1 可知，从人口密度空间相关性来看，成都街镇尺度与区（市）县尺度下的 Moran's I 指数均通过了 1% 的显著性检验，说明成都市的人口密度表现出显著的空间自相关性。但街镇尺度下人口密度的 Moran's I 指数更高，说明区（市）县间人口密度的空间相关性弱于街镇间人口密度的空间相关性，因此，利用街镇尺度数据更能准确测度人口密度的空间集聚特征。

从研究对象的个数以及密度分布来看，街镇尺度数据更能反映人口密度的差异性。当以区（市）县为研究尺度时，2000 年和 2010 年共有 19 个研究单位，成都市人口密度最大的区域都是青羊区，分别为 6 921 人/平方千米和 8 499 人/平方千米，2020 年成都市人口密度最大的区域是武侯区，为 16 088 人/平方千米。2000 年、2010 年、2020 年成都市人口密度最小的区域均为大邑县，人口密度值分别为 321 人/平方千米、403 人/平方千米和 389 人/平方千米。当以街镇为研究尺度时，研究单位数量提高至 315 个，2000 年和 2010 年人口密度最大的区域分别为锦江区的督院街街道（48 340 人/平方千米）和成华区的双桥子街道（40 006 人/平方千米），人口密度最小的区域均为崇州市的鸡冠山乡，人口密度值分别为 3 人/平方千米和 7 人/平方千米。2000 年和 2010 年的极值比扩大至 6 905.71 和 5 715.14，说明成都市人口空间分布的异质性特征非常明显。

上述分析表明，随着研究尺度的缩小，得到的人口信息会更加精准和具体，如当人口密度的最值区由区（市）县定位至街镇时，人口密度的均质化程度明显降低、人口空间分布的空间异质性显著提高。

4.2.2 人口变动情况

成都市 2000 年、2010 年和 2020 年常住人口的变动情况如表 4-2 所示。

表 4-2 成都市常住人口变动情况　　　　　单位：万人

成都市区域划分		2000 年	2010 年	2020 年
全市		1 240	1 512	2 094①
圈层	一圈层	347	503	636
	二圈层	315	456	869
	三圈层	578	553	588
区（市）县	增长最快的区域	—	55	137
	增长最慢的区域	—	−34.05	−0.94
街镇	增长最快的街镇	—	1.66	11.38
	增长最慢的街镇	—	8.87	1.87

注：产业功能区人口并入行政区中，2000 年、2010 年人口数据将简阳市人口数据纳入其中。

由表 4-2 可知，从成都全市范围来看，常住人口由 2000 年的 1 240 万人增加至 2010 年的 1 512 万人，10 年间共增长了 272 万人，增长了 21.94%；人口密度由 916 人/平方千米升至 1 171 人/平方千米，增长了 27.84%。2020 年第七次全国人口普查数据显示，2020 年成都全市常住人口为 2 094 万人，成为我国 7 个超大城市之一，与 2010 年相比增加 582 万人，仅次于深圳（新增 720 万人），增长了 38.49%，人口密度上升至 1 461 人/平方千米，较 2010 年增长了 24.77%，较 2000 年增长了 59.50%。

从圈层来看，2000—2010 年，一圈层中心老城区常住人口总量由 347 万人增至 503 万人，增长率为 44.96%；二圈层新城区常住人口由 315 万人增至 456 万人，增长率为 44.76%；三圈层远郊区由 578 万人减少至 553 万人，增长率为 −4.33%。从七普数据来看，一圈层 2020 年常住人口为 636 万人，比 2010 年增加 133 万人，增长了 26.44%。一圈层中心老城区常住人口占全市人口的比重由 2010 年的 27.98% 上升为 2020 年的 30.38%。

---

① 此处实际为 2 093.8 万人，由于统计路径不同，加总数据存在"舍入误差"，这在统计上是可行的。

三圈层还处于工业化中后期阶段，仍然有相当比例的农业从业人口，就业岗位创造能力不足，促使郊区县市人口逐步向城区转移。2010年，郊区县市人口占全市人口的36.57%，超过全市人口的1/3。2020年，郊区县市人口占全市人口的比重降低到28.08%，略超全市人口的1/4，说明郊区县市人口正向二圈层新城区集中。由于撤县建区，传统的二圈层已全部成为新城区，二圈层虽然在空间上还存在，但与传统的主城区融为一体的趋势不可逆转。2020年，包含中心城区与二圈层在内的成都市常住人口达1 505万人，比2010年增加了546万人。2020年，成都市二圈层常住人口达到869万人，比2010年增加了413万人，人口增长明显。

从行政分区来看，2000—2010年，人口增加最多的区域是郫都区，增加了约41万人；人口最少的区域是简阳市，流失了约34万人；2010—2020年，人口增加最多的区域是温江区，增加了约51万人；人口最少的区域是邛崃市，减少了约1万人。从街镇尺度来看，2000—2010年，成都市315个街镇的年增长情况差异较大，其中人口增长最快的是锦江区的成龙路街道，人口增长率达592.10%；人口增长最慢的是锦江区的沙河街道，常住人口的增长率为-78.91%。成都市各圈层常住人口变动情况如表4-3所示。

表4-3　成都市各圈层常住人口变动情况

圈层	地区	2000年/人	2010年/人	2020年/人	2000—2010年增长率/%	2010—2020年增长率/%
一圈层	锦江区	440 280	690 975	902 933	56.9	30.7
	青羊区	551 261	828 565	955 954	50.3	15.4
	金牛区	922 804	1 200 512	1 265 398	30.1	5.4
	武侯区	822 859	1 375 902	1 855 186	67.2	34.8
	成华区	733 274	938 940	1 381 894	28.0	47.2
二圈层	龙泉驿区	478 389	766 574	1 346 210	60.2	75.6
	青白江区	384 674	382 531	490 091	-0.6	28.1
	新都区	611 986	775 646	1 558 466	26.7	100.9
	温江区	322 290	456 618	967 868	41.7	112.0
	双流区	861 600	1 280 647	2 659 829	48.6	107.7
	郫都区	490 314	896 604	1 672 025	82.9	86.5

表4-3(续)

圈层	地区	2000 年/人	2010 年/人	2020 年/人	2000—2010 年增长率/%	2010—2020 年增长率/%
三圈层	简阳市	1 412 523	1 071 994	1 117 265	−24.1	4.2
	都江堰	621 980	657 711	710 056	5.7	8.0
	彭州市	770 749	763 550	780 399	−0.9	2.2
	邛崃市	524 577	612 352	602 973	16.7	−1.5
	崇州市	650 698	660 735	735 723	1.5	11.3
	金堂县	772 273	716 679	800 371	−7.2	11.7
	大邑县	493 373	501 977	515 962	1.7	2.8
	蒲江县	247 548	238 893	255 563	−3.5	7.0
	新津区	291 021	302 396	363 591	3.9	20.2

注：因 2016 年简阳市划入成都市，2010 年常住人口数据已按调整后的行政区划做了修订，高新区数据并入武侯区，天府新区人口并入简阳市。

由表 4-3 可知，整体而言，2000—2020 年，成都市 20 个区（市）县的常住人口数量呈上升趋势。进一步比较可知，21 世纪初期，简阳市的人口最多，其次是双流区，蒲江县是所有区划中人口最少的地区。2000—2020 年，郫都区、新都区的人口数量一直以较大的幅度增长。截至 2020 年年底，双流区的人口总数位居成都市第一，约有 266 万人，蒲江县人口数量仍然是最少的。

从人口增长幅度来看，2000—2010 年，郫都区人口数量增长最多，增长率为 82.9%；其次是武侯区，增长率为 67.2%，龙泉驿、锦江区、青羊区、双流区和金牛区的人口也呈现较大幅度的增长。除青白江区、简阳市、彭州市、金堂县和蒲江县的人口呈现递减的趋势以外，其余各区人口均有不同幅度的增加。2010—2020 年，人口数量增长最快的区域为温江区，增长率为 112.0%；其次为双流区，增长率为 107.7%；再次为新都区，增长率为 100.9%；人口数量减少的是邛崃市。可见，2000—2010 年，一圈层的五个城区人口数量增长较快，人口减少集中在三圈层；2010—2020 年，人口增长集中在二圈层，三圈层中人口减少的区域数量减少，其中，邛崃市人口为下降趋势。

近年来，成都市二圈层的人口数量增长尤为明显，其增速甚至反超一圈层，主要原因是近年来二圈层产业园区的建立和发展带动了该区域经济水平的提升，从而吸引了大量人才迁移至此。如新都区、郫都区由于区位优势因素，高校众多，其凭借高端的技术研发平台和以电子信息、生物工程等新医药技术产业体系为主的工业港，分别被四川省人民政府认定为省级高新技术产业园区和中国中小城市创新创业（双创）百强县市，同时，四通八达的高速交通网络也为其产业发展提供了便利条件。除此之外，交通、医疗、文化等服务设施的逐渐完善，使得二圈层在近几年得到高速发展，因此吸引了大量常住人口。对于三圈层来说，地理和经济因素的限制，是其人口数量增长缓慢的主要原因。例如简阳市和蒲江县，从社会经济层面来看，这两个区域虽然也有众多高校分布，但是其高新技术产业发展较为落后，导致常住人口较少；就地理位置来看，这两个区域都位于成都市远郊区地段，并且相较于一圈层和二圈层来说，其交通、医疗等公共设施有待完善。

成都市人口地理空间的这种显著变化，符合城市发展的一般规律，也与成都市空间战略安排一致。成德眉资同城化战略的实施和成都市的向东向南发展战略一致，显著提升了高新区、天府新区、龙泉驿区等的战略地位，加快了相关区域产业基础的高级化发展，形成了强大的人口磁场效应。随着天府新区、东部新区的快速大力开发和成渝地区双城经济圈战略的深入推进，成都市都市圈的人口地理空间正在向外加速扩展。可以预料的是，传统中心城区的人口聚集能力将进一步减弱；向南之高新区、天府新区、向东之龙泉驿区、东部新区；向北之新都区、青白江区，将成为成都市都市圈发展的重点区域。

4.2.3　人口密度的变动情况

常住人口总数只能反映研究区域内人口规模的大小，无法体现人口分布的稠密情况。人口密度是指单位土地所承载的常住人口数量，可以体现区域内人口的空间集聚状况；因此，为了能够清晰地表示研究区域内的人口集聚情况，本节将对人口密度进行分析讨论，以掌握成都市人口空间分布的集聚状况。2000 年和 2010 年成都市的人口密度空间分位情况如图 4-2 所示。

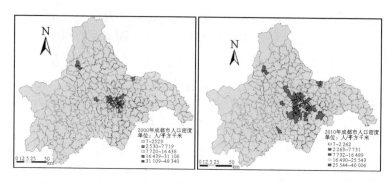

图4-2　2000年与2010年成都市的人口密度空间分位示意

　　由图4-2可知，成都市的人口密度呈明显的圈层式分布，内密外疏，即人口密度由一圈层开始向二圈层、三圈层递减。2010年，人口密度的高值区增多，主城区人口聚集的状况得到一定程度的疏解。为了更直观地了解2000—2010年成都市人口密度的变化情况，我们以人口密度的增长率为指标进行分级，并将分级结果以分位图的形式表示出来，如图4-3所示。

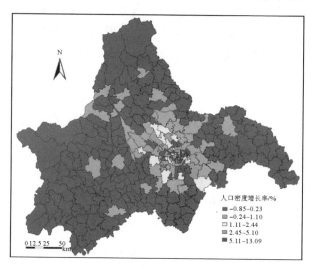

图4-3　2000—2010年成都市的人口密度增长率分位示意

　　图4-3反映了2000—2010年成都市各街镇的人口密度增长率，可知成都市各街镇的人口密度增长率差异较大。其中，人口密度增长最快的街镇是锦江区的成龙路街道，人口密度增长率达130.09%；人口密度增长最慢的街镇是锦江区的沙河街道，人口密度增长率为-84.54%，人口密度增长率的极差达到了214.63%。

为了更加详细地研究各街镇单位人口密度的变动情况，本书参考杨惠钰①的做法，根据 2000—2010 年成都市 315 个街镇的人口密度增长率的平均值 $\bar{X}$（43.99%）及标准差 A（147.69%），划分为六种人口增长类型：快速增长型、较快增长型、缓慢增长型、缓慢减少型、较快减少型和快速减少型，具体分类情况如表 4-4 所示。同时，成都市人口密度增长率的分级情况如图 4-4 所示。

表 4-4　成都市各街镇人口密度的增长类型划分

增长类型	划分依据	人口密度增长率	街镇个数 /个	比重 /%
快速增长型	$[\bar{X}+A, \ +\infty)$	$[191.68\%, \ +\infty)$	20	6.35
较快增长型	$(\bar{X}, \ \bar{X}+A)$	$(43.99\%, \ 191.68\%)$	50	15.87
缓慢增长型	$(0, \ \bar{X})$	$(0, \ 43.99\%)$	97	30.79
缓慢减少型	$(-\bar{X}, \ 0)$	$(-43.99\%, \ 0)$	142	45.08
较快减少型	$(-\bar{X}-A, \ -\bar{X})$	$(-191.68\%, \ -43.99\%)$	6	1.90
快速减少型	$(-\infty, \ -\bar{X}-A]$	$(-\infty, \ -191.68\%]$	0	0.00

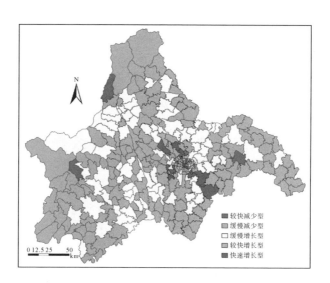

图 4-4　2000—2010 年成都市人口密度增长率分类空间示意

① 杨惠钰. 济南市人口空间变动及其影响因素研究［D］. 济南：山东建筑大学，2016.

由图 4-4 可知，在成都市 315 个街镇中，缓慢减少型的街镇数量最多，占成都市全部街镇的 45.25%，主要分布于成都市三圈层以及东部的龙泉驿区和中心的武侯区；缓慢增长型的街镇占比仅次于缓慢减少型，占比为 30.70%，分布较为分散，主要位于成都市中部的新都区和双流区，零散分布于西部的大邑县、崇州市、都江堰市；再次是较快增长型的街镇共有 50 个，占比为 15.82%，连片式分布于成都市中部的双流区、温江区和龙泉驿区。人口密度快速增长型和快速减少型的街镇数量最少，分别仅占 6.35% 和 1.90%。人口密度快速增长型的街镇分布比较集中，主要分布于龙泉驿区、金牛区、武侯区和成华区，其中只有金牛区和武侯区形成了人口密度快速增长的连片区。

此处没有对 2010 年和 2020 年成都市的人口密度增长率进行分析的原因已经在前面陈述过，此处不再赘述。

4.2.4 人口密度的空间集聚分析

1. 全局空间自相关分析

以 2000 年和 2010 年成都市各街镇人口密度为基础，通过全局 Moran's I 指数分析 2000 年和 2010 年成都市人口分布的全局空间自相关性，并采用邻接边拐角的方式构建空间权重矩阵，计算出人口密度的全局 Moran's I 值及其他相关指标，结果如表 4-5 所示。

表 4-5　成都市街镇尺度人口密度的 Moran's I 值

年份	Moran's I	Z-Value	P 值	聚离状态
2000	0.296	8.353	0.000	聚集
2010	0.311	10.609	0.000	聚集

由表 4-5 可知，2000 年和 2010 年成都市街镇尺度人口密度的全局 Moran's I 指数分别为 0.296 和 0.311。以 1% 为显著性水平，假设 2000 年和 2010 年成都市的人口密度随机分布，即分布不存在空间自相关性，对 Moran's I 值进行统计显著性检验。经显著性检验，Moran's I 值通过了 1% 的显著性水平检验，即成都市各街镇的人口空间分布不是随机的，而是存在较强的正向空间自相关性，即表现出显著的空间聚集特征。从时间视角分析，Moran's I 指数逐渐升高，说明成都市的人口密度不仅具有集聚特征，而且街镇人口密度的正向性逐渐增大。

2. 局部空间自相关分析

全局空间自相关只能揭示成都市人口分布的总体相关性，无法体现人口分布的局部空间分布差异和特征，人口密度 Moran 散点图和 LISA 集聚图能够用来分析人口分布的局部空间特性。因此，我们基于 2000 年和 2010 年成都市 315 个街镇的人口密度，进行局部空间自相关分析，其 Moran 散点图如图 4-5 所示。

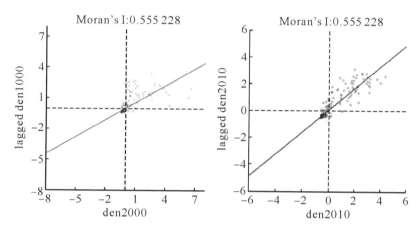

图 4-5 2000 年和 2010 年成都市街镇尺度人口密度 Moran 散点图

在图 4-5 中，斜线表示研究区域内人口密度的空间聚集程度，其斜率为全局 Moran's I 值。由图 4-5 可知，2000 年与 2010 年的成都市人口密度 Moran 散点图的分布格局基本相似，斜线斜率为正，人口密度散点主要分布在第一、三象限，说明成都市人口密度主要表现为"高—高"集聚和"低—低"集聚两类。

2000—2010 年，图 4-5 中第二、三、四象限的点分布情况变化不大；而对于第一象限的点，其在 2010 年比在 2000 年表现得更为集聚，更靠拢斜线分布，说明"高—高"集聚型的街镇尺度人口密度的集聚程度加大。四个象限的街镇尺度人口密度 LISA 集聚图如图 4-6 所示。

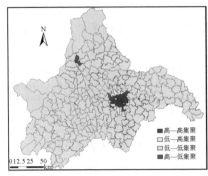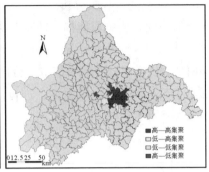

图 4-6   2000 年和 2010 年成都市街镇尺度人口密度 LISA 集聚图

"高—高"集聚型街镇在 2000 年和 2010 年的数量分别为 38 个和 50 个，占街镇总数的 12.06% 和 15.87%。由图 4-6 可知，"高—高"集聚型街镇呈块状紧凑分布于成都市的一圈层，且随着时间的推移，分布的范围逐渐扩大。"高—高"集聚型街镇单元在地理位置上相连接，经济发展程度较高、基础设施建设完备，发展势头较好，属于"齐头共进"类，容易拉动人口增长，从而形成集聚效应，成为成都市人口分布的稠密区。

"低—低"集聚型街镇在 2000 年和 2010 年的数量分别为 68 个和 79 个，占街镇总数的 21.59% 和 25.08%，"低—低"集聚型街镇大范围的连片式分布于成都市的二、三圈层，形成人口的低密度区。"低—低"集聚型街镇单元远离成都市主城区，经济发展相对滞后，对人口的吸引力较为欠缺。

"高—低"集聚型街镇在 2000 年和 2010 年的数量分别为 5 个和 3 个，数量极少，零散分布于青羊区、武侯区、温江区、郫都区、都江堰市。"高—低"集聚型街镇在 2000 年和 2010 年的数量分别为 13 个和 10 个，呈斑块状分布于"高—高"集聚型街镇的周围，主要位于双流区、郫都区以及五大主城区。"高—低"集聚型街镇单元属于"一枝独秀"型，即中心街镇的发展水平远高于周围的街镇，区域整体发展不协调。

4.2.5   人口空间变异性分析

地统计方法是利用变异函数和 Kriging 插值法对地理空间中研究对象的分布进行预测，以获取任意空间位置上数值特征的分析方法，使用地统计方法可以得到人口分布插值的最优估计和人口空间分布的特征。本书利用

ArcGIS 中的 Geostatistical Analyst 模块对成都市人口密度数据进行地统计分析，主要包括数据趋势分析、变异函数分析与拟合检验、绘制克里金插值图等步骤。其中，数据趋势分析包括空间趋势分析、半变异函数云图分析。

1. 空间趋势分析

空间趋势分析能够反映研究对象在地理空间上的演变特征，本书在 ArcGIS 中使用趋势分析工具生成成都市人口密度的三维透视图。以成都市 19 个区（市）县内各街镇的人口密度（X，Y，Z）为空间坐标，其中 X 轴代表人口密度空间在三维空间中横向分布的方向，Y 轴代表人口密度在三维空间中纵向分布的方向，Z 轴代表人口密度数据点在空间上的高低分布。将所有街镇的空间坐标（X，Y，Z）所确定的点投影到一个东西方向和一个南北方向的正交平面上，并分别对 2000 年和 2010 年的成都市人口密度投影点做出最佳拟合线，得到以人口密度大小为维度的三维透视图，如图 4-7 所示，利用该图可以判断出成都市人口密度在东西方向和南北方向上的变化趋势。

由图 4-7 可知，2000 年和 2010 年成都市的人口分布趋势相似，人口密度在东西方向和南北方向的最佳拟合线基本一致，均为倒"U"形，说明成都市人口密度在东西方向呈"中部高，东西低"的带状分布趋势，其中，西部地区的人口密度略高于东部地区；在南北方向呈"南北低，中部高"的带状分布趋势，其中，北部地区的人口密度略高于南部地区。总体而言，成都市的人口集聚区主要分布在中部和东部地区，人口密度在空间上呈现出由主城区（高人口密度核心区）向周边近城区递减的格局。

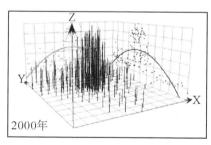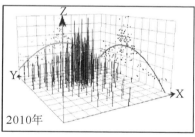

图 4-7　2000 年与 2010 年成都市街镇人口密度空间变化趋势

2. 半变异函数云图分析

半变异函数云图是用两点间的空间距离函数来表示数据点间的半变异

和协方差理论函数值，其横坐标为两个行政单元几何中心之间的空间距离；纵坐标为对数人口密度的变异函数值，反映了对数人口密度的空间相关性。随着样点间距离的增加，半变异函数值也会增加，当距离增加到一定程度时，云图变平，表示当距离超出一定范围后，样点之间不再具有相关性。成都市 2000 年和 2010 年的人口密度半变异函数云图如图 4-8 所示。

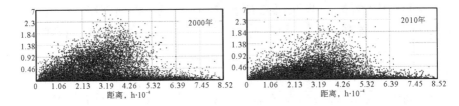

图 4-8　2000 年和 2010 年成都市人口密度半变异函数云图

图 4-8 中样点的分布状况基本一致，少数样点离散地分布于云图顶部，而大多数样点则聚集于左下部的区域中。就样点的整体分布情况来看，其基本符合距离接近的点相关性高、相距较远的点异质性高的规律。

3. 变异函数分析及拟合检验

本书分别采用圆模型、指数模型、球状模型、高斯模型以及 K-bessel 和 J-bessel 模型对变异函数进行最优拟合分析。同时，使用交叉验证方法，基于基底效应、预测误差的均值、标准均方根预测误差值这三个指标选择最优拟合模型。成都市 2000 年和 2010 年的人口密度变异函数模拟结果及检验结果如表 4-6 和表 4-7 所示。

表 4-6　2000 年成都市街镇对数人口密度变异函数模型拟合参数及检验结果

模型	拟合参数				检验结果	
	C_0（块金值）	C（偏基台值）	C_0+C（基台值）	C_0/C_0+C（基底效应）	平均误差	RMSS（标准均方根预测误差）
指数模型	0.139 4	1.288 9	1.428 3	0.097 6	0.014 8	0.892 4
球状模型	0.322 9	1.131 7	1.454 6	0.222 0	0.003 7	0.901 8
高斯模型	0.529 3	1.040 1	1.569 4	0.337 3	-0.007 9	0.933 9
圆模型	0.360 9	1.170 1	1.531 0	0.235 7	-0.002 6	0.894 2
K-bessel 模型	0.509 9	1.033 9	1.543 8	0.330 3	-0.004 4	0.930 1
J-bessel 模型	0.459 6	0.857 3	1.316 9	0.349 0	0.015 0	0.954 4

表4-7　2010年成都市街镇对数人口密度变异函数模型拟合参数及检验结果

模型	拟合参数				检验结果	
	C_0（块金值）	C（偏基台值）	C_0+C（基台值）	C_0/C_0+C（基底效应）	平均误差	RMSS（标准均方根预测误差）
指数模型	0.683 1	0.565 6	1.248 7	0.547 0	0.009 1	0.850 9
球状模型	0.763 6	0.494 7	1.258 3	0.606 9	−0.001 4	0.856 1
高斯模型	0.848 8	0.462 8	1.311 6	0.647 1	−0.011 5	0.864 2
圆模型	0.785 9	0.502 4	1.288 3	0.610 0	−0.006 5	0.854 1
K-bessel 模型	0.839 4	0.461 5	1.300 9	0.645 2	−0.009 0	0.863 8
J-bessel 模型	0.816 3	0.376 9	1.193 2	0.684 1	0.013 7	0.879 5

由表4-6和表4-7可知，在交叉验证结果中，预测误差的算术平均值越接近于0，那么预测值越是无偏的；预测误差的标准平均值越接近于0越好；标准均方根预测误差（RMSS）越接近于1，则说明误差越精确。球状模型的基底效应（C_0/C_0+C）和预测误差的均值相对较小，RMSS值最接近于1，因此成都市2000年和2010年人口密度变异函数的最优拟合曲线为球状模型曲线。

块金值（C_0）与基台值（C_0+C）的比值为基底效应，若该数值低于25%，则说明系统存在强相关性；若该数值高于75%，则说明系统存在弱相关性。从2000年和2010年成都市人口密度球状模型的拟合结果来看，块金系数由0.222 0增加至0.606 9，说明系统的相关性减弱，表示由政策因素、人文环境、历史条件等随机性因素引起的变异占总变异的比例由22.20%增加至60.69%；而由自然环境、地理位置等结构性因素引起的变异占比从78.81%减小到39.32%，说明空间变异从由结构因子主导变为由非结构因子主导。成都市人口密度各向分维数的统计结果如表4-8所示，利用各向分维数可以分析人口密度在各方向上的空间变异性。

表 4-8　成都市人口密度各向分维数

年份	总方向	0°	45°	90°	135°
2000	1.915	1.943	1.964	1.821	1.883
2010	1.942	1.954	1.885	1.748	1.756

注：表中 0°代表南—北方向，45°代表西南—东北方向、90°代表西—东方向、135°代表西北—东南方向。

由表 4-8 可知，相较于 2000 年，2010 年成都市人口分布的总方向分维数减小，均远离均衡分布期望值（期望值为 2），说明由随机性因子引起的空间变异性在增强，人口密度的空间差异程度增加。在四个方向的分维数中，只有 0°方向的分维数总体上呈增强趋势，靠近均衡分布期望值，说明南—北方向上的人口密度分布表现出较高的均衡性。与 0°方向的分维数相比，其余的 45°、90°、135°三个方向的分维数均表现为减小的趋势，具体的减小幅度分别为 4.01%、4.20%和 6.74%，其空间均衡性呈现不同幅度的下降、空间差异程度呈现不同幅度的增加。其中，135°方向，即西北—东南方向的分维数减小幅度最大，变化更剧烈，说明此方向上的人口密度空间差异程度最大。

4. Kriging 插值法及人口密度空间分布特征分析

基于球状变异函数模型，对 2000 年和 2010 年成都市街镇人口密度数据进行对数变换，去除二阶趋势，采用简单 Kriging 插值法对成都市街镇人口密度进行插值，插值结果如图 4-9 所示。根据插值结果，将人口密度依据自然断点法分为 10 级。

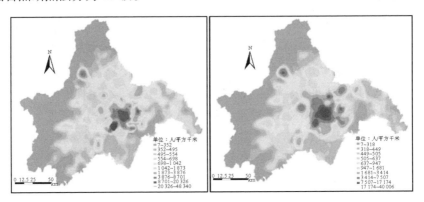

图 4-9　2000 年和 2010 年成都市人口密度插值图

图 4-9 呈现了成都市 2000 年和 2010 年人口密度的空间格局，我们可以直观地观察到成都市人口疏密的梯度变化特征。整体来看，成都市人口密度空间分布呈现出明显的圈层结构，与 2000 年相比，2010 年成都市人口的密集程度提高，高密度街区的范围不断扩大，低密度街区的范围不断减小。同时，青白江区的红阳街道、大湾街道、弥牟镇的人口密度降低，使整个成都市的人口密度分布呈现出更为明显的内密外疏的结构，即成都市各街镇的人口密度分布呈现出由一圈层主城区（高人口密度核心区）向周边近城区递减的格局，人口密度值随着与主城区距离的增加呈下降的趋势。总体来说，成都市人口密度增长较快，一、二圈层人口密度的增加带动了整个成都市人口密度的增加，但成都市东部的青白江区和龙泉驿区、南部的双流区，以及温江区的部分边缘街镇的人口密度增长一直处于较低迷的状态。

4.3 成都市人口均衡性演化规律

4.3.1 人口分布结构指数

人口分布结构指数是从总体上衡量某区域内人口分布均衡水平的常用指标，包括集中指数和不均衡指数。本书通过式（3-1）和式（3-2）分别计算出了 2000 年和 2010 年的成都市人口分布不均衡指数和集中指数，结果如表 4-9 所示。

表 4-9　成都市人口密度的集中指数和不均衡指数

人口分布结构指数	2000 年	2010 年
不均衡指数 U	0.051 3	0.053 5
集中指数 C	0.321 4	0.373 6

由表 4-9 可以看出成都市人口空间分布的集中趋势与分散趋势，结果表明，成都市人口分布存在不均衡性，具体表现为：成都市人口分布的不均衡指数小于 0.1，为上升趋势，由 2000 年的 0.051 3 上升至 2010 年的 0.053 5，表明成都市人口分布存在不均衡性，且随着时间的推移，人口分布的不均衡程度逐渐上升。成都市人口分布的集中指数小于 0.5，但集中

指数有所上升，由 2000 年的 0.321 4 上升至 2010 年的 0.373 6，表明成都市人口分布的聚集程度有所提高。人口分布不均衡指数与集中指数的增加，反映了 2000—2010 年的成都市人口分布逐渐趋于聚集。

4.3.2 人口重心及标准差椭圆

除了可以从人口分布结构指数的角度分析人口空间分布均衡性的演变特征，我们还可以从人口重心移动的角度进行分析。一般来说，研究区域各单位的地理位置与人口分布数量决定了人口重心的地理位置，人口重心的变化可以反映研究区域的人口分布变化。成都市人口重心与几何重心的计算结果如表 4-10 所示。

表 4-10　成都市人口重心与几何重心坐标

指标	经纬度坐标	
	X	Y
2000 年人口重心	103°96′66″E	30°68′33″N
2010 年人口重心	103°97′83″E	30°68′9″N
几何重心	117°59′12″E	26°4′2″N

由表 4-10 可知，2000 年成都市的人口重心为（103°96′66″E，30°68′33″N），2010 年的人口重心为（103°97′83″E，30°68′9″N），均落在青羊区的苏坡街道。2000—2010 年，成都市的人口重心向东南方向发生了轻微移动，表明成都市人口在东南方向的集聚程度高于西北方向。人口重心移动的直线距离为 1 459 米，年均移动距离为 145.9 米，移动速度适中，说明成都市的人口空间分布结构相对稳定。

成都市的几何重心为（117°59′12″E，26°4′2″N）。若人口重心与几何重心的地理位置相同，则说明人口分布均衡；若人口重心与几何重心的地理位置存在偏移，则说明人口分布不均衡，其相对位置与距离可以衡量人口的偏移方向与偏移程度，进而反映人口分布的均衡性程度。将成都市的人口重心与几何重心进行比较发现，两者之间存在很大程度上的偏移；并且随着时间的推移，人口重心与几何重心的偏移趋势越明显，这说明随着时间的推移，人口分布的不均衡性呈现增强的趋势，这与通过人口分布集中指数与不均衡指数衡量得到的人口空间分布演变特征结论一致。

人口密度法常与标准差椭圆法配合使用，标准差椭圆法可以分析人口空间分布的离散趋势。本书基于 ArcGIS 中的标准差椭圆特征值进行分析，可以得到代表人口分布的椭圆在成都市的空间覆盖范围面积及比值，结果如表 4-11 所示。

表 4-11　标准差椭圆法的长轴及短轴

年份	短轴 A/m	长轴 B/m	长轴/短轴	旋转角 α/度	面积/平方千米
2000	32 907.513 9	48 031.741 6	1.459 6	74.065 1	4 965.308 9
2010	29 841.371 4	41 974.656 4	1.406 6	74.659 4	3 934.864 2

由表 4-11 可知，2000 年标准差椭圆的面积为 4 965.308 9 平方千米，占成都市总面积的 40.07%；2010 年面积缩小到 3 934.864 2 平方千米，仅占成都市总面积的 32.46%。图 4-10 直观地展现了 2000—2010 年成都市人口重心与标准差椭圆的空间变动情况，从椭圆形状上可以观察到，2010 年标准差椭圆的长轴与短轴均有所减小，其中长轴 A 由 32 907.513 9 米缩短至 29 841.371 4 米，短轴 B 由 48 031.741 6 米缩短至 41 974.656 4 米；同时长短轴之比也由 1.459 6 降至 1.406 6，说明椭圆形的覆盖区域逐渐变为圆形，人口分布的椭圆逐渐缩小。

标准差椭圆法中的椭圆代表人口空间分布的主体区域，从椭圆覆盖范围来看，2000 年和 2010 年的椭圆覆盖区域均包含成都市一圈层的主城区和二圈层发展中的新城区（如温江区、双流区等），这一区域是成都市优质资源（如教育资源、医疗资源等）的主要承载区域。2000—2010 年，椭圆的覆盖范围缩小，表明成都市人口集聚的核心区域有所缩减，人口分布表现出向心性极化的趋势。从椭圆的旋转角来看，10 年间椭圆的旋转角由 74.065 1°小幅增加至 74.659 4°，说明成都市人口分布呈现"东北—西南"方向的空间格局，且相对稳定。椭圆的长短轴变化也进一步说明，成都市人口集聚的核心区域有所缩减；椭圆长短轴的比值减小，说明成都市人口分布在"西北—东南"方向的集聚程度更高。

综上所述，2000—2010 年成都市人口空间分布均衡性的演变主要集中在成都市的一、二圈层，为了更加精确地探究人口分布均衡性的微观变化情况，接下来以成都市一、二圈层的 162 个街镇单元为研究对象，利用人口重心和标准差椭圆法进行研究。2000 年和 2010 年成都市一、二圈层范围内的人口重心和几何重心坐标如表 4-12 所示，标准差椭圆结果如表 4-13 所示。

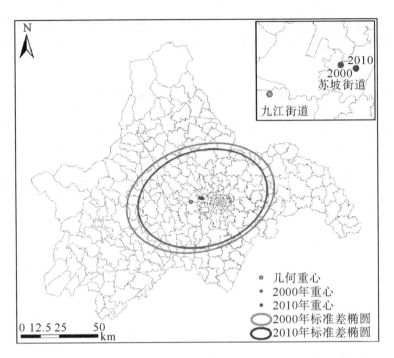

图 4-10 2000—2010 年成都市人口重心与标准差椭圆的空间变动

表 4-12 成都市一、二圈层内的人口重心和几何重心坐标

指标	经纬度坐标	
	X	Y
2000 年人口重心	104°6′7″E	30°66′41″N
2010 年人口重心	104°6′2″E	30°66′54″N
几何重心	104°6′4″E	30°66′83″N

表 4-13 成都市一、二圈层内的标准差椭圆结果

年份	短轴 A/m	长轴 B/m	长轴/短轴	旋转角 α/度	面积/平方千米
2000	8 925.543 2	9 483.072 8	1.062 5	116.425 9	265.896 3
2010	8 439.924 0	9 408.235 7	1.114 7	120.409 8	249.445 1

由表 4-12 和表 4-13 可知，2000 年和 2010 年成都市的人口重心分别为（104°6′7″E，30°66′41″N）和（104°6′2″E，30°66′54″N），均位于成都

市青羊区的西御河街道。2000—2010年，成都市的人口重心向西北方向移动562.5米，年均移动速度仅56.25米，表明成都市一、二圈层内的人口在西北方向的集聚程度高于东南方向。几何重心与人口重心的相对位置和偏移距离可以反映人口的偏移方向与偏移程度，进而说明人口空间分布的均衡水平。成都市一、二圈层人口重心与几何重心的偏移统计如表4-14所示。

表4-14　成都市一、二圈层人口重心与几何重心的偏移统计

年份	总距离/m	东西方向偏移距离/m	南北方向偏移距离/m
2000	667.638	364.598	550.259
2010	394.678	161.758	363.780

由表4-14可知，2000—2010年成都市一、二圈层人口重心与几何重心的总偏移距离缩小，表明成都市一、二圈层内人口分布的不均衡程度降低。把研究范围内的人口重心与几何重心的偏移分解至东西与南北两个方向，其中东西方向偏移距离相差202.840 m，南北方向偏移距离相差186.479 m。东西方向的偏移距离与偏移距离差明显大于南北方向的对应值，表明成都市一、二圈层内南北地区的人口分布差异更大，而东西地区相对较小。

2000—2010年成都市一、二圈层人口重心与标准差椭圆的空间变动情况如图4-11所示，可知2000年和2010年成都市一、二圈层标准差椭圆的变化较小。从椭圆覆盖范围来看，两个年份的椭圆都覆盖了研究区域中的中部地区。这些地区从行政区划上看主要是成华区、金牛区、武侯区等，是成都市经济活动的主要承载区。2000—2010年，成都市一、二圈层标准差椭圆的覆盖范围有所缩小，由265.896 3平方千米缩小至249.445 1平方千米，表明成都市一、二圈层内人口集聚的核心区域有所缩减，人口分布表现出向心性极化的趋势。从椭圆的旋转角来看，10年间椭圆的旋转角由116.425 9°增加至120.409 8°，变化并不明显，说明成都市一、二圈层人口分布呈现"东北—西南"方向的空间格局，且相对稳定。椭圆的长、短轴均缩短，进一步说明了成都市一、二圈层人口分布的核心区域有所缩减，人口分布呈相对集聚的趋势；椭圆长短轴比值增大，说明成都市人口分布在"东北—西南"方向的集聚程度更高，这与地统计的结果一致。

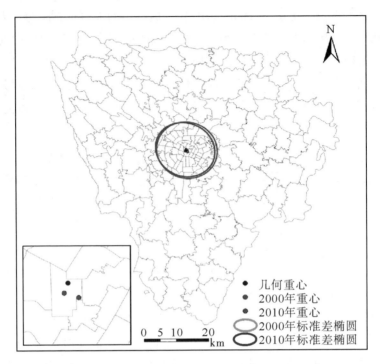

图 4-11　2000—2010 年成都市一、二圈层人口重心与标准差椭圆的空间变动

4.4　成都市人口空间分布模型的拟合

　　上节研究表明，2000—2010 年成都市的人口分布特征为：成都市人口呈中心集聚、外围扩散的"圈层式"分布，在空间上表现为人口高密度区域"块状式"据点集聚，外围低密度区域"连片式"绵延分布的格局；人口密度符合由一圈层向外呈阶梯状降低的规律。

　　城市人口空间分布结构的演变遵循一定的规律，人口密度模型可以根据人口分布的空间特征和趋势建模，以定量的方式总结出人口空间结构规律，同时揭示城市所处的发展阶段。本节试图找出最适合描述成都市人口分布规律的人口密度模型，并预测今后成都市人口结构的变动情况，以期为城市的发展规划提供参考。

　　人口密度模型主要分为单中心模型与多中心模型两类。单中心模型假设城市内部仅存在一个中心，社会生产要素与经济活动均围绕该中心展开，因此城市中心地区为人口密度高值区，并且距离市中心越远，人口密度越低。常见的单中心模型包括线性模型、对数模型、Clark 模型、Smeed 模型和 Newling 模型。单中心模型能够有效解释城市发展初期的人口空间结构，但随着城市的发展，其结构逐渐向多中心化演变，此时多中心模型能够较好地模拟人口空间分布格局，多中心模型的实质是对城市空间内部的中心点依次进行 Clark 模型分析，最后进行叠加。

4.4.1 单中心人口密度模型

1. 数据选择及处理

人口密度模型是基于运用圈层距离法获取的圈层内人口密度数据进行拟合的，即以成都市中心位置为圆心，以不同长度的半径划分成都市，然后获得各圈层内的人口密度。本书使用 ArcGIS Pro 2.8 进行下述操作，完成步骤如下：

（1）确定城市中心。一般来说，学术界通常以人口密度最大的街镇单元作为城市中心（也称为主中心点），因此，我们将督院街街道和双桥子街道分别作为 2000 年和 2010 年成都市的人口中心。

（2）使用多环缓冲区功能，分别以督院街街道和双桥子街道为圆心，以 1 千米为半径建立环状缓冲区。2000 年建立了 122 个环状缓冲区，2010 年建立了 125 个环状缓冲区。

（3）使用叠加分析中的标识工具，分别计算出 2000 年与 2010 年环状缓冲区内的人口总数与环内面积，进而计算出各环状缓冲区的人口密度。

根据上述步骤得到各圈层的人口密度以及距中心点的距离后，基于成都市人口分布的圈层格局特征，分别选择线性模型、对数模型、Clark 模型、Smeed 模型、Newling 模型等，对成都市 2000 年和 2010 年的相关数据进行拟合，得到各模型的参数值以及拟合曲线。

2. 单中心模型拟合结果

2000 年和 2010 年成都市人口密度的单中心模型拟合结果，分别如表 4-15 和 4-16 所示。

表 4-15　2000 年成都市人口密度单中心模型拟合结果

模型	参数 a	参数 b	参数 c	R^2	F 检验
线性模型	4 755.09	−53.76	无	0.24	−2.70e+17

表4-15(续)

模型	参数 a	参数 b	参数 c	R^2	F 检验
对数模型	14 034.49	−3 284.94	无	0.62	471.18
Clark 模型	30 977.01	0.20	无	0.95	35.98
Smeed 模型	1 559.06	3.86	无	0.13	−178.55
Newling 模型	22 603.80	1.79	−0.02	0.93	29.027

表 4-16 2010 年成都市人口密度单中心模型拟合结果

模型	参数 a	参数 b	参数 c	R^2	F 检验
线性模型	6 142.94	−68.33	无	0.28	−2.76e+17
对数模型	17 877.65	−4 160.65	无	0.69	481.04
Clark 模型	36 297.57	0.18	无	0.96	39.74
Smeed 模型	1 838.42	1.87	无	0.30	−187.05
Newling 模型	25 549.95	2.85	−0.02	0.9	33.23

由表 4-15 和表 4-16 可知，从各模型的参数上看，首先要淘汰拟合效果最差的线性模型。其次，在 Newling 模型中，参数 c 小于 0，与其参数限定情况（c>0）相悖，因此也不做考虑。其他三种模型中，Clark 模型的 R^2 最大，说明该模型的拟合效果最好。

在 Clark 模型中，参数 b 的绝对值代表人口密度随与城市中心的距离增加而衰减的速度，b 的绝对值越大，表明与城市中心的距离越远，人口密度衰减越快（Wang, 1999）。由表 4-15 和表 4-16 可知，Clark 模型的 b 值由 2000 年的 0.20 降至 2010 年的 0.18，说明人口密度曲线斜率放缓，从中心区到近郊边缘区的人口梯度放缓。这表明成都市的人口分布由城市中心向四周扩散，人口分布趋于分散与均匀，城市逐渐向"郊区化"发展。

Clark 模型的参数 a 表示城市中心的人口密度理论值，a 值越大，城市中心对人口的集聚作用越大。由表 4-15 和表 4-16 可知，2000—2010 年，a 值由 30 977.01 人/平方千米增加到 36 297.57 人/平方千米，而市中心人口密度的实际值却由 48 340 人/平方千米下降至 40 006 人/平方千米，这说明一方面，成都市的郊区化程度还未发展到足以使城市中心的人口密度理论值下降的程度，与西方发达城市相比，成都市的郊区化水平还处于初期发展阶段；另一方面，人口密度实际值的下降也是郊区化发展的必然结果。各模型的拟合曲线如图4-12所示。

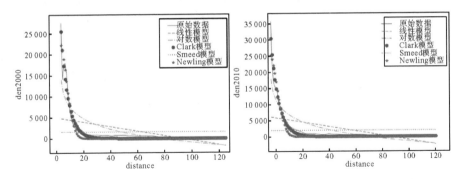

图4-12 2000年与2010年成都市人口密度单中心模型拟合曲线

由图4-12可知，首先，Clark 模型与实际人口分布曲线的吻合度最高，尤其是在距离市中心 5~17 千米时拟合优势最明显。其次，2010 年 Clark 模型的拟合曲线高于2000年的曲线，说明成都市人口密度在这10年间有所提升。最后，2000年与2010年Clark模型的拟合曲线的斜率都是在距离市中心18千米的范围内急剧下降，在20千米处拟合曲线的走势开始趋于平缓，并且人口密度值也无限趋于0，这说明2000—2010年，成都市仍在向"郊区化"发展。

4.4.2 多中心人口密度模型

1. 数据的选择及处理

首先，与单中心模型的做法相似，先将人口密度最大的街镇定义为城市中心（或主中心点）；其次，利用 ArcGIS Pro 2.8 绘制 2000 年和 2010 年的人口密度等值线图；最后，依据如下原则确定城市次中心：①次中心人口密度必须大于 25 000 人/平方千米；②各次中心之间及次中心与市中心的距离必须大于 5 千米。2000 年和 2010 年成都市人口密度大于 25 000 人/平方千米的街道如表4-17 和表4-18 所示。

表4-17 2000年成都市人口密度大于25 000人/平方千米的街道

街道名称	所属区	人口密度/ （人·平方千米）	距城市主中心距离/米
沙河街道	锦江区	33 493	6 243.55
牛市口街道	锦江区	46 498	3 533.56

表4-17(续)

街道名称	所属区	人口密度/ (人·平方千米)	距城市主中心距离/米
草市街街道	青羊区	33 060	3 028.61
抚琴街道	金牛区	31 108	5 465.69

表 4-18　2010 年成都市人口密度大于 25 000 人/平方千米的街道

街道名称	所属区	人口密度/ (人·平方千米)	距城市主中心距离/米
莲新街道	锦江区	36 923	1 747.38
牛市口街道	锦江区	34 748	608.92
府南街道	青羊区	30 087	9 756.15
太升路街道	青羊区	30 492	4 993.44

由表 4-17 可知，2000 年成都市人口密度峰值位于锦江区的沙河街道、牛市口街道，青羊区的草市街街道，金牛区的抚琴街道。其中牛市口街道、草市街街道距离成都市中心的距离小于 5 千米，因此选取锦江区的沙河街道与金牛区的抚琴街道作为 2000 年成都市的次中心。由表 4-18 可知，2010 年成都市人口密度峰值位于莲新街道、牛市口街道、府南街道、太升路街道。根据次中心点的选取原则对上述街道进行判断，只有府南街道距成都市中心的距离大于 5 千米，同时人口密度大于 25 000 人/平方千米，因此选择青羊区的府南街道作为 2010 年成都市的次中心点。

2000 年和 2010 年成都市人口密度等值线图及中心点如图 4-13 和图 4-14 所示。

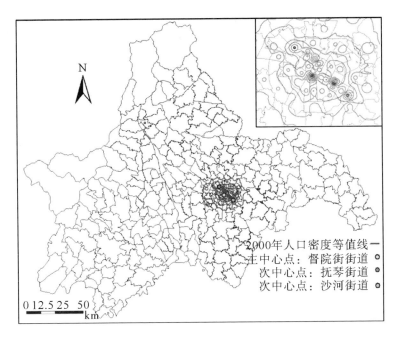

图 4-13　2000 年成都市人口密度的等值线图及中心点

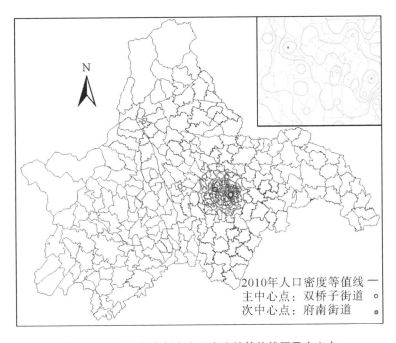

图 4-14　2010 年成都市人口密度的等值线图及中心点

综上所述，2000 年成都市的次中心位于沙河街道和抚琴街道，2010 年成都市的次中心位于府南街道；同时，参考绘制的人口密度等值线，可知成都市人口空间分布的单中心结构已经有所弱化。

2. 多中心模型拟合结果

成都市人口密度的多中心模型拟合结果如表 4-19 所示。

表 4-19　多中心模型拟合结果

年份	主中心及次中心	参数 a	参数 b	R^2
2000 年	主中心：督院街街道	52 036.092	−0.214	0.812
	次中心：沙河街道	17 603.973	−0.107	
	次中心：抚琴街道	19 504.405	−0.075	
2010 年	主中心：双桥子街道	57 319.031	−0.329	0.856
	次中心：府南街道	21 930.834	−0.291	

由表 4-19 可知，2000 年成都市人口密度多中心模型的模拟优度 R^2 为 0.812，说明 2000 年成都市的人口密度已经开始具有多中心的结构特征。2010 年成都市人口密度多中心模型的 R^2 为 0.856，模型的拟合情况更理想，说明成都市人口密度多中心结构愈发明显。多中心模型中的参数 a 表示城市中心的人口密度理论值，a 值越大，说明城市中心对人口的集聚作用越大。2000 年，在三个中心的人口密度模型拟合中，城市主中心（督院街街道）的 a 值是其他两个次中心（沙河街道和抚琴街道）的 2.96 和 2.67 倍，说明主中心对人口的吸引能力远高于次中心。城市主中心的 b 值大约是其他两个次中心 b 值的 2 倍和 2.85 倍，说明两个次中心对城市人口密度分布的影响弱于主中心。由此可知，成都市的人口空间分布已经呈现多中心结构，但程度较弱，基本上还是以督院街街道为主。人口密度依然呈现出从城市主中心向边缘递减的格局。

由表 4-19 可知，2010 年，成都市城市主中心（双桥子街道）的 a 值是次中心（府南街道）的 2.7 倍，与 2000 年相比已经有所下降，说明成都市次中心对人口的吸引能力开始减弱，次中心与主中心附近的人口分布情况开始趋同。2010 年，城市主中心的 b 值是次中心的 1.1 倍，与 2000 年的大约 2 倍相比，下降了约 50%，说明次中心府南街道对成都市人口密度分布的影响较大，即城市次中心在人口分布中的影响越来越重要。通过以上分析可知，2010年成都市人口空间分布的多中心结构明显，次中心拉动人口的能力增强，但其多中心结构尚未发展成熟。

4.4.3 与其他城市对比分析

成都市与其他城市人口空间分布格局的相关研究成果比较如表4-20所示。

表4-20 部分城市人口空间分布格局的研究成果

研究对象	文献来源	人口空间分布格局	研究时间	人口密度模型
北京市	冯健，周一星. 近20年来北京都市区人口增长与分布，2003	人口空间分布呈现显著的圈层非均衡格局；二环内人口高度密集，而四环内人口分布较为稀疏	1982—2000年	抛物线模型
广州市	周春山，边艳. 1982—2010年广州市人口增长与空间分布演变研究，2014	1982年单中心结构突出，中心区人口密度稠密，人口密度随距市中心距离的增加而逐渐降低；2000年中心区与外围地区的人口空间分布状况逐渐均衡，单中心圈层结构突出	1982—2000年	中心区符合Clark模型，都市区符合Smeed模型、多中心模型
杭州市	李咏华，马淇蔚. 2000—2010年杭州市人口分布格局时空演变，2016	人口密度随距市中心距离的增加而下降，在距中心区5千米外，人口密度的下降趋势逐渐放缓	2000年、2010年	加幂指数模型
西安市	米瑞华，石英. 2000—2010年西安市人口空间结构演化研究：基于城市人口密度模型的分析，2014	人口空间分布呈现显著的圈层结构，10年间人口逐渐向内圈层和中圈层集中	1990—2010年	Newling模型、多中心模型
上海市	吴文钰，马西亚. 多中心城市人口模型及模拟：以上海为例，2006	1990年城市中心区人口分布集中，中心区外人口分散，呈典型的单中心结构；2000年区域的人口分布趋于均匀	1990年、2000年	1990年中心区符合Clark模型，近郊区符合Smeed模型；2000年符合Clark模型和多中心模型

表4-20(续)

研究对象	文献来源	人口空间分布格局	研究时间	人口密度模型
成都市	本书的研究成果	成都市的人口分布由城市中心向四周扩散,人口分布逐渐趋于分散与均匀,城市逐渐趋于"郊区化"	2000 年、2010 年	Clark 模型

由表4-20可知,首先,对于我国城市的人口空间分布格局而言,城市人口密度的分布格局多数符合内密外疏的"圈层式"分布规律,即人口密度值一般以主城区为中心,沿主城区至外圈层区的方向递减。其次,从人口空间分布结构来看,主城区的人口密度值普遍较高,在其邻近范围内人口分布的单中心结构较为显著,人口主中心对人口集聚的辐射能力随距主中心距离的增加而逐渐衰弱,当距离人口主中心超过一定范围时,会形成人口副中心,从而在城市内部逐渐形成人口密度多中心的格局。最后,处于不同发展阶段的城市可拟合的人口密度模型不同,对于北京、上海、广州等一线城市而言,城市的人口分布经历了由不均衡分布转向均衡分布的过程,已经形成或正在形成人口的多中心结构。而对于成都市、杭州市、武汉市等新一线城市而言,人口分布格局依然存在"圈层式"分布的不均衡现象,并且主要呈现单中心的人口结构。

4.5　成都市人口分布影响因素的实证研究

4.5.1　指标选取与数据来源

由前述第2章梳理的人口空间分异的影响因素可知,人口空间分异受自然地理因素、经济因素以及社会因素的综合影响。本节将上述因素划分为自然地理因素和社会经济因素两个方面,并选取土地利用类型、地区生产总值(GDP)、POI 等数据作为实证分析的指标体系,指标说明如表4-21所示。

表 4-21　人口分布影响因素的指标及其说明

	指标	计算公式
自然地理因素	耕地指数	区域内耕地面积/区域面积
	林地指数	区域内森林面积/区域面积
	草地指数	区域内草地面积/区域面积
	水体指数	区域内水体面积/区域面积
	建筑用地指数	区域内建筑用地面积/区域面积
	其他类型用地指数	区域内农村用地面积/区域面积
社会经济因素	医疗指数	区域内医疗因素总值/区域面积
	交通指数	区域内交通因素总值/区域面积
	教育指数	区域内教育因素总值/区域面积
	餐饮指数	区域内餐饮因素总值/区域面积
	生活娱乐指数	区域内生活娱乐因素总值/区域面积
	公司企业指数	区域内公司企业总值/区域面积
	经济发展指数	地区生产总值

　　本书采用 2010 年成都市行政区划数据，2010 年第六次全国人口普查数据，2010 年的土地利用类型数据、POI 数据和公里格网 GDP 数据对人口分布的影响因素进行研究。

　　1. 成都市街镇尺度边界数据

　　成都市街镇尺度的边界数据来自国家基础地理信息数据库，并通过 ArcGIS Pro 2.8 对数据进行提取，得到 315 个街镇尺度边界数据，包括行政区划的名称、面积、代码等相关属性。数据格式存储为.shp 格式，作为后续操作的图形基础。

　　2. 土地利用类型数据

　　土地利用类型数据来自中国科学院资源与环境数据中心，数据涵盖了全国陆地范围内各类土地利用现状数据，主要基于 Landsat TM/ETM 遥感影像获取信息，然后通过人工目视解译形成，本节以 2010 年成都市的土地利用类型数据作为自然地理因素。土地利用类型主要包括生态农田系统、森林生态系统、草地生态系统、水体与湿地生态系统、聚落生态系统和未利用土地 6 个一级类型，以及 25 个二级类型，数据的空间分辨率为 30 米，选取一级指标作为实证数据。

3. GDP 数据

本节选取 GDP 作为经济因素，反映了研究区域的经济发展水平。数据来源于国家地球系统科学数据中心全国 2010 年 GDP 公里格网数据。

4. POI 数据

POI 数据来源于城市数据派网站，该数据能够在 GIS 中代表建筑或设施位置。每个 POI 数据主要包含 4 个方面的信息：名称、类别、坐标和分类，表 4-22 展示了成都市科教 POI 的示例数据。

表 4-22　成都市科教 POI 信息

一级分类	名称	省份	城市	街道	经度	纬度
医疗机构	四川华西肝病研究所	四川省	成都市	站西桥西街	104°6′37″E	30°69′83″N
医疗机构	四川大学华西保健医院	四川省	成都市	林荫街	104°6′74″E	30°64′8″N
医疗机构	武侯区中医骨科颈腰椎研究所	四川省	成都市	惠民街	104°2′72″E	30°64′62″N
医疗机构	四川大学华西中西医门诊部	四川省	成都市	永丰路	104°4′85″E	30°63′46″N
医疗机构	成都博爱医院	四川省	成都市	大慈寺路	104°8′51″E	30°65′58″N
医疗机构	解放军第四五二医院	四川省	成都市	星桥街	104°8′71″E	30°64′31″N
医疗机构	四川华美整形美容医院	四川省	成都市	少陵路	104°3′68″E	30°65′38″N
医疗机构	四川省第二人民医院	四川省	成都市	人民南路四段	104°6′51″E	30°61′26″N

本章收集整理了 2010 年成都市交通设施、医疗机构、教育机构、公司企业、餐饮、生活娱乐的 POI 数据作为分析指标，在研究过程中，需要对有关数据进行去重、坐标纠偏、空间匹配等处理后，再对研究区域内的数据进行提取。

4.5.2　数据处理

1. 人口密度数据处理

本章使用的人口统计数据是 2010 年成都市各街镇的人口普查数据，处理人口数据的主要工作是将人口数据与地理坐标数据进行匹配。首先，将研究区域的各街镇进行编码，建立唯一标识字段 ID；其次，利用 ArcGIS

中 ArcToolbox 的连接功能，以街镇名称作为匹配字段，将人口数据与地理坐标数据进行连接；最后，利用 ArcGIS 的几何计算功能计算各街镇的面积，并计算出各街镇的人口密度。

2. POI 数据的处理

本书采用 2010 年成都市 POI 矢量数据，数据为 Excel 表格形式，主要包含医疗设施、教育设施、交通设施、公司企业、餐饮、生活娱乐等指标的点状数据，并利用 ArcGIS 软件自动添加 x、y 数据，将 POI 数据中的 x 和 y 的值与经纬度进行匹配，进而将 POI 数据导入图层，就可得到成都市教育、医疗、交通指数等 POI 点状矢量数据。此外，为提取各街镇的数据，需对矢量数据进行核密度分析将其从离散转为栅格。

本书利用 ArcGIS 中 Spatial Analysis 模块的核密度分析工具，计算每个矢量数据的影响范围和影响值，结果如图 4-15 至图 4-17 所示。

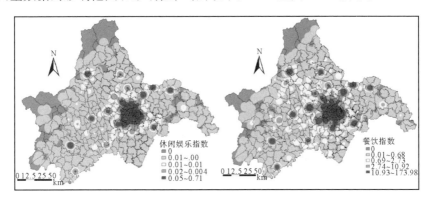

图 4-15　2010 年成都市休闲娱乐指数、餐饮指数分布示意

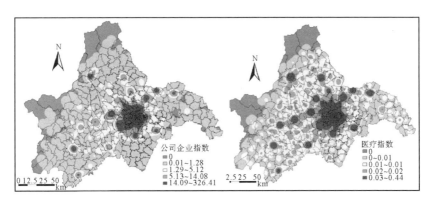

图 4-16　2010 年成都市公司企业指数、医疗指数分布示意

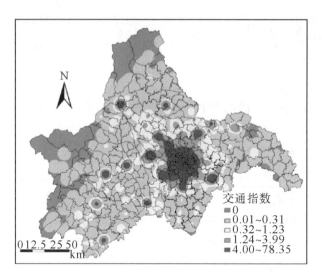

图 4-17　2010 年成都市交通指数分布示意

3. 土地类型数据处理

土地类型数据是空间分辨率为 30 m 的栅格数据。首先，利用 ArcGIS 中的 Spatial Analyst 的栅格计算器计算出各类型土地在各街镇区划中的栅格数；其次，使用分区统计功能提取出成都市各街镇的土地利用类型数据。成都市土地利用类型数据的空间分布如图 4-18 所示。

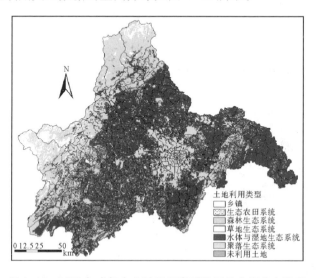

图 4-18　2010 年成都市土地利用类型数据的空间分布示意

4. 街镇 GDP 数据处理

GDP 公里格网数据是空间分辨率为 1 km 的栅格数据，需利用 ArcGIS 中的栅格计算器和分区统计功能对该栅格数据进行空间范围汇总，得出各街镇 GDP 的数值。

4.5.3 影响因子识别

人口空间分布受多种因素的影响，且各种因素的影响程度各异。为了进一步剖析各影响因素对人口空间分异的影响程度，本书需要对影响因素的作用强度进行测度。相比于大多数学者常用的相关性分析、多元回归等方法，本节采用近年来在地理经济研究中被广泛应用的地理探测器模型对人口空间分布影响因素进行识别与测度[①]。

地理探测器是针对离散数据的算法，而本书实证选取的 13 个影响因素均为连续性变量，因此需要对这 13 个因素的连续数据进行离散化处理。本书采用自然断点法对自变量进行离散化处理，并对这些变量进行地理探测器中的因素探测，2010 年成都市人口空间分布影响因素的探测结果如表 4-23 所示。

表 4-23　2010 年成都市人口空间分布影响因素的探测结果

驱动因素类型	驱动因素	驱动因素作用程度值 q	p
社会经济因素	经济发展指数	0.037 9	0.108 3
	交通指数	0.866 9[***]	0.000 0
	医疗指数	0.900 7[***]	0.000 0
	教育指数	0.883 2[***]	0.000 0
	公司企业指数	0.870 9[***]	0.000 0
	餐饮指数	0.065 8[***]	0.004 2
	休闲娱乐指数	0.048 7[***]	0.098 9

[①]　王劲峰，徐成东. 地理探测器：原理与展望［J］. 地理学报，2017，72（1）：116-134.

表4-23(续)

驱动因素类型	驱动因素	驱动因素作用程度值 q	p
自然地理因素	水体指数	0.612 5***	0.000 0
	林地指数	0.192 1***	0.000 0
	草地指数	0.024 6	0.386 5
	耕地指数	0.179 8***	0.000 0
	建筑用地指数	0.752 9***	0.000 0
	其他用地指数	0.008 1	0.926 0

注:*** 表示在 0.01 的置信水平上显著,** 表示在 0.05 的置信水平上显著。

由表 4-23 可知,在本书所选取的 2010 年成都市人口空间分布影响因素中,除经济发展指数、草地指数和其他用地指数之外,其他驱动因素均通过了 0.01 置信水平上的显著性检验。该结果说明,除上述 3 个驱动因素外,其他驱动因素均会对人口空间分布产生显著影响。为了更好地区分各驱动因素对因变量人口密度的解释力,将各驱动因素的解释力 q 值做成柱状图,如图 4-10 所示。从柱状图中可知每个驱动因素对人口密度的作用程度存在显著差异。

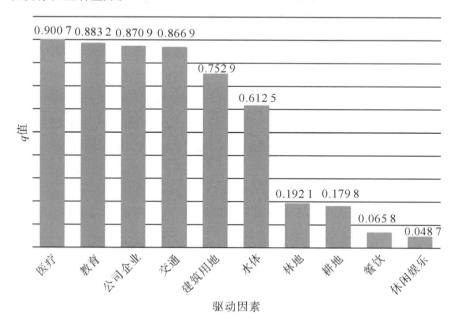

图 4-19　2010 年成都市人口空间分布影响因素的作用程度

由图 4-19 可知，医疗指数、教育指数、公司企业指数、交通指数、建筑用地指数、耕地指数、林地指数、水体指数、餐饮指数和休闲娱乐指数的作用程度依次减弱。

从社会经济因素方面来看，各个驱动因素对成都市人口分布的作用程度都很高，说明社会经济因素是影响成都市人口分布的重要驱动因素。交通指数、教育指数、医疗指数和公司企业指数对人口密度的作用程度很高，q 值均在 0.75 以上。具体来说，医疗指数对人口密度的驱动力最大，即医疗发展水平对于人口聚集有巨大推动作用，说明地区医疗发展水平是人口分布格局形成的决定性因素，医疗资源发达的地区对人口有较大吸引力。

交通指数、教育指数也是影响人口空间分布格局的关键因素，从地理探测器的实证结果不难看出，人口趋向于分布在交通便利、教育发达的地区，这种潜在的优势是决定人口分布的重要因素。公司企业指数代表了该地区所能提供的就业机会，公司企业的数量越多，就业环境越良好，越会吸引大量的就业人口，从而增加该地区的人口密度，对人口空间分布格局具有重要的"再塑造"作用。

自然地理因素对人口分布的驱动作用弱于社会经济因素，除耕地指数和建筑用地指数的解释力 q 值较大以外，其他影响因素解释力 q 值都较小。其中，水体指数能够反映市区内陆地水域和水利设施用地的分布，反映了区域的水资源条件，水资源丰富的街镇，其居住条件更加宜居、生活用水条件更为便利，因此居民定居的可能性越高，体现出了人类亲水而居的特点。

综上所述，影响成都市人口空间分布格局的因素是多方面的，其中，自然地理因素奠定了人口分布的初始格局，社会经济因素对人口空间分布发挥了关键的"指向"作用。

4.5.4　影响因素的交互作用探测

人口分布是多种因素综合作用的结果，几乎不可能存在单一因素或者单一性质的因素独立地影响人口分布。由于不同因素之间存在或强或弱的逻辑联系，因此为了评估交互后的两个影响因素对人口空间分布作用程度的变化情况，本书对上述 10 项显著性因素之间的交互作用分别进行探测，以进一步揭示人口空间分异格局的成因。根据地理探测器模型所得的探测结果，以人口密度为因变量，以交通指数、教育指数、医疗指数、公司企业指数、餐饮指数、建筑用地指数、生活娱乐指数、水体指数、草地指数、耕地指数为自变量，对影响因素的交互作用进行探测。2010年成都市人口空间分布影响因素的交互作用探测结果如表4-24至表4-26所示。

表4-24　社会经济因素间的内部交互结果

A∩B	判断依据	交互作用类型
交通指数∩教育指数=0.894 5	P（A∩B）>max｛P（A）+P（B）｝	双因素增强作用
交通指数∩医疗指数=0.913 3	P（A∩B）>max｛P（A）+P（B）｝	双因素增强作用
交通指数∩公司企业指数=0.885 8	P（A∩B）>max｛P（A）+P（B）｝	双因素增强作用
交通指数∩餐饮指数=0.889 1	P（A∩B）>max｛P（A）+P（B）｝	双因素增强作用
交通指数∩休闲娱乐指数=0.877 2	P（A∩B）>max｛P（A）+P（B）｝	双因素增强作用
教育指数∩医疗指数=0.918 9	P（A∩B）>max｛P（A）+P（B）｝	双因素增强作用
教育指数∩公司企业指数=0.894 9	P（A∩B）>max｛P（A）+P（B）｝	双因素增强作用
教育指数∩餐饮指数=0.903 7	P（A∩B）>max｛P（A）+P（B）｝	双因素增强作用
教育指数∩生活娱乐指数=0.893 7	P（A∩B）>max｛P（A）+P（B）｝	双因素增强作用
医疗指数∩公司企业指数=0.914 5	P（A∩B）>max｛P（A）+P（B）｝	双因素增强作用
医疗指数∩餐饮指数=0.914 9	P（A∩B）>max｛P（A）+P（B）｝	双因素增强作用
医疗指数∩生活娱乐指数=0.911 4	P（A∩B）>max｛P（A）+P（B）｝	双因素增强作用
公司企业指数∩餐饮指数=0.887 7	P（A∩B）>max｛P（A）+P（B）｝	双因素增强作用
公司企业指数∩生活娱乐指数=0.882 7	P（A∩B）>max｛P（A）+P（B）｝	双因素增强作用

表4-24(续)

A∩B	判断依据	交互作用类型
餐饮指数 ∩ 生活娱乐指数 = 0.071 5	P（A∩B）>max ｛P（A）+ P（B）｝	双因素增强作用

由表4-24可知，在社会经济因素的内部交互中，各因素之间的交互类型均为双因素增强作用。其中，单因素作用程度 q 值排在前面的医疗指数、教育指数、交通指数和公司企业指数在交互作用中的作用程度 q 值依旧靠前；餐饮指数与休闲娱乐指数在经过与医疗指数、教育指数、交通指数和公司企业指数的交互后，作用程度 q 值也大幅增加，说明在社会经济因素方面，医疗指数、教育指数、交通指数和公司企业指数是决定人口分布的主导因素，餐饮指数与休闲娱乐指数能够在上述主导因素的作用下对人口分布起"再塑造"作用。

表 4-25　自然地理因素间的内部交互结果

A∩B	判断依据	交互作用类型
水体指数 ∩ 建筑用地指数 = 0.772 9	P（A∩B）>max ｛P（A）+ P（B）｝	双因素增强作用
水体指数 ∩ 耕地指数 = 0.645 9	P（A∩B）>max ｛P（A）+ P（B）｝	双因素增强作用
水体指数 ∩ 林地指数 = 0.416 1	P（A∩B）>P（A）+P（B）	非线性增强作用
建筑用地指数 ∩ 耕地指数 = 0.757 3	P（A∩B）>max ｛P（A）+ P（B）｝	双因素增强作用
建筑用地指数 ∩ 林地指数 = 0.777 5	P（A∩B）>max ｛P（A）+ P（B）｝	双因素增强作用
耕地指数 ∩ 林地指数 = 0.748 7	P（A∩B）>max ｛P（A）+ P（B）｝	双因素增强作用

由表4-25可知，在自然地理因素间的内部交互作用中，存在双因素增强作用和非线性增强作用两种交互类型，其中，只有水体指数与林地指数的交互作用是非线性增强的，交互后的作用程度值为0.416 1，与两因素的作用程度值之和相差0.044 2。此外，单因素作用程度 q 值排在前面的建筑用地指数和耕地指数在交互作用中的作用程度 q 值依旧靠前，而单因素作用程度值仅为0.192 1的林地指数和单因素作用程度值仅为0.179 8的水

体指数在经过与建筑用地指数、耕地指数进行交互后也大幅提升，说明在自然地理因素方面，建筑用地指数和耕地指数是决定人口分布状况的主要因素。

表 4-26　自然地理因素与社会经济因素间的交互结果

A∩B	判断依据	交互作用类型
交通指数∩建设用地指数 = 0.875 4	$P(A∩B) > max\{P(A) + P(B)\}$	双因素增强作用
交通指数∩水体指数 = 0.871 2	$P(A∩B) > max\{P(A) + P(B)\}$	双因素增强作用
交通指数∩耕地指数 = 0.869 2	$P(A∩B) > max\{P(A) + P(B)\}$	双因素增强作用
交通指数∩林地指数 = 0.875 0	$P(A∩B) > max\{P(A) + P(B)\}$	双因素增强作用
教育指数∩建筑用地指数 = 0.897 4	$P(A∩B) > max\{P(A) + P(B)\}$	双因素增强作用
教育指数∩水体指数 = 0.885 1	$P(A∩B) > max\{P(A) + P(B)\}$	双因素增强作用
教育指数∩耕地指数 = 0.889 1	$P(A∩B) > max\{P(A) + P(B)\}$	双因素增强作用
教育指数∩林地指数 = 0.888 6	$P(A∩B) > max\{P(A) + P(B)\}$	双因素增强作用
医疗指数∩建筑用地指数 = 0.907 2	$P(A∩B) > max\{P(A) + P(B)\}$	双因素增强作用
医疗指数∩水体指数 = 0.904 5	$P(A∩B) > max\{P(A) + P(B)\}$	双因素增强作用
医疗指数∩耕地指数 = 0.903 3	$P(A∩B) > max\{P(A) + P(B)\}$	双因素增强作用
医疗指数∩林地指数 = 0.908 8	$P(A∩B) > max\{P(A) + P(B)\}$	双因素增强作用
公司企业指数∩建筑用地指数=0.881 8	$P(A∩B) > max\{P(A) + P(B)\}$	双因素增强作用
公司企业指数∩水体指数 = 0.877 9	$P(A∩B) > max\{P(A) + P(B)\}$	双因素增强作用
公司企业指数∩耕地指数 = 0.878 2	$P(A∩B) > max\{P(A) + P(B)\}$	双因素增强作用
公司企业指数∩林地指数 = 0.881 9	$P(A∩B) > max\{P(A) + P(B)\}$	双因素增强作用

表4-26(续)

A∩B	判断依据	交互作用类型
餐饮指数 ∩ 建筑用地指数 = 0.775 5	P (A∩B) >max ｛P (A) + P (B)｝	双因素增强作用
餐饮指数 ∩ 水体指数 = 0.259 6	P (A∩B) >P (A) +P (B)	非线性增强作用
餐饮指数 ∩ 耕地指数 = 0.685 3	P (A∩B) >P (A) +P (B)	非线性增强作用
餐饮指数 ∩ 林地指数 = 0.276 1	P (A∩B) >P (A) +P (B)	非线性增强作用
休闲娱乐指数 ∩ 建筑用地指数 = 0.759 4	P (A∩B) >max ｛P (A) + P (B)｝	双因素增强作用
休闲娱乐指数 ∩ 水体指数 = 0.215 5	P (A∩B) >max ｛P (A) + P (B)｝	双因素增强作用
休闲娱乐指数 ∩ 耕地指数 = 0.645 9	P (A∩B) >max ｛P (A) + P (B)｝	双因素增强作用
休闲娱乐指数 ∩ 林地指数 = 0.251 9	P (A∩B) >P (A) +P (B)	非线性增强作用

由表4-26可知，在自然地理因素和社会经济因素的交互中，双因素增强作用和非线性增强作用的比值为6∶1，交互作用以双因素增强类型为主，只有餐饮指数与林地指数、耕地指数、水体指数，以及休闲娱乐指数与林地指数的交互作用为非线性增强类型。

综上所述，对成都市人口空间分异格局的形成来说，不同驱动因素之间的交互作用存在双因素增强作用和非线性增强作用两种类型，但以双因素增强作用类型为主。说明相比于单一的社会经济因素或自然地理因素内部交互而言，这两类因素综合后的交互作用对人口分异格局形成的影响更关键。可以理解为自然地理条件可以决定某一地区的净初值生产力，进而影响人口分布格局，以及社会经济活动，但是社会经济活动的差异又会反过来"重塑"人口分布格局。

5 基于空间计量模型的人口空间化研究

本章以成都市为研究对象，首先，以第 4 章的研究结论为依据，并收集整理成都市第五、六、七次全国人口普查数据和土地利用类型数据、夜间灯光数据，以及各类城市公共基础设施和生活设施 POI 数据，以构建人口空间化参考指标体系；同时采用 GTWR 和 MGWR 模型，在考虑了人口空间分布影响因素存在尺度差异的情况下，进行基于统计模型法的人口空间化创新研究。其次，根据人口估计结果进行精度对比，分析比较基于人口密度模型、多元线性回归模型和空间计量模型中的 GTWR 和 MGWR 模型的拟合效果，并与 WorldPop 人口格网数据进行精度对比分析。最后，以地理大数据中的住宅小区 AOI 数据、建筑物轮廓及属性信息，以及腾讯位置大数据为基础，对提升人口空间化时空分辨率的方法进行探究。

5.1 基础数据与建模流程

5.1.1 数据收集

本章以我国超大城市——成都市为研究对象，成都市大部分区域为平原地区，部分郊区位于山区边缘处，研究区域概况见第 4 章。

结合人口空间分布的相关理论、先前学者们的相关研究经验和成果，以及第 4 章成都市街镇尺度人口分布时空特征与影响因素的实证研究结论，本章选取人口统计数据、综合反映自然环境对人类活动影响的土地利用类型数据、表征人口空间分布的夜间灯光数据，以及表现人口流动、兴趣类别、社交等属性的 POI 数据作为人口空间化建模指标。

（1）人口统计数据。人口统计数据与行政区域界线数据是人口空间化研究的必需数据，而高精度的人口空间化研究需要街镇级别的人口统计数据，以缩小模型空间尺度转换的跨度[①]。但由于街镇界线数据难以获取、空间化映射困难、行政变迁频繁等问题[②]，基于街镇尺度上的人口空间化模拟鲜有人研究[③]。本章以成都市 2000 年、2010 年和 2020 年街镇尺度人口数据作为基础数据。其中，2000 年人口数据来自中国科学数据网 2000 年中国 27 省街镇级人口密度数据集[④]；2010 年和 2020 年的人口数据来自《中国 2010 年人口普查分乡、镇、街道资料》和成都市各区（市）县 2020 年第七次全国人口普查公报。

（2）成都市街镇尺度行政边界数据。街镇尺度行政边界数据通过国家科技基础条件平台——国家地球系统科学数据共享平台（http://www.geodata.cn）进行获取。本书以 2020 年全国区县级行政区划为基准，对 2000 年、2010 年对应的行政区划矢量数据进行校准和修正，最终形成包含 261 个街镇级研究样本的属性表，属性字段包括街镇名称、行政区划代码、面积、常住统计人口、常住人口密度、街镇中心点地理坐标，并通过行政区划代码与 .shp 格式的矢量数据连接。

（3）土地利用类型数据。土地利用类型数据可从地理监测云平台进行获取，并根据研究区域特点，将其重分类为耕地、森林、草地、灌木地、湿地、水体与人造地表 7 类。

（4）夜间灯光数据。2000 年和 2010 年的夜间灯光数据来源于 DMSP/OLS；2020 年的夜间灯光数据来自"珞珈一号（LJ01）"卫星，选取被 LJ1-01 完整覆盖且云量小于 10% 的数据；2019 年的夜间灯光数据按均值合成，并以天地图中的城市主干路网作为基准进行地理配准。该数据存在背景噪声，可采用同时期的 NPP/VIIRS 数据对其进行去噪处理，并对去噪处理后的夜间灯光数据进行重采样，得到降噪后的夜间灯光数据；为避免

① 董南，杨小唤，蔡红艳. 人口数据空间化研究进展［J］. 地球信息科学学报，2016，18（10）：1295-1304.

② 王明明，王卷乐. 基于夜间灯光与土地利用数据的山东省乡镇级人口数据空间化［J］. 地球信息科学学报，2019，21（5）：699-709.

③ 王晓洁，王卷乐，薛润生. 基于普查和手机定位数据的乡镇尺度人口空间化方法研究［J］. 地球信息科学学报，2020，22（5）：1095-1105.

④ 柏中强，王卷乐. 中国 27 省乡镇（街道）级人口密度数据集［J/OL］. 中国科学数据，2016，1（1）. http://www.csdata.org/paperView? id=2. DOI：10.11922/csdata.170.2015.0002.

水体对空间化结果产生影响，以水体制作掩膜去除 LJ1-01 影像的对应区域。

（5）POI 数据。以高德地图爬取的 GCS_WGS_1984 作为地理坐标系中交通设施、生活服务、医疗服务、科教文化和住宅设施 5 个类型的 POI 数据。另外，由于成都市地形平坦，起伏较小，因此本章研究中没有包含高程数据。

5.1.2 建模技术路线

基准图层的地理坐标系统为 GCS_WGS_1984，本章的人口空间化建模流程如图 5-1 所示。

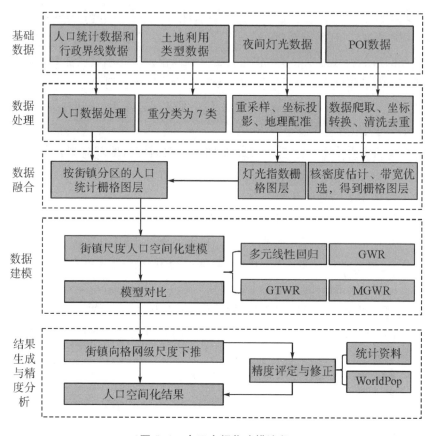

图 5-1 人口空间化建模流程

1. 人口数据处理

首先建立 Excel 表，将 2000—2020 年成都市街镇尺度的人口普查数据录入 Excel 表中，再将 Excel 表链接进 ArcGIS Pro2.8，利用工具箱中的连接功能，进行人口数据写入，之后利用计算几何功能统计街镇面积信息，并按照斑块统计出成都市 20 个区（市）县每个街镇的人口密度。

2. 投影转换

人口空间化研究需要统一所有图层的投影坐标系，本章以 GCS_WGS_1984 地理坐标系对应的 GCS_WGS_1984_Mercator 投影坐标系为基准面。

3. 建立格网

我们要分别建立 1 km×1 km、500 m×500 m、100 m×100 m 三种尺度的格网，三种尺度的格网的建立步骤相同，在此以生成 1 km×1 km 尺度的格网为例进行阐述。首先，运用 ArcGIS Pro2.8 软件，按照成都市的范围，利用数据管理工具中的"创建渔网"生成相应大小的渔网，并经裁剪得到研究区域形状的渔网；其次，将研究区域形状的渔网和成都市行政边界的电子矢量地图进行合并，得到成都市 1 km×1 km 尺度的格网图，如图 5-2 至图 5-4 所示。

图 5-2　1 km×1 km 渔网

图 5-3　2020 年成都市行政区划示意

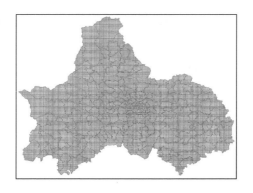

图 5-4　合并后成都市 1 km×1 km 格网图

创建格网图的目的是，便于将模型测算的结果分布到每个单元格中，进而将人口分布信息展布到格网中，从而生成人口格网数据集。

4. 土地利用类型数据处理

首先，在地理监测云平台中下载2000—2020年以四川省为边界范围的土地利用类型数据；其次，将成都市行政边界地图作为要素掩膜数据，利用 ArcGIS Pro2.8 软件空间分析工具中的按掩膜提取，对下载的土地利用类型栅格数据进行裁剪，得到以成都市 20 个区（市）县为边界的土地利用类型栅格数据；最后，根据分类规则对所有用地类型按一级类进行重分类，得到的土地利用类型数据如图 5-5 至图 5-7 所示。

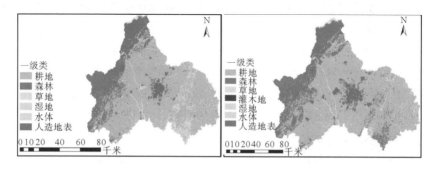

图 5-5　2000 年成都市土地利用类型示意　图 5-6　2010 年成都市土地利用类型示意

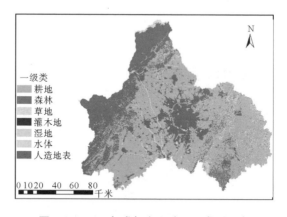

图 5-7　2020 年成都市土地利用类型示意

由于栅格数据无法提取出完整的土地利用信息，因此需要对其进行进一步处理：首先将栅格转为面要素，然后通过几何修复，再经几何校准之后得到可以提取完整属性值的面状数据。

5. 夜间灯光数据处理

夜间灯光数据与土地利用类型数据一样都是栅格数据，处理过程同土地利用类型数据，得到的成都市 2000—2020 年的夜间灯光数据如图 5-8 至图 5-10 所示。

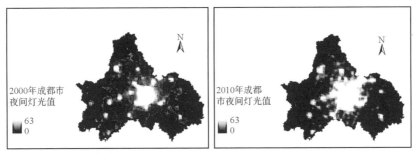

图 5-8　2000 年成都市夜间灯光示意　图 5-9　2010 年成都市夜间灯光示意

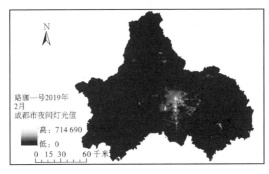

图 5-10　2020 年成都市夜间灯光示意

由于 2000—2010 年的夜间灯光数据存在饱和的问题，因此需要对数据进行校正。本章采取陈晋等[①]对夜间灯光数据的处理方法，经重分类获取到像元灰度值大于 1 的夜间灯光数据图层，并通过按掩膜提取，将栅格数据转为整型数据，再转为面状数据后，利用分区统计得到 2000 年、2010年与 2020 年成都市 20 个区（市）县的平均夜间灯光强度值。平均夜间灯光强度的计算方法如下：

$$l_{i,\,t} = \sum_{i=1}^{n} DN_{i,\,t} * \frac{n_{i,\,t}}{N_t} \qquad (5-1)$$

在式（5-1）中，$l_{i,\,t}$ 为 t 年成都市 20 个区（市）县的平均夜间灯光强

①　陈晋，卓莉，史培军，等. 基于 DMSP/OLS 数据的中国城市化过程研究：反映区域城市化水平的灯光指数的构建［J］. 遥感学报，2003（3）：168-175，241.

度，$DN_{i,t}$ 为 t 年区域内第 i 等级的灰度值，$n_{i,t}$ 为 t 年区域内像元灰度值为 i 的像元总数，N_t 为 t 年区域内像元灰度值大于 1 的所有像元总数。

6. POI 数据处理

以高德地图抓取的 POI 数据为点状矢量数据，主要包括生活服务、医疗服务、科教文化、住宅设施以及交通设施 5 种类型的 POI 数据。为便于后期的模型测算和数据格网化，需要将离散 POI 数据生成平滑连续的密度层 POI 数据，利用 ArcGIS Pro2.8 空间分析工具里的核密度分析工具，计算 5 种 POI 数据的影响指数。由于研究区域整体范围较大，因此各类 POI 核密度分析的带宽设置非常关键，带宽较大会忽略细节变化，更易凸显整体规律；带宽较小则局部极值较多，更易观察局部特征。依据《城市居住区规划设计标准》（GB 50180—2018）对 15 分钟生活圈的服务半径建议为 800~1 100 m，以及国家先行地区对于 30 分钟生活圈的服务半径建议为 2 000~2 500 m 的指导标准，我们拟选取 250~3 000 m 作为成都市 POI 数据核密度估计的最优带宽范围，依次计算每个带宽下各类 POI 数据的核密度，并计算每个不同带宽下的 POI 核密度与人口密度对数的拟合程度，获得的单变量解释度最高的核密度所对应的带宽即为最优带宽：交通设施设为 250 m、生活服务设施设为 500 m、科教文化设施设为 1 500 m、医疗服务设施设为 3 000 m、住宅设施为 500 m①，得到各类 POI 数据的影响指数如图 5-11 至图 5-15 所示。

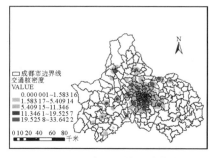
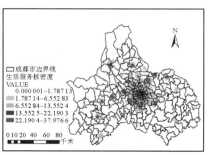

图 5-11　交通设施影响指数　　图 5-12　生活服务设施影响指数

---

① 带宽较小时，图像细节信息丰富，但破碎程度较高，带宽逐渐增大，图像细节逐渐减少，边缘逐渐平滑，所以应选择一个合适的最优带宽。

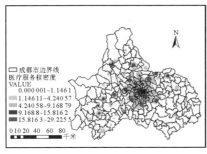
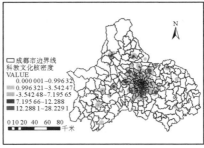

图 5-13　医疗服务设施影响指数　　　图 5-14　科教文化设施影响指数

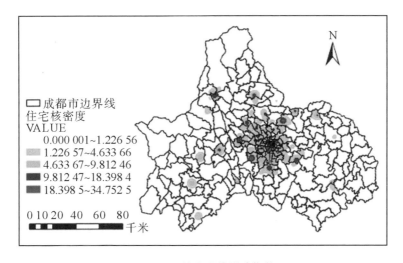

图 5-15　住宅设施影响指数

由图 5-11 至图 5-15 可知，虽然各类 POI 数据大都集聚在一圈层城区，以递减的趋势向二、三圈层扩散，但是不同类型的 POI 数据的聚集密度有所差别。例如，交通设施在双流区分布最为密集；生活服务和医疗服务设施在一、二圈层中分布较为均匀；整体而言，相较于住宅设施，科教文化设施的分布更为密集。

5.2　指标体系构建

将所有数据提取完成后开始构建模型指标，并对其进行描述性统计分析。根据数据的收集情况和研究区域的实际情况，本章选取以土地利用类型数据为主的自然地理因素，以及以 POI 数据和夜间灯光数据为主的社会经济因素作为人口空间分布的关键特征，并构建人口空间化建模指标，如表 5-1 所示。

表 5-1 人口空间化建模指标及其说明

建模指标		描述	计算公式
土地利用类型	耕地指数	区域内耕地面积占比	耕地面积/街镇面积
	森林指数	区域内森林面积占比	森林面积/街镇面积
	草地指数	区域内草地面积占比	草地面积/街镇面积
	水体指数	区域内水体面积占比	水体面积/街镇面积
	湿地指数	区域内湿地面积占比	湿地面积/街镇面积
	人造地表指数	区域内人造地表面积占比	人造地表面积/街镇面积
	灌木地指数	区域内灌木地面积占比	灌木地面积/街镇面积
人口	人口密度	区域内单位面积的人口数量	总人口/街镇面积
POI	交通设施指数	区域内交通设施影响平均值	交通设施影响总值/街镇面积
	生活服务指数	区域内生活服务影响平均值	生活服务影响总值/街镇面积
	医疗服务指数	区域内医疗服务影响平均值	医疗服务影响总值/街镇面积
	科教文化指数	区域内科教文化影响平均值	科教文化影响总值/街镇面积
	住宅设施指数	区域内住宅设施影响平均值	住宅设施影响总值/街镇面积
夜间灯光	灯光指数	区域内夜间灯光亮度	灯光强度×权重+灯光面积×权重

注：POI 数据的影响值是经过核密度转换后得到的平均密度值，其单位为个/平方千米；灯光指数单位为 nano Watts/cm^2/sr，人口密度单位为人/平方千米。

5.3 人口分布指标分析

对前文选取的关键指标——土地利用类型、POI、夜间灯光数据进行描述性统计分析，并分别探讨各个特征与人口分布之间的相关性。各指标的描述性统计分析如表 5-2 所示（以 2020 年数据为例，其余年份数据处理流程相同）。

表 5-2　2020 年各指标的描述性统计分析

指数	平均值	标准差	最大值	最小值
耕地	60.75	21.41	94.33	17.48
森林	5.89	8.34	24.82	0.00
草地	2.78	2.53	9.59	0.00
水体	1.51	1.69	5.86	0.00
湿地	0.20	0.49	1.17	0.00
人造地表	13.12	11.79	35.44	10.37
灌木地	1.11	1.51	3.97	0.00
交通设施	68 697.49	31 248.74	87 883.47	26 477.79
生活服务	1 997 339.30	1 569 499.72	3 573 602.41	271 445.30
医疗服务	2 018 438.27	1 894 377.35	3 781 965.24	266 697.18
科教文化	2 369 467.50	2 185 492.63	4 548 577.62	285 386.93
住宅设施	2 389 661.68	2 084 137.15	4 979 670.18	284 985.09
灯光	23 624.21	27 007.65	222 327.00	0.00
人口密度	1 014	898	42 384	20
人口总量	82 024	27 341	444 000	3 492

由表 5-2 可知，在研究区域的自然地理因素中，耕地面积占比的平均值最大，其次是人造地表所占比重的平均值，而湿地、水体和灌木地所占比重均很小；在社会经济因素中，医疗服务、科教文化和住宅设施的影响值相差不大，交通设施的影响值最小，灯光强度的最大值和最小值相差最为明显。

5.3.1　人口分布与土地利用类型的相关性分析

借鉴先前学者们的研究经验可知，在自然地理因素中，土地利用类型是影响人口分布的重要变量，它可以从定性的层面表征人口分布的空间范围。例如，土地分类表中的人造地表是人类聚集的主要场所，被耕地、森林和草地覆盖的地表上可能会分布着一定数量的人口，而湿地、水体、沼泽等区域基本没有居民点信息。因此，我们可以通过分析人口分布与土地利用类型的相关关系，来识别土地利用类型中与成都市人口分布相关性较强的因素。2020 年成都市 20 区（市）县各类土地利用类型面积占比如表 5-3 所示。

表 5-3 2020 年成都市 20 区（市）县各类土地利用类型面积占比

单位:%

土地利用类型	耕地	森林	草地	灌木地	湿地	水体	人造地表
比重	58.62	23.00	3.55	0.01	0.20	1.50	13.12

由表 5-3 可知，在 2020 年成都市的 7 种土地利用类型中，耕地面积占比最大，其次是森林面积占比，再次是人造地表和草地面积占比，灌木地、湿地和水体面积占比均很小，且比重相差不大。将 7 种土地利用类型与人口密度进行相关性分析，得到相关系数结果如表 5-4 所示。

表 5-4 各指标相关系数

土地利用类型	人口密度	耕地	森林	草地	水体	湿地	人造地表	灌木地
人口密度	1.00	-0.83	0.61	0.15	-0.28	-0.21	0.87	0.00
耕地	-0.83	1.00	0.35	-0.69	0.25	0.28	-0.94	0.34
森林	0.61	0.35	1.00	-0.35	-0.07	0.08	-0.54	0.13
草地	0.15	-0.69	-0.35	1.00	-0.25	0.33	0.76	0.69
水体	-0.28	0.25	-0.07	-0.25	1.00	0.20	-0.41	-0.27
湿地	-0.21	0.28	0.08	0.33	0.20	1.00	-0.19	-0.07
人造地表	0.87	-0.94	-0.54	0.76	-0.41	-0.19	1.00	-0.21
灌木地	0.00	0.34	0.13	0.69	-0.27	-0.07	-0.21	1.00

由表 5-4 可知，在成都市土地利用类型一级分类中，耕地指数与人口密度指数呈现较强的负相关关系，相关系数为 -0.83；人造地表指数与人口密度指数的正相关性最强，相关系数达到 0.87；森林指数对人口密度指数的影响次之，相关系数为 0.61。整体来看，在各种土地利用类型中，人造地表与人口密度的相关性最高，耕地次之，再次是森林；与人口密度呈现较低正相关关系的是草地和灌木地，湿地和水体指数与人口密度指数呈较低的负相关关系。说明对于成都市来说，在适宜居住的土地利用类型中，人造地表、耕地和森林是影响人口分布的主要因素。综合考虑，本章选取耕地指数、人造地表指数和森林指数这三种土地利用类型数据作为模型的自变量。

5.3.2 人口分布与 POI 指数的相关性分析

本节利用 GeoDa1.12 软件中的条件散点图对五类 POI 数据进行空间分析，结果如图 5-16 至图 5-20 所示。

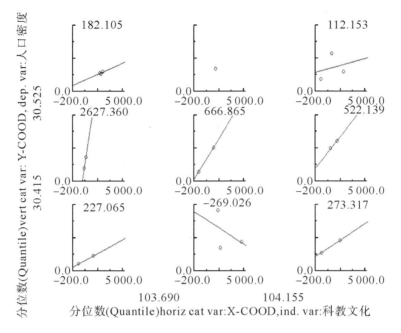

图 5-16　科教文化指数与人口密度条件散点图

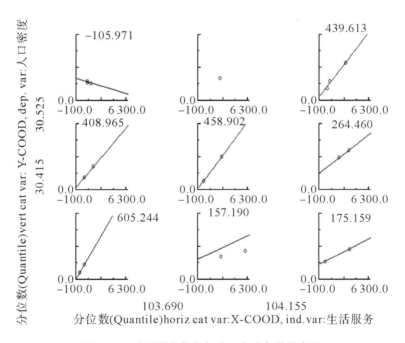

图 5-17　生活服务指数与人口密度条件散点图

由图 5-16 和图 5-17 可知，科教文化指数和生活服务指数都与成都市的人口密度之间具有较强的正相关关系。在成都市的 20 个区（市）县中，绝大部分区（市）县的人口密集程度与科教文化水平、生活服务水平呈正相关关系，但可以看到，在两个条件下的散点图中都存在一个大致落在东经 103°69 与北纬 30°50 之间的异常值，通过经纬度匹配可以确定该异常值出现在武侯区。经查阅相关资料分析得知，武侯区是高新技术产业聚集地，作为四川省的科技成果转移示范区，该区的高科技产业非常密集，且常住人口较少，因此出现了异常值。

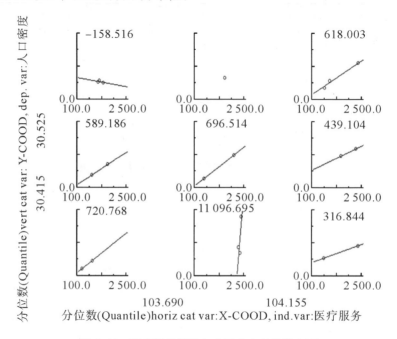

图 5-18　医疗服务指数与人口密度条件散点图

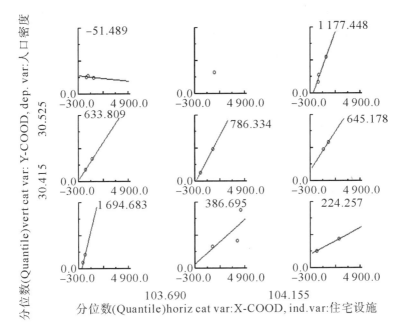

图 5-19　住宅设施指数与人口密度条件散点图

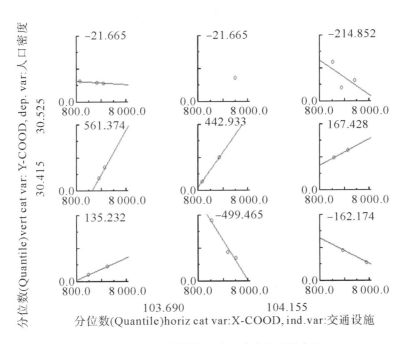

图 5-20　交通设施指数与人口密度条件散点图

由图 5-18 和图 5-19 可知，成都市医疗服务指数和住宅设施指数与人口密度均具有较强的正相关关系，但同样存在一个位于武侯区的异常值，具体原因同上。由图 5-20 可知，交通设施指数与人口密度在较多区（市）县呈现明显的负相关关系，且通过图形斜率可知负相关关系较强，即交通设施分布越密集，人口分布越稀疏。通过经纬度匹配可知，交通设施指数与人口密度呈负相关的异常现象主要出现在一圈层中心城区和双流区，其主要原因为：近年来成都市主城区土地利用程度综合指数高于其他城区，土地利用类型不均匀，加上人口的增长反作用于自然环境因素，导致建设用地紧张，因此中心城区的交通用地规模越来越小，从而造成区域人口密度较大，但交通设施完善程度偏低的异常现象。早期的双流区虽然人口相对较少，但该区拥有机场、大型停车场、摆渡车站点等相对发达和完善的交通设施，因此也出现交通设施指数与人口密度呈负相关的异常情况。总的来看，对成都市而言，生活服务、医疗服务和科教文化水平越高、住宅越密集的地区，其区域人口密度就越高，这一结论与第 4 章实证研究结论基本一致。

5.3.3 人口分布与夜间灯光值的相关性分析

夜间灯光数据与人类活动密切相关，并且可以很好地表征人类活动强度，同时，灯光强度与土地利用类型之间的关系被视为对人口数据进行空间匹配的基础，用以模拟研究区域的人口空间分布，故夜间灯光数据是反映经济水平和人口聚集程度的重要指标，将这一指标纳入模型中也可以充分验证第 4 章研究的结论：当经济因素与社会因素交互作用时，对人口空间分布有较强的驱动作用。本节以 2020 年成都市的夜间灯光数据为例，利用 GeoDa1.12 软件中的条件散点图对其进行空间分析，结果如图 5-21 所示。

由图 5-21 可知，研究区域的夜间灯光指数与人口密度整体上呈明显的正相关关系，即灯光强度大的地区是主要的人口分布地区。因此，我们将夜间灯光值纳入模型的自变量中。

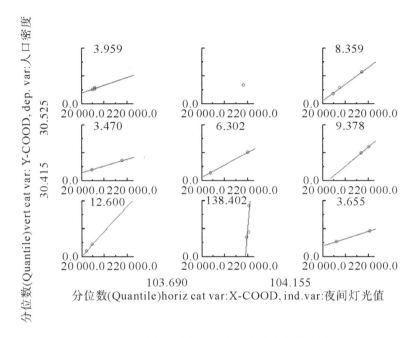

图 5-21　夜间灯光指数与人口密度条件散点图

5.4　各指标的空间特征及检验

5.4.1　各指标的空间特征

　　随着经济的发展和地理环境的改变，相同指标在不同城区的表现可能具有较大差异，因此自变量的空间异质性是影响人口空间化可靠性的重要因素。本节以 2020 年数据为例，利用空间分位图直观地展示了研究区域内每个指标的空间区位关系，结果如图 5-22 至图 5-27 所示。

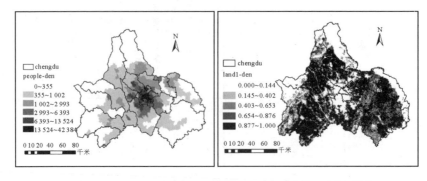

图 5-22　人口密度空间分位示意　　　图 5-23　耕地指数空间分位示意

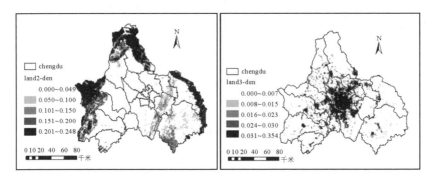

图 5-24　森林指数空间分位示意　　　图 5-25　人造地表指数空间分位示意

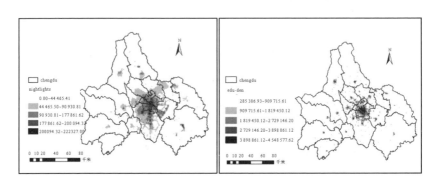

图 5-26　夜间灯光指数空间分位示意　　　图 5-27　科教文化指数空间分位示意

　　由图 5-22 至图 5-27 可知，成都市的人口密度、人造地表指数、夜间灯光指数和科教文化指数都呈现出不同程度的空间异质性——这些指标均在一圈层主城区呈现出高水平空间集聚特征，随着人口密集程度下降，这四个指标值也逐渐降低，继而以一圈层的五个主城区为中心点，以同心圆的方式向外扩散递减，从而在二、三圈层城区呈现出低水平空间集聚特征。深入分析可知，这与经济水平的提升不无关系，相较于二、三圈层的区（市）县，成都市一圈层五个主城区的经济发展势头强劲，第三产业发达，资源禀赋密集，因此人口、灯光和公共服务设施等在这些区域都具有集聚的特征。就耕地指数空间分位来看，耕地主要集聚在农业、林业等第一产业相对发达的二、三圈层，同样具有明显的空间集聚性。森林大致分布在人口相对稀疏的三圈层远郊区。综合所有指标的分布特点以及第 4 章的结论，可知成都市人口密度与人造地表指数、夜间灯光指数、科教文化指数、医疗服务指数具有正相关关系，与森林、耕地等指数呈负相关关系。

5.4.2 模型设定

根据上述研究结论和本章对各指标的分析，经过逐步回归，我们建立如下模型：

$$y_i = \beta_0(u_i, v_i) + \sum_{k=1}^{5} \beta_k(u_i, v_i) x_{ik} + \varepsilon_i, \ i = 1, 2, \cdots, n \quad (5\text{-}2)$$

在式（5-2）中，y_i 代表研究区域第 i 单元的人口密度，x_{i1} 代表第 i 单元的耕地指数，x_{i2} 代表第 i 单元的人造地表指数，x_{i3} 代表第 i 单元的森林指数，x_{i4} 代表第 i 单元的科教文化指数，x_{i5} 代表第 i 单元的夜间灯光指数。

5.4.3 空间自相关性检验

我们通过反距离空间权重矩阵的 Moran 检验来探讨上述变量之间的空间自相关性特征，计算结果如表 5-5 所示。

表 5-5 各指标的 Moran 指数值

指标	2000 年	2010 年	2020 年
人口密度	0.31 *** (2.47)	0.36 *** (2.67)	0.39 *** (2.89)
耕地指数	0.32 *** (2.58)	0.30 *** (2.56)	0.34 *** (2.46)
人造地表指数	0.28 *** (2.19)	0.25 *** (1.99)	0.27 *** (1.98)

表5-5(续)

指标	2000 年	2010 年	2020 年
森林指数	0.20 *** (1.99)	0.18 *** (2.11)	0.21 *** (2.13)
科教文化指数	0.33 *** (2.49)	0.31 *** (2.52)	0.31 *** (2.52)
夜间灯光指数	0.44 *** (2.39)	0.45 *** (2.47)	0.45 *** (2.47)

注：*** 表示在 0.01 的置信水平上显著。

由表 5-5 可知，2000 年、2010 年、2020 年，6 个指标的 Moran 指数值均通过了置信水平为 1% 的显著性检验，并且取值均为（0，1]，同时，指标的 Z 值均大于 1.96，这说明 2000—2020 年，成都市的人口密度、耕地指数、人造地表指数、森林指数、科教文化指数和夜间灯光指数在空间上均存在显著的集聚倾向。

5.5 人口空间化结果

5.5.1 模型估计

本节以成都市 20 个区（市）县的街镇为研究对象，采用普通最小二乘法（ordinary least squares，OLS）回归、地理加权回归（GWR）、时空地理加权回归（GTWR）和多尺度地理加权回归（MGWR）模型分别对 2020 年成都市的人口进行估计，结果如表 5-6 所示。

表 5-6 OLS、GWR、GTWR、MGWR 模型估计结果及检验

回归系数	局部回归模型									
	GWR					GTWR				
	耕地	人造地表	森林	科教文化	夜间灯光	耕地	人造地表	森林	科教文化	夜间灯光
最大值	22 140	23 830	7 539	0.011	0.065	20 218	19 748	8 217	0.011	0.077
中位数	4 969	1 242	1 064	0.005	0.027	4 374	1 459	1 318	0.005	0.022
最小值	2 752	1 366	−123	0.003	0.008	2 239	1 189	−109	0.003	−0.04
带宽	6.068					4.915				
R^2	0.59					0.65				

表 5-6（续）

回归系数	局部回归模型									
	GWR					GTWR				
	耕地	人造地表	森林	科教文化	夜间灯光	耕地	人造地表	森林	科教文化	夜间灯光
修正 R^2	0.49					0.58				
AICc	448.04					353.79				
RSS	1 390					1 040				

回归系数	局部回归模型					全局回归模型				
	MGWR					OLS				
	耕地	人造地表	森地	科教	灯光	耕地	人造地表	森地	科教	灯光
最大值	19 983	16 757	7 288	0.006	0.096	4 177	1 308	-3 314	0.033	0.206
中位数	4 426	1 789	1 527	0.003	0.011					
最小值	-1 663	1 442	-70	-0.1	-0.021					
带宽	627	252	43	405	173					
R^2	0.80					0.53				
修正 R^2	0.78					0.52				
AICc	46.55					636.73				
RSS	0.01					3 890				

根据 Fotheringham 等[①]的研究，当两个模型的赤池信息准则（AICc）差值超过 3 时，AICc 值越小的模型其拟合效果越好。由表 5-6 可知，在四种回归模型中，MGWR 模型的残差平方和（RSS）及赤池信息准则（AICc）最小，其修正后的拟合优度为 0.78，显著高于其他模型，因此 MGWR 的拟合效果最佳。具体来看，MGWR 的修正 R^2 比 OLS 模型的修正 R^2 值高 50%，即 MGWR 模型能够比 OLS 模型多解释 50% 的变量数据，且其残差平方和及赤池信息准则较 OLS 模型更小，说明 MGWR 模型的拟合效果显著高于 OLS 模型；同样地，MGWR 模型的拟合效果也显著高于 GWR 模型和 GTWR 模型。

从 MGWR 模型的回归系数来看，在五个自变量中，有四个变量的回归系数存在正负变化，这说明指标的回归系数存在方向差异，即相同的变量在不同的空间上对人口分布的作用存在差异。除了人造地表指数的回归系数未发生正负变化，其他指标的回归系数都发生了正负变化。以森林指数

① FOTHERINGHAM A S, WENBAI Y, WEI K. Multiscale geographically weighted regression (MGWR) [J]. Annals of the American Association of Geographers, 2017, 107（6）：1247-1265.

为例，其系数变化区间为［-70，7 288］，说明在某一地区，森林指数每增加1%，人口数量会降低70人/平方千米；而在另一区域，森林指数每增加1%，人口数量最多能够增加7 288人/平方千米。同理可以解释耕地指数、科教文化指数和夜间灯光指数对人口分布的影响。因此，耕地指数、森林指数、科教文化指数和夜间灯光指数对人口分布的影响具有空间非平稳性。

总的来看，全局回归模型的拟合效果最差，说明综合考虑了变量空间关联性与异质性的模型比只考虑全局平均意义的线性模型表现更好。除此以外，对比GTWR和GWR模型的回归结果可以发现，综合考虑时空异质性的影响的确可以提高模型精度。需要说明的是，与经典的全局回归模型OLS模型不同，GWR、GTWR和MGWR模型是局部回归模型，模型的估计系数是通过观测周围的样本点来回归得到的，即基于带宽来估计变量系数。进一步，对于GWR模型和GTWR模型而言，虽然这两个模型都在一定程度上解决了空间异质性问题，并且具有运算速度快的优势，但是这两种模型都默认每个影响因素的空间异质性尺度是一致的，在此基础上对每个变量系数的估计都基于同一带宽，这一局限性导致估计结果存在不可避免的偏误。MGWR模型在估计系数时，放宽了对自变量带宽的要求，允许各个变量都有独自的带宽值和不同的空间平滑水平，进而使模型的估计结果更具可靠性，因此本章将运用MGWR模型进行后续的人口空间化研究。

5.5.2 人口数据格网化结果

根据MGWR模型的估计，按照格网进行尺度下推与匹配，在将街镇尺度回归模型下推到格网尺度的过程中，回归常数项按加权平均的思想进行分配，即同一街镇内的各个格网的贡献不一致，比重越大的格网分配到的人数越多。按这种方法，分别对2000年、2010年、2020年成都市20个区（市）县生成1 km×1 km、500 m×500 m、100 m×100 m共9个维度的人口格网数据。2000年、2010年、2020年成都市20个区（市）县1 km×1 km尺度的人口格网分布如图5-28、图5-29、图5-30所示。

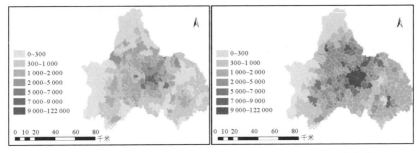

图 5-28　2000 年成都市　　　　　图 5-29　2010 年成都市
1 km×1 km 人口密度格网　　　　1 km×1 km 人口密度格网

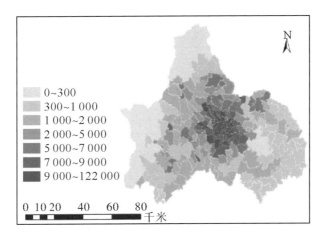

图 5-30　2020 年成都市 1 km×1 km 人口密度格网

　　由图 5-28 至图 5-30 可知，2000 年成都市人口密度最大的格网单元落
在一圈层主城区中，最大值为 72 027 人/平方千米，相对于人口密度均在
4 000 人/平方千米左右的二、三圈层的郊区来说，二者格网单元人口密度
相差较大。从整体分布规律来看，超过 70 000 人/平方千米的高密度人口
主要分布在以一圈层五个主城区为中心的商业区，且呈同心圆状向二、三
圈层的郊区城市递减。2010 年成都市人口密度最大值达到 92 820 人/平方
千米，远城郊区人口密度相比 2000 年变化不大，但一圈层人口密度和城郊
人口密度差距明显增加，以金堂县、简阳市、邛崃市等为代表的三圈层城
郊人口的聚集程度显著降低，密度最小为 229 人/平方千米，可见三圈层城
郊人口在 2000—2010 年以较快的速度向一圈层主城区聚集。2020 年成都
市人口密度最大值高达 121 500 人/平方千米，最高人口密度增幅是 2000—

2010 年的 0.85 倍，无论是与 2000 年的人口密度相比，还是与 2010 年的人口密度相比，2020 年以郫都区、新都区、双流区为代表的二圈层人口密度都显著上升，这与街道和乡镇的合并以及产业园区的规划发展息息相关。

2000 年、2010 年、2020 年成都市 20 个区（市）县 500 m×500 m 尺度的人口格网分布如图 5-31 至图 5-33 所示。

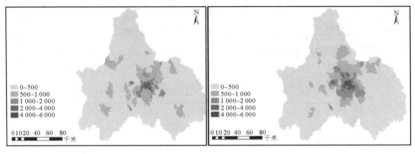

图 5-31　2000 年成都市
500 m×500 m 人口密度格网

图 5-32　2010 年成都市
500 m×500 m 人口密度格网

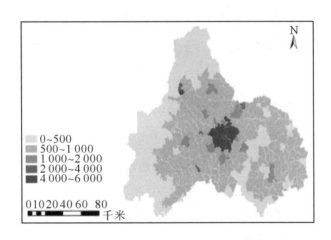

图 5-33　2020 年成都市 500 m×500 m 人口密度格网

由图 5-31 至图 5-33 可知，2000 年成都市最高人口密度为 4 124 人／0.25 平方千米，与一圈层相比，二圈层人口分布较为均匀，人口大致为 800~1 000 人／0.25 平方千米。三圈层中，以都江堰、彭州市为代表的西北部区域和以崇州、大邑、邛崃为代表的西部地区人口较为稀疏。2010 年，成都市最高人口密度上升到 4 986 人／0.25 平方千米，人口分布还是以一、二圈层为主，相较于 2000 年，三圈层城郊的人口分布差距明显，变得不均衡。2020年，成都市人口密度最大值达到5 425人/0.25平方千米，就二圈层来说，新都区格网人口密度增长幅度是郫都区的1.21倍，一圈层和三圈层的人口分布差值仍然较大。

2000年、2010年、2020年成都市20个区（市）县100 m×100 m尺度的人口格网分布如图5-34至图5-36所示。

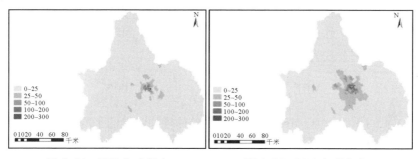

图5-34　2000年成都市
100 m×100 m人口密度格网

图5-35　2010年成都市
100 m×100 m人口密度格网

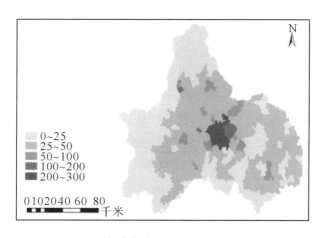

图5-36　2020年成都市100 m×100 m人口密度格网

由图5-34至图5-36可知，2000年，成都市人口分布从一圈层的主城区向外呈同心圆式递减，并且三个圈层人口密度分层明显，差距较大。2010年，成都市人口分布最密集的地区依然是主城区，但是二、三圈层的人口密度差距相较于2000年有所减小。2020年，成都市二、三圈层的人口密度差距再次显现，但是差值不如2000年大。

综合分析9个维度格网人口的分布情况，发现空间化的人口数据相比于统计人口数据能有效减少行政界线两侧的突变情况，从而清楚地反映街镇内部的人口空间分布差异，对人口分布的刻画更加精细。

5.5.3 模型误差与评估

1. 模拟人口与统计人口对比分析

以 2000 年、2010 年、2020 年 3 次全国人口普查数据为基础，运用模型测算结果的平均相对误差（mean relative error，MRE）来评估模型的拟合误差，计算公式为

$$\mathrm{MRE}_{\mathrm{pop}} = \frac{1}{m} \sum_{j=1}^{m} \left| \frac{M_{\mathrm{pop}} - T_{\mathrm{pop}}}{T_{\mathrm{pop}}} \right|_{j} * 100\% \qquad (5-3)$$

在式（5-3）中，$\mathrm{MRE}_{\mathrm{pop}}$ 代表模型整体模拟结果的平均相对误差，M_{pop} 代表模型的模拟人口，T_{pop} 代表统计人口。根据式（5-3）对四种模型测算的结果进行相对误差计算，结果如表 5-7 所示。

表 5-7　四种模型的相对误差

指标	模型	2000 年	2010 年	2020 年
统计人口/人	全市	12 521 057	15 118 839	20 937 757
模拟的 总人口/人	OLS	10 968 875	14 697 387	19 568 428
	GWR	13 251 417	16 413 809	19 685 679
	GTWR	13 317 497	15 798 806	19 903 432
	MGWR	12 975 667	14 892 373	20 292 874
平均相对 误差/%	OLS	−12.4	−2.79	−6.54
	GWR	5.83	8.57	−5.98
	GTWR	6.36	4.50	−4.94
	MGWR	3.63	−1.49	−3.08

由表 5-7 可知，全局回归模型的平均相对误差绝对值最高超过 10%；地理加权回归模型的平均相对误差绝对值为 5.5% ~ 9%；时空地理加权回归模型的平均相对误差绝对值为 4.5% ~ 6.5%；多尺度地理加权回归模型的平均相对误差绝对值低于 4%。综上所述，由于多尺度地理加权回归模型所生成的成都市人口数据总体误差较小，3 个年份的人口模拟平均相对误差均在 4% 以内，且小于其余三个模型的回归结果误差，说明该模型所

估算的人口精度较高。

2. 模拟人口与 WorldPop 数据集精度对比分析

相关研究发现，街镇尺度的人口空间化结果 WorldPop 相对而言精度较高[1][2]，因此本节将 MGWR 模型模拟的人口数据与 WorldPop 人口栅格数据集进行精度对比分析。WorldPop 人口栅格数据集包括以公顷为单位的人口数据和以格网为单位的人口数据，我们将以格网为单位的数据集，与 2020 年WorldPop100 m×100 m 人口栅格数据集进行比较，其空间分布如图 5-37所示。

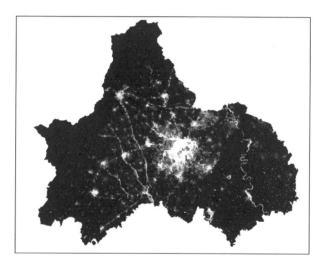

图 5-37 2020 年成都市 WorldPop100 m×100 m 人口栅格数据空间示意

接下来，我们以研究区域面状数据为基准面，将格网人口数据进行汇总，以空间位置作为匹配基准，通过添加链接得到各个单元的格网人口数据，并将其与相同尺度的 WorldPop 栅格数据集进行对比分析。首先对WorldPop 栅格数据按掩膜提取得到研究区域面状数据，再将栅格数据转为整型，通过修复几何由栅格转面得到矢量人口格网数据，对比结果如表 5-8至表 5-10 所示。

① 林丹淳，谭敏，刘凯，等. 代表性人口空间分布数据集的精度评价：以 2010 年广东省为例 [J]. 热带地理，2020，40（2）：346-356.

② XU Y, CHAK H H, ANDERS K, et al. Comparative assessment of gridded population data sets for complex topography：A study of southwest china [J]. Population and Environment, 2021, 42（3）：360-378.

表 5-8　2000 年模拟人口数据与 WorldPop 数据集对比统计

指标	MGWR (1 km)	WorldPop (1 km)	MGWR (500 m)	WorldPop (500 m)	MGWR (100 m)	WorldPop (100 m)
人口数/人	11 516 327	12 494 395	13 836 853	12 563 097	12 975 667	12 454 016
格网数/个	19 832	19 742	78 195	77 941	1 930 425	1 986 970
最大值/人	72 027	73 367	18 024	17 447	767	671
最小值/人	0	0	0	0	0	0
平均值/人	581	633	177	161	7	6

　　由表 5-8 可知，就 100 m×100 m 格网生成的人口数据而言，2000 年 MG-WR 模型测算出的成都市人口总数为 12 975 667 人，包含格网 1 930 425 个，人口平均值为 7 人；WorldPop 数据集中成都市人口为 12 454 016 人，格网总数为 1 986 970 个，人口平均值为 6 人。计算人口相对误差发现，2000 年 1 km 尺度下的人口相对误差为 8.5%，500 m 尺度下的人口相对误差为 6.1%，100 m 尺度下的人口相对误差为 6.4%，因此对于 2000 年人口空间化研究来说，500 m 尺度下模型的精度最高。

表 5-9　2010 年模拟人口数据与 WorldPop 数据集对比统计

指标	MGWR (1 km)	WorldPop (1 km)	MGWR (500 m)	WorldPop (500 m)	MGWR (100 m)	WorldPop (100 m)
人口数/人	14 516 327	14 994 395	15 535 531	14 997 695	14 892 373	15 230 417
格网数/个	19 832	19 643	78 195	85 645	1 930 425	2 141 141
最大值/人	92 820	92 714	23 086	23 007	869	982
最小值/人	0	0	0	0	0	0
平均值/人	732	763	199	175	8	7

　　由表 5-9 可知，就 100 m×100 m 格网生成的人口数据而言，2010 年 MGWR 模型测算出的成都市人口总数为 14 892 373 人，包含格网 1 930 425 个，人口平均值为 8 人；WorldPop 数据集中成都市人口为 15 230 417 人，格网总数为 2 141 141 个，人口平均值为 7 人。同理，计算人口相对误差发现，2010 年 1 km 尺度下的人口相对误差为 3.5%，500 m 尺度下的人口相对误差为 3.8%，100 m 尺度下的人口相对误差为 3.8%，因此对于 2010 年人口空间化研究来说，1 km 尺度下模型的精度最高。

表 5-10　2020 年模拟人口数据与 WorldPop 数据集对比统计

指标	MGWR (1 km)	WorldPop (1 km)	MGWR (500 m)	WorldPop (500 m)	MGWR (100 m)	WorldPop (100 m)
人口数/人	20 292 874	19 590 486	18 955 439	19 768 592	19 179 720	19 730 471
格网数/个	19 789	19 762	78 021	79 048	1 926 253	1 976 207
最大值/人	121 500	121 979	30 342	30 504	1 228	1 279
最小值/人	0	0	0	0	0	0
平均值/人	935	991	256	250	9	10

由表 5-10 可知，就 100 m×100 m 格网生成的人口数据而言，2020 年 MGWR 模型测算出的成都市人口总数为 19 179 720 人，包含格网 1 926 253 个，人口平均值为 9 人；WorldPop 数据集中成都市人口为 19 730 471 人，格网总数为 1 976 207 个，人口平均值为 10 人。同样，计算人口相对误差发现，2020 年 1 km 尺度下的人口相对误差为 3.7%，500 m 尺度下的人口相对误差为 4.3%，100 m 尺度下的人口相对误差为 4.1%，因此对于 2020 年人口空间化研究来说，1 km 尺度下模型的精度最高。根据统计部门公布的全国人口普查数据，成都市 2000 年、2010 年和 2020 年的人口总数分别为 12 521 057 人、15 118 839 人、20 937 757 人。在 2020 年 1 km 格网尺度下，相较于 WorldPop 数据集，本章所采用的人口空间化 MGWR 模型的模拟结果更优。

5.5.4　模型误差修正

由于模型存在误差，按照"分街镇控制"的思想，即要求一个街镇所有格网的人口模拟值之和应与统计值保持一致，具体将每个格网的估计值与对应街镇的修正比例系数相乘加以调整，修正公式如式（5-4）所示：

$$\begin{cases} k_j = P_j \big/ E_j \\ G'_{ij} = G_{ij} * k_j \end{cases} \tag{5-4}$$

在式（5-4）中，E_j 和 P_j 分别是第 j 个街镇的模拟值和统计值，k_j 为第 j 个街镇的修正比例系数，G_{ij} 和 G'_{ij} 分别是第 j 个街镇中第 i 个格网调整前后的数值。

5.6 人口空间化时空分辨率提升研究

上述研究生成的人口格网数据是基于人口普查年份的静态年份，但是这些人口空间化数据集的空间分辨率还不够精细，时间间隔较远，人口空间化的前沿研究正朝着精细化和动态化发展。

精细化和动态化的人口空间化研究需要相应的数据支撑，因此，能够体现微观个体实时位置特征的位置服务数据，以及建筑物、住宅小区等AOI数据应用成为研究热点。位置服务数据具备高空间分布精度和能够体现微观个体实时位置特征的优点，可视作反映人口分布的微观动态"波动"[①]；AOI数据则可视作承载人口分布的空间微观"载体"，利用这两类数据的时间精细度和空间精细度，可以提升基于人口普查数据生成的人口空间化结果的精确度，从而构建高时空分辨率的人口数据集。因此，本节将利用住宅小区AOI数据、建筑物轮廓及楼层数据，以及腾讯位置大数据等细粒度地理大数据，对人口空间化时空分辨率的提升方法进行创新研究。

5.6.1 时间分辨率提升

现有的关于人口空间化中空间分辨率提升的研究较为丰富，相较而言，反映人口空间化中时间分辨率提升的研究受限于基础数据缺乏，因此相关研究较少[②]，且多使用传统空间化建模的数据源，如Bhaduri等结合卫星数据、土地使用率数据、用地类型数据、路网数据提出了一种动态测量人口分布的方法[③]。戚伟等以土地利用类型作为建模媒介，融合人口普查数据、土地利用空间数据和建筑物空间数据，建立了"人口—昼夜—土地

---

① 王熙. 基于多源数据并顾及空间差异的北京市人口空间化方法研究［D］. 北京：中国测绘科学研究院，2021.

② 徐仲之，曲迎春，孙黎，等. 基于手机数据的城市人口分布感知［J］. 电子科技大学学报，2017，46（1）：126-132.

③ BHADURI B, BRIGHT E, COLEMAN P, et al. LandScan USA: a high-resolution geospatial and temporal modeling approach for population distribution and dynamics［J］. GeoJournal, 2007, 69（1-2）: 103-117.

194　人口普查格网数据理论及应用研究

利用"关系模型，能够动态感知北京市昼夜人口分布变化①。但是提升的人口空间化时间分辨率的精确度并不高。近年来，随着反映人口空间分布的位置定位数据的获取变得便捷可行，人口空间化时间分辨率的提升开始得到关注，精度也进一步提高。

杨皓斐②等提出一种利用手机信号数据感知城市人口分布的方法；洪东升③等基于定位数据进行人口分布特征的研究，验证了定位数据在地理研究中的巨大潜力。王晓洁等基于 2000 年乡镇尺度的人口普查数据和可开放获得的微信定位数据，利用光影投射法计算了人口分布权重，并结合面积权重法和指数平滑法得到京津冀地区 1 km 分辨率的人口空间化结果。这些位置大数据包含用户大量的实时定位信息，直接反映了人口的实际分布情况，在一定程度上也助力了精细化的人口空间化研究④，提高了人口空间化结果精度和时间分辨率。

位置定位数据主要包括手机信令数据、腾讯位置大数据、微信定位数据、百度城市热力图、微博签到数据等。手机信令数据一般由移动通信服务商提供，数据量大，在实际中很难获取。腾讯位置服务是定位服务应用的代表之一，腾讯位置大数据主要记录腾讯 App 产品的智能终端设备用户的位置信息，包括腾讯 QQ、微信、腾讯地图等位置信息。腾讯是当前中国最大的即时信息通信和社交网络平台之一，它的用户总数已达 8.08 亿，覆盖率高于 70%，每天能够获取超 570 亿次的定位数据，具有使用人口分布广、用户数量多等特点，能够反映人们的生活轨迹和变迁情况⑤。腾讯位置大数据具有用户多、时空分辨率高且与人们生活息息相关等优势，并且面向公众提供数据接口，可应用于城市间人口流动、空间联系模式和人口分布研究。

本书采用 Python 软件中的网络爬虫获取成都市腾讯位置大数据，采集

① 咸伟，李颖，刘盛和，等. 城市昼夜人口空间分布的估算及其特征：以北京市海淀区为例 [J]. 地理学报，2013，68（10）：1344-1356.
② 杨皓斐，曹仲，李付琛. 基于手机大数据的动态人口感知 [J]. 计算机系统应用，2018，27（5）：73-79.
③ 洪东升. 基于定位数据的人口分布特征研究 [D]. 北京：中国地质大学（北京），2015.
④ 肖东升，杨松. 基于夜间灯光数据的人口空间分布研究综述 [J]. 国土资源遥感，2019，31（3）：10-19.
⑤ 花磊，彭宏杰，杨秀锋，等. 基于腾讯位置大数据的长江经济带人口流动空间分析 [J]. 华中师范大学学报（自然科学版），2019，53（5）：815-820.

时间为2021年9月1—12日，每天21：00—24：00，该时段人口大多位于常住地，在一定程度上可以避免人口大量流动对腾讯定位数据的影响，数据包括定位时间、纬度、经度及定位次数4个字段。由于手机定位数据与人口统计数据的年份存在一定间隔，因此，借鉴王晓洁等[①]的做法，为了验证该实验数据是否能反映对应的人口分布趋势，选用客观的夜间灯光数据作为参考，分别统计每个街镇的腾讯定位次数总值和夜间灯光总值，并将2020年街镇尺度的人口统计数据分别与2021年腾讯定位次数总值以及2020年夜间灯光总值进行线性拟合，计算得到拟合优度分别为0.645和0.482。考虑到夜间灯光分辨率与街镇边界尺度差异明显、灯光溢出效应的影响和未进行城乡分区建模等相关处理，腾讯位置大数据具有在街镇尺度上拟合精度较高的优势。因此，从数据可用性角度来看，我们可以采用腾讯位置大数据参与成都市的人口空间化模拟，当数据精度为500 m×500 m时，共有12 365个点状对象（不包括简阳市），定位次数为13 494 984次，其空间分布如图5-38所示。

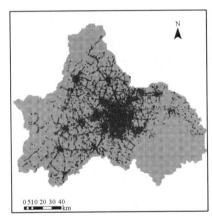 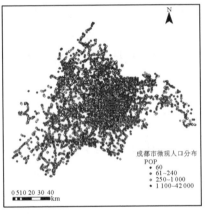

图5-38　成都市腾讯位置大数据分布

由图5-38可知，基于成都市腾讯位置大数据的人口空间分布图呈现出中心城区人口密集，之后沿着二圈层、三圈层依次减少，且在二、三圈层中零星出现人口数量较高的点状聚集的分布特征。基于这一数据模拟的人口空间分布特征与基于成都市人口数据、POI数据模拟的人口空间分布

　　① 王晓洁，王卷乐，薛润生.基于普查和手机定位数据的乡镇尺度人口空间化方法研究[J].地球信息科学学报，2020，22（5）：1095-1105.

特征呈现出一致的空间耦合关系。由于这一数据为点状格式，因此将其按照街镇进行范围内汇总，其与基于街镇层面的人口统计数据空间分布对比如图 5-39 所示。

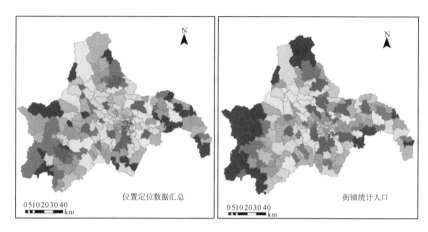

图 5-39　成都市腾讯位置大数据汇总与街镇统计人口分布

在 1 km 格网中对腾讯位置大数据进行定位次数汇总，其空间分布如图 5-40 所示。

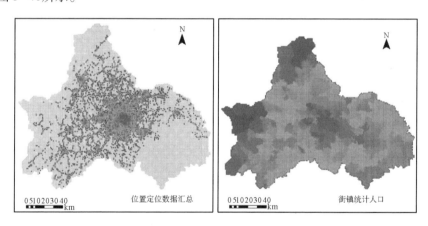

图 5-40　1 km 格网下成都市腾讯位置大数据汇总与街镇统计人口分布

由图 5-39 和图 5-40 可知，成都市腾讯位置大数据不管是按照街镇尺度汇总，还是按照格网尺度汇总，其人口空间分布特征与相应的街镇人口统计数据和生成的人口格网数据，在整体上呈现出一致的特征，空间耦合度较高。但是，通过上述分布图比较也发现，人口分布特征的一致性在城市中心区域要显著高于城市的边缘地区，即在城市边缘地区可能存在采样不全的问题，差异较大，因此后续研究选取中心城区 11 个区（市）县作为研究对象。

此时，可采用与 5.2 一致的处理办法，构建腾讯位置大数据指数，其计算公式为：腾讯位置大数据指数=街镇人口定位次数汇总值/街镇面积；然后测算出其空间自相关指数 Moran 为 0.36（P 值=0.000），与人口密度显著正相关；接着采用四种模型重新进行估计与尺度下推，四种模型的估计结果如表 5-11 所示。由表 5-11 可知，MGWR 模型的拟合优度最高，其 AICc、RSS 值最小，所以拟合效果最好。加入腾讯位置大数据后四种模型的平均相对误差如表 5-12 所示。

表 5-11 OLS、GWR、GTWR、MGWR 模型估计结果及检验

回归系数	局部回归模型											
	GWR						GTWR					
	耕地	人造地表	森林	科教文化	夜间灯光	定位	耕地	人造地表	森林	科教文化	夜间灯光	定位
最大值	23 121	23 186	7 627	0.014	0.057	0.082	21 326	20 452	8 029	0.012	0.074	0.084
中位数	4 786	1 431	1 216	0.006	0.030	0.042	4 286	1 585	1 143	0.005	0.026	0.032
最小值	2 875	1 425	−108	0.003	0.007	0.016	2 473	1 026	−135	0.002	−0.05	0.018
带宽	6.782						5.462					
R^2	0.65						0.70					
修正 R^2	0.58						0.64					
AICc	416.28						321.64					
RSS	226						206					

回归系数	局部回归模型						全局回归模型					
	MGWR						OLS					
	耕地	人造地表	森林	科教文化	夜间灯光	定位	耕地	人造地表	森林	科教文化	夜间灯光	定位
最大值	18 632	15 482	7 026	0.007	0.094	0.102	4 177	1 308	−3 314	0.033	0.206	0.312
中位数	4 218	1 747	1 487	0.002	0.014	0.046						
最小值	−1 436	1 326	−51	−0.18	−0.023	0.026						
带宽	635	278	48	425	173	89						
R^2	0.88						0.59					
修正 R^2	0.82						0.54					
AICc	25.74						425.83					
RSS	0.008 6						346					

表 5-12　加入腾讯位置大数据后四种模型的平均相对误差　单位:%

模型	2000 年	2010 年	2020 年
OLS	−9.6	−2.36	−5.48
GWR	4.65	6.42	−4.27
GTWR	5.46	4.28	−4.27
MGWR	2.86	−1.32	−2.86

对比上述人口空间化结果,腾讯位置大数据具有能够表征人口实时分布等优势,其结合普通面积权重法基本原理,可将目标区域缩小到街镇内部,并与土地利用类型数据、夜间灯光数据、POI 数据结合在一起,在一定程度上弥补了传统方法下目标区域范围较大造成街镇人口空间化结果不准确的缺陷,不仅提升了模型的拟合效果、解释能力以及人口展布的精度,而且由于腾讯位置大数据是实时更新的,因此可以利用该数据实时反映城市人口分布的变化情况。

但是,我们在利用腾讯位置大数据优势的同时,不可忽略腾讯位置大数据的有偏性。具体表现在:第一,腾讯位置大数据仍不能完全表征该地区准确的实际人口情况;第二,微信、QQ、滴滴打车等应用腾讯位置的软件必须经过位置授权才可以采集到实时的定位点数据;第三,不同年龄段的用户对于手机定位的使用普及率不是 100%。本书通过拟合优度证明了腾讯位置大数据与街镇统计人口数据具有较强相关性,显示出社交媒体大数据的全覆盖优势,以及在时间分辨率更新方面的优势,但是没有对此类数据的有偏性进行定量深入探讨;因此,我们会对此类数据,如手机信令数据的应用等展开深入研究。

5.6.2 空间分辨率提升

1. 基础数据

(1) 住宅小区 AOI 数据。AOI 数据,即兴趣面数据,是相对于兴趣点(POI)数据的一种数据类型。我们可以利用 Python 语言从高德地图通过开放接口,爬取成都市中心城区的 AOI 数据,该数据包含面名称、编码、面积、位置等属性信息,爬取时间为 2021 年 4 月;经过去重、空间校正、影像配准等数据预处理后,获得成都市住宅小区兴趣面矢量地图,共采集到 11 023 个 AOI 兴趣点,如图 5-41 所示。

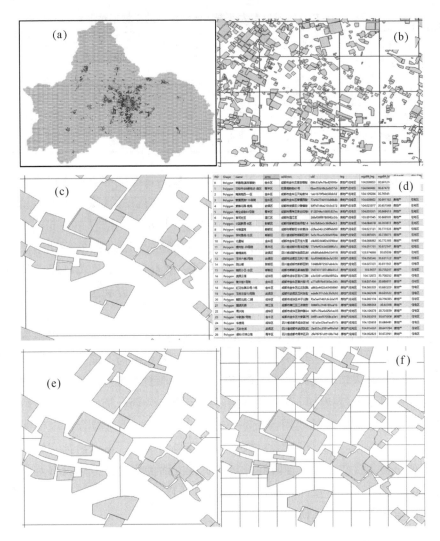

图 5-41　成都市小区轮廓矢量图、属性表与人口格网分布

在图 5-41 中，图（a）是成都市住宅小区的整体分布情况；图（b）为 4 km×5 km 人口格网中小区分布情况；图（c）为 1 km×1 km 人口格网中小区分布情况；图（d）为住宅小区 AOI 数据的属性信息；图（e）为 1 km×1 km 格网中细分的 500 m×500 m 格网中住宅小区 AOI 数据的分布情况；图（f）为 100 m×100 m 格网中住宅小区 AOI 数据的分布情况。

（2）建筑物数据。当前，百度、谷歌、高德、腾讯、天地图等公司及国家测绘地理部门都提供在线地图服务，它们不仅能够提供传统的电子地图和遥感影像，还能提供城市全景影像图，因此可以借助地图下载工具免费获得多源测绘数据，为多视角观察地面目标，获取建筑物三维信息提供了更加丰富的数据源，比如，高德地图建筑物信息如图 5-42 所示。

图 5-42　高德地图建筑物信息

首先，利用 ArcGIS 软件导入获取的高分辨率遥感影像、建筑物电子地图和全景影像，并进行配准、几何纠正和剪裁预处理，然后分别将其导入建立好的 GIS 数据库中进行集成。在 GIS 中可以通过矢量工具提取建筑物侧面窗户的矢量多边形，从而获取建筑物的多边形轮廓和楼层信息。

其次，通过高德地图影像爬取成都市中心城区建筑物的位置、面积及楼层数等属性信息，并经过空间校正、影像配准等对数据进行预处理。将这两种数据进行空间连接，得到含有一定属性信息的建筑物数据，属性信息包括建筑物 ID、占地面积和建筑物楼层数。也可以参照文献做法，从土地利用类型数据、GAIA 和天地图—电子地图三种数据中提取得到。经过空间校正、影像配准等数据预处理后，2021 年 5 月共爬取到成都市 198 868 座建筑物数据，如图 5-43 所示。

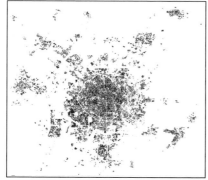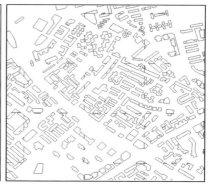

图 5-43　成都市建筑物轮廓矢量图

2. 住宅小区 AOI 数据与建筑物数据的融合估算

上述生成的人口格网数据集为 1 km×1 km、500 m×500 m、100 m×100 m 三种类型，如果想获取更高空间分辨率的人口数据集，如小区级精细尺度的人口数据，可以前面生成的中等级别的 1 km×1 km 人口格网数据集为建模基础。将住宅小区 AOI 数据和建筑物数据进行融合，再结合面积权重法进行更高空间分辨率的人口空间化的展布。具体展布原则为：人口分布与居民地分布有最直接的关联，居民地 AOI 数据和建筑物数据是影响精细尺度居住人口分布的主要因素，住宅建筑面积越大则其人口分布越密集；同时依据"无土地无人口"原则，以房屋建筑物实际范围为人口空间分布范围的约束条件，在无房屋建筑分布的区域，将人口数赋值为 0。

上述数据中，住宅小区 AOI 数据只有范围数据、名称和地理区位信息，没有小区内部建筑物轮廓及楼层信息；建筑物数据只有轮廓与楼层信息，没有建筑物名称和建筑物属性分类数据（不知哪些建筑物为住宅小区），因此，在 GIS 中首先将这两个图层叠加，如图 5-44 所示。

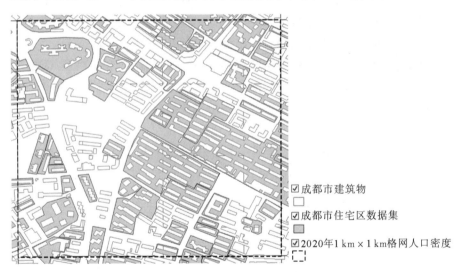

成都市建筑物
☑

成都市住宅区数据集
☑

2020年1 km × 1 km格网人口密度
☑

图 5-44　成都市 1 km×1 km 格网中住宅小区与建筑物轮廓叠加图

在图 5-44 中，虚线格网为 1 km×1 km 人口格网，浅灰色面状对象为建筑物多边形轮廓矢量数据，深灰色为住宅小区多边形范围数据。由图 5-44 可知，经过上述空间叠加操作后，住宅小区内有了清晰的建筑物轮廓。之后，需要将住宅小区内的建筑物数据进行"提取"，如图 5-45 所示。

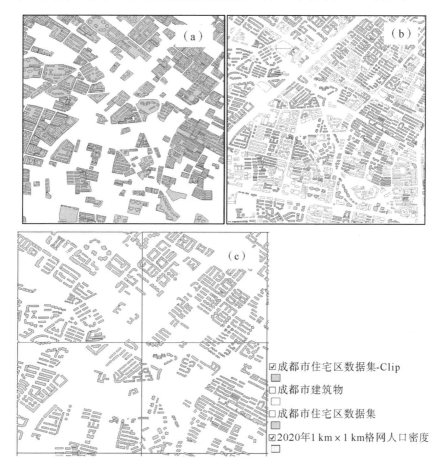

☑成都市住宅区数据集-Clip
☐成都市建筑物
☐
☐成都市住宅区数据集
☐
☑2020年1 km×1 km格网人口密度
☐

图 5-45　住宅小区与建筑物轮廓剪裁图

在图 5-45 中，图（a）和图（b）是从建筑物信息中提取的住宅小区的建筑物，其中深灰色区域为住宅小区及其建筑物，浅灰色区域为除住宅小区之外的其他建筑物；图（c）为去掉住宅小区图层后的小区建筑物图层。此处仅仅是提取了住宅类型的建筑物，但是没有将建筑物与住宅小区进行关联，因此还需要将建筑物的楼层信息与住宅小区属性信息进行"一对多的空间连接"，将住宅小区内的信息和建筑物属性信息融合在一个图层中，于是得到了建筑物的小区及楼层属性信息，经过上述操作之后，在研究区域中共提取出 69 827 栋小区建筑物，如图 5-46 所示。

图 5-46 中显示的信息为箭头指向的建筑的相关隶属小区、地址、类型及楼层信息。在上述操作下，人口空间化分辨率的基础数据已准备完备。随后，可以将建筑物的楼层与轮廓面积相乘作为一栋建筑物的建筑面积，并将建筑面积按照住宅小区范围进行"范围内汇总"，即可得到住宅小区内的建筑总面积，然后可以按照面积权重法将 1 km×1 km 人口格网中的人口数量分配给小区，即可得到住宅小区范围内的人口数量。也可以直接以每一栋建筑物面积的占比作为权重，将人口数量分配给建筑物。

图 5-46 住宅小区内建筑物轮廓及其属性信息

接下来，以小区 1 km×1 km 人口格网中的建筑物人口数量空间化为例，进行估算说明。首先，计算住宅小区的总建筑面积和格网内总建筑面积，其空间分位图如图 5-47 所示。

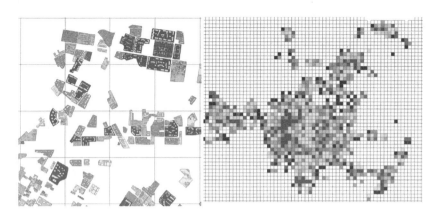

图 5-47 住宅小区和格网内总建筑面积空间分位示意

其次，将住宅小区建筑物总面积图层或格网内建筑物总面积图层与建筑物图层本身进行"空间连接"，形成新的图层，然后就可以计算每栋建筑物的面积权重，之后将这一图层与住宅小区或者格网再进行"空间连接"。最后，在这一图层上进行面积权重与格网人口的相乘，即可以估算出每栋建筑物的人口数量，如图 5-48 所示。

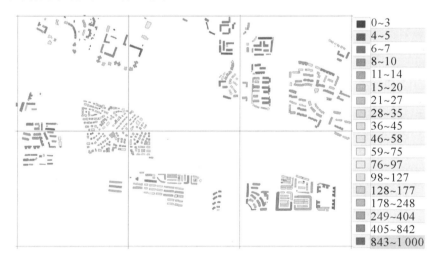

■	0~3
■	4~5
■	6~7
■	8~10
■	11~14
■	15~20
■	21~27
■	28~35
■	36~45
■	46~58
■	59~75
□	76~97
■	98~127
■	128~177
■	178~248
■	249~404
■	405~842
■	843~1 000

图 5-48 建筑物级别人口数量空间分位示意

对上述估算结果进行精度分析，在街镇尺度下对建筑物人口估算进行汇总统计，因为郊区的住宅小区和建筑物数据可能缺失，所以精度分析不能以平均相对误差为依据进行判断。因此，此处选取建筑物密集的中心城区为研究对象，将基于建筑物估算的街镇人口数与街镇的人口统计数据进行线性回归分析，这一回归模型的拟合优度为 0.66，比例系数为 0.763 7，可见基于建筑物和住宅小区 AOI 数据的人口空间化结果的精度总体上来说是中等偏上的。

由于缺乏低于街镇尺度（如居委会或小区）的人口统计数据或者类似尺度的替代数据，因此此处精度验证的尺度无法继续下沉。考虑到建筑物的属性信息，如商住楼、别墅、普通住宅小区等不明的情况，以及建筑物的公摊面积、空置率情况，这一估算结果的精度尚存在一定误差，后续可以在收集更多建筑物属性信息的基础上，进行更高精度的估算。在后续研究中，可借鉴韩用顺等的做法，融合夜间灯光数据（采用具有高空间分辨率和光谱分辨率的珞珈一号夜间灯光数据）、POI 数据，考虑真实居住、公摊面积、空置率和区域差异性，以建立精度更高的针对建筑物的分区人口估算模型。

6 基于机器学习模型的人口空间化研究

在进行人口空间化建模时，相关研究认为与多元线性回归、地理加权回归相比，机器学习模型为数据所驱动，没有固定的模型，结构更灵活，能拟合因变量与自变量之间的非线性关系，不用考虑多元变量的共线性、过拟合等问题。因此，本章基于人口统计数据、土地利用类型数据、夜间灯光数据和各类 POI 数据，采用机器随机森林（random forest，RF）模型、XGBoost 模型及其与 OLS、MGWR 模型的堆叠集成学习模型进行人口空间化的实证研究。

6.1 建模技术路线

本章选择的研究区域与建模指标与第 5 章一致，因此不再对建模指标体系及其数据收集处理进行赘述，本章对人口空间化进行建模的技术路线如图 6-1 所示。

在图 6-1 中，基础数据、数据处理与数据融合与第 5 章相同，不同的地方在于此处数据建模时采用的模型不同。首先分别采用 RF 和 XGBoost 模型进行街镇数据训练，并模拟生成 1 km×1 km 的人口格网；其次，采用堆叠学习法，以 RF 和 XGBoost 模型作为初级模型，将其生成结果汇总为街镇尺度，并作为次级模型的训练数据，次级模型分别设置为 OLS 和 MGWR 模型，用其在街镇尺度进行训练；最后利用训练好的模型模拟成都市 1 km×1 km 格网人口的密度权重，建立和训练一个泛化能力较强的人口空间分布模型，并进行相应精度分析。

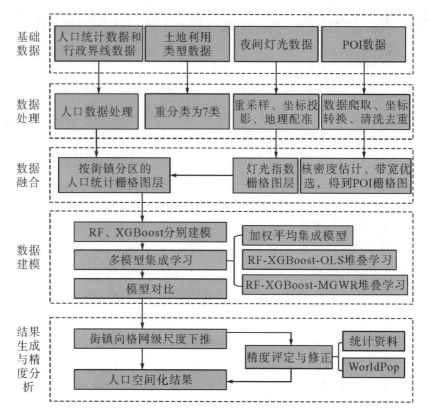

图6-1 基于机器学习模型的人口空间化技术路线

6.2 单一模型建模

6.2.1 随机森林模型

随机森林是一种使用多棵树进行训练和预测的统计学习方法①。它可以处理高维数据集，具有较高的可靠性和较低的时间复杂度。随机森林模型的基本原理是在 Cart 决策树中引入 Bagging 算法进行多次有放回的随机抽样，然后训练得到单个决策树分类器，从而完成对集成模型的构建。其特点是具有灵活和稳定的框架，允许不同类型的数据在建模过程中相互作用。与其他

<hr>

① BREIMAN L. Random forest [J]. Machine Learning, 2001, 45 (1): 5-32.

传统回归模型相比，随机森林模型不仅能够实现准确的预测，还可以避免过度拟合，并对于异常数值和噪声具有很高的适应性和容忍度①。

本章以各街镇人口密度对数作为模型因变量，以构建的 POI 核密度结果和耕地指数、人造地表指数、森林指数、科教文化指数和夜间灯光指数为自变量，采用随机森林模型进行训练。由于每个参数都有较大的取值范围，会产生大量的组合情况；因此，我们利用 sklearn 中的 Randomized Search CV 和 Grid Search CV 对最优参数进行初步筛选和最终确定。其原理分别是前者在大量的参数组合中随机选出一部分组合情况（自己指定），通过逐个计算和交叉验证，初步确定最优的参数组合情况；后者是对给定参数的所有情况进行组合，接着通过逐个计算和交叉验证的方法确定最优范围。

利用 Randomized Search CV 对全部参数的各种组合情况中随机筛选出的 2 500 种情况进行逐个计算和 3 折交叉验证，再将初步筛选得到的各类参数在一定邻域内的参数值输入 Grid Search CV 中，进行逐个格网搜索，且对每种情况进行 3 折交叉验证，最终敲定最优的参数组合，如表 6-1 所示。

表 6-1　随机森林模型参数择优

参数名称	参数作用	搜索范围	参数值
n_estimators	随机森林中基学习器的个数	10~500	50
max_depth	决策树的最大深度	2~20	6
max_features	建立决策树时选择的最大特征数目	4~16	6
min_samples_leaf	叶子节点的最小样本数目，如果某叶子节点数目小于样本数，则会和兄弟节点一起被剪枝	2~40	21
min_samples_split	限制子树继续划分的条件，如果某节点的样本数目小于该值，则不再继续划分	2~10	2
random_state	随机数的设置	0、42	42

基于选择的最佳参数，对成都市的街镇人口进行模型训练，再基于训练好的模型，模拟成都市全域 1 km×1 km 格网尺度下的人口密度，如图 6-2 所示。

---

① BREIMAN L. Statistical modeling：the two cultures ［J］. Statistical Science, 2001, 16（3）：199-231.

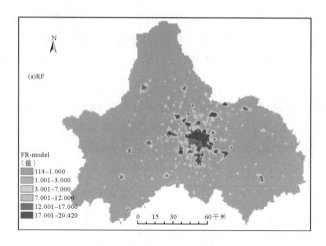

图 6-2　2020 年成都市 1 km×1 km 格网下随机森林模型人口密度

6.2.2　XGBoost 模型

极限梯度提升（extreme gradient boosting，XGBoost）模型是由陈天奇等人基于 boosting 学习框架提出的分布式机精度要优于 bagging 算法的模型。XGBoost 的核心是通过梯度下降算法使模型误差最小化。在训练过程中，每轮训练都会使用全部样本，并更改样本的权重，后期的学习器更关注先前学习器中的错误，因此新学习器建立在之前学习器损失函数梯度下降的方向。对于回归任务，XGBoost 模型使用加权融合的方法，将每棵树的结果进行加权平均后作为最终输出，有效提高了模型的准确性。

本节基于 Python 语言的 skearn 库构建 XGBoost 模型，以生成成都市 1 km×1 km 格网的人口分布图。首先，以各街镇人口密度的对数作为模型因变量，以构建的指标层在各个街镇的数值作为自变量。然后对模型进行训练，相应参数设置如表 6-2 所示。此处采用随机森林确定模型中最优参数回归的方法，利用 Randomized Search CV 和 Grid Search CV 对 XGBoost 模型的最优参数进行第一步的粗略筛选，再通过逐个格网搜索确定最优参数组合。

表 6-2　XGBoost 模型参数择优

参数名称	参数作用	搜索范围	参数值
max_depth	生成树的最大深度，值越大，模型学到的样本越具体，模型越容易过拟合	2~10	8

表6-2(续)

参数名称	参数作用	搜索范围	参数值
learning_rate	更新过程中用到的收缩步长	0.01~0.5	0.1
gama	为树的叶子节点做进一步的分割,必须设置损失减少的最小值,值越大算法越保守,防止模型过拟合	1~2	1.06
subsample	观测的子样本的比率	0.5~1	0.6
colsample_bytree	构造每棵树时选取变量的比率	0.5~1	0.8
min_child_weight	与每个节点所需的最小观测数相对应;该值越大,算法越保守,防止模型过拟合	1~40	21
random_state	随机数的设置	0、42	42

基于选择的最佳参数,对成都市的街镇人口进行模型训练,再基于训练好的模型,模拟成都市全域 1 km×1 km 格网尺度的人口密度,如图 6-3 所示。

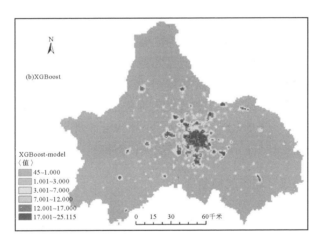

图6-3 2020 年成都市 1 km×1 km 格网下 XGBoost 模型人口密度

由图 6-2 和 6-3 可知,以上两种单模型机器学习方法拟合的人口结果相似,均表现出成都市中心城区人口分布密集,郊区人口分布稀少,但存在局部高点的分布格局。对比两个单模型可以发现,RF 和 XGBoost 模型都是树模型,所以两种方法拟合的结果在总体上具有相似性,但由于 RF 模型基于 bagging 思想,XGBoost 模型基于 boosting 思想,因此又存在局部差异。具体而言，XGBoost 模型拟合的结果更能反映局部特征；而 RF 模型拟合的结果偏整体性，区域范围内的人口较为均衡，对局部细节的拟合效果不及 XGBoost 模型，栅格最大人口值也小于 XGBoost 模型。

6.3　多模型集成学习建模

多模型集成是一种将多个单一模型结合的方法，与使用单个模型相比，该方法能提供更可靠的模拟结果。多模型集成方法可分为简单平均法、加权平均法和堆叠学习法三类。一般而言，同一算法模型使用简单平均法集成，如随机森林每棵决策树都是基于 bagging 算法计算的，输出的最终预测结果是每棵决策树的简单平均；而对于不同算法的集成则采用加权平均法或堆叠学习法。

加权平均法认为误差越大的模型在集成中的贡献度越小，因此该方法按照权重与均方根误差成反比的原则，计算各个单模型各自的权重，然后进行加权。堆叠学习法（stacking learners）主要用于集成不同类型的机器学习算法，可以弥补单个模型造成的固有误差，从而最大程度地提高结果的精度。堆叠学习法包含两种模型：几种初级模型和一种次级模型，其中初级模型的预测结果可以作为次级模型的输入数据进行再训练。此处分别采用 RF 模型与 XGBoost 模型的加权平均集成模型，RF、XGBoost 与 OLS 的堆叠学习模型，以及 RF、XGBoost 与 MGWR 的堆叠学习模型生成成都市 20 个区（市）县 1 km×1 km 格网的人口数据。

6.3.1　加权平均集成模型

首先，分别计算基于 RF 模型和 XGBoost 模型的人口密度拟合值的均方根误差（RMSE），然后分别取倒数计算，集成过程中两个模型的拟合结果所占的权重如表 6-3 所示。

表 6-3　加权平均集成模型权重设置

Variable	Weight
RF_pre	0. 439
XGBoost_pre	0. 561

根据表 6-3，构建人口空间化建模的加权平均集成模型如式（6-1）所示。

$$WAE_i = 0.439 \times RF\_pre_i + 0.561 \times XGBoost\_pre_i \qquad (6-1)$$

在式（6-1）中，WAE_i 是加权平均集成后模拟出的格网 i 的人口模拟权重，RF_pre_i 是随机森林模型模拟出格网 i 的人口模拟权重，$XGBoost\_pre_i$ 是 XGBoost 模型模拟出格网 i 的人口模拟权重。采用加权平均集成模型对成都市街镇尺度的人口进行模型训练，再基于训练好的模型，模拟 2020 年成都市全域 1 km×1 km 格网尺度的人口密度，如图 6-4 所示。

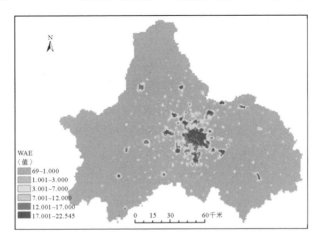

图 6-4　2020 年成都市 1 km×1 km 格网下加权平均集成模型模拟的人口密度

6.3.2　RF-XGBoost-OLS 堆叠学习模型

首先，基于 RF、XGBoost 模型的模拟结果，统计得到每个街镇的人口密度，并将统计结果取对数后作为次级模型的训练数据，同时将每个街镇的实际人口密度取对数后作为次级模型的因变量；其次，假设因变量与训练数据之间存在线性关系，将次级模型设置为多元线性回归模型（OLS），用 OLS 模型在街镇尺度进行训练，模型回归结果如表 6-4 所示。

表 6-4　RF-XGBoost-OLS 堆叠学习模型回归结果

Variable	Est	SE	t（Est/SE）	P-value
intercept	−0.289	0.065	−4.453	0.000***
RF_pre	−0.186	0.051	−3.633	0.000***
XGBoost_pre	1.225	0.051	24.211	0.000***

表6-4(续)

Variable	Est	SE	t（Est/SE）	P-value
修正 R^2	0.723			
RSS	13.249			

根据表6-4，构建人口空间化建模的 RF-XGBoost-OLS 堆叠学习模型如式（6-2）所示。

$$\text{LR\_Stacking}_i = -0.289 - 0.186 \times \text{RF\_pre}_i + 1.225 \times \text{XGBoost\_pre}_i$$

$$(6-2)$$

在式（6-2）中，LR_Stacking_i 是多元线性回归集成后模拟出的格网 i 的人口模拟权重，RF_pre_i 是随机森林模型模拟出格网 i 的人口模拟权重，XGBoost_pre_i 是 XGBoost 模型模拟出格网 i 的人口模拟权重。采用 RF-XGBoost-OLS 堆叠学习模型，对成都市街镇尺度的人口进行模型训练，再基于训练好的模型，模拟成都市全域 1 km×1 km 格网尺度的人口密度，如图6-5所示。

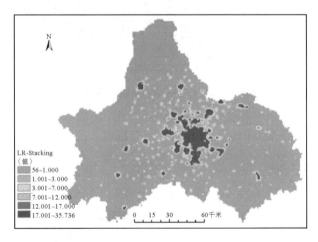

**图6-5 2020年成都市 1 km×1 km 格网下
RF-XGBoost-OLS 堆叠学习模型模拟的人口密度**

6.3.3 RF-XGBoost-MGWR 堆叠学习模型

首先，通过计算反距离空间权重矩阵的 Moran 指数，来检验2020年成都市街镇尺度的人口密度对数值、RF 和 XGBoost 模型模拟的人口密度的局部空间自相关性，结果如图6-6所示。

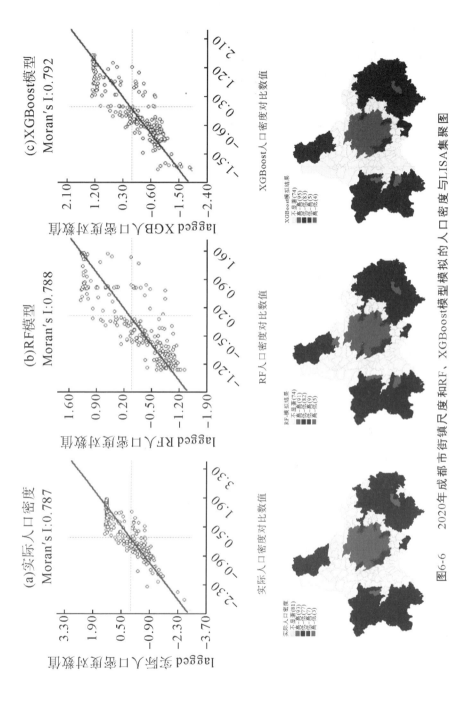

图6-6　2020年成都市街镇尺度和RF、XGBoost模型模拟的人口密度与LISA集聚图

由图 6-6 可知，无论是街镇实际的人口密度，还是 RF 与 XGBoost 模型模拟的人口密度，均存在显著的空间自相关特性，因此需要在模型中考虑人口空间分布的异质性与尺度依赖特征。

其次，我们将次级模型设置为多尺度地理加权回归模型（MGWR），用 MGWR 模型在街镇尺度进行训练，回归结果如表 6-5 所示。

表 6-5　RF-XGBoost-MGWR 堆叠学习模型回归结果

Variable	Min	Median	Max	P-value
intercept	-2.078	-0.088	53.880	0.000***
RF_pre	-17.387	-0.177	0.768	0.000***
XGBoost_pre	-0.247	1.202	9.415	0.000***
修正 R^2	0.865			
RSS	4.119			

根据表 6-5，构建人口空间化建模的 RF-XGBoost-MGWR 堆叠学习模型如式（6-3）所示。

$$MGWR\_Stacking_i = \beta_0(u_i,\ v_i) + \beta_1(u_i,\ v_i) \times$$
$$RF\_pre_i + \beta_2(u_i,\ v_i) \times XGBoost\_pre_i \qquad (6-3)$$

在式（6-3）中，$MGWR\_Stacking_i$ 是地理加权回归集成后模拟出的格网 i 的人口模拟权重，RF_pre_i 是随机森林模型模拟出的格网 i 的人口模拟权重，$XGBoost\_pre_i$ 是 XGBoost 模型模拟出格网 i 的人口模拟权重，$\beta_k(u_i,\ v_i)$ 代表点 i 处的第 k 个待估参数。基于训练好的模型，将 1 km×1 km 地理格网与街镇 id 进行匹配对应，进行尺度下推，模拟 2020 年成都市全域 1 km×1 km 格网尺度的人口密度，如图 6-7 所示。

集成模型综合了各个单模型的优势，相较于单模型来说，弥补了最弱模型的劣势，但由于没有考虑人口空间分布的分异现象，单纯以提升人口拟合效果为目标，使得多元线性回归的集成在总体上提高了格网的人口密度，但牺牲了人口分布的局部特征，从而失去了对人口空间分布内在差异的拟合。综合来看，RF-XGBoost-MGWR 堆叠学习模型以提高人口拟合精度为目的，同时考虑到了人口空间分布的异质性，因此，在总体提高了人口拟合精度的基础上，依旧保持了人口在空间分布中的内在差异，在最小人口和最大人口格网上更加符合真实情况，更加真实客观地反映了人口的空间分布。

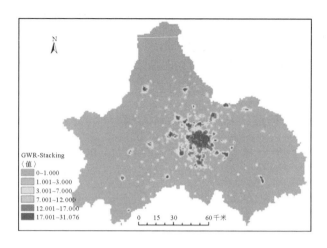

图 6-7　2020 年成都市 1 km×1 km 格网下
RF-XGBoost-MGWR 堆叠学习模型模拟的人口密度

6.4　精度验证

将当前主流且年份最新的人口空间分布成果数据集 GPWv4 和 WorldPop 进行裁剪，并按照成都市市域范围进行展示，二者对于 2020 年成都市 1 km×1 km 尺度下的人口空间分布模拟如图 6-8 所示。

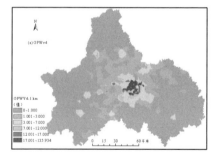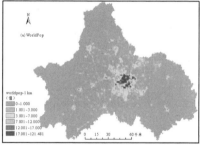

图 6-8　2020 年成都市 1 km×1 km 格网下 GPWv4 和 WorldPop 人口空间分布模拟

由图 6-8 可知，二者虽然同为 1 km×1 km 栅格数据，但 GPWv4 数据集更加注重对区域整体性的估计，对局部区域的人口分布特征关注不足；而 WorldPop 栅格人口数据既能把握成都市人口分布的整体特征，又能把握人口分布的局部特征，同时在人口总量上的估计误差也比 GPWv4 数据集小，更适合作为人口空间化结果的精度对比和精度验证的参照数据。因此，本节将 WorldPop 栅格人口数据的结果作为基准，对上述 5 种模型的人口空间分布拟合结果进行精度对比分析。

6.4.1 定性验证

本书截取了 2020 年 8 月 4 日 15：00 和 21：00 百度地图中成都市的人口分布热力图，并将它与基于 WorldPop 人口数据集，以及本节 RF-XGBoost-MGWR 堆叠学习模型生成的人口空间分布图进行比较，如图 6-9 所示。

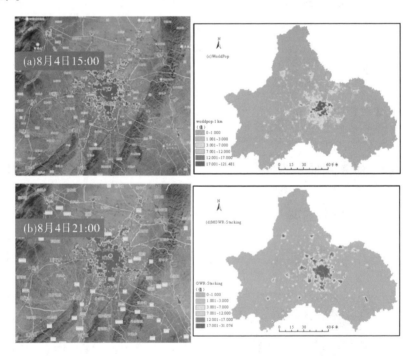

图 6-9　2020 年成都市 1 km×1 km 格网下人口空间分布模拟图比较

由图 6-9 可知，从形态和局部特征出发，通过直观观察发现，基于 WorldPop 人口数据集模拟的结果所反映的人口空间分布更加集中，主要集中于成都市主城区，对于城市中心的人口分布刻画比较符合实际情况，但是对于全域的人口分布情况还存在一定的偏差。通过对比 RF-XGBoost-MGWR 堆叠学习模型与人口热力图的形态发现，这一模型最大程度地还原了成都市人口空间分布的特征，能够在保持较高的人口拟合精度的情况下，最大程度地展示人口空间分布的内在差异。因此，从定性的角度出发，我们认为基于 RF-XGBoost-MGWR 堆叠学习模型模拟的成都市全域范围内的人口分布情况比基于 WorldPop 人口数据集模拟的结果精度更高。

6.4.2 定量验证

本书将模型预测的人口空间分布权重按照区（市）县级进行人口总量控制和格网人口数量计算，故采用街镇尺度的人口真实统计数据作为验证数据。具体而言，我们先用 ArcGIS 中的表格分区统计工具统计各个模型在城市各个街镇拟合的人口总值，再根据街镇编码字段将每个街镇的拟合值与真实值进行匹配，从人口密度和人口总数两个维度计算每个街镇的平均绝对误差（MAE）和均方根误差（RMSE），其值越大，表示误差越大，精度越低。本书以 2020 年成都市平均人口密度（1 461 人/平方千米）为界线，将高于平均人口密度的街镇划分为人口高密度区，低于平均人口密度的街镇划分为人口低密度区，以此来观察各模型在不同人口密度区的精度表现，比较结果如表 6-6 所示。

表 6-6　RF-XGBoost-MGWR 堆叠学习模型模拟的人口密度精度对比

人口密度	误差类型	RF	XGBoost	WAE	LR_Stacking	MGWR_Stacking	WorldPop
全区	MAE	6 052.91	1 236.91	1 265.62	1 243.71	1 205.57	6 052.91
	RMSE	3 116.82	2 921.16	2 991.67	2 879.46	2 819.67	11 203.22
高密度区	MAE	5 747.05	1 184.03	1 211.14	1 185.82	1 154.92	5 747.05
	RMSE	3 114.65	2 919.39	2 989.85	2 877.40	2 818.04	11 193.15
低密度区	MAE	305.85	52.89	54.48	57.89	50.65	305.86
	RMSE	116.20	101.59	104.39	108.79	95.79	474.96

表 6-6 展示了 5 个模型以及基于 WorldPop 人口数据集拟合的人口密度与实际人口密度的精度对比结果，这 5 个模型无论是在全区，还是在高密度区和低密度区，其 MAE 和 RMSE 两个误差都比 WorldPop 人口数据集小。其中，基于地理加权回归集成模型的模拟效果最好，在全区、高密度区和低密度区均表现出最优秀的结果。

为了进一步检验各模型在每个街镇拟合的人口数据与街镇普查的人口

数据之间的差异，我们将上一步匹配好的每个街镇的拟合人口和实际人口总数分别取对数绘制散点图，并添加拟合趋势线，通过拟合优度 R^2 对比各个模型对于人口分布的拟合效果，具体如图 6-10 所示。

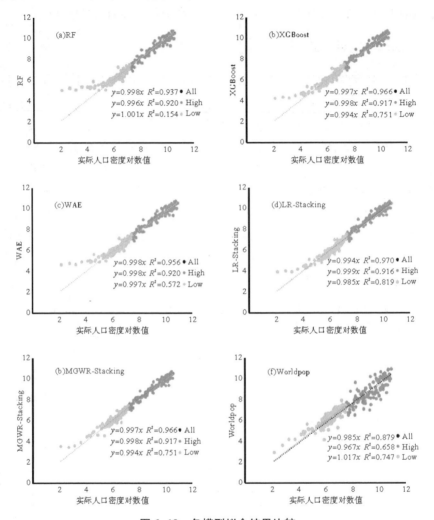

图 6-10　各模型拟合结果比较

由图 6-10 可知，单模型的拟合优度不如集成模型，集成模型能表现出更稳健的结果，其结果也更加收敛。基于地理加权回归集成模型模拟的拟合优度 R^2 相较于 XGBoost 模型（单模型中拟合优度最高的模型）提升了 0.011，且拟合斜率更加趋近于 1，说明每一个单模型都有自己的优势和不足，即使通过参数调整也很难规避不足之处；而集成模型能集成多个单模型，发挥各个单模型的优势，在人口空间化的研究中，考虑了人口空间分异。将 MGWR 模型作为次级模型生成的集成模型与单一模型和传统集成模型相比，其具有更高的拟合精度。

7 基于 IPU 算法的人口属性
空间化研究

当前人口空间化研究的重点集中在人口数量（或人口密度）空间化上，针对人口属性空间化的研究较少。为满足科学研究和社会应用对人口普查数据的新需求，以及创新人口属性空间化方法，本章将人工人口微观数据生成和人口空间化两项研究有机结合，并采用 IPU 算法进行人口属性空间化研究。

首先，本章以成都市 2000 年中心五城区下辖的 92 个街镇的汇总统计人口、国际微观共享整合数据库（Integrated Public Use Microdata Series，IPUMS）中成都市 10 156 户和 17 028 人微观抽样人口数据为基础，采用人工人口合成中的 IPU 算法，生成成都市中心五城区 1 141 413 户家庭微观数据库和 3 411 592 个个体微观数据库，并进行精度分析。其次，本章基于所生成的个体微观数据集，采用面积权重模型，生成 1 km×1 km 和 500 m×500 m 两种不同尺度的成都市人口格网数据集，并对其进行实证分析。

7.1 数据来源与变量设定

7.1.1 数据来源

人工人口合成所需的基础数据为研究区域行政区划人口普查汇总数据、个人与家庭的随机抽样人口微观数据，以及研究区域地理数据。其中，行政区划人口普查汇总数据来自国家统计局相关资料；随机抽样人口微观数据来自 IPUMS，它汇集了全球 6.72 亿条来自多个国家官方统计部门发布的随机抽样人口微观数据，中国的相关数据主要是 1982 年、1990 年和 2000 年的；研究区域地理数据来自国家基础地理信息数据库。上述数据集中成都市微观人口的样本量为 10 156 户和 17 028 人，包含了户籍类型和户内人数 2 个家庭属性变量，以及性别、年龄和受教育程度 3 个个人属性变量，共 5 个变量的信息。

由于成都为我国的超大城市，如果选取全部区（市）县作为研究对象，则生成量巨大，因此本章选取锦江区、青羊区、金牛区、武侯区和成华区 5 个人口密集的中心城区进行人口属性空间化研究。

7.1.2　人口属性变量设定

本章通过对比 2000 年人口普查汇总数据与微观样本数据之间共有的变量，选取了家庭层面的户籍类型、户内人数 2 个变量，以及个人层面的性别、年龄和受教育程度 3 个变量。由于变量取值过多会使迭代的次数和复杂程度剧增，因此本章对一些变量的取值进行了合并，在较好地保证了取值的准确性的前提下尽量简化了迭代过程，以保证程序能够正常进行，并最终形成收敛的结果。

对于家庭层面的变量，我们将户籍类型命名为 Hhldtype，将户内人数命名为 Hhldsize。本章对户内人数为 5 及以上的家庭进行了合并，取值都为 5，并且由于户内人数的统计仅限于家庭户，本章还对集体户的户内人数做出假设，假设集体户的户内人数都为 5 人及以上，即户籍类型为 2 的家庭的户内人数取值都为 5，将集体户合并到五人及以上户中，得到了如表 7-1 所示的取值表。

表 7-1　家庭层面的变量取值

变量	属性	取值范围	属性取值解释
户籍类型 （Hhldtype）	家庭户	1	户籍类型为家庭户
	集体户	2	户籍类型为集体户
户内人数 （Hhldsize）	一人户	1	户内人数为 1 人
	二人户	2	户内人数为 2 人
	三人户	3	户内人数为 3 人
	四人户	4	户内人数为 4 人
	五人及以上户	5	户内人数为 5 人及以上

对于个人层面的变量,我们将性别命名为 Pgen,年龄命名为 Page,受教育程度命名为 Pedu。首先,将年龄这一连续变量进行转化,并且将年龄分为 0～19 岁、20～39 岁、40～59 岁和 60 岁及以上四类离散变量,各年龄阶段的人口分布较为均匀。其次,对受教育程度进行调整和合并,由于我国的人口普查在对受教育程度进行调查时主要针对 6 岁及以上人口进行填写,如果只统计该人口数,则统计的人口数会比总人口数少,从而出现边际分布不一致的情况,因此本章将未纳入调查范围的 6 岁以下人口也加入变量中,并且直接将其取值设定为 1,即未上过学,再将未上过学和扫盲班的人口数进行合并,将高中和中专学历的人口数也进行合并,得到了如表 7-2 所示的取值表。

表 7-2　个人层面的变量取值表

变量	属性	属性取值范围	属性取值解释
性别 (Pgen)	男	1	性别为男
	女	2	性别为女
年龄 (Page)	0～19 岁	1	年龄在 0～19 岁
	20～39 岁	2	年龄在 20～39 岁
	40～59 岁	3	年龄在 40～59 岁
	60 岁及以上	4	年龄在 60 岁及以上
受教育程度 (Pedu)	未上过学或扫盲班	1	受教育程度为未上过学或扫盲班
	小学	2	受教育程度为小学
	初中	3	受教育程度为初中
	高中或中专	4	受教育程度为高中或中专
	大学专科	5	受教育程度为大学专科
	大学本科及以上	6	受教育程度为大学本科及以上

7.1.3　汇总数据的描述性统计

成都市的家庭户总数为 3 317 526 户,集体户总数为 140 082 户。对于家庭户,我们可以根据户内人口的数量对其进行进一步分类,其中,一人户总数为 360 165 户,二人户总数为 694 936 户,三人户总数为 1 243 258 户,四人户总数为 550 713 户，五人及以上户总数为 468 454 户。成都市及中心五城区的家庭和人口分布情况如表 7-3 和表 7-4 所示。

表 7-3　成都市及中心五城区家庭分布情况　　　单位：户

地区	成都市	锦江区	青羊区	金牛区	武侯区	成华区
总户数	3 457 608	153 923	179 950	308 429	261 271	237 840
家庭户总数	3 317 526	143 264	169 082	283 856	234 004	222 509
集体户总数	140 082	10 659	10 868	24 573	27 267	15 331
一人户	360 165	25 619	25 789	47 426	37 878	28 709
二人户	694 936	36 997	47 847	80 046	63 871	55 998
三人户	1 243 258	51 441	62 451	99 144	82 611	88 359
四人户	550 713	17 076	19 208	32 154	27 122	27 912
五人及以上户	468 454	12 131	13 787	25 086	22 522	21 531

表 7-4　成都市及中心五城区人口分布情况　　　单位：人

地区	成都市	锦江区	青羊区	金牛区	武侯区	成华区
总人口数	11 108 534	440 280	551 261	922 804	822 859	733 274
男性人口	5 706 928	224 072	285 738	482 619	435 187	388 348
女性人口	5 401 606	216 208	265 523	440 185	387 672	344 926
0～19 岁	2 594 304	94 745	117 672	202 687	184 674	151 758
20～39 岁	4 453 582	174 856	229 558	420 429	388 082	319 385
40～59 岁	2 729 335	111 815	131 683	202 699	171 420	178 262
60 岁及以上	1 331 313	58 864	72 348	96 989	78 683	83 869
未上过学或扫盲班	605 875	17 630*	16 423*	31 268*	23 403*	23 622*
小学	3 875 515	88 290	96 208	191 630	154 542	150 383
初中	3 722 556	138 439	160 469	308 485	251 670	243 206
高中或中专	1 477 171	104 399	139 863	200 931	176 430	166 896
大学专科	452 493	37 692	65 577	79 140	78 063	58 600
大学本科及以上	351 448	36 011	49 072	68 007	100 125	55 019

注：* 是指此处根据受教育程度对 6 岁及以上的人口进行划分。

表7-4展示了成都市及中心五城区的人口数量和属性分布情况：成都市男性总人口数为5 706 928人，女性总人口数为5 401 606人；根据年龄对成都市人口进行分类，0~19岁的总人口数为2 594 304人，20~39岁的总人口数为4 453 582人，40~59岁的总人口数为2 729 335人，60岁及以上的总人口数为1 331 313人；根据受教育程度对6岁及以上人口进行分类，未上过学或扫盲班的人口数为605 875人，仅小学毕业的人口数为3 875 515人，仅初中毕业的人口数为3 722 556人，仅高中或中专毕业的人口数为1 477 171人，拥有大学专科学历的人口数为452 493人，拥有大学本科及以上学历的人口数为351 448人。成都市中心五城区家庭层面的汇总数据（边际分布）分布情况如图7-1和图7-2所示。

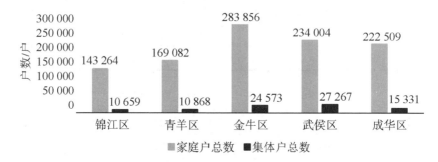

图7-1　成都市中心五城区户籍类型分布

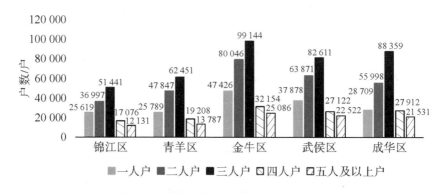

图7-2　成都市中心五城区户内人数分布

由图7-1、图7-2可知，经过合并处理的户内人数的分布较为合理，每个行政区内的三人户数量都是最多的，说明2000年成都市中心五城区的家庭以三口之家为主，户内多人口的家庭较少。成都市中心五城区个人层面的汇总数据（边际分布）分布情况如图7-3至图7-5所示。

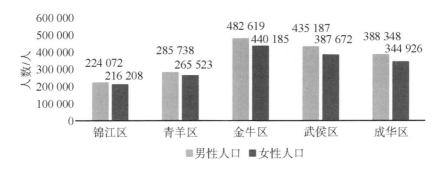

图 7-3　成都市中心五城区性别分布

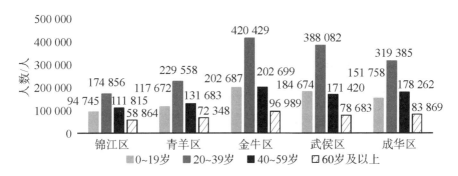

图 7-4　成都市中心五城区年龄分布

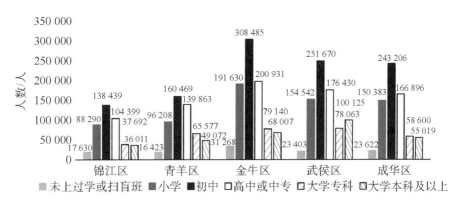

图 7-5　成都市中心五城区受教育程度分布

由图 7-3 至图 7-5 可知，2000 年成都市中心五城区的性别分布较为均衡，没有出现严重的男女比例失衡的情况。对年龄的分组和合并也较为合理，尤其是对 60 岁以上人口进行合并，缩小了该年龄段人口与其他年龄段人口的数量差距，以防止该分组权重过小导致最终随机抽样时不容易被抽到而产生误差。各城区中年龄为 20~39 岁的人数都是最多的，说明各城区的青壮年人口都是最多的，人口年龄结构较为合理。对受教育程度的合并也比较合理，人数较少的几个分组的差异较小，因此不容易出现某一分组因权重较小而不能被随机选中的情况。其中，受教育程度为初中的人数最多，大学专科和大学本科及以上的人数较少，说明 2000 年成都市各城区中有很多人仅在接受九年义务教育后就没有继续学习了，人口的受教育程度有待进一步提高。

7.2 人工人口微观数据生成

7.2.1 数据格式

在使用基于 IPU 算法运行的 PopGen 软件进行人工人口微观数据的生成之前，我们需要将输入数据的格式按照规范做一定的调整，其中家庭和个人层面边际分布表的格式分别如表 7-5 和表 7-6 所示。

表 7-5 家庭层面边际分布表

variable_names	hhldtype	hhldtype	hhldsize	hhldsize	hhldsize	hhldsize	hhldsize
variable_categories	1	2	1	2	3	4	5
geo	—	—	—	—	—	—	—
510 104 001	5 350	234	981	1 390	1 867	659	687
……							

表 7-6 个人层面边际分布表

variable_names	pgen	pgen	page	page	page	page	……
variable_categories	1	2	1	2	3	4	
geo							
510 104 001	8 141	7 432	2 928	5 282	4 702	2 661	……
……							

家庭层面边际分布表和个人层面边际分布表都采用的是列联表的形式。第一行 variable_names 表示家庭层面或个人层面各变量的名称，第二

行 variable_categories 表示每个变量各个类别的取值，前两行可继续向右添加新变量及其类别。第一列从第三行开始向下是各个地理单元的代码，本章使用的是各街镇的代码，继续向下可以添加更多街镇。各街镇行与各变量列的交叉即为各街镇与各变量的汇总数据的值，即为各自的边际分布。

将家庭和个人层面的边际分布表按照格式完成输入后，接下来需要对家庭和个人层面的样本列表进行输入，其格式如表 7-7 和表 7-8 所示。

表 7-7　家庭层面样本列表

hid	sample_geo	hhldtype	hhldsize	......
1	510104001	1	1	......
......	......	......	......	......

表 7-8　个人层面样本列表

hid	pid	sample_geo	pgen	page	pedu	......
1	1	510104001	1	2	4	......
......	......	......	......	......	......	......

家庭层面样本列表和个人层面样本列表都采用的是列表的形式。第一行为各变量的名称，其中，hid 为各样本家庭的编码，pid 为各样本人口的编码，sample_geo 为各样本所在地理单元的代码，即在本章中为各样本所在街镇的代码，继续向右可添加更多变量。各变量的 id 和样本取值可在各列向下填写，最终得到样本列表。

7.2.2　参数设定

在运行程序之前，我们需要对 PopGen 软件自带的 configuration 配置文件进行设置，将需要合成的变量设置为 household level 的 hhldtype 和 hhldsize 两个变量，person level 的 pgen、page 和 pedu 三个变量。同时，将拟合过程中的 IPF 过程的阈值设置为 0.000 1，迭代次数设置为 1 000；IPU 的 Reweighting 过程的阈值也设置为 0.000 1，迭代次数设置为 1 000；抽取过程 drawing 的迭代次数也设置为 1 000，以保证迭代能够充分进行。

7.2.3　算法运行与结果分析

将家庭层面及个人层面边际分布表、家庭层面及个人层面样本列表，以及各种地理区域映射关系表都按照规范格式调整好后，导入 PopGen 软件的文件中，并将设置好的变量和参数的配置文件也导入其中，就能够使用该软件运行 IPU 算法。由于本章所使用的数据的边际分布的值较大，并且使用的变量较多，因此接下来需要对数据进行简化，只取 10 个家庭作为样本，只使用户籍类型作为家庭层面的变量，只使用年龄作为个人层面的变量，用简化后的数据演示 IPU 算法的运行过程。

IPU 算法的主要步骤如下：

（1）生成如表 7-9 的初始样本表。初始样本表是一个大小为 $N \times m$ 的包含全部样本家庭各属性值数量的表格，其中，N 表示样本家庭的数量，m 表示家庭层面和个人层面所有属性类型的数量，$d_{i,j}$ 表示第 i 个样本家庭的第 j 个属性类型的取值，即 $d_{1,1} = 1$ 表示第 1 个样本家庭的户籍类型为 1 时的取值为 1。

表 7-9　初始样本表

户编号	权重	户籍类型 1	户籍类型 2	年龄 1	年龄 2	年龄 3	年龄 4
1	1	1	0	1	2	0	0
2	1	1	0	0	1	2	0
3	1	1	0	0	2	0	0
4	1	1	0	0	1	0	2
5	1	1	0	1	0	2	1
6	1	1	0	1	1	1	0
7	1	1	0	0	2	1	2
8	1	1	0	0	2	0	0
9	1	0	1	0	3	2	0
10	1	0	1	0	5	0	0
权重和		8	2	3	19	8	5
边际约束		90	40	15	200	150	60
δ_b		0.911	0.95	0.8	0.905	0.947	0.917

表 7-9 是一个由 10 户家庭共 35 人构成的样本。其中，第 1 户家庭的户籍类型为家庭户，有 1 个 0~19 岁的人和 2 个 20~39 岁的人，是一个三口之家；第 9 户的户籍类型为集体户，有 3 个 20~39 岁的人和 2 个 40~59

岁的人；以此类推。在表 7-9 中，所有家庭的初始权重均设定为 1，"权重和"为每个属性值的加总，"边际约束"表示每个属性值已知的边际分布。最下面的 δ_b 由式（7-1）计算得到

$$\delta_b = \frac{|边际约束 - 权重和|}{边际约束} \qquad (7\text{-}1)$$

在式（7-1）中，δ_b 值是对算法运行中各阶段拟合优度的计算，也可以作为收敛条件进行设置。为了尽可能地使权重和等于给定的边际分布，需要最小化如式（7-2）的目标函数：

$$\sum_j \left[\frac{\sum_1^i d_{i,j} w_i - C_j}{C_j} \right]^2, \ w_i \geq 0 \qquad (7\text{-}2)$$

在式（7-2）中，i 表示样本家庭的编号，j 表示不同的属性值，$d_{i,j}$ 表示第 i 个样本家庭的第 j 个属性类型的取值，w_i 表示第 i 个样本家庭的权重，$\sum_1^i d_{i,j} w_i$ 即为表 7-9 中第 j 个属性类型的权重和，C_j 则为表 7-9 中第 j 个属性类型的边际约束值。式（7-2）也可以将整体的平方替换成分子的平方，或是替换成分子的绝对值，也能达到同样的计算效果，并能减少计算量。

最小化上述目标函数即为最小化所有 δ_b 的和，在样本数量和属性类型都较少的情况下，对上述优化问题的求解方法比较简单。但当样本数量和属性类型增加时，就需要通过其他方法来实现，IPU 算法就通过启发式迭代的过程解决了上述问题。虽然作为启发式算法，IPU 不能够严格保证最优解的出现，但通过设置收敛条件或拟合优度能够得到较为准确的解。

（2）定义 j 为各个属性类型的编号，$j = 1, 2, \cdots, m$，根据已有数据得到 j 个属性类型的边际分布 C_j，即为表 7-9 中的边际约束。

（3）定义 w_i 为第 i 个样本家庭的权重，$i = 1, 2, \cdots, N$，将所有初始的 w_i 赋值为 1，并定义：

$$\delta_{\min} = \delta = \frac{\sum_j \left[\left| \left(\sum_i d_{i,j} w_i - C_j \right) \right| / C_j \right]}{m} \qquad (7\text{-}3)$$

（4）定义 r 为迭代次数，令初始的 $r = 1$。

（5）定义 S_j 为第 j 列所有不为 0 的户编号的集合，即在表 7-9 中 S_1 为户籍类型 1 中所有不为 0 的户编号的集合，包括 1、2、3、4、5、6、7、8；S_2 为户籍类型 2 中所有不为 0 的户编号的集合，包括 9、10；以此类推。

（6）定义 k 为约束计数器，令初始的 $k = 1$。

（7）定义 s_{qk} 为第 k 列所有 S_k 中不为 0 的元素，其中 q 为第 k 列中所有不为 0 元素对应的索引。

（8）计算第 k 列的修正系数 ρ：

$$\rho = \frac{c_k}{\sum_q d_{s_{qk},\,k} \times w_{s_{qk}}} \tag{7-4}$$

（9）更新第 k 列的权重为 $w_{s_{qk}} = \rho\, w_{s_{qk}}$。

（10）令 $k = k + 1$。

（11）判断 $k \leqslant m$ 是否成立，若成立，则跳回步骤（7）；若不成立，则跳到步骤（12）。

（12）定义 $\delta_{\text{prev}} = \delta$，并计算当前迭代的新的 δ 的值和拟合优度的提升值 $\triangle$。

$$\triangle = \left| \delta - \delta_{\text{prev}} \right| \tag{7-5}$$

（13）若 $\delta < \delta_{\min}$，则更新 $\delta_{\min} = \delta$，并将新的权重储存在列向量 SW 中，其中的元素 $\text{sw}_i = w_i$，否则跳到步骤（14）。

（14）令 $r = r + 1$。

（15）定义 ε 为可以设定的收敛阈值，若 $\triangle > \varepsilon$，则跳回步骤（6），否则算法已经实现收敛，各样本家庭的权重已经被储存在列向量 SW 中，且此时 $\delta_{\min}$ 的值也接近于 0。

在表 7-9 的基础上，开始第一次迭代过程，结果如表 7-10 所示，迭代过程如下：

第一步，对户籍类型 1 进行权重调整，S_1 包括 1，2，3，4，5，6，7，8，所以将前八个样本家庭的权重都调整为 11.25，其余家庭权重不变，再求出各属性类型的新的权重和，得到各属性类型的权重和 1。

第二步，对户籍类型 2 进行权重调整，S_2 只包括 9 和 10，将后两个样本家庭的权重都调整为 20，其余家庭权重不变，再求出各属性类型的新的权重和，得到各属性类型的权重和 2。

第三步，对年龄 1 进行权重调整，S_3 包括 1，5，6，将这三个样本家庭的权重都调整为 5，其余家庭权重不变，再求出各属性类型的新的权重和，得到各属性类型的权重和 3。

第四步，对年龄 2 进行权重调整，S_4 包括 1，2，3，4，6，7，8，9，10，将这九个样本家庭的权重分别根据修正系数进行调整，其余家庭权重不变，再求出各属性类型的新的权重和，得到各属性类型的权重和4。

第五步，对年龄3进行权重调整，S_5包括2，5，6，7，9，将这五个样本家庭的权重分别根据修正系数进行调整，其余家庭权重不变，再求出各属性类型的新的权重和，得到各属性类型的权重和5。

第六步，对年龄4进行权重调整，S_6包括4，5，7，将这三个样本家庭的权重分别根据修正系数进行调整，其余家庭权重不变，再求出各属性类型的新的权重和，得到各属性类型的权重和6。

由表7-10可知，由于例子中的$m = 6$，所以此时第一次迭代完成，重新计算新的δ_b分别为0.10，0.63，0.31，0.84，0.08和0.00，未达到收敛的条件。随后进入第二次迭代，重新从户籍类型1开始调整权重，这里就不再详细列出。

IPU算法最终或是δ_b全都小于阈值，或是达到了设置的迭代次数，便停止运行，此时会得到每个样本家庭的权重，可以将权重值转化为各个样本家庭的概率分布，按照该概率分布使用蒙特卡洛方法随机抽取样本家庭进入最终的数据集，从而得到与边际分布没有显著差异的全体微观数据集。

表 7-10 第一次迭代过程

户编号	权重	户籍类型 1	户籍类型 2	年龄 1	年龄 2	年龄 3	年龄 4	权重 1	权重 2	权重 3	权重 4	权重 5	权重 6
1	1	1	0	1	2	0	0	11.25	11.25	5.00	7.77	3.77	3.77
2	1	1	0	0	1	2	0	11.25	11.25	11.25	7.49	18.34	18.34
3	1	1	0	0	2	0	0	11.25	11.25	11.25	8.49	8.49	8.49
4	1	1	0	0	1	0	2	11.25	11.25	11.25	8.49	18.34	13.08
5	1	1	0	1	0	2	1	11.25	11.25	5.00	5.00	10.80	7.70
6	1	1	0	1	1	1	0	11.25	11.25	5.00	3.77	8.15	8.15
7	1	1	0	0	2	1	2	11.25	11.25	11.25	8.49	18.34	13.08
8	1	1	0	0	2	0	0	11.25	11.25	11.25	8.49	8.49	8.49
9	1	0	1	0	3	2	0	1.00	20.00	20.00	15.09	32.61	32.61
10	1	0	1	0	5	0	0	1.00	20.00	20.00	15.09	32.61	32.61
权重和		8	2	3	19	8	5						
边际约束		90	40	15	200	150	60						
δ_b		0.10	0.63	0.31	0.84	0.08	0.00						
权重和 1		90.00	2.00	33.75	131.75	69.50	56.25						
权重和 2		90.00	40.00	33.75	283.75	107.50	56.25						
权重和 3		71.25	40.00	15.00	265.00	88.75	50.00						
权重和 4		55.00	30.19	12.55	200.00	69.43	38.96						
权重和 5		94.73	65.22	22.72	383.89	150.00	84.17						
权重和 6		81.09	65.22	19.62	368.09	138.53	60.00						

经过运行得到最终的微观数据，再将全部家庭数据按照行政区域进行汇总，得到的家庭层面各属性的边际分布的合成值与实际值的对比如表7-11所示。

表7-11　家庭层面各属性合成值与实际值对比　　　　单位：户

	家庭户	集体户	一人户	二人户	三人户	四人户	五人及以上户
锦江区	143 264	10 659	25 619	36 997	51 441	17 076	22 790
锦江区合成	143 264	10 659	25 620	36 996	51 442	17 075	22 790
青羊区	169 082	10 868	25 789	47 847	62 451	19 208	24 655
青羊区合成	169 082	10 868	25 789	47 847	62 451	19 208	24 655
金牛区	283 856	24 573	47 426	80 046	99 144	32 154	25 086
金牛区合成	283 855	24 574	47 426	80 047	99 143	32 155	25 088
武侯区	234 004	27 267	37 878	63 871	82 611	27 122	22 522
武侯区合成	234 004	27 267	37 879	63 870	82 613	27 120	22 524
成华区	222 509	15 331	28 709	55 998	88 359	27 912	21 531
成华区合成	222 509	15 331	28 709	55 999	88 360	27 911	21 532

由表7-11可知，五个城区家庭层面各属性的合成值与实际值的户数基本一致，不一致的也只差一户或两户，说明IPU算法确实能够在家庭层面实现非常好的拟合，基本保留了所有家庭的属性信息。将全部个人信息也按照行政区域进行汇总，为了更直观地看出合成值与实际值的差异，将汇总的个人数据分区域做成柱形图，如图7-6、图7-7和图7-8所示。

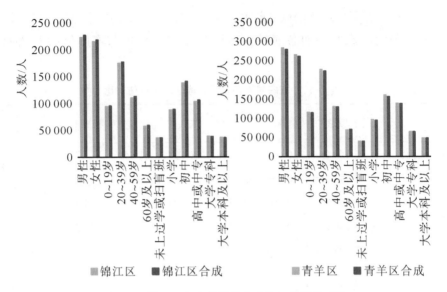

图 7-6　锦江区和青羊区的合成值与实际值对比

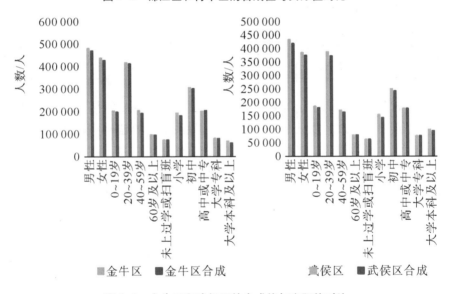

图 7-7　金牛区和武侯区的合成值与实际值对比

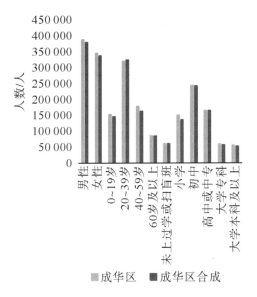

图 7-8　成华区的合成值与实际值对比

由图 7-6 至图 7-8 可知，五个城区个人层面各属性的合成值与实际值存在一些差异，但从图上来看差异较小，为了更直接地对比合成值与实际值的差异，我们采用如式（7-6）所示的精度分析方法对这些差异进行分析：

$$\varepsilon = \frac{\text{合成值} - \text{实际值}}{\text{实际值}} \tag{7-6}$$

式（7-6）表示差异占实际值的百分比，将成都市中心五城区的所有个人属性变量都进行精度分析，结果如表 7-12 所示。

表 7-12　成都市中心五城区精度分析

属性	锦江区	青羊区	金牛区	武侯区	成华区
总人数	0.015	−0.015	−0.017	−0.031	−0.022
男性	0.017	−0.019	−0.012	−0.033	−0.023
女性	0.012	−0.011	−0.023	−0.028	−0.021
0~19 岁	0.012	−0.019	−0.007	−0.021	−0.033
20~39 岁	0.019	−0.017	−0.013	−0.034	0.009
40~59 岁	0.012	−0.011	−0.047	−0.047	−0.084

表7-12(续)

属性	锦江区	青羊区	金牛区	武侯区	成华区
60岁及以上	0.013	−0.009	0.006	−0.004	0.012
未上过学或扫盲班	0.005	−0.014	−0.016	−0.028	0.039
小学	0.014	−0.018	−0.045	−0.066	−0.092
初中	0.017	−0.022	−0.018	−0.032	−0.003
高中或中专	0.018	−0.011	0.020	0.001	−0.003
大学专科	0.016	−0.009	0.031	0.001	−0.020
大学本科及以上	0.003	−0.006	−0.098	−0.055	−0.039

由表7-12可知，除极个别值以外，成都市中心五城区的人工人口个人属性的合成值与实际值的差异都较小，说明IPU算法在个人层面也较好地模拟了实际的个体属性分布情况，并且差异稍大的几个值也都在百分之十以内，这可能是样本的代表性不够强等原因导致的。总体来说，IPU算法生成的成都市中心五城区的人工人口数据的精度能够满足人口空间化的需求。

最终PopGen软件生成了成都市中心五城区共92个街镇的数据，包括1 141 413户家庭共3 411 592人，而中心五城区的汇总数据为1 141 413户家庭共3 470 478人，家庭层面满足了边际分布，而个体层面的合成值与真实值存在一定的差异，但通过精度分析发现差异较小，能够作为格网化研究的数据基础。

7.3 基于人工人口的人口属性空间化

在上一节完成了人工人口数据生成的基础上，本节将在成都市街镇GIS地图的基础上完成基于人工人口的人口属性空间化操作。首先，分别生成分辨率为1 km×1 km和500 m×500 m的能够覆盖全部街镇的格网地图。然后，将生成的格网地图与街镇GIS地图进行相交并裁剪，得到所需研究区域的格网地图以及相交地图，并生成相应的格网ID。在完成了格网地图与相交地图的生成后，利用适用于小尺度格网的面积权重模型，基于各街镇的人口在街镇内均匀分布的假设，以所有格网与各个街镇相交所形成的区域面积占该区域所属街镇的面积作为权重，计算出每个被格网所裁剪出的区域内需要分配的家庭和个人的数量，并根据数量来为生成的全部家庭和个人分配格网ID。最后，分别在两种格网尺度下将属于相同格网ID的家庭和个人的数量和属性信息进行汇总，分别得到既包含数量信息又包含属性信息的两种尺度的格网数据集，并对结果进行分析和比较，其过程步骤如图7-9所示。

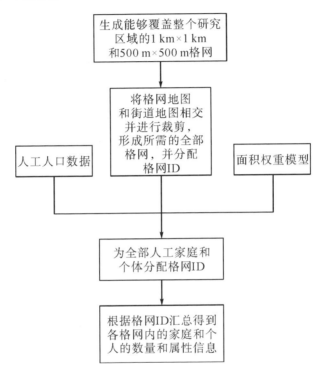

图7-9　基于人工人口微观数据的人口属性空间化流程

7.3.1　基础准备

首先，将成都市中心城区92个街镇的电子地图生成1 km×1 km和500 m×500 m的格网，共得到40×40＝1 600个1 km×1 km的格网，以及75×75＝5 625个500 m×500 m的格网，均能将街镇地图完全覆盖。随后将生成的格网和街镇GIS地图进行相交，得到街镇地图与格网相交的717个1 km×1 km的格网和2 712个500 m×500 m的格网，并对两个图层进行裁剪，得到如图7-10所示的研究区域的格网地图。

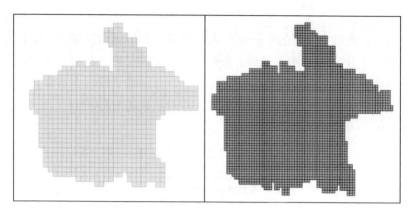

图7-10　2000年成都市1 km×1 km（左）和500 m×500 m（右）格网地图

其次，在生成了格网地图后，在其属性表中添加一个名为格网ID的新字段，并按照现有格网顺序，即从最下面一行最左边的格子开始，从左往右，从下往上依次为格网分配1-717和1-2712的格网ID。接下来将格网地图和街镇地图这两个图层进行相交，分别得到各自的相交地图。然后打开属性表，可以看到1 km×1 km的格网和街镇地图相交共形成了1 254个区域，500 m×500 m的格网和街镇地图相交共形成了3 695个区域，每个区域都有互不重复的街镇代码和格网ID两个字段，后续可以通过格网ID对所有区域进行汇总来得到每个格网的数据。

最后，使用ArcGIS软件计算相交地图中每个区域的面积，分别在属性表最后添加一个名为面积的新字段，并以平方米作为单位，计算得到两个地图各自所有区域的面积。

7.3.2　多尺度人口格网数据的生成

在完成了格网ID的生成以及面积的计算等工作后，根据面积权重模型的思想，在行政单元尺度不太大时，可以在不考虑影响人口空间分布的因素的条件下，认为人口在其内部均匀分布，以格网与街镇相交形成的区域的面积占该区域所属街镇的面积作为权重，再乘以该街镇的人口数量，得到该区域需要分配的人口数量，如式（7-7）所示。

$$p_{ij} = \frac{s_{ij}}{S_j} \times P_j \qquad (7-7)$$

在式（7-7）中，p_{ij} 表示格网ID为 i 与街镇代码为 j 相交形成的区域的人口数，s_{ij} 表示格网 ID 为 i 与街镇代码为 j 相交形成的区域的面积，S_j 表示街镇代码为 j 的街镇的总面积，P_j 表示街镇代码为 j 的街镇的总人口数。

以上一节生成的人工人口数据为基础计算出的各区域的人口数，可能由于权重的因素而不是整数，因此采用四舍五入的原则取整，并对取整后的结果进行检查和调整，以保证各区域人口数按街镇汇总的结果与街镇汇总数保持一致，并为全部家庭和个体分配格网 ID。

根据得到的所有家庭和个体的格网 ID，分别对两个尺度的所有格网的家庭和人口数量进行汇总，得到如表 7-13 至表 7-16 所示的汇总表（都分别选取了三个总户数最多和总人口数最多的格网作为展示）。

表 7-13　家庭层面的格网数量和属性信息汇总（1 km×1 km）

单位：户

格网 ID	总户数	户籍类型		户内人数				
		家庭户	集体户	一人户	二人户	三人户	四人户	五人及以上户
461	11 859	11 465	394	2 061	3 245	3 825	869	1 859
533	11 115	16 047	3 103	2 625	6 177	4 179	2 418	3 751
534	9 557	10 853	394	859	888	3 369	198	5 933

表 7-14　家庭层面的格网数量和属性信息汇总（500 m×500 m）

单位：户

格网 ID	总户数	户籍类型		户内人数				
		家庭户	集体户	一人户	二人户	三人户	四人户	五人及以上户
2 018	4 849	4 152	697	268	1 554	592	39	2 396
2 086	5 909	5 328	581	382	1 353	1 704	728	1 742
2 087	5 092	4 587	505	689	52	2 575	246	1 530

表 7-15 个人层面的格网数量和属性信息汇总 (1 km×1 km)

人数：人

格网ID	总人数	性别		年龄				未上过学或扫盲班	受教育程度				
		男性	女性	0~19岁	20~39岁	40~59岁	60岁及以上		小学	初中	高中或中专	大学专科	大学本科及以上
532	33 522	17 115	16 407	7 068	13 092	8 320	5 042	2 762	4 168	11 252	9 422	3 454	2 464
533	57 056	30 473	26 583	7 105	32 410	13 301	4 240	4 154	18 622	27 340	5 417	1 288	235
534	48 448	25 687	22 761	13 351	29 202	2 978	2 917	6 181	13 205	22 588	4 882	1 100	492

表 7-16 个人层面的格网数量和属性信息汇总 (500 m×500 m)

人数：人

格网ID	总人数	性别		年龄				未上过学或扫盲班	受教育程度				
		男性	女性	0~19岁	20~39岁	40~59岁	60岁及以上		小学	初中	高中或中专	大学专科	大学本科及以上
2 017	15 944	8 565	7 379	319	13 262	1 787	576	104	218	10 976	2 069	1 192	1 385
2 086	27 417	14 968	12 449	8 485	16 519	1 161	1 252	4 054	9 838	13 244	176	38	67
2 087	22 258	12 190	10 068	4 854	14 316	696	2 392	2 489	7 470	9 892	2 304	43	60

由表 7-13 至表 7-16 可知，虽然在两种尺度下家庭层面和个人层面的属性信息的分布与汇总数据的分布存在一定的差异，但没有出现极端异常值，并且总人数较多的格网的总户数也较多，与实际情况较为符合，说明在 1 km×1 km 和 500 m×500 m 两种较小的格网尺度下，面积权重模型是适用的，可以在一定程度上认为在这两种格网尺度下，人口是近似服从均匀分布的。随后，可以通过相交地图的属性表，找到两种尺度下户数和人数最多的格网所包含的街镇代码与名称，如表 7-17 和表 7-18 所示。

表 7-17 户数和人数最多的格网与街镇（1 km×1 km）

格网 ID	街镇代码	街镇名称
461	510106201	营门口乡
461	510106008	肖家村街道
461	510106019	五块石街道
532	510106008	肖家村街道
532	510106019	五块石街道
532	510106009	火车站街道
533	510106008	肖家村街道
533	510106009	火车站街道
533	510106202	洞子口乡
534	510106007	人民北路街道
534	510106001	北巷子街道
534	510106008	肖家村街道
534	510106202	洞子口乡

表 7-18 户数和人数最多的格网与街镇（500 m×500 m）

格网 ID	街镇代码	街镇名称
2017	510106008	肖家村街道
2017	510106009	火车站街道
2017	510106202	洞子口乡
2018	510106008	肖家村街道
2018	510106202	洞子口乡

表7-18(续)

格网 ID	街镇代码	街镇名称
2086	510106202	洞子口乡
2087	510106001	北巷子街道
2087	510106202	洞子口乡

由表7-17和表7-18可知，户数和人数最多的格网对应的街镇均为金牛区的街镇，说明金牛区在2000年不仅总户数和总人口数最多，其人口密度也是最大的，尤其是洞子口乡、火车站街道、肖家村街道和五块石街道等出现的次数较多。

对1 km×1 km和500 m×500 m两种尺度的格网进行比较可知，虽然500 m×500 m格网的面积是1 km×1 km格网的四分之一，但是两种格网尺度下选出的总户数与总人口数并不是对应倍数的差距，应该是1 km×1 km的格网尺度较大，包含了一些人口密度较小的街镇，使得两种尺度的格网的差距变小，这也进一步说明了500 m×500 m的格网尺度更为精细，其每个格网包含的街镇数量较少，因此包含的信息更不容易被街镇之间的差异掩盖。

7.3.3　多尺度人口格网数据的实证分析

根据上述生成的1 km×1 km和500 m×500 m两种尺度的格网数据集，我们可以对两个数据集内的个人层面的全部属性变量的空间分布进行分析。本节分别选取了性别中的男性，年龄中的20~39岁，以及受教育程度中的大学本科及以上三种属性作为例子，并对这三种属性在空间上的分布情况进行描述和分析。

首先，对性别为男性这一属性进行分析，我们使用自然断点法对男性人口数进行分类，其在1 km×1 km格网和500 m×500 m格网中的分布情况如图7-11和图7-12所示。

由图7-11和图7-12可知，男性人口数的空间分布差异较大。在1 km×1 km格网中，大部分格网的男性人口数在5 149人以下，男性人口数在5 150人及以上的格网较少，男性人口数的最大值为30 473人；在500 m×500 m格网中，大部分格网的男性人口数在1 618人以下，男性人数在1 619人及以上的格网较少，男性人口数的最大值为14 511人。

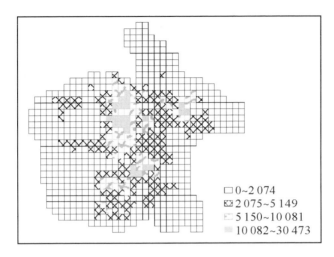

0~2 074
2 075~5 149
5 150~10 081
10 082~30 473

图 7-11　成都市中心城区男性人口数 1 km×1 km 格网分布（单位：人）

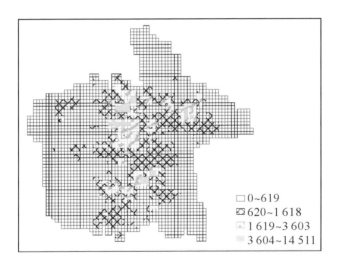

0~619
620~1 618
1 619~3 603
3 604~14 511

图 7-12　成都市中心城区男性人口数 500 m×500 m 格网分布（单位：人）

通过对比 1 km×1 km 和 500 m×500 m 两种尺度下的格网，可知使用自然断点法进行的分类较为合理，各分类间的区间跨度差异较大。从行政区划来看，两种尺度的格网地图中的男性人口数的空间分布较为相似，男性人口数最多的区域主要是武侯区、金牛区和成华区，这三个区域也是总人口数较多的行政区，所以男性人口数较多也很容易理解。

其次，对年龄为 20~39 岁这一属性进行分析，其在 1 km×1 km 格网和 500 m×500 m 格网中的分布情况如图 7-13 和图 7-14 所示。

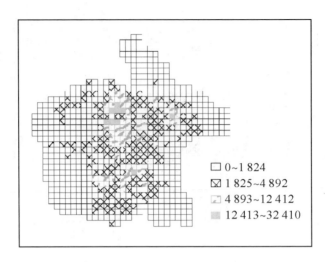

图7-13　成都市中心城区20~39岁人口数1 km×1 km格网分布（单位：人）

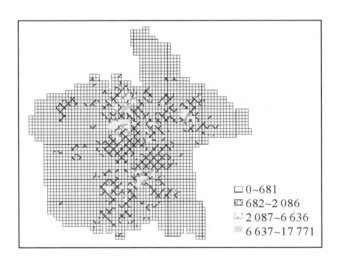

图7-14　成都市中心城区20~39岁人口数500 m×500 m格网分布（单位：人）

由图7-13和图7-14可知，20~39岁人口数的空间分布差异较小。在1 km×1 km格网中，大部分格网的20～39岁人口数在4 892人以下，20~39岁人口数在4 893人及以上的格网较少，20~39岁人口数的最大值为32 410人；在500 m×500 m格网中，大部分格网的20～39岁人口数在2 086人以下，20~39岁人口数在2 087人及以上的格网较少，20~39岁人口数的最大值为17 771人。

通过对比1 km×1 km和500 m×500 m两种尺度下的格网，从行政区划来看，两种格网尺度下20~39岁人口数的空间分布较为相似，但在1 km×1 km格网中，20~39岁人口数最多的区域主要是武侯区、金牛区和成华区；而在500 m×500 m格网中，则主要是金牛区，说明金牛区20~39岁的人口数最多，人口较另外两个行政区更为集中。

最后，对受教育程度为大学本科及以上这一属性进行分析，其在1 km×1 km格网和500 m×500 m格网中的分布情况如图7-15和图7-16所示。

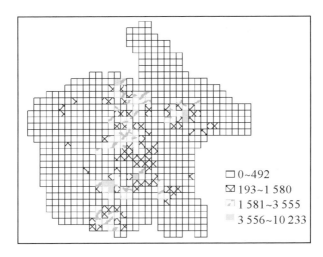

图 7-15 成都市中心城区大学本科及以上人口数 1 km×1 km 格网分布（单位：人）

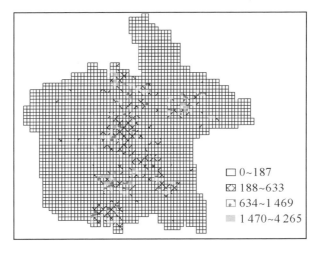

图 7-16 成都市中心城区大学本科及以上人口数 500 m×500 m 格网分布（单位：人）

由图 7-15 和图 7-16 可知，大学本科及以上人口数的空间分布差异较小。在 1 km×1 km 格网中，绝大部分格网的大学本科及以上人口数在 1 580 人以下，大学本科及以上人口数在 1 581 人及以上的格网较少，大学本科及以上人口数的最大值为 10 233 人；在 500 m×500 m 的格网中，大部分格网的大学本科及以上人口数在 633 人以下，大学本科及以上人数在 634 人及以上的格网较少，大学本科及以上人口数的最大值为 4 265 人。

通过对比 1 km×1 km 和 500 m×500 m 两种尺度下的格网，从行政区划来看，两种格网尺度下的大学本科及以上人口数的空间分布较为相似，大学本科及以上人口数最多的区域主要是武侯区、金牛区和成华区；但在 500 m×500 m 尺度更为精细的格网中，各街镇内部的信息更容易保留，而较大尺度的格网所包含的信息更容易被街镇间的差异平均。

综合对比以上选取的三种人口属性的空间分布，可知性别为男性的空间分布差异最大，其次是年龄为 20~39 岁，最后是受教育程度为大学本科及以上，可能是因为这三个区域的高校数量较多且集中，这样的信息可以为交通、商业等领域的规划和决策提供借鉴，从而更好地促进社会和经济的发展。

8 基于 IPF 算法的人口属性
空间化研究

本章采用 SPEW 系统合成了武汉市的人工人口数据，并对合成数据进行了精度分析与比较验证。首先，介绍了构建人工人口所需的数据源与基础数据格式，并对合成结果进行展示；其次，对所合成的人工人口数据集进行误差统计与分析；再次，对不同数据源、不同算法的合成数据进行精度对比分析；最后，对人工人口空间分布特征进行可视化分析。

8.1 研究区域概况

由 2010 年湖北省的人口普查资料可知，武汉市下辖 13 个行政区，包括江岸、江汉、硚口、汉阳、武昌、青山、洪山 7 个主城区，以及蔡甸、江夏、黄陂、新洲、东西湖、汉南 6 个远郊城区。全市常住人口为 9 785 392 人，家庭户户数为 2 932 765 户，家庭户人口为 8 161 585 人，平均每个家庭户的人口为 2.78 人。在性别构成中，男性为 5 033 093 人，占总人口的 51.43%，女性为 4 752 299 人，占总人口的 48.57%。总人口性别比（以女性为 100，男性对女性的比例）由 2000 年的 107.20 下降为 2010 年的 105.91。在年龄结构中，0~14 岁的人口为 976 947 人，占总人口的 9.98%；15~64 岁的人口为 8 013 317 人，占总人口的 81.89%；65 岁及以上的人口为 795 128 人，占总人口的 8.13%。2010 年武汉市的人口分布如图 8-1 所示。

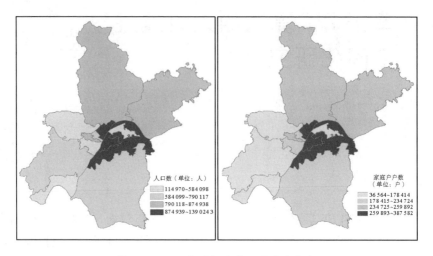

图 8-1   2010 年武汉市人口及家庭分布

由图 8-1（左图）可知，武汉市的人口数量在空间分布上呈现一定的集聚性和异质性特征，主城区内有个别区域与远郊城区内个别区域的人口数在同一分类中，如青山区与蔡甸区均属于人口数最少的第一分类①。主城区的人口数量差距较明显，江岸区、武昌区、洪山区属于第一分类人口数量最多，而青山区的人口数量却属于最少的分类；远郊城区的人口数量也存在较大的差距，黄陂区与新洲区属于第三分类，而汉南区、东西湖区属于人口最少的第一分类。

在家庭户户数方面（见图 8-1 右图），与人口数分布情况大致相同，也存在分布不均匀的情况。所有城区中只有蔡甸区、汉阳区的户数与人口数量属不同分类，蔡甸区的人口数属于第二分类，户数却属于第一分类，说明蔡甸区家庭户的户均人口数较多；汉阳区则相反，表明其家庭户的平均户规模较小。总体来看，武汉市人口数与家庭户数的空间分布呈现一致的空间集聚性和异质性特征。

---

① 根据自然断点法进行分类，该分类方法根据数据特征进行划分，不是等分的，下同。

8.2 武汉市人工人口构建

8.2.1 数据来源

1. 行政区人口总数及地理数据

本章研究所需的武汉市行政区人口数据，来自 2000 年与 2010 年全国人口普查，主要包括武汉市各区家庭总户数、家庭户规模结构、人口及性别结构、年龄结构等属性信息。在研究所需的地理数据中，武汉市的行政区划矢量地图来自国家基础地理信息数据库，武汉市街道路网矢量数据来自开放街道地图（open street map，OSM），各类 POI（point of interest）数据取自高德地图。

2. 人口微观数据

微观数据是全国人口普查数据的抽样数据，采用简单随机抽样的方法进行抽取，抽样比为 0.95‰（不包含现役军人和难以确定常住地的人口）。因 2020 年全国人口普查数据微观数据尚未公布，故本章以 2000 年与 2010 年的数据为例，展开后续的方法及内容研究，2020 年及之后的人口普查数据公布后，均可作为本章研究内容及方法的基础数据集。

本章选取的人口微观数据有两种数据源。第一种是来自 IPUMS 的 2000 年的中国人口微观数据。该数据集可根据研究问题选择变量类型，包括协调变量与源变量，两者在指标分类上没有明显的差异，均按家庭、地理位置、地理区域、家庭相互关系、人口统计、生育率与死亡率、工作与收入等指标进行细分，设置不同的类型是为了方便使用者选择与下载。

第二种人口微观数据源是来自国家统计局（national bureau of statistics，NBS）2010 年的全国人口普查微观数据集。该数据经清华大学中国社会数据研究网站申请，进入国家统计局微观数据实验室（清华大学经济管理学院）实地获取，同时产出实验结果。该数据集与 2000 年第五次全国人口普查数据的各项指标一致。国家统计局的人口普查微观数据，较 IPUMS 的人口微观数据在属性信息上更加全面详细。NBS 发布的第六次全国人口普查微观数据指标如表 8-1 所示。

表 8-1　NBS 发布的第六次全国人口普查微观数据指标

指标	标签
户籍情况	户别（家庭户/集体户）
	普查登记的男性人数、女性人数
	户籍人口中外出不满半年的男性人数、女性人数
	户籍人口中外出半年以上的男性人数、女性人数
	本户 2009.11.1—2010.10.31 出生的男性人数、女性人数
	本户 2009.11.1—2010.10.31 死亡的男性人数、女性人数
个体基本信息	户口性质、年龄、性别、民族、受教育程度、婚姻状况、行业、职业等
迁移流出	迁移时间、迁移地点、迁移原因
受教育程度	是否识字、学历、是否成人学历教育、学业完成情况
婚姻情况	初婚年月、生育子女数与生育时间、婴儿性别、现存活男女人数
住房	住房来源、购建住房费用、月租房费用
	本户住房间数、面积、建成时间，是否合住、建筑层数
	住宅外墙墙体材料，是否有厨房、饮用水、厕所，主要炊事燃料等

8.2.2　基础数据格式

在进行人工人口合成时，我们需要准备好人口及地理两类数据。人口数据代表了合成人工人口的属性边际条件，因个体是根据抽样家庭的属性特征进行分配的，故使用的人口数据包括家庭层面与个体层面数据。家庭层面边际分布表包括家庭户总户数、家庭户总人口数 2 张表，个体层面边际分布表包括个体年龄与性别 1 张表。地理数据包括行政区划矢量数据、道路矢量数据。

家庭户总户数数据取自全国人口普查数据中武汉市各区家庭户总户数，武汉市市域编码用 Puma_id 表示，各城区唯一标识符为 Place_id，各城区名称用 Name 表示，家庭户总户数用 n_house 表示。以 2010 年全国人口普查数据为例，武汉市家庭户总户数的基础数据格式如表 8-2 所示。

表8-2 2010年武汉市各城区家庭户总户数列表

Puma_id	Place_id	Name	n_house
420100	420102	jiangan	311 234
420100	420103	jianghan	234 724
420100	420104	qiaokou	259 574
420100	420105	hanyang	191 148
420100	420106	wuchang	387 582
420100	420107	qingshan	164 112
420100	420111	hongshan	345 453
420100	420112	dongxihu	142 963
420100	420113	hannan	36 564
420100	420114	caidian	17 8414
420100	420115	jiangxia	18 4777
420100	420116	huangpi	259 892
420100	420117	xinzhou	236 327

家庭户总人口数取自全国人口普查微观数据，家庭户编号用 SE_NO 表示，家庭户总人数用 NP 表示，是否是户主用 RAC1P 表示（1 表示是户主）。以 NBS 发布的 2010 年全国人口普查微观数据为例，武汉市微观数据集中共有 3 004 户家庭，故家庭编号是连续的 1~3004 的整数，家庭总人数 NP 是由每一个家庭编号下的男性人数与女性人数相加所得，数据取值范围为 1~12 的整数，其基础数据格式如表 8-3 所示。

表8-3 2010年武汉市各城区家庭户总人口数列表

SE_NO	NP	RAC1P	Puma_id
1	3	1	420100
2	2	1	420100
3	4	1	420100
4	4	1	420100
5	1	1	420100
6	3	1	420100

表8-3(续)

SE_NO	NP	RAC1P	Puma_id
…	…	…	…
3004	6	1	420100

　　个体年龄与性别等数据取自全国人口普查微观数据。个体属于家庭，个体信息中包含家庭编号 SE_NO。与户主的关系用 REL 表示，取值为 0~9 的整数，0 表示户主，1 表示配偶，2 表示子女，以此类推。个体性别用 SEX 表示，1 表示男性，2 表示女性。个体年龄 AGE 是取值为 0~100 的整数，如表 8-4 所示。

表 8-4　2010 年武汉市个体基本信息数据列表

SE_NO	REL	SEX	AGE	Puma_id
1	0	1	42	420100
1	1	2	42	420100
1	2	1	17	420100
2	0	2	42	420100
2	3	1	84	420100
…	…	…	…	…
…	…	…	…	…
3004	0	1	57	420100
3004	1	2	53	420100
3004	2	1	28	420100
3004	2	1	24	420100
3004	6	2	25	420100
3004	7	2	3	420100

　　行政区划数据取自国家基础地理信息数据库中的 1：400 万矢量数据，在该数据表中，合成人工人口的必备字段是城区编码 Place_id 与市域编码 Puma_id。其中，Place_id 用于连接人口数据中各区家庭户总户数，Puma_id 用于连接各区家庭户总户数与微观数据。武汉市路网数据来自 OSM，转换为矢量数据格式即可，对数据字段无特殊要求。

8.2.3 人口数据合成

人工人口合成主要包括特征家庭合成、特征家庭位置抽样、个体特征合成、个体环境分配四个方面。特征家庭合成可由三种不同的抽样算法实现；特征家庭位置以行政区划图为边界，以道路为目标线，对人工家庭进行就近分配；个体特征的合成依赖于家庭微观样本数据，家庭成员可根据所抽取的家庭样本编号进行连接，故在合成特征家庭的同时可实现个体特征的分配；个体环境分配利用空间物理距离与环境容量计算实现。

对特征家庭进行抽样时，SPEW 提供了三种方法：简单随机抽样法（SRS）、矩匹配法（MM）、迭代比例拟合法（IPF）。SRS 方法等价于从微观数据中进行置换的均匀采样法，可随机抽取家庭样本，个体样本随家庭样本编号同时生成，这种方法的优点是易于实现和解释。MM 算法对一个类似地区的微数据记录进行加权，以便在采样完成后，该加权随机样本中的相应矩与已知矩匹配（算法步骤详见 3.2.4）。本章在合成人工人口时，以各区家庭户的平均户规模为矩约束。以 2010 年全国人口普查数据中武汉市各城区的平均家庭户规模为例，MM 方法需具备的矩约束列表如表 8-5 所示，其中 Place_id 为区域编码，NP 为平均家庭户规模。

表 8-5　MM 方法中家庭户规模的矩约束列表

Place_id	420102	420103	420104	420105	420106	420107	420111	420112	420113	420114	420115	420116	420117
NP	2.58	2.65	2.66	2.72	2.59	2.77	2.54	2.84	2.98	2.99	2.84	3.14	3.39

IPF 方法是利用 IPF 估计种群特征的联合分布，再利用估计的联合分布概率作为权重，从微观数据中抽取样本（算法步骤详见 3.2.4）的方法。本章以家庭户规模为边际属性，根据人口普查数据统计各区家庭户的规模分布，并以 1~5 人户、6 人户及以上家庭户户数作为序数变量二维约束列表；同时为匹配家庭样本与个人样本，设定民族（RAC1P）这一范畴变量。当每个区域的边际约束列表的长度与微观数据集的长度一致时，变量边际条件与其他属性数据通过 SPEW 系统进行人口的合成。以 2010 年全国人口普查数据为例，武汉市各城区的家庭户规模与家庭户户主民族分布如表 8-6所示。

表 8-6　武汉市各城区家庭户规模与家庭户户主民族分布约束列表

单位：户

区域编号	1~5 人户户数	6 人户及以上户数	户主为汉族	户主非汉族
420102	306 920	4 314	305 009	6 225
420103	230 356	4 368	230 030	4 694
420104	254 610	4 964	254 383	5 191
420105	187 409	3 739	187 325	3 823
420106	381 926	5 656	379 830	7 752
420107	160 514	3 598	160 830	3 282
420111	340 035	5 418	338 544	6 909
420112	140 118	2 845	140 104	2 859
420113	35 107	1 457	35 833	731
420114	170 231	8 183	174 846	3 568
420115	177 898	6 879	181 081	3 696
420116	243 197	16 695	254 694	5 198
420117	216 338	19 989	231 600	4 727

三种方法所合成的人工人口数据结构是一致的，只是在精度上存在差异，后续会进行精度的对比分析。运用统计分析软件 R 4.0 将准备好的人口与地理数据进行融合，并借助 SPEW 人口合成程序包对武汉市人工人口进行合成。

在最终合成的人工人口数据集中，包含家庭层面与个体层面的数据。在家庭层面，合成数据除输入的基础属性数据家庭户规模（NP）、家庭户编号（SE_NO）、户主民族（RACIP）外，新增了人工家庭的编号（STN_HID）、家庭所在经纬度坐标（Longitude，Latitude）的数据。以 2010 年人工人口合成数据集为例，由于数据量较大，此处仅展示江汉区的部分数据。江汉区共有家庭户 234 724 户，按照家庭户总户数，借助 SPEW 从武汉市微观家庭样本中抽取能够代表江汉区的微观家庭样本，因此在合成过程中并不会改变家庭户总户数。同时，随机合成了各家庭户沿道路抽样所分配的地理位置。具体数据结构如表 8-7 所示。

表 8-7　江汉区人工家庭（部分）

ID	SE_NO	Puma_id	Place_id	SYN_HID	NP	RAC1P	Longitude	Latitude
1	2 398	420100	420103	420103-1	2	1	114°25′44″E	30°61′67″N
2	1 495	420100	420103	420103-2	1	1	114°25′53″E	30°61′59″N
3	1 228	420100	420103	420103-3	5	1	114°25′37″E	30°61′56″N
4	2 721	420100	420103	420103-4	3	1	114°25′60″E	30°61′63″N
5	474	420100	420103	420103-5	3	1	114°25′60″E	30°61′62″N
6	321	420100	420103	420103-6	2	1	114°25′34″E	30°61′63″N
7	1837	420100	420103	420103-7	3	1	114°25′50″E	30°61′62″N
8	707	420100	420103	420103-8	3	1	114°25′50″E	30°61′59″N
9	166	420100	420103	420103-9	3	1	114°25′50″E	30°61′63″N
10	1500	420100	420103	420103-10	5	1	114°25′43″E	30°61′64″N

　　除个体层面输入的基础数据，如与户主关系（REL）、性别（SEX）、年龄（AGE）外，新增了个体所在家庭的编号（STN_HID）、个体编号（SYN_PID）、个体所在经纬度坐标（Longitude，Latitude）的数据。人工个体属性数据是以人工家庭编号进行的连接，根据家庭总人口数，在人工家庭数据的基础上合成了个体属性信息。江汉区共合成 702 117 个个体，按照家庭户人口规模，这些个体被分配到 234 724 户家庭中。人工人口合成的数据结构如表 8-8 所示。

表 8-8　江汉区人工人口（部分）

ID	SYN_HID	SYN_PID	REL	SEX	AGE	Longitude	Latitude
1	420103-1	420103-1-1	0	2	85	114°25′44″E	30°61′67″N
2	420103-1	420103-1-2	9	2	73	114°25′44″E	30°61′67″N
3	420103-2	420103-2-3	0	1	26	114°25′53″E	30°61′59″N
4	420103-3	420103-3-4	0	1	79	114°25′37″E	30°61′56″N
5	420103-3	420103-3-5	1	2	79	114°25′37″E	30°61′56″N
6	420103-3	420103-3-6	2	1	44	114°25′37″E	30°61′56″N
7	420103-3	420103-3-7	6	2	44	114°25′37″E	30°61′56″N
8	420103-3	420103-3-8	7	2	19	114°25′37″E	30°61′56″N
9	420103-4	420103-4-9	0	1	61	114°25′60″E	30°61′63″N
10	420103-4	420103-4-10	1	2	60	114°25′60″E	30°61′63″N

由表8-8可知，人工个体的编号（SYN_PID）是由人工家庭编号（SYN_HID）与个体编号构成的，说明在人工家庭产生的同时，人工个体也被赋予了一定的特征。此外，个体的经纬度即空间位置随人工家庭匹配，可以看到所属同一户家庭的个体具有相同的地理位置。在与户主的关系（REL）中，0表示是户主；其他数则表示不是户主，而是与户主有一定关系的个人，每一个人工家庭编号下，均有且仅有一个户主。上述合成的人口属性（如年龄）数据均来自微观数据，可根据研究的需要提取微观数据中的个体属性信息。

8.3 合成数据误差分析与精度对比

8.3.1 合成数据误差分析

本节以武汉市下辖的13个行政区为研究对象，分别按照SPEW提供的简单随机抽样法（SRS）、矩匹配法（MM）、迭代比例拟合法（IPF）三种方法，采取不同的微观数据源对人口进行合成及验证。人口微观数据主要来源于IPUMS和NBS。此外，SPEW合成系统首先对家庭进行特征抽样，其次是按照家庭编号及户规模将个人分配到家庭中，系统输入的数据包括家庭户总数、家庭户规模、个体的性别与年龄等属性数据；在合成后，人工家庭输出的数据主要是家庭户规模，人工人口输出的数据主要是个体的性别、年龄等属性。因此，本节将从家庭平均户规模、人口性别结构、人口年龄结构三个维度检验人工人口的真实性，同时探讨了在不同数据源下，三种方法所合成的数据的精度。我们采用如式（8-1）所示的相对误差计算方法，对合成数据的精度进行分析与对比：

$$\varepsilon = \left| \frac{合成值 - 实际值}{实际值} \right| \qquad (8-1)$$

在式（8-1）中，"合成值"代表人工人口相应属性的数据，"实际值"代表人口普查数据中相应属性的数据。对合成的人工人口数据进行分析对比的框架如图8-2所示。

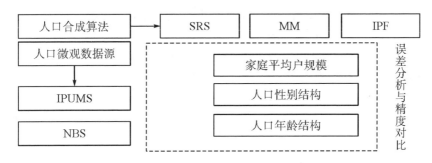

图 8-2 合成数据分析对比框架

1. 基于 IPUMS 的 2000 年武汉市人工人口合成

此处人口合成采用的微观数据来自 IPUMS。首先，我们对 2000 年中国人口普查微观数据进行查找及下载；其次，根据行政区划代码筛选出武汉市的微观样本，共有 2 395 个家庭样本，7 744 个个体样本；最后，将合成后数据与 2000 年全国人口普查数据的人口统计特征进行对比。基于 IPUMS 的武汉市人工人口总体误差统计如表 8-9 所示。

表 8-9　基于 IPUMS 的武汉市人工人口总体误差统计　　单位:%

属性		SRS	MM	IPF
家庭户结构	平均户规模	10.96	0.03	12.19
人口性别结构	总人数	10.96	0.03	12.19
	男性人数	11.35	0.44	12.60
	女性人数	10.55	0.40	11.76
人口年龄结构	0~14 岁	12.75	4.26	13.69
	15~59 岁	11.79	13.17	13.17
	60 岁及以上	1.90	18.34	2.60
平均误差		10.04	5.24	11.17

由表 8-9 可知，基于 IPUMS 的 2000 年武汉市人工人口数据的精度较高，平均误差为 5.24% ~ 11.17%，但各算法下的数据精度不一样。除了 MM 算法下 60 岁及以上这一年龄段人口数据的误差较大，达到 18.34%，其他误差值均不超过 15%，基本达到 85% 的准确率。MM 算法在户规模分布与人口性别结构上的误差值远远小于 SRS 方法与 IPF 算法，但是在 60 岁及以上这一年龄段中的误差值（18.34%）又明显大于其他两种算法。此

外，SRS方法与IPF算法在各个属性中的误差值都比较接近，但从平均误差值来看，SRS方法效果较优于IPF算法。

针对武汉市各区的人工人口数据，我们依次从家庭平均户规模、人口性别结构、人口年龄结构三个维度对误差进行统计，结果如表8-10、表8-11和表8-12所示。

表8-10 基于IPUMS的各城区家庭平均户规模误差统计

地区	人工家庭平均户规模/（人·户）			误差/%		
	SRS	MM	IPF	SRS	MM	IPF
江岸区	3.24	3.28	3.15	1.44	0.26	4.02
江汉区	3.23	3.17	3.1	1.94	0.11	2.15
硚口区	3.23	3.49	3.13	7.78	0.31	10.64
汉阳区	3.24	3.41	3.18	5.13	0.17	6.94
武昌区	3.24	3.5	3.1	7.39	0.19	11.28
青山区	3.24	3.26	3.11	0.61	0.25	4.34
洪山区	3.23	4.15	3.13	22.19	0.02	24.73
东西湖区	3.24	3.48	3.14	6.95	0.15	9.70
汉南区	3.24	3.13	3.13	3.07	0.45	0.50
蔡甸区	3.23	3.64	3.23	11.39	0.15	11.46
江夏区	3.23	3.95	3.26	18.25	0.05	17.50
黄陂区	3.23	4.06	3.27	20.41	0.07	19.65
新洲区	3.24	3.92	3.43	17.31	0.16	12.26

由表8-10可知，SRS方法下的家庭户规模均接近3.2人/户，最大误差为22.19%，最小为0.61%，误差值差距较大，说明该算法下合成数据的稳定性不强。MM算法下的家庭户规模与真实数据基本一致，最大误差仅为0.45%，最小为0.02%，与真实值相差很小，准确度非常高，原因在于矩匹配法将人口普查数据中的家庭平均户规模作为约束条件进行样本抽取，所得到的数据将无限趋近于真实家庭户均规模。IPF算法下的误差值最大为24.73%，最小为0.50%，各区数据准确性差异较大。从整体来看，各算法下数据的误差值均在25%以下，精度较强；而对于每一个区域来说，SRS方法与IPF算法的误差均较接近，MM算法下的误差值远远小于其

他两种算法，所以得到的家庭平均户规模数据相对最准确。

表 8-11　基于 IPUMS 的各城区人口性别结构误差统计　单位：%

地区	总人数			男性人数			女性人数		
	SRS	MM	IPF	SRS	MM	IPF	SRS	MM	IPF
江岸区	1.44	0.26	4.02	0.82	1.71	2.07	3.74	2.27	6.00
江汉区	1.94	0.11	2.15	2.38	0.95	2.05	1.47	0.78	2.25
硚口区	7.78	0.31	10.64	4.79	2.80	7.88	10.77	3.41	13.40
汉阳区	5.13	0.17	6.94	4.70	0.19	6.89	5.58	0.14	7.01
武昌区	7.39	0.19	11.28	6.58	0.62	11.02	8.25	0.26	11.56
青山区	0.61	0.25	4.34	1.39	0.72	5.13	0.24	1.29	3.48
洪山区	22.19	0.02	24.73	27.23	5.52	29.78	16.01	6.73	18.52
东西湖区	6.95	0.15	9.70	8.28	2.05	11.21	5.49	1.95	8.03
汉南区	3.07	0.45	0.50	3.50	0.19	0.03	2.62	1.13	0.99
蔡甸区	11.39	0.15	11.46	12.07	0.90	11.93	10.66	0.66	10.95
江夏区	18.25	0.05	17.50	19.19	1.15	18.13	17.24	1.15	16.82
黄陂区	20.41	0.07	19.65	20.26	0.36	19.28	20.58	0.52	20.04
新洲区	17.31	0.16	12.26	18.21	0.95	12.49	16.32	1.36	12.01
平均误差	9.53	0.18	10.40	9.95	1.39	10.61	9.15	1.67	10.08

由表 8-11 可知，在总人数方面，MM 算法明显较其他两种方法更准确，各区误差值均在 0.5% 以下。在男性人数中，MM 算法对应的误差值均小于其他两种算法，表明 MM 算法所得的合成数据较贴合实际情况，其次是 SRS 方法。在女性人数中，MM 算法下的最大误差值为 6.73%，而 SRS 方法为 20.58%，IPF 算法为 20.04%。从整体来看，每一个属性中最大的前 3 个误差值对应的算法均为 SRS 与 IPF，平均误差最小的值对应的是 MM 算法，从多个方面都可知 MM 算法相比其他两种算法更有优势。因此，在 2000 年武汉市各区人工人口总数及性别分布中，MM 算法所合成的人口数据更接近真实人口统计特征。

表 8-12　基于 IPUMS 的各城区人口年龄结构误差统计　　单位:%

地区	0~14 岁			15~59 岁			60 岁及以上		
	SRS	MM	IPF	SRS	MM	IPF	SRS	MM	IPF
江岸区	22.02	16.98	19.84	4.19	4.44	6.91	12.25	0.04	14.46
江汉区	24.56	15.50	19.83	3.12	6.71	7.43	6.31	21.47	4.67
硚口区	20.61	23.54	16.80	13.45	7.51	16.31	4.22	13.63	5.86
汉阳区	14.15	15.95	12.27	9.19	5.64	11.07	3.74	11.88	5.08
武昌区	28.06	28.63	22.60	12.82	6.82	16.80	11.60	5.02	13.24
青山区	29.37	20.87	25.10	4.86	5.64	8.92	8.50	6.09	9.55
洪山区	1.07	25.29	3.93	29.46	8.93	31.95	13.01	44.65	10.55
东西湖区	13.58	9.21	14.88	8.66	3.31	11.86	22.60	44.42	20.43
汉南区	15.58	23.86	18.66	6.14	0.33	2.23	24.23	40.12	22.03
蔡甸区	26.55	24.71	26.28	7.07	3.80	7.29	8.13	11.19	7.90
江夏区	41.55	51.06	40.93	12.71	6.74	11.91	6.95	34.46	7.69
黄陂区	40.87	45.70	40.12	15.11	6.76	14.31	5.46	20.74	4.94
新洲区	44.95	62.45	41.54	8.69	10.44	2.75	4.45	30.87	8.14
平均误差	24.84	27.98	23.29	10.42	5.93	11.52	10.11	21.89	10.35

由表 8-12 可知, 在 0~14 岁的人口中, 最大的误差值对应的算法大多为 MM 算法, 且最大误差高达 62.45%; 而除洪山区和东西湖区之外, 各个算法下的误差值为 10%~63%, 表明这个年龄段的合成数据的精度较低。在 15~59 岁的人口中, 最大误差为 31.95%, 对应的是 IPF 算法下的洪山区, 最小误差值 (0.33%) 对应的是 MM 算法下的汉南区, 且 MM 算法对应的最大误差为 10.44%。在 60 岁及以上人口中, 最大误差 (44.65%) 与最小误差 (0.04%) 对应的算法均是 MM 算法, 表明 MM 算法所合成的数据精度极不稳定, 有些地区 (江岸区) 数据精确度高, 有些地区 (洪山区) 则相反; SRS 方法与 IPF 算法也存在类似的情况。此外, 从平均误差值看不出哪个算法更优, 同一算法下不同年龄段的平均误差值忽大忽小。因此, 在人口年龄结构整体层面, 无法比较三种算法的优劣性。

2. 基于 NBS 的 2010 年武汉市人工人口合成

此处人口合成采用的微观数据来自国家统计局 (NBS) 的 2010 年全国

人口普查微观数据库。武汉市的微观样本中共有 3 003 个家庭样本，8 978 个个体样本，对数据进行合成后，将其与 2010 年全国人口普查数据的人口统计特征进行对比分析。基于 NBS 的武汉市人工人口总体误差统计如表 8-13 所示。

表 8-13　基于 NBS 的武汉市人工人口总体误差统计　　单位:%

属性		SRS	MM	IPF
家庭户结构	平均户规模	7.55	0.11	5.86
人口性别结构	总人数	10.39	16.60	11.79
	男性人数	11.92	17.90	13.46
	女性人数	8.78	15.21	10.03
人口年龄结构	0~14 岁	7.05	12.29	1.95
	15~59 岁	13.33	8.58	1.65
	60 岁及以上	5.29	6.60	0.77
平均误差		9.19	11.04	6.50

由表 8-13 可知，大部分基于 NBS 的 2010 年武汉市人工人口数据的精度比基于 IPUMS 的数据精度略高，除了 MM 算法下男性人数误差（17.90%）、总人数误差（16.6%）、女性人数误差（15.21%），其他误差值均低于 15%，基本达到 85% 的准确率。从平均误差来看，IPF 算法下的误差值（6.50%）是最小的，MM 算法下的误差值最大（11.04%）。因此，IPF 算法的精度最高，能够提供更精确的人口属性数据。

针对武汉市各区的人工人口数据，我们依次从家庭平均户规模、人口性别结构、人口年龄结构三个维度对误差进行统计，结果如表 8-14、表 8-15 和表 8-16 所示。

表 8-14　基于 NBS 的各城区家庭平均户规模误差统计

地区	人工家庭平均户规模/（人·户）			误差统计/%		
	SRS	MM	IPF	SRS	MM	IPF
江岸区	2.99	2.58	2.88	15.81	0.00	11.47
江汉区	2.99	2.65	2.90	12.87	0.08	9.25
硚口区	2.99	2.66	2.89	12.44	0.04	8.80

表8-14(续)

地区	人工家庭平均户规模/（人·户）			误差统计/%		
	SRS	MM	IPF	SRS	MM	IPF
汉阳区	2.99	2.72	2.90	10.07	0.00	6.62
武昌区	2.99	2.59	2.88	15.41	0.04	11.35
青山区	2.99	2.77	2.91	7.98	0.04	4.95
洪山区	2.99	2.54	2.89	17.80	0.08	13.62
东西湖区	2.98	2.84	2.90	4.93	0.18	2.22
汉南区	2.99	2.99	2.98	0.17	0.27	0.07
蔡甸区	2.99	2.99	3.01	0.10	0.00	0.60
江夏区	2.99	2.84	2.97	5.42	0.04	4.54
黄陂区	2.99	3.14	3.09	4.84	0.10	1.66
新洲区	2.99	3.39	3.16	11.80	0.09	6.67

由表 8-14 可知，运用 SRS 方法时，各区家庭平均户规模基本无差异，均为 2.99 人/户左右，而一半区域家庭平均户规模与真实数据之间的误差超过 10%，这也体现了随机性的缺陷。由于 MM 算法是按照区域家庭平均户规模设定的约束条件，因此合成得到的家庭平均户规模数据十分接近真实数据，误差值都小于 0.3%。IPF 算法所合成的数据与真实数据相比，差异较小，误差几乎控制在 15% 以内，基本达到 85% 的精度，且精度较优于 SRS 方法。因此，在家庭平均户规模的合成中，MM 算法优于 SRS 方法与 IPF 算法，IPF 算法优于 SRS 方法。

表 8-15　基于 NBS 的各城区人口性别结构误差统计　　单位:%

地区	总人数			男性人数			女性人数		
	SRS	MM	IPF	SRS	MM	IPF	SRS	MM	IPF
江岸区	3.81	10.37	0.09	5.14	8.83	0.84	2.49	11.91	1.00
江汉区	2.39	9.37	0.91	1.94	9.21	1.31	2.87	9.54	0.49
硚口区	6.42	16.76	9.44	6.33	16.40	9.62	6.50	17.12	9.27
汉阳区	2.01	11.00	5.10	5.00	13.61	7.97	1.24	8.15	1.98
武昌区	4.60	17.35	7.95	5.27	17.53	8.89	3.90	17.16	6.98

表8-15(续)

地区	总人数			男性人数			女性人数		
	SRS	MM	IPF	SRS	MM	IPF	SRS	MM	IPF
青山区	1.10	6.35	1.76	0.58	7.74	3.69	2.88	4.87	0.29
洪山区	25.66	36.84	28.29	29.16	39.64	32.02	21.69	33.66	24.06
东西湖区	5.76	10.33	8.18	8.41	12.77	11.16	2.89	7.69	4.95
汉南区	5.07	4.99	5.30	8.41	8.61	8.63	1.41	1.02	1.66
蔡甸区	13.90	13.82	13.29	16.17	16.86	15.70	11.43	10.53	10.68
江夏区	29.98	33.60	30.57	30.77	34.70	31.49	29.14	32.46	29.60
黄陂区	11.25	6.63	8.28	11.96	7.49	8.79	10.51	5.73	7.76
新洲区	16.75	5.71	11.92	18.97	8.08	14.20	14.35	3.14	9.44
平均误差	9.90	14.09	10.08	11.39	15.50	11.87	8.56	12.54	8.32

由表 8-15 可知，在总人数的合成中，最大的前 3 个误差值均超过了 30%，其中 IPF 算法下最大的误差值为 30.57%，而 IPF 算法下最小的误差值仅为 0.09%（江岸区），表明即使是同一算法，合成数据的精度也会受到不同地区基础数据的影响，导致误差差异较大。男性人数中，三种算法下洪山区的误差值均远大于江岸区，其次是江夏区的误差值也都超过了 30%，而其他地区均在 20% 以下。在女性人数中，明显可以看到 MM 算法下的误差值较大，IPF 算法下青山区的误差值最小，为 0.29%。从各算法的平均误差来看，其值均在 16% 以下，精度均达到 80% 以上，同时 IPF 算法与 SRS 方法误差值差异较小。因此，在 2010 年武汉市各区人工人口性别结构中，IPF 算法与 SRS 方法的优劣性不相上下，但 MM 算法劣于其他两种算法。

表 8-16　基于 NBS 的各城区人口年龄结构误差统计　　单位:%

地区	0~14 岁			15~59 岁			60 岁及以上		
	SRS	MM	IPF	SRS	MM	IPF	SRS	MM	IPF
江岸区	11.89	21.94	3.97	3.54	15.32	3.97	1.90	2.08	2.38
江汉区	12.16	19.00	4.60	0.19	13.19	3.46	6.87	4.10	0.79
硚口区	9.94	17.85	3.30	12.37	12.57	3.48	11.39	2.82	1.78

表8-16(续)

地区	0~14岁			15~59岁			60岁及以上		
	SRS	MM	IPF	SRS	MM	IPF	SRS	MM	IPF
汉阳区	12.70	15.60	4.16	3.44	10.83	3.35	5.67	5.30	1.27
武昌区	12.92	21.72	3.94	6.93	14.85	3.72	6.63	1.46	2.06
青山区	10.87	12.69	2.51	5.15	9.34	3.31	29.69	8.07	0.33
洪山区	3.93	24.38	4.30	48.60	16.55	3.73	21.64	0.79	1.88
东西湖区	28.66	10.01	3.96	5.85	6.28	2.28	9.70	7.05	3.12
汉南区	16.51	2.79	0.65	3.24	1.42	0.01	8.52	10.77	1.36
蔡甸区	26.30	1.70	0.59	13.99	1.83	0.61	20.55	12.41	1.35
江夏区	35.64	10.42	2.21	51.07	6.81	0.78	1.55	8.18	0.15
黄陂区	36.41	5.82	3.70	5.20	3.28	3.62	36.70	15.64	1.52
新洲区	51.94	17.29	6.84	14.80	11.57	6.11	25.66	19.73	3.25
平均误差	20.76	13.94	3.44	13.41	9.53	2.96	14.34	7.57	1.63

由表8-16可知,在0~14岁的人口中,最大的前3个误差值对应的算法均是SRS方法,且这些值远远大于相同地区的其他两种算法对应的误差值。在15~59岁的人口中,SRS方法下的误差值中也有两个超过了40%,该年龄段中IPF算法下汉南区的误差值最小,为0.01%,且IPF算法下的所有误差值均小于MM算法。在60岁及以上人口中,最大的前3个误差值对应的算法均是SRS方法,且该算法下的最小误差为1.55%(江夏区),表明不同地区之间的数据精度差异较大。从平均误差来看,除了0~14岁年龄段中SRS方法下的误差值为20.76%,其他误差值均在15%以下,合成数据精度基本达到85%;此外,IPF算法下的误差值均在4%以下,说明该算法下得到的数据精度最高,其次是MM算法。

8.3.2 不同微观数据源的合成数据精度比较

通过上述比较分析可知,IPF算法合成的数据比SRS方法、MM算法所合成的数据的稳定性更高,因此我们运用IPF算法对IPUMS与NBS两种微观数据源的合成数据进行对比,结果如表8-17所示。

表 8-17 IPF 算法下不同微观数据源误差统计   单位:%

地区	数据源	家庭户规模	男性	女性	0~14岁	15~59岁	60岁及以上	平均误差
江岸区	IPUMS	4.02	2.07	6.00	19.84	6.91	14.46	8.88
	NBS	11.47	0.84	1.00	3.97	3.97	2.38	3.94
江汉区	IPUMS	2.15	2.05	2.25	19.83	7.43	4.67	6.40
	NBS	9.25	1.31	0.49	4.60	3.46	0.79	3.32
硚口区	IPUMS	10.64	7.88	13.40	16.80	16.31	5.86	11.82
	NBS	8.80	9.62	9.27	3.30	3.48	1.78	6.04
汉阳区	IPUMS	6.94	6.89	7.01	12.27	11.07	5.08	8.21
	NBS	6.62	7.97	1.98	4.16	3.35	1.27	4.23
武昌区	IPUMS	11.28	11.02	11.56	22.60	16.80	13.24	14.42
	NBS	11.35	8.89	6.98	3.94	3.72	2.06	6.16
青山区	IPUMS	4.34	5.13	3.48	25.10	8.92	9.55	9.42
	NBS	4.95	3.69	0.29	2.51	3.31	0.33	2.51
洪山区	IPUMS	24.73	29.78	18.52	3.93	31.95	10.55	19.91
	NBS	13.62	32.02	24.06	4.30	3.73	1.88	13.27
东西湖区	IPUMS	9.70	11.21	8.03	14.88	11.86	20.43	12.69
	NBS	2.22	11.16	4.95	3.96	2.28	3.12	4.62
汉南区	IPUMS	0.50	0.03	0.99	18.66	2.23	22.03	7.41
	NBS	0.07	8.63	1.66	0.65	0.01	1.36	2.06
蔡甸区	IPUMS	11.46	11.93	10.95	26.28	7.29	7.90	12.64
	NBS	0.60	15.70	10.68	0.59	0.61	1.35	4.92
江夏区	IPUMS	17.50	18.13	16.82	40.93	11.91	7.69	18.83
	NBS	4.54	31.49	29.60	2.21	0.78	0.15	11.46
黄陂区	IPUMS	19.65	19.28	20.04	40.12	14.31	4.94	19.72
	NBS	1.66	8.79	7.76	3.70	3.62	1.52	4.51
新洲区	IPUMS	12.26	12.49	12.01	41.54	2.75	8.14	14.87
	NBS	6.67	14.20	9.44	6.84	6.11	3.25	7.75

由表 8-17 可知，在各区域男性误差列中，误差对比不明显，共有 6 个区域的 IPUMS 对应的误差值小于 NBS，其他 7 个区域则相反。在各区域女性误差列中，共有 10 个区域的 IPUMS 对应的误差值大于 NBS，只有洪山区、汉南区、江夏区 3 个区域呈相反态势。在三个年龄段误差列中，除洪山区与新洲区两个区域外，其他城区的 NBS 对应的误差值均小于 IPUMS。综合各属性数据的误差值得到平均误差，从平均误差列中可看到，每个区域相对较小的平均误差值所对应的微观数据源均为 NBS。综上所述，与 IPUMS 微观数据源相比，以 NBS 为微观数据源所合成的人工人口数据的精度更高。

8.3.3 不同方法的合成数据精度比较

从上述合成数据误差分析中可知，以 IPUMS 为微观数据源，采用 SRS 方法、MM 算法、IPF 算法合成人工人口数据的优劣性差异不明显，故此处只选取 NBS 微观数据合成的人工人口数据集进行三种方法的合成数据精度对比，结果如表 8-18 所示。

表 8-18　基于 NBS 微观数据的不同合成方法误差统计　　单位:%

地区	方法	家庭户规模	男性	女性	0~14 岁	15~59 岁	60 岁及以上	平均误差
江岸区	SRS	3.81	5.14	2.49	11.89	3.54	1.90	4.80
	MM	10.37	8.83	11.91	21.94	15.32	2.08	11.74
	IPF	0.09	0.84	1.00	3.97	3.97	2.38	2.04
江汉区	SRS	2.39	1.94	2.87	12.16	0.19	6.87	4.40
	MM	9.37	9.21	9.54	19.00	13.19	4.10	10.74
	IPF	0.91	1.31	0.49	4.60	3.46	0.79	1.93
硚口区	SRS	6.42	6.33	6.50	9.94	12.37	11.39	8.83
	MM	16.76	16.40	17.12	17.85	12.57	2.82	13.92
	IPF	9.44	9.62	9.27	3.30	3.48	1.78	6.15
汉阳区	SRS	2.01	5.00	1.24	12.70	3.44	5.67	5.01
	MM	11.00	13.61	8.15	15.60	10.83	5.30	10.75
	IPF	5.10	7.97	1.98	4.16	3.35	1.27	3.97

表8-18(续)

地区	方法	家庭户规模	男性	女性	0~14岁	15~59岁	60岁及以上	平均误差
武昌区	SRS	4.60	5.27	3.90	12.92	6.93	6.63	6.71
	MM	17.35	17.53	17.16	21.72	14.85	1.46	15.01
	IPF	7.95	8.89	6.98	3.94	3.72	2.06	5.59
青山区	SRS	1.10	0.58	2.88	10.87	5.15	29.69	8.38
	MM	6.35	7.74	4.87	12.69	9.34	8.07	8.18
	IPF	1.76	3.69	0.29	2.51	3.31	0.33	1.98
洪山区	SRS	25.66	29.16	21.69	3.93	48.60	21.64	25.11
	MM	36.84	39.64	33.66	24.38	16.55	0.79	25.31
	IPF	28.29	32.02	24.06	4.30	3.73	1.88	15.71
东西湖区	SRS	5.76	8.41	2.89	28.66	5.85	9.70	10.21
	MM	10.33	12.77	7.69	10.01	6.28	7.05	9.02
	IPF	8.18	11.16	4.95	3.96	2.28	3.12	5.61
汉南区	SRS	5.07	8.41	1.41	16.51	3.24	8.52	7.19
	MM	4.99	8.61	1.02	2.79	1.42	10.77	4.93
	IPF	5.30	8.63	1.66	0.65	0.01	1.36	2.94
蔡甸区	SRS	13.90	16.17	11.43	26.30	13.99	20.55	17.06
	MM	13.82	16.86	10.53	1.70	1.83	12.41	9.53
	IPF	13.29	15.70	10.68	0.59	0.61	1.35	7.04
江夏区	SRS	29.98	30.77	29.14	35.64	51.07	1.55	29.69
	MM	33.60	34.70	32.46	10.42	6.81	8.18	21.03
	IPF	30.57	31.49	29.60	2.21	0.78	0.15	15.80
黄陂区	SRS	11.25	11.96	10.51	36.41	5.20	36.70	18.67
	MM	6.63	7.49	5.73	5.82	3.28	15.64	7.43
	IPF	8.28	8.79	7.76	3.70	3.62	1.52	5.61
新洲区	SRS	16.75	18.97	14.35	51.94	14.80	25.66	23.75
	MM	5.71	8.08	3.14	17.29	11.57	19.73	10.92
	IPF	11.92	14.20	9.44	6.84	6.11	3.25	8.63

由表 8-18 可知，在家庭户规模误差列中，没有哪一种方法全面优于其他两种方法。SRS 方法在黄陂区、新洲区两个区域的误差值明显高于其他两种算法，但在硚口区、汉阳区等 7 个区域内，误差值却又低于其他算法，同时，在这 8 个区域中，SRS 方法对应的误差值与 MM 算法差距较大，误差之间的最大差值为 12.75%（武昌区），与 IPF 算法对应的误差差值较小，最大为 3.35%，对于 SRS 方法来说，其与 IPF 算法的误差值差距较小，且精度优于 MM 算法。在黄陂区与新洲区，MM 算法对应的误差值小于其他两种算法，与 SRS 方法下的误差值分别相差 4.62%、11.04%，与 IPF 算法下的误差值分别相差 1.65%、6.21%。对于 MM 算法来说，其与 IPF 算法的误差差值小于 SRS 方法，精度优于 SRS 方法。IPF 算法在江岸区与江汉区对应的误差值小于 SRS 方法，且远小于 MM 算法。综上所述，通过家庭户规模属性，难以比较算法的优劣。

在男性与女性误差列中，与家庭户规模误差列呈现相同的情况。在三个年龄段误差列中，包括硚口区、汉阳区等在内的 8 个区域中 IPF 算法对应的误差值最小，但也存在个别年龄段中 SRS 方法或 MM 算法对应的误差值最小的情况。但从整体来看，即使个别区域中 SRS 方法或 MM 算法对应的误差值小于 IPF 算法，但差距都比较小，如在 0~14 岁人口中，洪山区中 SRS 算法对应的误差值（3.93%）较 IPF 算法（4.30%）小 0.37%。

在平均误差列中，IPF 算法在每个区域的平均误差较其他两种算法都是最小的，最大误差为 15.80%（江夏区）；MM 算法与 SRS 方法下的误差值忽高忽低，不分上下。因此，以 NBS 为微观数据源，并分别采用 SRS、MM、IPF 算法合成人工人口数据时，精度最高的是 IPF 算法，而 MM 算法与 SRS 方法无法进行比较，故 IPF 算法优于 SRS 方法和 MM 算法。

8.4 武汉市人工人口空间分布特征

经 SPEW 合成的人工人口，每一个个体随家庭按照沿道路就近分配的方法，被赋予了不同的经纬度坐标，因此，可以对人工人口进行空间分析。同时，每一个个体具有年龄、性别属性特征，前文已针对这些分类属性进行了人工人口的精度分析与比对，经验证得出，利用 IPF 算法所得的 2010 年武汉市人工人口数据的精度最高。因此，本节将从位置、性别、年龄三个角度，对 2010 年武汉市人工人口数据展开空间上的细致分析。首先，运用 ArcGIS Pro2.8 将武汉市行政区划矢量数据转换为 1 km×1 km 格网，然后与所合成的武汉市 13 个行政区的人工人口数据进行空间连接，形成人工人口渔网密度分析图，如图 8-3 所示。

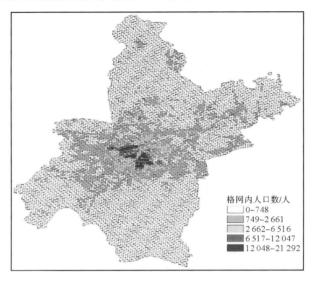

图 8-3　武汉市人工人口渔网密度分析

由图 8-3 可知，武汉市人工人口分布不均，城市中心人口密集程度最高，距市中心越远的区域人口密度越低，呈现中心聚集，并向外逐渐递减的趋势。为了更精细地观察人工人口空间分布情况，我们对江汉区人工人口数据与道路数据的空间分布进行分析，如图 8-4 所示。

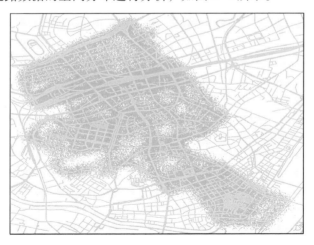

图 8-4　江汉区人工人口空间分布

图 8-4 中，点状代表人工人口个体，线条代表道路，线条越密集或越粗，周边的点越多，说明个体分布于道路附近，道路越密集的地方人数越多。武汉市人工人口性别空间分布如图 8-5 所示。

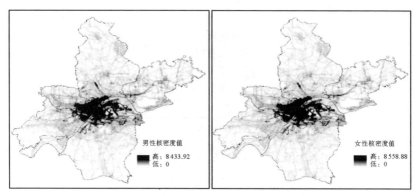

图 8-5　武汉市人工人口性别空间分布

在图 8-5 中，颜色越深表示点越密集，代表人口数越多，颜色越浅则代表人口数越少。由图 8-5 可知，左右两图中的颜色深浅特点基本一致，说明人工人口中的男性空间分布与女性空间分布特征基本一致，且每个性别的人口空间分布均与武汉市总人口空间分布保持相同的特征，即市中心人口最密集，越往外密集程度逐渐降低。同时，由图 8-5 可知，人工人口性别属性特征在空间上分布均衡，并没有出现单一性别的聚集情况，符合真实社会及家庭中的性别构成规律。武汉市人工人口年龄空间分布如图 8-6 所示。

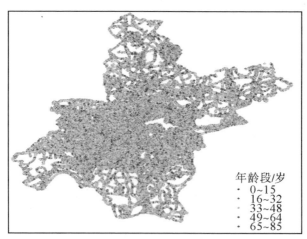

图 8-6　武汉市人工人口年龄空间分布

由图 8-6 可知，武汉市各年龄段人工人口的个体空间分布较均衡，在同一条线上与同一区域中，各个年龄段人口间断出现，分布较为均匀，不存在某一年龄段明显聚集的现象。

综上所述，本章所生成的武汉市人工人口的空间特征，符合真实社会人口空间分布特征，与现实社会人口分布一致性较高。具体表现为：第一，人工人口密度在城市内部呈现出以市中心为圆心，逐渐向外递减的特征，人口密集区集中于武汉市的 7 个主城区；第二，在个体分布特征中，每一个个体被分配于道路附近，与真实社会中居住区与道路不可分割这一现象相符；第三，人工人口的性别与年龄分布基本随机，不存在某一属性特征的单一化或聚集化。

9 基于遗传算法的人口属性 空间化研究

人工人口的生成方法主要有合成重构法和组合优化法两种。合成重构法多采用迭代比例拟合方法生成人工人口，其难以兼顾个人和家庭两个层面的属性分布；而组合优化法采用启发式算法能够较好地解决这一问题。

现有的组合优化方法多采用模拟退火算法，而本章则重点对遗传算法及其应用展开研究。本章主要以成都市为研究对象，探索采用遗传算法及其改进方法构建人工人口的过程、步骤，并与传统迭代比例拟合方法进行精度比较。

9.1 数据来源与基础格式

9.1.1 数据来源

1. 人口汇总数据及地理数据

本章所使用的人口统计数据，主要来自第五次全国人口普查数据。人口普查主要调查了人口的基本属性，包括个体年龄、性别、婚育情况、住房情况等。可获得的公开普查数据没有细致的样本数据，只有以行政区划为基础的各属性综合统计结果。

2. 人口微观数据

微观数据是对全国人口普查数据的抽样，采用简单随机抽样法进行抽取，抽样比为 0.95‰（不包含现役军人和难以确定常住地的人口）。本章选取了 IPUMS 中 2000 年的中国人口微观数据，其中部分指标的属性如表 9-1 所示。

表 9-1　IPUMS 中第五次全国人口普查微观数据指标

指标	属性
户籍指标	户别（家庭户/集体户）
	本户普查登记的男性人数、女性人数
	户籍人口中外出不满半年的男性人数、女性人数
	1999.11.1—2000.10.31 出生的男性人数、女性人数
个人基本信息	与户主关系、性别、年龄、民族、出生地、工作情况等
受教育程度	是否识字、学历、是否成人学历教育、学业完成情况
工作情况	是否有工作、工作时间、行业、职业
生育情况	初婚年月、生育子女数、1999.11.1—2000.10.31 的生育情况

个体层面的变量包括个体年龄、性别、婚姻状况等，变量说明如表 9-2 所示。

表 9-2　个体层面的变量说明

变量名	数据类型	说明
Age	整数型	年龄，取值范围为 0~95 岁及以上
Sex	整数型	性别，1 表示男性，2 表示女性
Kind	整数型	住户类型，1 表示家庭户，2 表示集体户
Mstatus	整数型	婚姻关系，1 表示未婚，2 表示初婚有配偶，3 表示再婚有配偶，4 表示离婚，5 表示丧偶

家庭层面的变量包括家庭总人数、家庭男性人数、家庭女性人数等，变量说明如表 9-3 所示。

表 9-3　家庭层面的变量说明

变量名	数据类型	说明
NP	整数型	家庭总人数，取值范围为 1~10 人及以上
Famale	整数型	家庭女性总人数
Male	整数型	家庭男性总人数
RAC1P	整数型	户主的民族

9.1.2 基础数据格式

在合成人工人口数据之前，需要统计人口的总体数据和样本数据，人口总体数据代表了合成人工人口的约束条件。家庭总户数取自第五次全国人口普查数据中成都市各城区家庭户总户数数据，本书所生成的成都市各城区的唯一标识符为 Place_id，各城区名称用 Name 表示，家庭户总户数用 NP 表示。2000 年成都市 10 个主要城区的家庭户总户数如表 9-4 所示[①]。

表 9-4　2000 年成都市 10 个主要城区的家庭户总户数

行政区划	区县名称	户数/户
510104	锦江区	143 264
510105	青羊区	169 082
510106	金牛区	283 856
510107	武侯区	234 004
510108	成华区	222 509
510112	龙泉驿区	140 470
510125	新都县	180 392
510123	温江县	97 189
510122	双流县	256 622
510124	郫县	149 878

由于样本量的限制，以及组合优化法更适合生成小区域人工人口数据的性质，本章将以每个区县街镇级的区域为单位，逐个拟合街镇级的人工人口数据，然后加总为每个区县的总人工人口数据。本章所选择的 2000 年成都市 10 个区县共有 188 个街镇。部分街镇数据如表 9-5 所示，其中 FID 为序号（为唯一标识符），ename 为街镇名，NHH 为家庭户户数，NP 为总人口数，NM 为男性总人口数，NF 为女性总人口数，NGR 为性别比，NHM 为平均家庭户人数。

---

① 此处为 2000 年全国人口普查数据中成都市各主要城区家庭的数据，因此有部分县还未撤县设区。其中，经国务院批准，2002 年，将原新都县、温江县撤县设区；2015 年，将原双流县撤县设区；2016 年，撤销郫县，设立成都市郫都区。

表 9-5 部分街镇的家庭户数据

FID	ename	NHH/户	NP/人	NM/人	NF/人	NGR/%	NHM/人
0	黄甲镇	5 413	17 901	9 149	8 752	104.54	3.31
1	花园镇	6 424	20 421	10 357	10 064	102.91	3.18
2	黄水镇	9 046	31 997	16 176	15 821	102.24	3.54
3	四川工业学院街道	1 072	2 488	1 312	1 176	111.56	2.32
4	黄龙溪镇	7 282	25 283	13 010	12 273	106.01	3.47
5	双桥子街道	12 031	35 547	18 178	17 369	104.66	2.95
6	华阳镇	32 440	98 182	48 715	49 467	98.48	3.03
7	石人街道	21 947	56 797	27 881	28 916	96.42	2.59
8	十陵镇	16 908	51 840	26 214	25 626	102.29	3.07
9	石板滩镇	9 258	30 623	15 824	14 799	106.93	3.31
......	......	......	......	......	......	......	......
187	曹家巷街道	12 916	36 076	17 953	18 123	99.06	2.79

部分街镇按年龄分段的人口数据如表 9-6 所示，本书将年龄段分为 0~14 岁、15~64 岁和 65 岁及以上。

表 9-6 部分街镇按年龄分段的人口数据　　　　　单位：人

FID	ename	0~14 岁	15~64 岁	65 岁及以上
0	黄甲镇	3 094	13 834	1 368
1	花园镇	3 596	15 168	1 870
2	黄水镇	6 198	24 232	2 592
3	四川工业学院街道	308	12 836	241
4	黄龙溪镇	4 733	18 351	2 450
5	双桥子街道	4 592	32 558	3 243
6	华阳镇	18 342	80 718	7 126
......	......	......	......	......
187	曹家巷街道	4 503	27 715	5 204

部分街镇的家庭户规模如表 9-7 所示，本书主要将家庭户规模分为一人户、二人户、三人户、四人户、五人户及以上五类。

表 9-7　部分街镇的家庭户规模列表　　　　　　　　　单位：户

FID	ename	一人户	二人户	三人户	四人户	五人户及以上
0	黄甲镇	392	802	2 153	1 276	790
1	花园镇	511	1 164	2 666	1 178	905
2	黄水镇	513	1 087	3 315	2 150	1 981
3	四川工业学院街道	232	414	319	72	35
4	黄龙溪镇	587	1 047	2 539	1 489	1 620
5	双桥子街道	1 142	2 832	5 248	1 588	1 221
6	华阳镇	3 669	7 031	12 280	5 451	4 009
7	石人街道	3 760	6 657	8 014	2 311	1 205
……	……	……	……	……	……	……
187	曹家巷街道	1 868	3 482	4 744	1 656	1 166

用于拟合家庭中个体的数据取自全国人口普查微观数据，分为家庭数据和个体数据。家庭户编号用 HHID 表示，作为调查样本的成都 10 个区县中共有 3 373 户样本家庭，编号为 1～3373；家庭总人数用 NP 表示，男性人数用 Male 表示，女性人数用 Female 表示，具体人数如表 9-8 所示。

表 9-8　IPUMS 微观数据中成都市各家庭户的人数　　单位：人

HHID	NP	Male	Female
1	2	2	0
2	6	4	2
3	1	0	1
4	2	1	1
5	1	1	0
6	2	1	1
……	……	……	……
3373	2	1	1

个体的年龄和性别数据同样来自全国人口普查微观数据，个体属于家庭，个体信息中包含家庭户编号 HHID，个体编号 PID；性别用字段 Sex 表

示，1 为男性，2 为女性；年龄用字段 Age 表示，取值为大于等于 0 的整数。个体基本信息数据如表 9-9 所示。

表 9-9　IPUMS 微观数据中成都市个体基本信息数据

PID	HHID	Sex	Age/岁
1	1	1	45
2	1	1	6
3	2	1	53
4	2	2	54
5	2	2	29
6	2	1	26
7	2	1	25
8	2	1	5
……	……	……	……
10515	3 373	2	46

9.2　基于遗传算法的人工人口构建

9.2.1　人工人口的构建流程

前文提到人工人口的生成过程可以看作一个组合优化的问题，是指在满足人口总体数据的约束条件下，用少量样本数据去拟合所有的人口数据。表 9-10 至表 9-13 是一个简单的用组合优化法构建人工人口的流程，具体步骤如下：

（1）获取微观样本数据和总体约束数据，这里假设选取的家庭属性有成员数（NP）、成年人数（Adult）和未成年人数（Children），对应的总体数据有该地区的家庭户规模、成年人与未成年人的总数，具体如表 9-10 所示。

表 9-10　基础数据示例

微观数据示例				地区汇总家庭户数据示例			
编号	属性			家庭户规模	数量/户	类型	数量/人
	NP/人	Adult/人	Children/人	一人户	1	Adult	4
1	3	2	1	二人户	1	Children	3
2	2	0	2	三人户	0		
3	4	2	2	四人户	1		
4	4	3	1	五人户及以上	0		
5	1	1	0	合计	3	合计	7

由表 9-10 可知，在微观数据示例中有 5 个家庭记录，记录 1 表明该家庭有 3 人，其中 2 人为成年人，1 人为未成年人，其他记录类似。地区汇总家庭户数据表明，该地区有 3 户家庭需要拟合，它们的家庭户规模分别为一人户、二人户和四人户，共计 7 人，其中成年人为 4 人，未成年人为 3 人。这一数据包含了人工人口生成中的两类约束——家庭规模约束和年龄约束。

（2）随机从样本数据中选择三个家庭作为初始估计（比如编号为 1、4 和 5 的家庭）。

（3）计算随机选择的样本家庭与地区约束的绝对误差，如表 9-11 所示。

表 9-11　绝对误差计算

家庭户规模	Estimated Freq (a)	Observed Freq (b)	Absolute diff |E(a)-O(b)|	类型	Estimated Freq (a)	Observed Freq (b)	Absolute diff |E(a)-O(b)|
一人户	1	1	0	Adult	6	4	2
二人户	0	1	1	Children	2	3	1
三人户	1	0	1				
四人户	1	1	0				
五人户及以上	0	0	0				

在表 9-11 中，Estimated 为生成数据，Observed 为实际数据，Absolute

diff｜E（a）－O（b）｜为二者差值的绝对值。表9-11 中呈现了家庭规模和年龄结构两类误差的绝对值，它构成了人工人口生成的目标函数，这两类误差的绝对值的和越小，表示生成精度越高，总的绝对误差（TAE）为：TAE＝2+3＝5。

（4）对样本进行迭代，先随机选择一个家庭（编号为1、4或者5 的家庭），再从样本中随机选择另一个家庭进行对比，如果绝对误差减少则替换，否则重新选择。假如选择家庭3 替换家庭1，替换之后的绝对误差如表9-12 所示。

表9-12　经过一次迭代之后

家庭户规模	Estimated Freq(a)	Observed Freq(b)	Absolute diff ｜E（a）-O（b）｜	类型	Estimates Freq(a)	Observed Freq(b)	Absolute diff ｜E（a）-O（b）｜
一人户	1	1	0	Adult	6	4	2
二人户	0	1	1	Children	3	3	0
三人户	0	0	0				
四人户	2	1	1				
五人户及以上	0	0	0				

经过一次迭代之后，总的绝对误差为：TAE＝2＋2＝4。

（5）重复第（4）步，不断对样本进行迭代，直到总的误差值达到可接受的范围，或者满足预先设定的终止条件，最终生成的家庭如表9-13 所示。

表9-13　最终生成的家庭

家庭户规模	Estimated Freq(a)	Observed Freq(b)	Absolute diff ｜E（a）-O（b）｜	类型	Estimates Freq(a)	Observed Freq(b)	Absolute diff ｜E（a）-O（b）｜
一人户	1	1	0	Adult	4	4	0
二人户	1	1	0	Children	3	3	0
三人户	0	0	0				
四人户	1	1	0				
五人户及以上	0	0	0				

由表9-13 可知，在本例中，最后家庭2、家庭4 和家庭5 的绝对误差的

和为 0，那么家庭 2、家庭 4 和家庭 5 就是该地区人工人口数据的最优解。

结合组合优化法的原理，我们将基于遗传算法构建人工人口的步骤设定如下：

（1）确定人口属性。人口属性用于描述家庭的特性，比如总人口、男性、女性等，通常我们会根据具体的研究问题选择不同的人口属性。

（2）人口属性编码。将上一步确定的人口属性排列成串，一个人口属性串代表一个个体。

（3）生成初始种群。根据所求地区的家庭户数设置合适的种群数，然后针对每个地区生成对应的初始种群。

（4）更新种群。根据遗传进化规则，对上述的人口属性进行更新，得到新的人工人口数据。遗传进化规则包括选择、交叉、变异等。

（5）终止算法。当迭代达到规定的次数或预设的收敛准则时，终止算法，并确定最终的人工人口数据。

9.2.2 遗传算法的设定

根据上述人工人口的构建流程，基于遗传算法生成人工人口的步骤如图 9-1 所示。

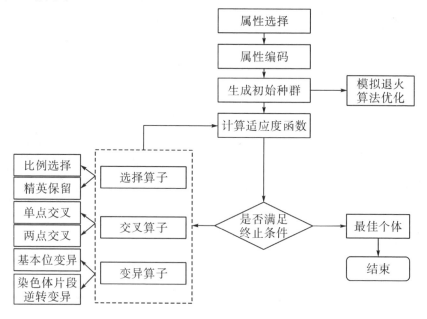

图 9-1　遗传算法的基本框架

1. 确定人工人口属性

在现实生活中，每个人都具有一定的属性，比如性别、年龄、民族、工作等。因此，根据不同的研究目的，我们首先要抽取现实中人的属性来确定人工人口的属性。

2. 人工人口属性编码

本书以家庭为基础进行遗传算法的操作，因此，根据上述选取的人口属性变量，我们要对每一个变量进行编码，并将这些编码串联成串，用以表示一个家庭。本书选取的家庭属性有家庭编号、家庭总人口、男性人口和女性人口，都采用的是整型编码。表 9-14 中列出了四个家庭的属性串，其中，家庭一表示的是编号为 1，有两个男性的家庭；家庭二表示的是编号为 11，有一男一女的家庭；家庭三表示的是编号为 18，有一个男性的家庭；家庭四表示的是编号为 22，有两男两女的家庭。

表 9-14　人工人口家庭属性串示例

家庭	编号	总人口/人	男性/人	女性/人
家庭一	1	2	2	0
家庭二	11	2	1	1
家庭三	18	1	1	0
家庭四	22	4	2	2

3. 生成初始人工人口种群

根据所选研究区域的家庭户数，我们需要确定初始人工人口种群数目，人工人口种群规模和最终人工人口种群规模，以及人工人口进化代数。我们将每个区的初始种群都设置为 20。

4. 计算适应度函数

我们用微观样本去拟合总体数据，目标函数设定为总绝对误差最小，就如表 9-10 至表 9-13 展示的一样。本书选择的人口属性包括人口总数、家庭户规模、性别比及年龄段，因此总绝对误差的定义如式（9-1）所示。

$$\text{TAE}_{\min} = \sum_{ijk} \left| O_{ij}^{k} - E_{ij}^{k} \right| \tag{9-1}$$

其中，O_{ij}^{k} 表示第 i 行 j 列的总体约束值，E_{ij}^{k} 表示第 i 行 j 列的拟合值。k 表示算法进化代数。因为是求解最小值，所以适应度函数可以设定为式（9-2）的形式。

$$f(x) = \frac{1}{\sum_{ijk} | O_{ij}^k - E_{ij}^k |} \qquad (9-2)$$

每更新一次会重新计算种群的适应度函数，若最优解改变则更新种群，否则继续迭代。

5. 更新人工人口

在更新人工人口时，需要规定遗传和进化的规则，本书用到的遗传算子包括选择、交叉和变异，具体的叙述如下：

（1）选择。当前群体中的个体可以某一概率被选择进入下一代。个体被选中进入下一代的概率取决于个体的适应度，若其适应度值大，则个体被选中进入下一代的概率就大；反之，被选中进入下一代的概率就小。本书使用了比例选择和精英选择两种方法，具体为：

①比例选择。比例选择是最基本的选择方法，将每个个体被选中的概率设置为其适应度与群体总的适应度之和的比值。假定一个种群规模为 n 的群体 $P = \{a_1, a_2, a_3, \cdots, a_n\}$，$f(a_i)$ 为个体 a_i 的适应度，则个体 a_i 被选中进入下一代的概率如式（9-3）所示。

$$p(a_i) = \frac{f(a_i)}{\sum_{j=1}^{n} f(a_j)}, \ i = 1, 2, \cdots, n \qquad (9-3)$$

假如优化问题不存在目标函数，个体被选中进入下一代的概率与其所属种类数目同种群规模的比值有关。假如种群规模为 n 的群体 $P = \{a_1, a_2, a_3, \cdots, a_n\}$，设 n 个个体分别属于 m 个种类 A_k，$k = 1, 2, \cdots, m$，每个种类 A_k 含有 $|A_k|$ 个个体，则个体 a_i 被选中进入下一代的概率如式（9-4）所示。

$$p(a_i) = \frac{|A_k|}{n}, \ a_i \in A_k \qquad (9-4)$$

②精英选择。如果下一代种群的最优个体适应度小于上一代种群的最优个体适应度，就将上一代适应度排名最前的多个个体直接保留到下一代，通常是先进行适应度排序，然后按顺序进行选择，使适应度较高的前多个个体直接替代下一代中相应数量的个体。替代方式一般是随机选取或者选择适应度较差的个体，本书采用精英选择策略，将目标函数，即总误差表现更好的个体直接保留到下一代。

（2）交叉。在基于遗传算法的人工人口合成中，配对的两个家庭通过交换各自的属性值而产生两个新的个体。交叉操作包括以下三个步骤：第一，随机抽取要交换的一堆个体；第二，根据属性串的长度 L，随机选择一个或多个整数 k 作为交叉位置；第三，根据交叉概率 $p_c(0 < p_c \leqslant 1)$ 进行交叉操作，使配对个体在交叉位置处相互交换各自对应的部分属性串，从而形成两个新的个体。一般会使用随机配对的方法将 N 个个体随机组成 $[N/2]$ 组个体，$[X]$ 表示不大于 X 的最大整数（吕宜生，2010）。只有一个交叉点的交叉算子称为单点交叉，有多个交叉点的交叉算子称为多点交叉。

①单点交叉。单点交叉是最简单的一种交叉方式。被选择配对的个体的属性串 $l_1 = a_1, a_2, a_3, \cdots, a_i, a_{i+1}, \cdots, a_L$；$l_2 = b_1, b_2, b_3, \cdots, b_i, b_{i+1}, \cdots, b_L$，随机选择交叉位 $x \in \{1, 2, \cdots, L-1\}$。设 $i < x \leqslant i + 1$，对两个个体属性串中 x 位置右侧部分的染色体串进行交换，产生两个新的个体为 $l_1' = a_1, a_2, a_3, \cdots, a_i, a_{i+1}, \cdots, b_L$；$l_2' = b_1, b_2, b_3, \cdots, b_i, b_{i+1}, \cdots, a_L$。单点交叉示例如图9-2所示。

A	121321	1101	单点交叉	A′	121321	0011
B	113344	0011		B′	113344	1101

图9-2　单点交叉示例

②多点交叉。从选定的两个个体属性串中随机选择两个或以上的交叉点，构成交叉点集合：$x_1, x_2, \cdots, x_3 \in \{1, 2, \cdots, L-1\}$，假设将 L 个基因位划为 $K + 1$ 个基因位集合 $Q_k = \{l_k, l_k + 1, \cdots, l_{k+1} - 1\}$，$k = 1, 2, \cdots, K + 1$，$l_1 = 1$，$l_{k+2} = L + 1$，多点交叉算子形式为：

若 $i \in Q_k$，k 为偶数，则 $a_i' = b_i$；否则 $a_i' = a_i$。

若 $i \in Q_k$，k 为偶数，则 $b_i' = a_i$；否则 $b_i' = b_i$。

两点交叉示例如图9-3所示。

A	121	321	1101	两点交叉	A′	121	344	0011
B	113	344	0011		B′	113	321	1101

图9-3　两点交叉示例

（3）变异。变异是产生新个体的另一种方式，为了保证变异后的差距不会太大，变异概率 p_m 一般取值较小；变异算子依据变异概率 p_m 随机将某个等位基因进行取反或用其他等位基因来替代。由于变异概率很小，在应用中为了节约计算资源，通常采用如下方式：

首先，计算个体发生变异的概率，设变异概率为 p_m，则群体中个体发生变异的概率如式（9-5）所示。

$$p_m(a_i) = 1 - (1 - p_m)^L, \quad i = 1, 2, \cdots, n \qquad (9-5)$$

给定一个服从均匀分布的随机变量 $x \in [0, 1]$，若 $x < p_m(a_i)$，则选择该个体进行变异操作，反之该个体不发生变异。

其次，计算个体发生基因变异的概率。设新的变异概率为 $\overset{\cdot}{p_m}$，则整个群体内基因发生变异的期望次数为 $[n \times p_m(a_i)] \times (L \times \overset{\cdot}{p_m})$，要求 $[n \times p_m(a_i)] \times (L \times \overset{\cdot}{p_m}) = n \times L \times p_m$，所以 $\overset{\cdot}{p_m} = p_m / p_m(a_i)$。

在生成人工人口的过程中，采用变异算法能够保证种群的多样性，防止出现早熟现象，下面介绍本书研究使用的两种变异算法。

①基本位变异。基本位变异是指根据变异概率随机选择某一位或多位基因进行变异操作。本书的具体操作是：首先，以变异概率确定个体的某一基因作为变异点；其次，对于每一个指定的变异点，用其他等位基因值来替代，从而产生下一代新的个体。

②染色体片段逆转变异算子。染色体片段逆转变异算子是对选中的变异染色体实现按概率进行逆转的操作。在染色体上所有符合要求的片段中，等概率随机选择一个片段作为逆转片段，例如，染色体长度为 n，设置最大逆转片段为 n，那么一共有 $n(n-1)/2$ 个可能发生逆转的片段，然后从中随机选择一个片段来进行逆转操作。

6. 终止算法

算法的终止一般有三个原则：一是当迭代次数达到预先设定的最多次数时，算法终止，保留最后一代的最优解；二是根据种群中染色体的相似度来测定，当种群中基因的相似度达到一个预先设定的值时，算法就会终止；三是当目标函数达到一个可接受的误差范围时，算法终止。

9.2.3 成都市人工人口的生成

基于上述利用基础数据与遗传算法生成人工人口的步骤，我们生成了2000年成都市主要的10个区县的人工人口数据，主要包括每个地区的家庭户数、总人口数以及男性和女性人数。表 9-15 为生成的人工人口数据与人口普查数据的对比。算法代码实现主要基于 Geatpy 工具包①。

表 9-15　人工人口数据与人口普查数据的对比

地区	人工人口数据				人口普查数据			
	家庭户/户	人口数/人	男性/人	女性/人	家庭户/户	人口数/人	男性/人	女性/人
成华区	222 402	685 202	351 220	333 982	222 509	641 201	326 503	314 698
金牛区	283 672	874 264	448 253	426 011	283 856	781 867	394 574	387 293
锦江区	143 145	438 370	223 895	214 475	143 264	388 966	194 837	194 129
龙泉驿区	140 360	441 141	226 219	214 922	140 470	446 432	226 230	220 202
郫县	149 763	469 981	240 848	229 133	149 878	470 429	233 927	236 502
青羊区	168 974	519 247	265 711	253 536	169 082	462 896	229 882	233 014
双流县	256 430	806 156	412 936	393 220	256 622	833 167	421 358	411 809
温江县	97 124	306 344	157 171	149 173	97 189	302 691	151 022	151 669
武侯区	233 855	721 189	369 484	351 705	234 004	653 116	327 885	325 231
新都县	180 282	566 378	289 561	276 817	180 392	575 421	288 011	287 410

如表 9-15 所示，将构建的人工人口数据与公开的人口普查数据进行粗略的对比可知，家庭户与总人口的比例、男性与女性人口的比例关系大致相符，后面 9.3 节会详细地比较各个属性的合成误差。此外，在已经生成成都市虚拟个体、虚拟家庭的基础上，结合 2000 年成都市街镇人口数据、街镇边界地图和人口网格数据，就可以根据每个网格人数占该地区总人口数的比例，随机选取相应的人口数和家庭分配给每个格网，以完成家庭户的地理位置定位。

9.2.4　遗传算法的改进

遗传算法以生物进化为基础，具有很好的收敛性，且搜索进化过程仅需要适应度函数，过程简单，不需要其他的附加条件，还具有很好的扩展性，容易与其他算法相结合。但其缺点也很明显，比如编码实现比较复

---

　　①　Geatpy 工具包官网：http://geatpy.com/。Geatpy 是一个高性能实用型进化算法工具箱，提供了许多实现的进化算法各项操作的函数，如初始化种群、选择、交叉、变异、多目标优化参考点生成等。该工具包没有繁杂的深度封装，可以清晰地看到其基本结构及相关算法的实现，并利用 Geatpy 函数方便地进行自由组合，实现和研究多种改进的进化算法、多目标优化、并行进化算法等，可以解决传统算法难以解决的问题。

杂，常用的三个遗传算子的参数设置会严重影响解的优劣性，而当前这些参数的选择又大多依赖经验等。对于初始解的选择，遗传算法也有一定的依赖性，一个合适的初始解能够加快求解过程的收敛，表现出更高的效率，本节在上述基于普通的遗传算法生成人工人口数据的基础上，选择使用模拟退火算法对遗传算法的初始解的选择进行改进，以提高遗传算法的运行效率。

上述内容已经提到，遗传算法的求解效率会受其初始解的选择的影响，在大多数遗传算法的求解中，初始种群中的个体水平甚至决定了整个算法的效率，本节通过模拟退火算法改进了遗传算法在初始种群的选择方面的随机性，利用模拟退火算法，形成了一个较优的"优种群"，再以这个"优种群"作为初始种群参与遗传演化。这样就能利用模拟退火算法的局部搜索特性，使算法避免陷入局部最优解，加快了算法的收敛速度。

"优种群"的构建步骤遵循通用的模拟退火算法的计算流程，具体步骤如下：

Step1：初始化参数，参数包括种群规模（pop），温度（T），迭代次数（Gen）此时为 1；设置种群规模为 20，最大温度为 100，最小温度为 1，每个温度下的迭代次数为 100。

Step2：读取需要生成的总体的所有属性和总数，以及样本值。

Step3：由满足总体限制的随机数组成初始解。

Step4：从样本中获取满足总体限制的随机数组成新的解。

Step5：计算迭代前后的总绝对误差值，

$$\text{TAE} = \sum_{ijk} |U_{ij}^k - S_{ij}^k| \tag{9-6}$$

$$\Delta E = \text{TAE}_k - \text{TAE}_{\text{before}} \tag{9-7}$$

其中，U_{ij}^k 表示第 i 行第 j 列的样本值，S_{ij}^k 表示第 k 次迭代前的第 i 行第 j 列的值。比较第 k 次迭代前后的绝对总误差。

$$\text{Step6：计算接受概率} \ p = \begin{cases} 0, & \Delta E > 0 \\ \exp\left(\dfrac{\Delta E}{T}\right), & \Delta E \leqslant 0 \end{cases} \tag{9-8}$$

如果 $\Delta E \leqslant 0$，则接受新解的概率为 $\exp\left(\dfrac{\Delta E}{T}\right)$，并通过生成 0~1 的随机数来确定迭代后的接受率。

Step7：重复 Step4~Step6，直到 TAE 足够小或者满足其他停止条件。

基于上述步骤，本书借用 Python 工具包 scikit-opt（https://scikit-opt.github.io/scikit-opt/#/），在 9.2.1 通用遗传算法的基础上，运用模拟退火算法对遗传算法的初始解进行了优化，表 9-16 为部分街镇生成的初始解优化结果的对比分析。

表 9-16　初始解优化结果对比分析

街镇名称	最优目标函数值	
	GA	SA_GA
黄甲镇	727.90	621.41
花园镇	425.22	364.05
黄水镇	2 140.56	2 167.44
四川工业学院街道	459.91	416.38
黄龙溪镇	1 051.37	1 264.43
双桥子街道	1 335.33	1 632.92
华阳镇	700.03	572.23
石人街道	6 213.93	6 068.91
十陵镇	2 091.20	1 768.71
石板滩镇	1 300.17	1 243.98

由表 9-16 可知，在随机选择的 10 个街镇中，大部分街镇通过模拟退火算法改进初始解后，再进行遗传算法得到的最终目标函数值更优，将其与原始数据进行对比分析发现，总体数据量越小，算法的改进效果越明显；总体数据量越大，算法的改进效果越不理想。其中两个街镇优化前后的寻优路线如图 9-4 所示。

由表 9-16 和图 9-4 可知，总的来说，利用模拟退火算法对遗传算法的初始种群进行改进是有效的，改进后的算法在收敛性、收敛速度和最终收敛的全局最优解等方面都优于改进前的标准遗传算法。

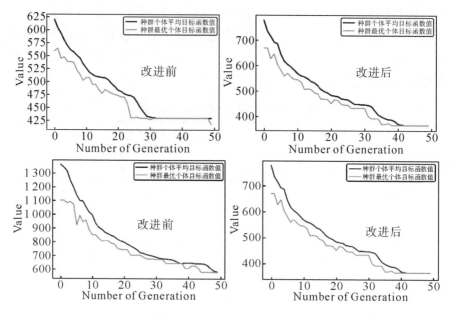

图 9-4　遗传算法的寻优路线

9.3　与 IPF 算法的比较

IPF 是人工人口合成的常用方法，为了进一步分析采用遗传算法构建人工人口的有效性，我们对两种算法构建人工人口的结果进行比较分析。

9.3.1　IPF 算法的合成结果

本书使用 SPEW 系统合成成都市锦江区的人工人口数据，主要需要三类数据：区域的行政区划矢量图，区域的总体人口属性数据，以及微观样本数据；此外，为了将家庭拟合到更合理的位置上，还可以提供区域的路网数据。对于每一类基础数据，SPEW 系统都有明确的格式要求。第一，总体人口数据表（pop_table）主要包含 3 个属性：市域代码（Puma_id）、区域标识符（Place_id）、家庭户总数（n_house）；第二，家庭样本数据（pums_h）包括的属性有：家庭编号（SERIALNO）、家庭户人口数（NP）、户主的民族（RAC1P，1 表示汉族）、市域代码（Puma_id）；第三，个体样本数据（pums_p）包括的属性有：个体编号（SERIALNO）、性别（SEX）、与户主关系（RELP，用0~9表示，0表示户主）、个体年龄（AGEP）、市域代码（Puma_id）；第四，行政区划数据来源于国家基础地理信息数据库，其属性包括区域标识（Place_id）和市域代码（Puma_id）。图9-5展示了研究区域部分基础数据的格式。

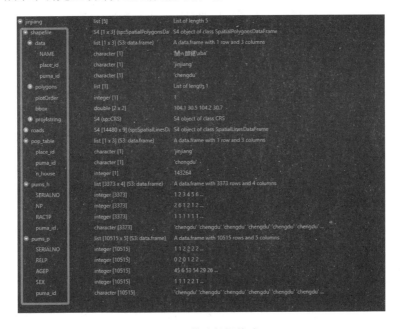

图9-5　基础数据格式

图9-5针对以上属性列出了四种数据，其中有几个字段是SPEW系统必须包含的：区域标识（Place_id）用于连接人口数据中各个部分的家庭总户数；市域代码（Puma_id）用于连接各区的家庭总户数和家庭及个人的微观样本数据。此外，路网数据来自OpenStreetMap，必须为矢量格式。如果需要环境信息，则可通过爬虫获取区域内的各类POI数据。

研究区域锦江区共有143 264户家庭和388 966人，表9-17为SPEW系统构建的锦江区的人工家庭数据。

表9-17　锦江区人工家庭（部分）

SERIALNO	NP	RAC1P	puma_id	place_id	SYNT_HID	Longitude	Latitude
636	3	1	chengdu	jinjiang	jinjiang-1	104°6′44″E	30°65′89″N
1315	2	1	chengdu	jinjiang	jinjiang-2	104°6′55″E	30°66′2″N
2881	3	1	chengdu	jinjiang	jinjiang-3	104°6′47″E	30°65′97″N

表9-17(续)

SERIALNO	NP	RAC1P	puma_id	place_id	SYNT_HID	Longitude	Latitude
338	3	1	chengdu	jinjiang	jinjiang-4	104°6′66″E	30°65′88″N
1284	2	1	chengdu	jinjiang	jinjiang-5	104°6′62″E	30°65′94″N
638	4	1	chengdu	jinjiang	jinjiang-6	104°6′65″E	30°66′1″N
96	4	1	chengdu	jinjiang	jinjiang-7	104°6′45″E	30°65′87″N
1080	1	1	chengdu	jinjiang	jinjiang-8	104°6′53″E	30°65′76″N
877	2	1	chengdu	jinjiang	jinjiang-9	104°6′45″E	30°65′81″N
73	3	1	chengdu	jinjiang	jinjiang-10	104°6′55″E	30°66′6″N
2544	3	1	chengdu	jinjiang	jinjiang-11	104°6′41″E	30°65′83″N
1264	3	1	chengdu	jinjiang	jinjiang-12	104°6′39″E	30°66′4″N

与基础数据相比，表9-17的人工家庭多了三个字段：合成家庭编号（SYN_HID），家庭位置的经度（Longitude）和纬度（Latitude）。表9-18为合成的锦江区的部分人口数据。

表9-18　锦江区的合成人口（部分）

SERIALNO	SYN_HID	RELP	AGEP	SEX	SYN_PID	Longitude	Latitude
743	jinjiang-60	2	0	1	jinjiang-60-169	104°6′56″E	30°65′4″N
973	jinjiang-225	7	0	1	jinjiang-225-617	104°6′87″E	30°65′66″N
1009	jinjiang-241	9	0	1	jinjiang-241-655	104°6′83″E	30°65′61″N
373	jinjiang-293	2	0	2	jinjiang-299-794	104°7′50″E	30°65′38″N
973	jinjiang-342	7	0	1	jinjiang-342-929	104°7′40″E	30°65′77″N
1229	jinjiang-458	2	0	2	jinjiang-458-1259	104°9′38″E	30°59′70″N
309	jinjiang-466	7	0	1	jinjiang-465-1284	104°9′48″E	30°59′70″N
869	jinjiang-538	2	0	2	jinjiang-538-1487	104°9′46″E	30°59′72″N
1229	jinjiang-563	2	0	2	jinjiang-569-1550	104°9′52″E	30°59′60″N
803	jinjiang-646	2	0	2	jinjiang-645-1774	104°8′37″E	30°59′67″N
803	jinjiang-663	2	0	2	jinjiang-663-1825	104°8′62″E	30°59′72″N
264	jinjiang-774	7	0	2	jinjiang-774-2117	104°7′91″E	30°60′12″N
970	jinjiang-868	2	0	1	jinjiang-868-2380	104°11′65″E	30°59′97″N
859	jinjiang-1052	2	0	2	jinjiang-1052-2876	104°10′55″E	30°59′85″N
342	jinjiang-1091	2	0	2	jinjiang-1091-2985	104°10′10″E	30°59′74″N

由表9-18可知，与基础数据相比，合成人口数据多了合成家庭编号（SYN_HID）属性、合成个体（SYN_PID）属性和对应的家庭位置的经纬度坐标值。图9-6为IPF算法合成的锦江区的人工家庭的空间分布情况。

在图9-6中，SPEW提供了随机分配坐标和沿道路分配位置坐标，本书通过OSM获取了锦江区的路网数据，并选择沿道路进行合成人工家庭的坐标分配。由图9-8可知，距离主要道路越近，家庭数越多；距离主要道路越远，家庭数越少，说明个体大多集中于道路两旁。

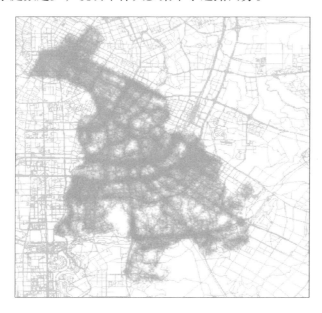

图9-6 合成人工家庭的空间分布

9.3.2 合成误差对比

为了比较遗传算法和迭代比例拟合法在合成人工人口上的优劣势，本书从所选区域的家庭户规模、性别结构和年龄结构三个方面来分析，其分析对比框架如图9-7所示。

由于数据量太大，我们选择了成都市的三个区进行比较，部分数据对比情况如表9-19所示。

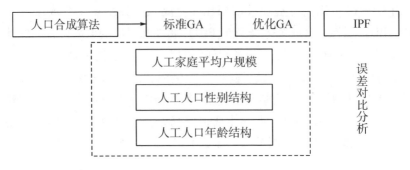

图 9-7　合成人口分析对比框架

表 9-19　合成人口家庭户规模和人口性别结构误差对比

地区	方法	总人口/人	户规模/户	人口性别结构		误差/%			
				男性/人	女性/人				
锦江区	GA	438 370	3.06	223 895	214 475	12.7	12.79	14.91	10.48
	IPF	421 713	2.94	215 805	205 908	8.42	8.42	10.76	6.07
青羊区	GA	519 247	3.07	265 711	253 536	12.17	12.25	15.59	8.81
	IPF	496 345	2.94	253 174	243 171	7.23	7.23	10.13	4.36
金牛区	GA	874 264	3.08	448 253	426 011	11.82	11.89	13.6	10
	IPF	838 631	2.95	429 666	408 965	7.26	7.26	8.89	5.6

由表 9-19 可知，从家庭户规模和人口性别结构来看，两种方法的误差值都小于 15%，且都比较稳定。但 IPF 的表现普遍优于 GA，IPF 的最小误差为 4.36%，最大误差为 10.76%；GA 的最小误差为 8.81%，最大误差为 14.91%。因此，单一地从生成总体区域的家庭户规模和人口性别结构来看，传统的 IPF 算法的表现还是更加优秀。表 9-20 为合成人口年龄结构误差对比。

表 9-20　合成人口年龄结构误差对比

地区	方法	人口年龄结构			误差/%			平均误差/%
		0~14/人	15~64/人	65+/人				
锦江区	GA	73 282	328 058	37 030	38.72	5.05	11.68	18.48
	IPF	71 554	314 699	35 460	35.44	8.92	15.43	19.93

表9-20(续)

地区	方法	人口年龄结构			误差/%			平均误差/%
		0~14/人	15~64/人	65+/人				
青羊区	GA	87 371	388 782	43 094	31.76	10.7	13.11	18.52
	IPF	84 381	370 107	41 857	27.25	14.99	15.6	19.28
金牛区	GA	146 872	654 633	72 759	32.58	12.27	10.53	18.46
	IPF	142 465	625 588	70 578	28.6	16.16	7.21	17.33

由表9-20可知,在合成人口的年龄结构方面,无论是每一个年龄段的误差,还是平均误差,GA的表现大部分都要优于IPF,但是从所有的误差值来看,两种方法的表现都不太稳定,各年龄段之间的误差差距较大,最大误差达到了38.72%,出现在0~14岁这个年龄段上,可以看到这一年龄段的误差基本都很大,且远大于其余两个年龄段。通过查看基础数据发现,这可能是受到了户籍类型(集体户或家庭户)的影响。此外,还可以得到,GA的最小误差为5.05%,IPF的最小误差为7.21%,GA的平均误差为18%左右,IPF的平均误差为19%左右,GA的总体表现更优。

通过从家庭户规模、人口性别结构、人口年龄结构三个方面的对比分析可知,基于IPF和GA构建的人工人口数据是有效的,能够得到与真实人口属性特征分布近似的人工人口数据。从两种方法各自的表现来看,IPF在家庭户规模等家庭属性的拟合上更具有优势;而GA对于样本数据的要求较为宽松,对人口年龄结构的拟合效果更好。

9.4 遗传算法精度分析

本节以2000年成都市的10个区县作为研究对象,按照9.2节介绍的遗传算法步骤生成人工人口数据。在合成的两类数据集中,家庭数据主要包括家庭户规模、性别比等属性,虚拟个体数据主要包括个体的家庭编号、性别、年龄等属性。因此,本节从家庭户规模、人口性别结构、人口年龄结构三个维度检验遗传算法合成人工人口数据的合理性,误差检验采用式(9-9)的相对误差计算方法,以检验合成数据的真实性。

$$\varnothing = \frac{|\,Object - Estimate\,|}{Object} \qquad (9\text{-}9)$$

在式（9-9）中，"Object"表示人口普查对应的数据，"Estimate"表示人工人口数据相应的属性数据。下面便从上述三个维度进行误差分析。我们尝试通过调整遗传算法的参数，来提高拟合结果的精度，表9-21为遗传算法的参数设置。

表9-21　遗传算法参数设置

参数组编号	进化代数	精英保留	初始解优化	交叉算法	交叉概率	变异概率
一	100	无	无	2	0.6	0.001
二	200	无	无	2	0.6	0.004
三	200	有	有	2	0.7	0.004

表9-21中三组参数的设定：初始算法选择的是最简单的遗传算法，进化代数为100，选择概率设定为0.6，交叉算法为两点交叉，变异概率为0.001。表9-22展示了通过算法一合成的研究区域的虚拟家庭数据和部分虚拟个体数据。算法二在初始算法的基础上，进化代数由100增加到200，变异概率变为0.004；算法三是优化后的算法，设定进化代数为200，选择算法设置为精英保留策略，并加入了基于模拟退火算法的初始解优化过程。

表9-22　算法一合成的街镇人工人口数据

Num	chname	NHH/户	NP/人	Male/人	Female/人
0	曹家巷街道	12 909	39 641	20 336	19 305
1	华阳镇	32 432	100 052	51 129	48 923
2	花园镇	6 420	20 262	10 491	9 771
3	黄甲镇	5 411	17 039	8 616	8 423
4	黄龙溪镇	7 274	23 228	11 951	11 277
5	黄水镇	9 036	28 707	14 618	14 089
6	石板滩镇	9 251	29 514	15 026	14 488
7	十陵镇	16 900	52 474	26 878	25 596

表9-22（续）

Num	chname	NHH/户	NP/人	Male/人	Female/人
8	石人街道	21 932	67 768	34 680	33 088
9	双桥子街道	12 025	37 490	19 287	18 203
10	四川工业学院街道	1 071	3 122	1 636	1 486

由表9-22可知，算法一合成的街镇人工人口数据中包括总的家庭户数（NHH）、家庭总人数（NP）、男性人数（Male）和女性人数（Female）。其中，部分人工人口家庭数据如表9-23所示。

表9-23　人工人口家庭数据　　　　　单位：人

HHID	NP	Male	Female
1	2	1	1
2	2	1	1
3	4	3	1
4	4	3	1
5	3	2	1
6	1	0	1
7	1	0	1
8	1	0	1
9	2	1	1
10	2	1	1

表9-23展示了人工人口家庭数据，包括家庭对应的家庭编号（HHID）、家庭总人数（NP）和性别结构（Male/Female）。部分人工人口个体数据如表9-24所示。

表9-24　人工人口个体数据

HHID	PID	SEX	AGEP/岁	RELP	MSTATUS
5 115	15 500	1	34	0	2
29 151	89 850	1	76	1	2
3 786	11 738	1	46	0	2
2 213	6 802	1	36	0	4

表9-24(续)

HHID	PID	SEX	AGEP/岁	RELP	MSTATUS
1 037	3 299	1	37	9	2
558	1 667	1	24	0	2
31 284	96 423	1	23	2	2
4 865	14 835	2	48	1	2
21 236	64 736	2	32	1	2
54	191	2	44	1	2
1 588	4 788	1	32	0	2
20 881	63 581	2	38	1	2
17 438	53 098	2	43	1	3
24 498	74 770	1	15	2	1
14 549	44 131	2	0	2	1
27 720	85 365	1	27	1	2
14 943	45 219	2	6	7	1

由表9-24可知，生成的人工人口个体属性包括家庭编号（HHID），家庭编号相同表示属于同一家庭户，PID为个人编号，SEX为性别，AGEP为年龄，RELP为与户主的关系，MSTATUS为婚姻状态。

本书使用的微观数据来自IPUMS。其中，四川省成都市的微观样本中共有3 373个家庭样本，10 515个个体样本，按街镇进行合成后，将其与2000年成都市的人口普查数据的人口特征进行对比，并计算研究区域的总体误差。表9-25为整体研究区域人工人口的总体误差统计。

表9-25 整体研究区域人工人口的总体误差统计　　单位:%

属性		一	二	三
整体家庭户结构误差	平均户规模	5.024 0	4.744 8	4.732 3
人口性别结构误差	总人数	5.256 1	6.841 5	3.644 4
	男性人数	4.946 2	6.518 2	3.348 1
	女性人数	4.897 0	6.838 0	2.933 3

表9-25（续）

属性		一	二	三
人口年龄结构误差	0~14 岁	9.973 5	9.293 1	8.726 9
	15~64 岁	10.364 9	9.473 0	9.233 4
	65 岁及以上	1.288 0	0.117 5	0.206 2
平均误差		5.96	6.26	4.69

由表 9-25 可知，从研究的成都市 10 个区县的总体误差来看，三个维度合成的人工人口数据的精度都比较高，平均误差为 4.69%~6.26%，但各个维度之间的精度有一定的差距。总体来看，家庭户结构和人口性别结构的拟合表现更平均，而不同年龄段的拟合结果的误差差距较大。0~14 岁和 15~64 岁的拟合效果表现较差，其在三种不同算法设定中的误差值都是最高的。不过基于三种不同算法产生的误差来看，除了在算法一中人口年龄为 15~64 岁的误差大于 10%，其余年龄段的拟合结果均达到 90% 以上的准确率。

从不同参数设定的三个算法的表现来看，使用简单遗传算法，进化代数为 200 的算法二总体表现要差于算法一和算法三，平均误差达到了 6.26%，使用简单遗传算法，进化代数为 100 的算法一的平均误差表现优于算法二；而基于模拟退火算法选择较优的初始解，然后采取精英保留策略将每一代的最优值保存下来直接复制到下一代的算法三，其平均误差和单个属性的误差都较小，拟合结果都要优于前两个算法。

针对 10 个区县的人工人口数据，我们从家庭户规模、人口总数、人口性别结构三个维度进行误差分析，结果如表 9-26、表 9-27 所示。

表 9-26　2000 年成都市 10 个区县人工家庭户规模及误差

行政编码	地区	家庭户平均规模/（人·户）			误差/%		
		一	二	三	一	二	三
510104	锦江区	3.03	2.97	3.06	8.58	10.55	12.80
510105	青羊区	3.03	3.02	3.07	13.34	13.72	12.25
510106	金牛区	3.05	2.99	3.08	13.71	15.92	11.89
510107	武侯区	3.06	3.05	3.08	8.55	8.74	10.49
510108	成华区	3.07	3.02	3.08	6.02	7.68	6.91

表 9-26(续)

行政编码	地区	家庭户平均规模/（人·户）			误差/%		
		一	二	三	一	二	三
510112	龙泉驿区	3.15	3.19	3.14	0.21	1.38	1.11
510122	双流县	3.17	3.20	3.14	2.78	3.56	3.17
510123	温江县	3.18	3.19	3.15	1.32	1.75	1.27
510124	郫县	3.13	3.15	3.14	1.38	0.63	0.02
510125	新都县	3.15	3.19	3.14	0.44	1.55	1.51

由表 9-26 可知，在合成的 10 个区县的人工人口数据中，三种算法的表现相差不大。除了算法二生成的金牛区和锦江区的家庭户平均规模小于 3，其余家庭户规模都略大于 3。从误差值的平均水平来看，算法二的总体表现最差，其最大误差为 15.92%，最小误差为 0.63%；其次是算法一，其最大误差为 13.71%，最小误差为 0.21%；算法三的表现性能最优，最大误差为 12.8%，最小误差仅为 0.02%。

表 9-27　2000 年成都市 10 个区县人工人口总数及人口性别结构误差

行政编码	地区	误差/%								
		总人口数			男性人数			女性人数		
		一	二	三	一	二	三	一	二	三
510104	锦江区	10.51	8.56	12.70	13.43	11.54	11.91	7.62	5.61	10.48
510105	青羊区	13.70	13.31	12.17	16.70	16.84	15.59	10.75	9.84	8.81
510106	金牛区	15.89	13.66	11.82	17.89	15.43	13.60	13.85	11.85	10.00
510107	武侯区	8.69	8.52	10.42	10.09	10.20	12.69	7.27	6.82	8.14
510108	成华区	7.64	5.98	6.86	8.08	5.94	7.57	7.19	6.02	6.13
510112	龙泉驿区	1.43	0.25	1.19	0.61	0.95	0.00	2.27	1.49	2.40
510122	双流县	3.58	2.81	3.24	2.84	2.18	2.00	4.35	3.45	4.51
510123	温江县	1.78	1.36	1.21	0.09	0.10	4.07	3.50	2.84	1.65
510124	郫县	0.60	1.36	0.10	3.32	4.31	2.96	2.10	1.58	3.12
510125	新都县	1.57	1.57	0.49	0.49	1.37	0.54	3.65	2.37	3.69

由表 9-27 可知，在总人口数方面，算法三拟合的结果明显比算法一、算法二表现更好，除锦江区和武侯区以外，算法三的误差值都要小于算法一，算法一在金牛区合成的总人口数的误差为 15.89%，准确度低于 85%，

表现较差。在人口总数较多的区域，合成的男性人口总数的误差值都要高于女性人口总数的误差值。在男性人数中，算法一对应的最大误差值为 17.89%，算法二对应的最大误差值为 16.84%，而算法三为 15.59%。在女性人数中，最大的误差值是 13.85%，对应于算法一；其次是 11.85%，对应于算法二。从整体来看，每一个属性中最大的前三个误差值都对应为算法一和算法二，表明算法三相比于其他两种算法更有优势。因此，基于上述合成的 2000 年成都市 10 个区县的人工人口数据可知，优化后的算法三合成的结果更接近真实人口统计特征。最后，从总的 188 个街镇中随机抽取 15 个街镇，与上述方法相同，仍然从家庭户规模、人口总数、人口性别结构三个方面进行误差分析，结果如表 9-28 所示。

表 9-28   部分街镇人工家庭户规模及误差

街镇	家庭户平均规模/（人·户）			误差/%		
	一	二	三	一	二	三
黄土镇	3.22	3.26	3.21	0.97	0.48	1.32
青羊北路街道	3.00	3.00	3.09	13.25	16.53	13.34
乡农市街道	3.06	2.97	3.08	15.48	16.18	11.99
红兴镇	3.18	3.22	3.19	6.13	4.83	5.78
永宁镇	3.18	3.18	3.18	0.70	0.77	0.81
化成街道	3.07	2.96	3.07	18.56	14.28	18.69
清水乡	3.16	3.32	3.27	4.39	0.40	1.19
公兴镇	3.22	3.21	3.19	3.15	3.37	4.10
机投镇	3.07	3.04	3.08	8.99	7.70	9.24
新兴镇	3.22	3.25	3.16	6.23	5.21	7.94
永兴镇	3.10	3.10	3.12	1.00	1.07	1.64
金桥镇	3.24	3.24	3.18	8.77	8.88	10.46
致民路街道	3.04	2.98	3.05	12.95	10.91	13.61
人民北路街道	3.00	2.88	3.06	8.72	4.47	10.98
山泉镇	3.22	3.32	3.25	3.36	0.39	2.38

由表 9-28 可知，遗传算法在小区域的合成结果总体表现更好，从以上随机选取的 15 个街镇的拟合情况来看，除少数几个街镇的误差较大以

外，多数误差值都为 0.7%~10%；家庭户平均规模都在 3 左右。同时也能发现，如果一个区域普查数据中的家庭户平均规模偏小，那么其拟合误差会较大，比如化成街道，其在三种遗传算法下拟合的误差值都比较大，最大误差值为 18.69%，其对应的普查数据的家庭户规模为 2.59；另外误差较大还有青羊北路街道和乡农市街街道，它们的家庭户规模都为 2.65，而对应的最大误差分别为 16.53% 和 16.18%。另外，就三种算法的表现情况来看，没有表现特别突出，效果明显优于另外两个的算法，总体来看三个算法的误差值比较平均。表 9-29 为随机选择的这 15 个街镇的人口总数及人口性别结构误差分析。

表 9-29   部分街镇人口总数及人口性别结构误差

街镇	误差/%								
	总人口			男性人数			女性人数		
	一	二	三	一	二	三	一	二	三
黄土镇	0.99	0.48	1.36	0.45	0.67	0.04	1.56	1.69	2.83
青羊北路街道	13.20	13.32	11.42	19.85	21.11	23.44	6.89	5.93	9.77
乡农市街街道	15.45	11.93	11.61	20.54	16.81	20.25	10.49	7.17	12.08
红兴镇	6.15	4.85	5.86	4.14	3.95	4.36	8.17	5.76	7.37
永宁镇	0.72	0.77	0.90	1.56	1.30	1.18	3.00	2.83	2.98
化成街道	18.51	14.18	18.63	21.97	17.72	22.05	15.09	10.68	15.26
清水乡	4.39	0.40	1.46	6.79	3.81	8.06	1.63	5.22	6.11
公兴镇	3.23	3.40	4.13	5.26	2.55	4.54	1.08	4.29	3.70
机投镇	8.95	7.67	9.21	10.39	9.44	12.24	7.52	5.90	6.17
新兴镇	6.25	5.37	8.03	7.02	5.88	8.24	5.44	4.83	7.82
永兴镇	0.91	0.99	1.59	0.91	0.74	1.61	0.91	1.26	1.57
金桥镇	8.80	8.92	10.51	9.36	8.13	10.54	8.22	9.75	10.48
致民路街道	12.88	10.91	13.48	20.28	17.53	2.41	6.09	4.84	7.13
人民北路街道	8.66	4.40	10.90	11.93	8.97	13.98	5.43	0.11	7.85
山泉镇	3.51	0.49	2.43	2.40	1.19	2.89	4.67	0.24	1.95

由表9-29可知，在总人口数方面，化成街道、乡农市街街道、致民路街道和青羊北路街道的误差最大，且在三种算法下的表现趋势一样，同时这几个街道对应的男性人数和女性人数的误差也很大，最大的是青羊北路街道的男性人数误差为23.44%。通过对比普查数据可知，这些街道的人口性别比相差较大，青羊北路街道的人口性别比为96.21，致民路街道的人口性别比为91.8。此外，从三个算法的表现情况来看，同一算法下不同街镇、不同属性的平均误差值忽大忽小。因此，不能通过以上随机抽样的街镇的人工人口性别结构来比较三种算法的优劣性。下面为了比较不同算法的总体误差情况，我们基于2000年成都市的10个区县，分析其在三种不同算法下的表现情况，结果如表9-30所示。

表9-30 2000年成都市10个区县在不同算法下的合成误差分析　　单位:%

地区	算法	家庭户规模	总人口	男性	女性	平均误差
锦江区	一	8.58	10.51	13.41	7.62	10.03
	二	10.55	8.56	11.54	5.61	9.07
	三	12.80	12.70	11.91	8.48	11.47
青羊区	一	13.34	13.70	16.70	10.75	13.62
	二	13.72	13.31	16.84	9.84	13.43
	三	12.25	12.17	15.59	8.81	12.20
金牛区	一	13.71	15.89	17.89	13.85	15.34
	二	15.92	13.66	15.43	11.85	14.22
	三	11.89	11.82	13.60	10.00	11.83
武侯区	一	8.55	8.69	10.09	7.27	8.65
	二	8.74	8.52	10.20	6.82	8.57
	三	10.49	10.42	12.69	8.14	10.44
成华区	一	6.02	7.46	8.08	7.19	7.19
	二	7.68	5.98	5.94	6.02	6.41
	三	6.91	6.86	7.57	6.13	6.87

表9-30(续)

地区	算法	家庭户规模	总人口	男性	女性	平均误差
龙泉驿区	一	0.21	1.43	0.61	2.27	1.13
	二	1.38	0.25	0.95	1.49	1.02
	三	1.11	1.19	0.01	2.40	1.18
双流县	一	2.78	5.38	2.84	4.35	3.84
	二	3.56	2.81	2.18	3.45	3.00
	三	3.17	3.24	2.00	4.51	3.23
温江县	一	1.32	1.78	1.21	3.50	1.95
	二	1.75	1.36	0.09	2.84	1.51
	三	1.27	1.21	0.01	1.65	1.04
郫县	一	1.38	0.60	3.32	2.10	1.85
	二	0.63	1.36	4.13	1.58	1.93
	三	0.02	0.10	2.96	3.12	1.55
新都县	一	0.44	1.57	0.49	3.65	1.54
	二	1.55	1.57	1.37	3.37	1.97
	三	1.51	0.49	0.54	3.69	1.56

由表9-30可知,从整体来看,算法三的拟合效果较好。分区域来看,对于家庭户规模和总人口数两个属性,郫县的拟合结果表现最好,最小误差为0.02%;在人口性别结构方面,温江县的男性人口拟合效果最好,误差最小值为0.01%,女性人口的拟合效果大部分都比男性的差,最小误差值为1.49%。另外,观察每一个维度的最大误差可以发现,家庭户规模的最大误差为15.92%,是基于算法二合成的;总人口数、男性人数、女性人数的最大误差都是由算法一合成的,误差值分别为15.89%,17.89%和13.85%;从总的平均误差来看,最大的平均误差值由算法一合成,为15.34%,平均误差值第二大的由算法二合成,为14.22%。

综上所述,基于普通的遗传算法合成人工人口,如果只增加进化代数,整体优化效果较弱,如算法一到算法二;而结合模拟退火算法和精英保留策略,算法的拟合精度会变高,平均误差值变小。

10 人口普查格网数据应用研究

为探讨人口格网数据集的可靠性和应用优势，本章以街镇尺度的成都市行政区划人口、生成的格网人口和人工人口数据集，从空间属性和社会属性等层面对成都市的人口空间分布特征、人口分布影响因素识别、人口收缩时空格局分析、社会空间分异特征以及气溶胶传播人口测算进行实证研究。此外，本章还以合成的武汉市人工人口数据集为基础，对 COVID-19 疫情防控政策的效应进行研究，试图从多视角对人口普查数据的深层次开发进行应用探索。

10.1 成都市人口空间分布特征

10.1.1 人口分布的均衡性

城市人口空间分布状况是城市社会经济发展现状的重要体现，能比较客观地呈现城市发展综合态势。人口分布均衡性描述的是人口分布的平均水平，研究区域人口的集中或分散趋势可以用不均衡指数测算，其计算公式参见第 3 章内容。不均衡指数越小，表明研究区域的人口分布越均衡，反之则意味着人口分布越不均衡。本节以 2000—2020 年成都市的人口格网数据和第七次全国人口普查公布的人口统计数据为基础，计算人口不均衡指数，结果如表 10-1 所示。

表 10-1　2000—2020 年成都市人口不均衡指数

不均衡指数	2000 年	2010 年	2020 年
$U_{1\ km格网}$	0.052 4	0.058 7	0.058 6
$U_{500\ m格网}$	0.053 6	0.059 5	0.059 2

表10-1(续)

不均衡指数	2000 年	2010 年	2020 年
$U_{100\ m格网}$	0.063 2	0.062 8	0.061 5
$U_{街镇}$	0.051 3	0.053 5	0.052 7

由表 10-1 可知，依据行政区划计算出的人口不均衡指数和依据格网数据计算出的人口不均衡指数的整体趋势是一致的，均较小且不足 0.1；但是二者区别在于，2000—2010 年，依据行政区划计算出的人口不均衡指数从 0.051 3 上升至 0.053 5，而依据格网数据计算出的该指数要稍大一些，而且格网越精细，人口不均衡指数越大，即格网数据对于人口分布的空间特征测度要更为细致。

2000—2010 年，人口不均衡指数上升的原因是主城区具有发达的交通和较为完善的公共基础服务设施，为人们提供了便利的生活条件；同时，浓厚的商业氛围和优厚的人才待遇使得人口倾向于往经济水平较高、第三产业发达的一圈层主城区聚集。

2020 年成都市人口的不均衡性相比 2010 年来看并没有明显变化。根据第五、第六和第七次全国人口普查公布的行政区划人口数据，2000—2020 年成都市总人口数量虽然呈现递增趋势，但 2010—2020 年成都市的区划人口增长率明显比 2000—2010 年低。进一步分析可知，一圈层的主城区人口增速均下降了 60%以上，二圈层的温江区、新都区和郫都区等分担了人口聚集的部分压力。因此，2010—2020 年，成都市人口分布逐渐由之前的向心性收拢态势，转为向二圈层的近城市区县扩散的趋势。这是由于 2010—2020 年，随着成都市地铁和公共交通设施的不断完善，以及二圈层区县生活便利度的大幅提升，近城市区县逐渐具备了主城区的大部分功能；且新建房屋主要分布在二圈层，低房价的吸引，加之许多企业和商户也开始入驻各个近郊区县，助推了第三产业的繁荣发展，大量就业机会也应运而生，因此不断吸引聚集的人口从主城区向外扩散，继而为一圈层的主城区分担了部分人口压力，使主城区的人口压力得到些许缓解。

10.1.2　人口分布的时空特征

根据第 4 章和第 6 章的分析可知，虽然 2000—2020 年整体上成都市的总人口呈上升趋势，但就个别区县来说，如三圈层中的彭州市和蒲江县等，其人口数量是递减的。本节基于2000—2020年1 km×1 km尺度的人口格网数据，从更加微观层面来探讨成都市的人口演变过程。按照分位数进行分类，绘制2000年、2010年、2020年1 km×1 km尺度的人口格网数据，如图10-1所示。

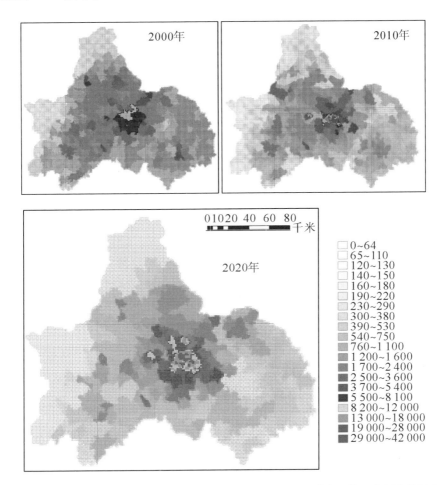

图10-1　2000年、2010年、2020年成都市1 km×1 km尺度的人口格网空间分位示意

由图10-1可知，整体来看，基于格网的成都市人口空间分位图较基于行政区划的人口空间分位图，能观察到更为细致的城市人口分布特征。2000—2010年的人口密度变化相较于2010—2020年的人口密度变化更大。2000—2010年，二圈层近城区县的人口密度明显上升，三圈层人口密度变化不大，分布较为均匀。2010—2020年，人口密度最高的区域仍然是一圈层的主城区，人口密度第二高的二圈层城区变化不明显，三圈层区域的人口分布较为均衡。

由图 10-1 可知，2000 年人口密度最大的格网单元所包含的人口有 72 027 人/平方千米，大致位于一圈层的金牛区、成华区；人口密度为 5 000~25 000 人/平方千米的格网大致分布在二圈层的新都区、龙泉驿区，以及青白江区的部分街镇；人口密度为 1 500~5 000 人/平方千米的格网大致位于双流区；简阳市部分街镇的人口密度超过 20 000 人/平方千米；邛崃市和都江堰市部分街镇的人口密度在 5 000 人/平方千米左右；其余区县的人口相对稀疏。

由图 10-1 可知，2010 年人口密度最大的格网单元所包含的人口有 92 820 人/平方千米，位于第一圈层的成华区、金牛区和锦江区；人口密度为 15 000~40 000 人/平方千米的格网大致分布在武侯区，以及都江堰市的部分街镇；人口密度为 6 000~15 000 人/平方千米的格网位于郫都区、青白江区和双流区；其余区县人口密度为 0~6 000 人/平方千米，并且这些区县的人口分布较为均匀。

由图 10-1 可知，2020 年人口密度较大的格网依然位于成华区、金牛区，其次是青羊区、武侯区、锦江区；二圈层中人口密度最大的是双流区，其次是郫都区、新都区、龙泉驿区，与二圈层密度大致相当的还有都江堰市的部分街道。研究发现，基于格网数据的分析与上述基于行政区划统计人口的分析比较，前者对局部地区人口空间分布的细节表达更准确，整体的人口空间化分布边缘跳跃性较小。

10.1.3 人口重心

成都市第七次人口普查数据显示，全市以 14 335 平方千米的面积承载着 2 094 万人，2000—2020 年常住人口增长率达 88.48%。考虑到成都市的街镇尺度行政区划调整较大，因此接下来均以 2020 年成都市的街镇区划为基础进行分析。基于 MGWR 模型所生成的 2000—2020 年人口格网数据和第七次全国人口普查数据，我们利用 ArcGIS Pro2.8 空间统计工具中的平均中心计算器，以成都市总人口和几何面积作为权重，分别计算两种数据源的城市人口重心与几何重心，结果如表 10-2 所示。

表 10-2　2000—2020 年成都市人口重心与几何重心坐标

指标	2000 年		2010 年		2020 年	
	X	Y	X	Y	X	Y
行政区划数据人口重心	104°4′65″E	30°64′80″N	104°1′90″E	30°63′73″N	104°1′56″E	30°66′67″N
1 km×1 km 格网数据人口重心	104°3′6″E	30°65′31″N	104°1′60″E	30°64′97″N	104°1′56″E	30°66′67″N
500 m×500 m 格网数据人口重心	104°3′5″E	30°65′32″N	104°1′58″E	30°65′3″N	104°1′56″E	30°66′73″N
100 m×100 m 格网数据人口重心	104°3′42″E	30°65′18″N	104°1′76″E	30°64′89″N	104°1′55″E	30°66′62″N
几何重心	103°93′42″E	30°65′24″N	103°93′45″E	30°64′54″N	103°93′45″E	30°65′40″N

由表 10-2 可知，按照 1 km×1 km 格网人口数据计算出的 2000 年的成都市人口重心为（104°3′6″E，30°65′31″N），落在武侯区的浆洗街街道；2010 年成都市的人口重心为（104°1′60″E，30°64′97″N），落在武侯区晋阳街道；2020 年成都市的人口重心为（104°1′56″E，30°66′67″N），落在青羊区的光华街道。按照 500 m×500 m 格网和 100 m×100 m 格网计算得到的人口重心所在街道与 1 km×1 km 格网结果相同。基于行政区划人口数据计算得到的人口重心按照坐标定位，分别位于武侯区浆洗街街道、武侯区红牌楼街道和青羊区光华街道。由此可知，根据不同尺度的格网数据集和行政区划数据集得到的人口重心位置基本相同，没有大的变化。此外，虽然 2000 年、2010 年、2020 年成都市的几何重心有轻微偏移，但均落在双流区九江街道，与人口重心相距较远，且二者之间长期存在偏移，在三个年份中以上数据源对应的人口重心和几何重心之间的平均距离分别为 11 254 m、8 366 m 和 9 119 m，这说明在这二十年中成都市的人口分布并不均衡，人口分布较几何重心偏东。

纵观 2000—2020 年成都市人口重心的变化发现，成都市的人口重心由武侯区迁移至青羊区，整体移动方向为先西南后东北。根据行政区划数据、1 km×1 km 人口格网数据、500 m×500 m 人口格网数据、100 m×100 m 人口格网数据这几种不同数据源求得的 2000—2010 年成都市的人口重心平均移动速度分别为 328 米/年、276 米/年、276 米/年和 297 米/年，2010—2020 年的人口重心平均移动速度分别为 329 米/年、217 米/年、218 米/年和 211 米/年。总体来说，行政区划数据计算得到的人口重心移动速度大于格网数据，且二十年间速度基本保持不变；但格网数据显示，第二个十年间的人口重心移动速度略低于第一个十年，说明 2010—2020 年成都市人口空间分布结构的变化幅度减小。

综上所述，通过多种数据源计算得到的人口重心均与几何重心存在长期偏离现象，人口分布不均衡，但是 2010—2020 年人口重心迁移速度略低于 2000—2010 年，人口空间分布变动幅度减小。此外，基于人口格网数据集得出的结论与行政区划数据集基本一致，且前者以格网为单位，其基于每个格网所分配的人口权重更加具有针对性和代表性，它突破了以传统区县整体人口作为权重而忽略了部分区域特殊性的局限，使计算得到的人口重心精确度更高。

10.1.4 人口标准差椭圆

为进一步探究成都市常住人口的分布格局，本节采用 ArcGIS Pro2.8 空间统计工具中的方向分布（标准差椭圆）进行分析。标准差椭圆的中心点表示数据的中心位置，长半轴表示人口的分布方向，短半轴表示人口的分布范围，短半轴越短，表示人口数据呈现的向心力越明显；相反，短半轴越长，表示人口数据的离散程度越大。同时，长短半轴的长度差距越大（扁率越大），表示人口数据的方向性越明显。如果长短半轴完全相等，表示人口数据没有任何的方向和分布特征。2000—2020 年成都市人口数据的标准差椭圆参数，如表 10-3 所示。

表 10-3 2000—2020 年成都市人口数据标准差椭圆参数

对比维度	年份	短轴/m	长轴/m	扁率	角度/度	面积/km²
区划人口	2000	35 980.311 9	48 724.725 6	1.354 2	97.402 2	5 507.343 3
区划人口	2010	31 934.993 7	48 444.099 2	1.517 0	91.156 5	4 859.991 9
区划人口	2020	30 462.040 8	40 239.568 2	1.321 0	86.550 7	3 850.704 0
1 km×1 km 格网人口	2000	36 848.585 6	53 382.265 3	1.448 7	96.692 2	6 179.390 6
1 km×1 km 格网人口	2010	33 052.190 6	49 121.353 4	1.486 2	94.804 5	5 100.331 4
1 km×1 km 格网人口	2020	30 714.665 5	40 451.801 8	1.317 0	86.660 7	3 903.116 2
500 m×500 m 格网人口	2000	36 854.324 6	53 388.037 6	1.448 6	96.702 2	6 181.021 3

表10-3(续)

对比维度	年份	短轴/m	长轴/m	扁率	角度/度	面积/km²
500 m×500 m 格网人口	2010	33 036.470 2	49 093.240 3	1.486 0	94.843 7	5 094.987 9
500 m×500 m 格网人口	2020	30 720.004 4	40 418.865 8	1.315 7	86.764 5	3 900.616 2
100 m×100 m 格网人口	2000	36 589.528 0	53 135.493 4	1.452 2	96.547 8	6 107.582 6
100 m×100 m 格网人口	2010	32 780.388 0	48 956.312 8	1.493 5	94.662 1	5 041.393 7
100 m×100 m 格网人口	2020	30 567.266 3	40 464.685 8	1.323 8	85.865 8	3 885.622 4

由表 10-3 可知,2000 年 1 km×1 km 人口格网数据对应的标准差椭圆的面积为 6 179.390 6 平方千米,占成都市总面积的 49.87%,2020 年面积缩小到 3 903.116 2 平方千米,仅占成都市总面积的 31.50%,说明成都市人口集聚的核心区域有所收缩,人口分布表现出向心趋势。2000—2020 年,1 km×1 km 人口格网数据对应的标准差椭圆的旋转角由 96.692 2°减小至 86.660 7°,行政区划人口数据对应的标准差椭圆的旋转角由 97.402 2°减小到 86.550 7°,两种情况下标准差椭圆的整体变化幅度在 10°左右,说明成都市常住人口主要集聚方向由"西北—东南"向"东北—西南"转移。基于行政区划数据和 1 km×1 km 格网数据的人口重心与标准差椭圆如图 10-2 和图 10-3 所示。

图 10-2 和图 10-3 呈现了基于两种数据源得到的 2000—2020 年成都市人口重心及标准差椭圆的空间变动情况。由于三种不同尺度的格网数据结果相差很小,因此仅以 1 km×1 km 格网数据集的结果为例进行分析。成都市的标准差椭圆在空间上呈收缩趋势,这意味着在此期间,成都市人口的主体分布区域所占面积不断缩小,人口在一定范围内越来越集聚。椭圆的长短轴在此期间均减小,长短轴比值也下降,说明虽然成都市的人口分布越来越集聚,但是人口要素的分布状态在纵向上逐渐被拉长,横向上逐渐缩短,主体分布区域有逐渐变圆的趋势。从椭圆的覆盖范围来看,2000 年、2010 年、2020 年的人口标准差椭圆的覆盖区域均包含成都市中心城区,以及一圈层的城市主城区和二圈层发展中的新城区(如温江区、双流区等),这一区域是成都市优质资源(如教育资源、医疗资源等)的主要承载区域。

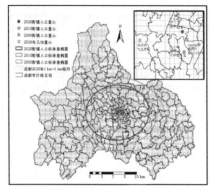 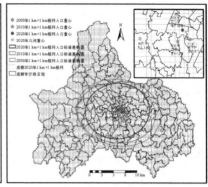

图 10-2　基于行政区划数据的　　　图 10-3　基于 1 km×1 km 格网
　　　　人口重心与标准差椭圆　　　　　　数据的人口重心与标准差椭圆

　　基于行政区划人口和格网人口数据集这两种数据源研究成都市人口的分布格局及演变特征，得到的结论是一致的。一方面，证实了成都市人口向中心集聚，分布方向由"西北—东南"向"东北—西南"转移的特征；另一方面，也验证了人口格网数据集的可靠性，为人口格网数据集的应用方向提供了参考。

10.2　成都市人口分布的影响因素识别

　　上文从四个角度对比验证了基于多尺度地理加权回归模型生成的2000—2020 年成都市人口格网数据集在人口分布格局及时空演变特征上，相对于传统人口普查数据具有更细节的呈现。本节基于生成的格网数据，利用地理探测器，验证人口空间化建模过程中各自变量对因变量的作用方式。

10.2.1　因素探测

　　人口空间分布受多种因素的影响，且各种因素对其影响程度不一。为了进一步了解各影响因素对人口空间分异的影响程度和方式，需要对人口空间分布特征进行影响因素的测度。本节采用地理探测器模型对人口空间分布的影响因素进行探测，以评估每个影响因素对人口密度空间分异的解释力和因素之间的交互作用。

鉴于地理探测器的特性，我们需要对所有数据进行离散化处理。首先，通过 ArcGIS Pro2.8 中的转换工具将所有矢量要素转为栅格，设置输出像元大小为 1 000。其次，利用空间分析工具中的重分类，选择自然间断点分级法，对人口空间分布的影响因素——耕地指数、森林指数、人造地表指数和夜间灯光值进行 5 级划分，对科教文化指数进行 10 级划分，并将缺失值改为 Nodata，利用提取分析中的采样功能将 6 个变量的离散值全部提取出来，输入地理探测器中。最后，由于研究区域的渔网单元数量过多，并考虑到自身计算机的性能，因此，本节利用 ArcGIS Pro2.8 中的创建随机点工具，以研究区域作为处理范围，随机生成 3 000 个样本点，如图 10-4 所示。

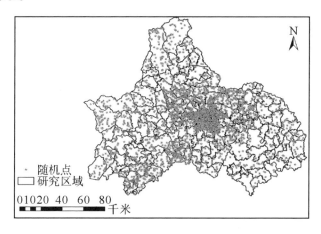

图 10-4 研究区域随机点空间分布示意

经过上述处理以后，将因变量人口密度值 Y 和自变量人口空间分布影响因素 X 输入地理探测器中，以获取各影响因素 X 对因变量 Y 的解释力（q-statistic）。表 10-4 为因素探测器的分析结果，其中 q 表示因素解释力，p 表示显著水平。

表 10-4 因素探测结果

因素类别	影响因素	作用值 q	p
自然地理因素	耕地	0.245 4***	0.000
	人造地表	0.773 1***	0.000
	森林	0.168 3***	0.000

表10-4(续)

因素类别	影响因素	作用值 q	p
社会经济因素	科教文化	0.787 3 ***	0.000
	夜间灯光	0.755 8 ***	0.000

注：*** 表示在 0.01 的置信水平上显著，** 表示在 0.05 的置信水平上显著。

由表 10-4 可知，本书所选取的人口空间分布影响因素均通过了 0.01 的显著性检验，表明耕地指数、人造地表指数、森林指数、科教文化指数和夜间灯光值 5 个影响因素均会对人口空间分布产生显著影响，且每个影响因素对人口密度的解释力强度差异显著。按照因素探测器结果进行排序，解释力 q 值从大到小排序依次为：科教文化＞人造地表＞夜间灯光＞耕地＞森林。这说明教育机构对人口分布的影响最大，城镇建设用地的影响次之，然后是夜间灯光强度和耕地面积；相较于以上 4 个因素，森林对人口分布的影响最小。从社会经济角度来看，科教文化的解释力 q 值较大，夜间灯光的解释力 q 值较小；在自然地理因素中，耕地和森林的解释力 q 值小于 0.5，人造地表的解释力 q 值在 0.5 以上，对人口空间分布影响显著。整体来看，社会经济因素对研究区域人口空间分布的影响程度要大于自然地理因素，这一结论和研究所选取的区域密切相关，与现实相符。

10.2.2 交互作用探测

人口空间分布并非受单一的自然地理因素或社会经济因素的影响，而是其综合作用的结果。地理探测器中的交互作用探测结果表明，无论是自然地理因素还是社会经济因素，其中，两两因素交互后的解释力均大于各单一因素对人口空间分布的解释力。表 10-5 为交互作用探测器的计算结果。

表 10-5　交互作用探测结果

$x_1 \cap x_2$	判断依据	交互作用类型
耕地∩人造地表＝0.783 6	$q(x_1 \cap x_2) > \max[q(x_1), q(x_2)]$	双因素增强作用
耕地∩森林＝0.446 2	$q(x_1 \cap x_2) > q(x_1) + q(x_2)$	非线性增强作用
耕地∩科教文化＝0.818 9	$q(x_1 \cap x_2) > \max[q(x_1), q(x_2)]$	双因素增强作用
耕地∩夜间灯光＝0.796 7	$q(x_1 \cap x_2) > \max[q(x_1), q(x_2)]$	双因素增强作用

表10-5（续）

$x_1 \cap x_2$	判断依据	交互作用类型
人造地表∩森林＝0.774 9	$q(x_1 \cap x_2) > \max[q(x_1), q(x_2)]$	双因素增强作用
人造地表∩科教文化＝0.803 7	$q(x_1 \cap x_2) > \max[q(x_1), q(x_2)]$	双因素增强作用
人造地表∩夜间灯光＝0.833 8	$q(x_1 \cap x_2) > \max[q(x_1), q(x_2)]$	双因素增强作用
森林∩科教文化＝0.801 3	$q(x_1 \cap x_2) > \max[q(x_1), q(x_2)]$	双因素增强作用
森林∩夜间灯光＝0.784 4	$q(x_1 \cap x_2) > \max[q(x_1), q(x_2)]$	双因素增强作用
科教文化∩夜间灯光＝0.874 9	$q(x_1 \cap x_2) > \max[q(x_1), q(x_2)]$	双因素增强作用

由表10-5可知，在自然地理因素的内部交互作用中，只有耕地与森林之间存在非线性增强作用，且其解释力度最小，其余自然地理因素之间存在双因素增强作用。在自然地理因素交互的过程中，耕地和人造地表是主导人口分布的重要交互因素。在社会经济因素的内部交互作用中，科教文化与夜间灯光之间存在双因素增强作用，且比其他所有交互因素的解释力度都大。在自然地理因素与社会经济因素的交互过程中，对研究区域人口空间分布影响最大的是人造地表与夜间灯光的交互作用，其次是耕地与科教文化的交互作用。总的来看，自然地理因素之间的交互作用低于社会经济因素之间的交互作用，自然地理因素与社会经济因素组合的交互作用也要大于自然地理因素之间的交互作用。说明相较于自然地理因素，成都市人口空间分布受社会经济因素的影响更大，这与前文的因素探测结果相一致。除此以外，并不存在相互独立起作用和起非线性减弱作用的因素。

社会经济与人口之间存在相辅相成的关系，经济的发展会促进人口的聚集，人口的流动会助推社会经济的发展，因此，根据人口分布情况，科学制定人口治理政策是城市治理的重中之重。成都市作为西部地区的经济中心，其人口的分布格局和质量与城市的可承受力和协调可持续发展息息相关，因此，根据成都市的人口分布特征，有关部门应科学规划人口分布，提升人口质量，从而提高城市可承受力和资源利用率。

第一，完善空间功能，提供优化动力。对于人口流失地区，如简阳市、蒲江县、新津区和青白江区等，应该加快建设区域交通网络，针对乡镇的特色产业打造特色品牌，完善产业链，畅通宣传渠道，为人才提供具有吸引力的就业机会，引导人才回流，以此促进人口与经济的积极循环。对于环境脆弱的地区，如彭州市、邛崃市、金堂县等，应完善地区水利设施，培养群众保护环境的意识，为大力发展农业经济做好铺垫。对于大邑县、都江堰市等以旅游产业为主的地区，要加大公共设施的财政投入力度，完善交通网络，发挥旅游产业优势，打造以旅游经济吸引人口聚集的优势平台。

第二，合理改造中心城区，优化公共资源配置。首先，需要合理规划一圈层主城区的功能分区，改善主城区功能分布的"重叠"现状，提高土地利用率，促进建设用地集约化。其次，以共享资源为理念，合理配置公共资源，使公共服务、资源分配均等化。最后，相较于近郊区县，中心主城区的生态环境较差，尤其是以春熙路街道为代表的商圈，其环境状况需要尤为关注，因此还应注重改善一圈层的整体环境，倡导节约环保的生活理念，为主城区进一步均衡发展搭桥铺路。

第三，拓展外部空间，引导人口流入。成都市中心城区人口过度聚集，而新城区作为外部空间，可以为中心城区分担人口压力。但从发展现状来看，成都市的新城区，如都江堰市、彭州市、简阳市等，由于其发展水平和速度尚待提升，所以还未能有效与中心城区衔接，并且这些区域的公共资源等还有待完善。因此，在建设新城区方面，应进一步加大对二、三圈层公共服务建设的财政投入，推动外部空间的拓展，以优质的生活环境和完善的公共服务配套设施吸引人口流入。在建设新城区的同时，还应注重打造相对独立的功能，使新城区发展成为有特色的功能区划。

第四，借助人口格网化研究成果，创新治理方式。有关部门应充分利用当前成都市人口空间化研究成果，创新城市治理方式。比如，利用成都市人口格网数据集，建立公共基础数据库，按格网人口数量合理分配管理人员，实现城市分区、网格化管理，提高城市治理效率，形成与人口分布情况相匹配的城市动态管理机制。在人口普查工作方面，可以借助大数据等信息技术，加大对街镇级别人口数据的统计力度，并以此为基础，形成更加精细化的数据资源体系，便于开展城市精准治理，为城市人口提供智慧服务，建设智慧城市。

10.3 成都市人口收缩时空格局

由于 2000—2020 年成都市进行了多次行政区划调整，对部分街镇进行新增、撤销、合并、拆分，因此，从街镇层面展开的纵向研究缺乏可比性。尤其是在人口收缩的相关研究方面，由于人口收缩是一个长期性、持续性的概念，行政区划口径不一致使得不同时刻的人口数据难以匹配，给人口收缩的度量带来了困难。针对这一现象，学者们的普遍做法是以最新年度的行政区划为基准，对之前年份的行政区划进行手动合并或切割，但是这种做法相对复杂，可操作性不强，特别对于成都市而言，其 2020 年的街镇划分与 2010 年相比，发生了巨大变化，调整为统一口径非常困难。相较而言，采用人口格网数据集研究微观层面的人口收缩则具有较大优势，只要地区的总体面积和位置不发生大的变化，格网的位置就相对固定，因此较容易统计出格网对应的人口数据变化情况。

10.3.1 全市分析

考虑到 1 km×1 km 尺度的人口格网数据集在进行地理处理时速度更快，且过细的格网中人口数量较少，计算意义不大，因此接下来则以 1 km×1 km 尺度的人口格网数据集为基础，从微观层面对成都市人口收缩格局及演变态势进行探讨。此处以常住人口增长率作为人口收缩的度量指标，认为当常住人口增长率小于 0 时，该地区出现人口收缩，且其绝对值越大，说明该区域人口收缩程度越严重，反之则未出现人口收缩。由于人口收缩具有阶段性和演化性，需进一步考虑其变化过程，因此将研究时间划分为 2000—2010 年和 2010—2020 年两个阶段，依据人口综合增长率变化情况将收缩分为：持续收缩型，即两个阶段均出现人口收缩；阶段收缩型，细分为增长转收缩型（第一阶段增长、第二阶段收缩）、收缩转增长型（第一阶段收缩、第二阶段增长）和无收缩三类。为进一步研究人口收缩情况，按收缩程度分为：轻度收缩（-3%~0%）、中度收缩（-10%~-3%）、重度收缩（-30%~-10%）和严重收缩（<-30%）四类。利用 1 km×1 km 尺度下的格网人口识别出的成都市人口收缩情况如表 10-6 和图 10-5 所示。

表 10-6　成都市全市人口收缩类型转变　　　单位：个

收缩类型	严重	重度	中度	轻度	收缩	增长	2010—2020年合计
严重	84	32	14	6	136	10 737	10 873
重度	14	37	6	29	86	2 751	2 837
中度	7	8	3	0	18	476	494
轻度	2	20	0	0	22	252	274
收缩	107	97	23	35	262	14 216	14 478
增长	894	321	39	39	1 293	3 906	5 199
2000—2010年合计	1 001	418	62	74	1 555	18 122	19 677

在表 10-6 中，第一列为第一阶段的人口收缩类型，第一行为第二阶段的人口收缩类型，中间的数值则表示第一阶段的收缩状态迁移到第二阶段的格网数量。由表 10-6 可知，第一阶段成都市的人口普遍以增长为主，增长格网占比高达 92.10%，但是在 1 555 个收缩格网中，超过六成表现为严重收缩，说明 2000—2010 年成都市的人口变化呈现出严重的两极分化，在普遍增长的局面下收缩情况严重。在第二阶段，成都市的人口收缩情况全面逆转，仅 26.42% 的格网呈现增长态势。从两个阶段成都市各人口格网的类型转变来看，第一阶段收缩格网中有 1 293 个转变为增长型，好转率为 83.15%，但是增长格网中也有近八成转变为收缩型，且以严重收缩为主。这一现象表明，在 21 世纪的前两个十年间，成都市各区域的人口发展差异较大。

结合图 10-5 进一步分析可以发现，2000—2010 年，成都市人口普遍呈现增长态势，收缩区域以严重收缩为主，呈点状分布在成都市中心城区，包括武侯区、青羊区、金牛区、锦江区等地靠中心一带的街道。此时人口收缩呈"全域普遍增长，中心点状收缩"的格局。2010—2020 年，成都市人口收缩面积迅速扩大，严重收缩型格网数量增加，严重收缩格网由 1 001 个快速上升至 10 873 个，重度收缩格网由 418 个增长至 2 837 个，同时增长格网由 18 122 个快速下降至 5 199 个。此时成都市人口收缩呈现"环状"分布，即在五城区靠外部（包括青羊区文家街道、黄田坝街道，金牛区凤凰山街道、天回镇街道，成华区龙潭街道，锦江区柳江街道，武侯区浆洗街街道、华兴街道、金花桥街道等）形成带状人口收缩区域，在成都市中心城区外围的街镇形成连片块状收缩区域。

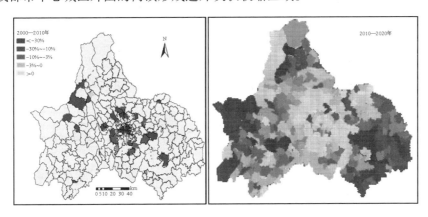

图 10-5　2000—2020 年成都市全市人口收缩情况

由图 10-6 可知，2010—2020 年有很多格网收缩是因为三圈层周边有很多格网的人口基数实际很少，只有几十人或者几百人，一旦人口数量发生变化，变化率就会较大，所以对于精细尺度格网而言，其并不适用于郊区人口稀疏的地区，而适合对中心城区进行分析。

10.3.2　中心城区分析

成都市中心城区的人口收缩类型转变和人口收缩情况如表 10-7 和图 10-6 所示。

表 10-7　成都市中心城区的人口收缩类型转变　　单位：个

收缩类型	严重	重度	中度	轻度	收缩	增长	2010—2020 年合计
严重	4	8	4	1	17	1 312	1 329
重度	2	32	2	0	36	826	862
中度	2	3	3	0	8	225	233
轻度	0	19	2	0	21	50	71
收缩	8	62	11	1	82	2 413	2 495
增长	451	278	95	35	859	1 847	2 706
2000—2010 年合计	459	340	106	36	941	4 260	5 201

由表 10-7 可知，2000—2010 年成都市中心城区的人口以增长为主，增长格网占比高达 81.91%，但是在 941 个收缩格网中，近五成表现为严重收缩，说明 2000—2010 年成都市的人口变化呈现出严重的两极分化现象，在普遍增长的局面下严重收缩情况严峻。2010—2020 年，成都市的人口收缩情况部分逆转，收缩格网进一步扩张，增长格网占比下降至 52.03%，但是增长格网中也有超过一半转变为收缩型，且以严重收缩为主。

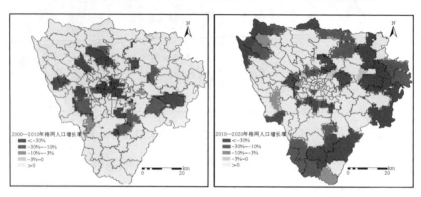

图 10-6　2000—2020 年成都市中心城区人口收缩情况

由图 10-6 可知，人口格网数据可以直观地反映两个阶段成都市中心城区人口收缩的演变格局及特征，由"全域普遍增长，中心环状收缩"的局面转变成"四周环状收缩，主城区中心增长"的局面。两个阶段成都市中心城区的人口收缩格局均说明，2000—2020 年成都市中心城区的人口分布存在显著的"虹吸效应"，五个中心城区快速发展，常住人口增长明显，周边街镇则以收缩为主，常住人口减少。

10.4　成都市社会空间分异格局

社会空间分异研究需要用到全国人口普查表长表中的调查指标，当前这一属性的数据并没有公开发行，笔者于 2017 年购买了中国数据在线网站中 2000 年的成都市人口普查数据，包含长表和短表的所有数据，并以此为基础生成了成都市中心城区 1 km×1 km 的格网人口及其属性信息，其余普查年份中没有长表指标，因此本节的数据源为 2000 年成都市的人口普查数据及其生成的格网数据。针对人口普查中的 7 个指标 34 个变量，本节利用

Geo-Segregation Analyzer. z 软件，分别对隔离指数中的匀度、能见度、浓度、聚类度四个维度下的双组指数进行测算①。

10.4.1 空间匀度比较分析

匀度指数可衡量一个群体在细分单位空间中的数量高于或低于平均水平，其数值范围均为［0，1］，数值越趋近于 1，代表隔离程度越大。本节选取各社会要素为 X 群体，相应的总人口数、总就业人口数、总家庭户数为 Y 群体，计算成都市中心城区不同尺度的各社会要素的相异指数 ID（又称相对分异指数），结果如表 10-8 所示。其中，相异指数根据 Massey 等②的研究，将其取值分为三个等级，（0，0.3）为低分异程度，（0.3，0.6）为中度分异程度，（0.6，1）为高度分异程度。

表 10-8　成都市中心城区不同尺度下各社会要素的相异指数

指标	五城区		十一城区		格网
	区县	街镇	区县	街镇	
外来人口	0.069 4	0.160 3	0.313 7	0.337 0	0.160 2
汉族	0.001 2	0.003 0	0.001 9	0.002 7	0.003 1
蒙古族	0.048 6	0.255 7	0.198 9	0.292 5	0.270 4
回族	0.085 4	0.273 5	0.281 3	0.442 7	0.258 6
藏族	0.230 5	0.423 2	0.316 8	0.473 9	0.444 9
苗族	0.137 9	0.305 8	0.225 6	0.361 1	0.334 5
彝族	0.241 1	0.420 3	0.322 3	0.434 5	0.473 1
壮族	0.240 7	0.470 3	0.370 3	0.525 0	0.510 9
满族	0.058 3	0.319 1	0.345 9	0.469 3	0.301 5
土家族	0.168 1	0.317 8	0.240 6	0.397 6	0.339 5
高中及以下受教育程度	0.021 8	0.085 4	0.053 7	0.074 2	0.081 3

---

① Apparicio P, Martori J C, Pearson A L, et al. An open-source software for calculating indices of urban residential segregation [J]. Social Science Computer Review, 2014, 32 (1): 117-128.

② MASSEY D S, DENTON N A. The dimensions of residential segregation [J]. Social Forces, 1988, 67 (2): 281-315.

表10-8(续)

指标	五城区		十一城区		格网
	区县	街镇	区县	街镇	
中专受教育程度	0.041 9	0.177 7	0.175 9	0.299 6	0.170 8
大学专科受教育程度	0.054 2	0.234	0.287 6	0.391 9	0.212 1
大学本科及以上受教育程度	0.088 1	0.411 6	0.396 4	0.543 4	0.370 7
0~14 岁	0.007 8	0.016 1	0.090 9	0.096 4	0.056 6
15~64 岁	0.005 9	0.059 9	0.018 6	0.021 7	0.016 4
65 岁及以上	0.068 3	0.153 0	0.046 9	0.109 4	0.161 2
月租房费用50元以下家庭户	0.125 5	0.275 7	0.137 1	0.257 9	0.274 3
月租房费用50~500元家庭户	0.066 1	0.179 7	0.085	0.191 1	0.179 1
月租房费用500元以上家庭户	0.152 8	0.380 4	0.228 7	0.951 1	0.403 2
在业	0.011 9	0.065 9	0.066 4	0.085 7	0.377 8
失业	0.091 1	0.189 1	0.267 2	0.334 8	0.164 9
农、林、牧、渔业就业	0.071 2	0.645 8	0.359 0	0.402 0	0.706 5
制造业就业	0.053 2	0.222 6	0.154 3	0.274 4	0.503 0
建筑业就业	0.087 2	0.234 2	0.130 5	0.258 3	0.496 4
批发和零售贸易、餐饮业就业	0.034 0	0.146 6	0.259 9	0.281 7	0.484 1
社会服务业就业	0.043 9	0.168 3	0.299 8	0.327 7	0.503 9
教育、文化业就业	0.089 8	0.327 8	0.270 2	0.371 7	0.541 1
国家机关、党群组织就业	0.056 1	0.255 0	0.292 0	0.384 2	0.505 3
专业技术人员就业	0.064 3	0.277 1	0.293 1	0.407 1	0.529 3
办事人员和有关人员就业	0.098 2	0.269 9	0.349 0	0.458 0	0.545 0
商业、服务业就业	0.045 7	0.115 2	0.238 5	0.257 1	0.484 2

表10-8(续)

指标	五城区		十一城区		格网
	区县	街镇	区县	街镇	
农、林、牧、渔、水利业生产人员就业	0.073 3	0.646 2	0.359 1	0.401 8	0.706 9
生产、运输设备就业	0.043 6	0.170 2	0.117 4	0.219 0	0.484 2

　　由表10-8的计算结果可知，在五城区区县尺度下，各社会要素的相异指数值均较小，都属于低分异程度，相较于其他社会要素，只有藏族、彝族、壮族的分异程度略高一些。在五城区街镇尺度下，各社会要素的相异指数出现了明显的变化，与区县尺度相异指数相比明显增加。其中，农、林、牧、渔业就业和农、林、牧、渔、水利业生产人员就业的相异指数大于0.6，属于高度分异程度；藏族、苗族、彝族、壮族、满族、土家族、大学本科及以上受教育程度、月租房费500元以上家庭户、教育和文化业就业的相异指数属于中度分异程度，其他的相异指数属于低分异程度。

　　由表10-8可知，在十一城区区县尺度下，外来人口，藏族，彝族，壮族，满族，大学本科及以上受教育程度，农、林、牧、渔业就业，办事人员和有关人员就业，农、林、牧、渔、水利业生产人员就业的相异指数属于中度分异程度，其中大学本科及以上受教育程度的相异指数最大。在十一城区街镇尺度下，各社会要素的相异指数值大幅增加，少数民族中除了蒙古族，其他少数民族均属于中度分异程度，且壮族的分异程度最深。中专受教育程度的相异指数达到0.299 6，临近中度社会分异，大学专科、大学本科及以上的受教育程度属于中度社会分异；月租房费用500元以上家庭户的相异指数高达0.951 1，社会分异程度严重；失业人口也达到了中度分异程度；制造业，建筑业，批发和零售贸易、餐饮业，商业、服务业，农、林、牧、渔、水利业和生产、运输设备就业人口属于低分异程度，其他行业就业和职业则属于中度分异程度。

　　在格网尺度下，少数民族中除蒙古族和回族外，其余均属于中度分异程度；其次是大学本科及以上受教育程度和月租房费用500元以上的家庭户属于中度社会分异，同指标中其他类别的分异程度均较小；对于失业情况、所在行业和从事的职业指标而言，则多为高度分异程度，较街镇尺度空间分异程度更高。综上所述，对于大多数指标而言，区县尺度下的相异指数的社会空间分异测算较粗略，结果相对偏低，研究对象的空间尺度越精细，测算结果越高，呈现出的社会空间分异也越明显。

10.4.2　空间能见度比较分析

互动指数 $_xP_y$ 是指 X 群体和 Y 群体之间的相互作用的程度，其取值范围是 [0, 1]，数值越大，X 群体与 Y 群体之间的相互作用越大，互动程度与接触性越大。成都市中心城区在不同尺度下的各社会要素的互动指数如表10-9所示，其中 Y 群体为总人口数、总就业人口数和总家庭户数。

表10-9　成都市中心城区不同尺度下的各社会要素互动指数

变量	五城区		十一城区		格网
	区县	街镇	区县	街镇	
外来人口	0.432 4	0.432 4	0.269 2	0.269 2	0.442 5
汉族	0.988 7	0.988 7	0.992 2	0.992 2	0.988 2
蒙古族	0.000 8	0.000 8	0.000 5	0.000 5	0.000 8
回族	0.003 2	0.003 2	0.002 3	0.002 3	0.003 3
藏族	0.001 8	0.001 8	0.001 2	0.001 2	0.001 8
苗族	0.000 5	0.000 5	0.000 4	0.000 4	0.000 5
彝族	0.000 7	0.000 7	0.000 5	0.000 5	0.000 7
壮族	0.000 5	0.000 5	0.000 3	0.000 3	0.000 5
满族	0.001 5	0.001 5	0.000 9	0.000 9	0.001 5
土家族	0.000 8	0.000 8	0.000 6	0.000 6	0.000 7
高中及以下受教育程度	0.704 4	0.704 4	0.785	0.785	0.697 3
中专受教育程度	0.069	0.069	0.051 3	0.051 8	0.070 7
大学专科受教育程度	0.091 9	0.091 9	0.059 3	0.059 3	0.097 7
大学本科及以上受教育程度	0.088 8	0.088 8	0.050 5	0.050 5	0.088 9
0~14 岁	0.121 4	0.121 4	0.146 9	0.146 9	0.119 9
15~64 岁	0.804 2	0.804 2	0.776 6	0.776 6	0.803 3

表10-9(续)

变量	五城区		十一城区		格网
	区县	街镇	区县	街镇	
65岁及以上	0.074 5	0.074 5	0.076 6	0.076 6	0.076 6
月租房费用50元以下家庭户	0.003 1	0.003 4	0.002 8	0.003 2	0.012 6
月租房费用50~500元家庭户	0.004 9	0.005 8	0.004 2	0.005 0	0.024 4
月租房费用500元以上家庭户	0.000 4	0.000 5	0.000 3	0	0.002 1
在业	0.046 3	0.046 3	0.053 0	0.053 0	0.302 8
失业	0.003 8	0.003 8	0.002 5	0.002 5	0.694 1
农、林、牧、渔业就业	0.003 8	0.004 5	0.022 4	0.023 9	0.002 4
制造业就业	0.012 2	0.012 8	0.010 3	0.010 3	0.011 4
建筑业就业	0.003 0	0.003 1	0.002 7	0.002 8	0.003 0
批发和零售贸易、餐饮业就业	0.010 4	0.010 7	0.007 2	0.007 3	0.010 6
社会服务业就业	0.004 2	0.004 3	0.002 8	0.002 7	0.004 4
教育、文化业就业	0.002 9	0.002 6	0.002	0.001 8	0.002 8
国家机关、党群组织就业	0.002 1	0.002 1	0.001 4	0.001 3	0.002 1
专业技术人员就业	0.008 2	0.005 3	0.005 4	0.005 1	0.008 4
办事人员和有关人员就业	0.005 4	0.007 9	0.003 3	0.003 1	0.005 7
商业、服务业就业	0.013 9	0.014 3	0.010 0	0.010 0	0.014 1
农、林、牧、渔、水利业生产人员就业	0.003 7	0.004 5	0.022 4	0.023 9	0.002 4
生产、运输设备就业	0.012 7	0.013 3	0.011 4	0.011 6	0.012 1

由表10-9可知,在五城区区县尺度下,总人口与汉族、高中及以下受教育程度、15~64岁人口有较强的相互作用,互动程度较大,但其他的

要素与总人口或总就业人数的互动程度很小甚至几乎没有相互影响。在五城区和十一城区街镇尺度下，其互动指数值与区县尺度几乎一样，说明街镇尺度和区县尺度的划分对互动指数几乎没有影响。十一城区区县尺度的互动指数较之五城区变化较小，仍是总人口与汉族、高中及以下受教育程度、15~64 岁人口的相互作用较强。在格网尺度下，互动指数的数值与区县尺度和街镇尺度相差不大，且更接近区县尺度的计算结果。综上所述，不同尺度对能见度的影响不大。

10.4.3 空间浓度比较分析

浓度，是指某一群体所占用的空间大小，占用的空间越小，它的浓度就越高。本节采用相对集中指数 RCO 对空间浓度进行测算，取值范围为[-1，1]，取值为 0 时，代表 X 群体和总人口的集中程度相同；取值为正值时，代表 X 群体的集中程度超过总人口；取值为负值时，代表 X 群体的集中程度不如总人口。成都市中心城区不同尺度下的各社会要素的相对集中指数结果如表 10-10 所示。

表 10-10　成都市中心城区不同尺度下各社会要素的相对集中指数

变量	五城区		十一城区		格网
	区县	街镇	区县	街镇	
外来人口	0.114 2	-0.030 6	0.624 1	0.474 1	-0.078
汉族	—	0.362 2	—	-0.264 9	-0.170 1
蒙古族	0.096 0	0.386 0	0.406 8	0.389 1	0.002 1
回族	0.113 8	0.386 8	0.568 7	0.474 2	0.050 0
藏族	0.153 0	-0.069 5	0.460 1	0.340 1	0.110 5
苗族	-0.009 5	0.245 8	0.372 8	0.373 6	0.107 8
彝族	0.090 0	0.209 2	0.485 1	0.410 8	0.152 7
壮族	0.075 8	0.300 0	0.643 1	0.572 7	0.024 6
满族	-0.001	0.476 4	0.669 5	0.640 8	0.035 8
土家族	0.033 1	0.288	0.351 8	0.371 5	0.093 0
高中及以下受教育程度	-0.001 8	-0.172 1	0.785 0	-0.259 6	-0.078 0

表10-10(续)

变量	五城区		十一城区		格网
	区县	街镇	区县	街镇	
中专受教育程度	0.006 7	0.245 2	0.371 3	0.328 5	0.032 1
大学专科受教育程度	0.029 2	0.415 8	0.562 9	0.534 1	0.035 3
大学本科及以上受教育程度	−0.015 6	0.472 3	0.050 5	0.711 0	0.126 6
0~14 岁	−0.016 4	−0.014 8	−0.186 4	−0.148 5	−0.005 3
15~64 岁	—	−0.058 6	0.073 1	0.067 5	−0.002 0
65 岁及以上	0.048 6	0.198 2	−0.016 5	0.006 2	0.011 6
月租房费用 50 元以下家庭户	−0.087 2	0.221 0	−0.305 9	−0.085 8	0.016 9
月租房费用 50~500 元家庭户	0.047 0	−0.174 6	0.190 9	0.018 9	−0.007
月租房费用 500 元以上家庭户	0.094 7	0.396 8	0.459 9	−0.923 9	−0.032
在业	0.007 7	−0.075 4	−0.125 8	−0.107 5	−0.146 2
失业	−0.084 4	0.169 3	0.524 7	0.429 2	0.143 9
农、林、牧、渔业就业	−0.025 5	0.551 0	−0.563 4	−0.522 2	0.001 7
制造业就业	−0.062 6	−0.115 9	0.271 7	0.220 0	0.144 8
建筑业就业	0.015 8	0.009 4	0.151 4	0.165 0	0.099 4
批发和零售贸易、餐饮业就业	0.028 8	0.056 2	0.394 9	0.337 8	0.069 4
社会服务业就业	0.053 8	0.258 9	0.445 1	0.445 6	0.088 4
教育、文化业就业	0.024 8	0.289 2	0.419 2	0.404 7	0.033 6
国家机关、党群组织就业	0.068 1	0.251 5	0.436 6	0.437 9	0.079 0
专业技术人员就业	0.006 0	0.351 7	0.461 4	0.471 3	0.063 1
办事人员和有关人员就业	0.030 0	0.381 3	0.535 8	0.531 0	0.068 5
商业、服务业就业	0.023 0	0.069 0	0.371 6	0.324 1	0.080 5

表10-10(续)

变量	五城区		十一城区		格网
	区县	街镇	区县	街镇	
农、林、牧、渔、水利业生产人员就业	-0.023 5	0.548 6	-0.562 7	-0.521 6	0.000 8
生产、运输设备就业	-0.048 7	-0.165 3	0.188 4	0.157 5	0.132 2

由表10-10可知，在五城区区县尺度下，外来人口的集中程度高于总人口的集中程度；少数民族中苗族、满族人口的集中程度略低于总人口数，但几乎与总人口集中程度相同。其他各社会要素的相对集中指数的绝对值都小于0.1，可见各社会要素的集中程度与总人口接近。

在五城区街镇尺度下，相对集中指数的值发生明显变化，一些指标如外来人口、藏族、苗族、满族、大学本科及以上受教育程度等的相对集中指数发生了正负值的变化；此外，汉族、回族、蒙古族、彝族、大学专科和大学本科及以上受教育程度、月租房费用500元以上家庭户、专业技术人员就业等的集中程度大于总人口数、总家庭户数、总就业人口数的集中程度，空间浓度较高。

在十一城区的区县和街镇尺度下，两者的相对集中指数的值大多相似，除了高中及以下受教育程度人口在区县尺度下的集中程度远大于总人口数，但其在街镇尺度下的总人口集中程度略微小于区县尺度。在格网尺度下，各社会要素的集中程度与总人口的集中程度不如区县、街镇尺度差距大，大多位于0附近。

综上可知，在五城区区县尺度和街镇尺度下得到的结果差距较大，甚至与总人口数集中程度的变化相反；而十一城区区县尺度和街镇尺度下的人口集中程度相似，格网尺度下的人口集中程度并不如区县尺度和街镇尺度的高，与总人口的集中程度差距较小。

10.4.4 空间聚类度比较分析

聚类度是衡量某群体的聚类程度，相对聚类指数 RCL 是衡量 X 群体和 Y 群体之间的邻近度，其中 Y 群体选取总人口数、总就业人口数、总家庭户数。RCL 指数的取值范围是 [-1，1]，取值为0则各社会要素群体和总人口群体的聚类程度相当；取值为正数时，各社会要素群体的聚类程度更高；取值为负数时，总人口群体的聚类程度更高。成都市中心城区不同尺度下各社会要素的相对聚类指数 RCL 的结果如表 10-11 所示。

由表 10-11 可知，从整体看，无论是在何种尺度下，总体的聚类程度大都高于各社会要素群体的聚类程度。在五城区区县尺度下，少数民族中除蒙古族、回族、满族外，其他少数民族的聚类程度均高于总人口的聚类程度，尤其是苗族和壮族；失业人口、制造业就业、生产和运输设备就业的聚类程度也略高于总人口、总就业人口的聚类程度。在五城区街镇尺度下，仅有 10 个要素的相对聚类指数大于 0，但很接近于 0，由此可知，在街镇尺度下，各社会要素的聚类程度低于或近似于总人口的聚类程度。

在十一城区区县尺度下，少数民族的聚类程度远低于总人口的聚类程度；但大学本科及以上受教育程度、0~14 岁人口、月租房费用 50 元以下家庭户的聚类程度远大于总人口的聚类程度，汉族人口、老龄人口、15~64 岁人口的聚类程度与总人口的聚类程度很接近。在十一城区街镇尺度下，各社会要素的聚类程度与区县尺度下较为类似，大多低于或近似于总人口、总就业人口的聚类程度。偶有几个要素的聚类程度有较大变化，如月租房费用 50 元以下家庭户的聚类程度变得接近于总家庭户的聚类程度，大学本科及以上受教育程度的人口的聚类程度变为远低于总人口的聚类程度。

在格网尺度下，各社会要素的聚类程度与总体的聚类程度的差距缩小，大多数社会要素的聚类程度变得低于或近似于总人口的聚类程度。

表 10-11　成都市中心城区不同尺度下各社会要素的相对聚类指数

变量	五城区		十一城区		格网
	区县	街镇	区县	街镇	
外来人口	−0.064 5	−0.084 9	−0.637 4	−0.640 6	−0.072 5
汉族	0.000 3	0.000 7	0.007 4	0.007 7	−0.000 4
蒙古族	−0.147 9	−0.215 4	−0.552 5	−0.583 3	−0.160 7
回族	−0.250 0	−0.198 4	−0.635 0	−0.606 4	−0.133 4
藏族	0.192 4	−0.105 6	−0.413 1	−0.554 2	−0.298 0
苗族	0.407 3	0.019 5	−0.290 8	−0.484 5	−0.150 0
彝族	0.232 0	−0.078 7	−0.453 0	−0.585 3	−0.367 4

表10-11(续)

变量	五城区		十一城区		格网
	区县	街镇	区县	街镇	
壮族	0.563 6	−0.021 0	−0.409 9	−0.625 2	0.261 5
满族	−0.113 6	−0.192 0	−0.678 7	−0.703 3	−0.135 2
土家族	0.129 2	−0.069 6	−0.367 1	−0.476 1	−0.120 3
高中及以下受教育程度	0.026 7	0.042 4	−0.209 1	0.285 9	0.000 3
中专受教育程度	−0.137 0	−0.134 5	−0.513 6	−0.507 1	−0.070 7
大学专科受教育程度	−0.150 4	−0.214 5	−0.646 1	−0.668 5	−0.095 4
大学本科及以上受教育程度	0.143 1	−0.085 7	0.748 0	−0.699 7	−0.081 8
0~14 岁	0.018 6	0.009 5	0.491 9	0.516 7	0.020 0
15~64 岁	0.011 3	0.049 5	−0.056 9	−0.057 3	0.001 7
65 岁及以上	−0.120 1	−0.172 5	−0.070 6	−0.123 5	−0.073 8
月租房费用 50 元以下家庭户	0.133 8	−0.116 5	0.394 6	0.085 7	−0.135 7
月租房费用 50~500 元家庭户	−0.017 5	0.064 2	−0.127 2	−0.054 2	0.018 6
月租房费用 500 元以上家庭户	−0.075 3	−0.281 9	−0.304 1	—	0.040 3
在业	−0.014 7	0.008 5	0.292 6	0.312 2	0.012 9
失业	0.240 4	0.003 1	−0.456 3	−0.554 8	−0.038 3
农、林、牧、渔业就业	0.160 2	−0.899 9	—	—	−0.259 9
制造业就业	0.273 8	0.118 0	−0.284 0	−0.368 8	−0.137 1
建筑业就业	0.079 9	−0.041 7	−0.305 3	−0.377 0	−0.205 3
批发和零售贸易、餐饮业就业	−0.041 2	−0.116 7	−0.610 4	−0.634 1	−0.239 4
社会服务业就业	−0.113 7	−0.172 3	−0.676 9	−0.692 0	−0.226 7
教育、文化业就业	−0.085 7	−0.104 8	−0.638 9	−0.639 6	−0.190 8

表10-11(续)

变量	五城区		十一城区		格网
	区县	街镇	区县	街镇	
国家机关、党群组织就业	-0.180 3	-0.227 3	-0.694 9	-0.706 5	-0.196 8
专业技术人员就业	-0.099 5	-0.247 4	-0.665 8	-0.705 4	-0.191 1
办事人员和有关人员就业	-0.171 0	-0.222 7	-0.733 5	-0.752 6	-0.206 2
商业、服务业就业	0.016 6	-0.120 3	-0.561 1	-0.613 3	-0.229 0
农、林、牧、渔、水利业生产人员就业	0.151 1	—	—	—	-0.247 7
生产、运输设备就业	0.233 4	0.104 5	-0.216 7	-0.295 5	-0.184 3

综上所述，不同尺度下的隔离指数对社会空间分异的描述存在或多或少的差异，主要特征为：①小范围区县尺度下隔离指数对社会空间分异描述的结果与其他尺度下的结果相比差异较大，可见其分析结果的不准确性较高；②街镇尺度下隔离指数对社会空间分异描述的结果相较于区县尺度表现较好，其结果相对来说较为稳定，且反映的社会空间分异程度结果比较明显；③格网尺度下隔离指数对社会空间分异描述的结果的波动比行政区划尺度的大，各社会要素的分异程度与总体的分异程度差距不是十分明显，但仍能比较准确地反映其社会空间分异程度。④选取的指标变量中，少数民族、受教育程度高、收入水平高以及非传统农业行业与职业就业的社会空间分异程度较高，高于总体的分异程度。

10.5 基于人工人口的COVID-19传播仿真研究

针对COVID-19的传播仿真研究，现有文献多从流行病学及医学领域展开，方法上多以统计数据为基础，采用统计分析和数理建模等方法，从宏观层面进行预测分析。对于全球大流行传染病，社会个体的属性特征及社会个体之间的接触是疫情发展的关键要素，而当前以个体为基础，利用仿真模型，从下至上刻画传染病传播路径、验证防控措施是否有效以及分析不同防控措施的效果的研究较少。因此，本书以 COVID-19 为例，对大型城市人工人口的构建及其在疫情防控中的应用展开研究，以期为疫情防控提供高精度的基础人口数据集和仿真研究方法。

10.5.1　COVID-19 特点及其在武汉的传播

COVID-19 是一种传染病，会引发呼吸道疾病，通过飞沫、接触和空气污染物在人与人之间传播。在大多数情况下，感染 COVID-19 的症状包括发烧、疲劳、上呼吸道感染（如咳嗽、呼吸急促、嗅觉和味觉丧失）等，这些症状严重时可能会发展为肺炎，急性呼吸窘迫综合征，以及某些情况下的多器官衰竭（Zhu，2020）。它与引起严重急性呼吸综合征（SARS）和中东呼吸综合征（MERS）属于同一病毒家族（Lauer，2020），但 COVID-19 的传播又不同于这两类病毒。

SARS-CoV-2 的增长率约为 SARS-CoV 和 MERS-CoV 病毒的两倍（梁凯豪，2020），其传播速度更快、传染性更强。有关报告显示，COVID-19 的传播率为 1%~10%，平均潜伏期为 5~6 天，潜伏时间范围为 1~14 天，死亡时间均值为 2~8 周，治愈时间均值中轻症为 2 周，重症和危害症约为 3~6 周，多数轻症患者经过治疗可痊愈，重症与死亡高危人群年龄为 60 岁以上。

世界卫生组织强调减少 COVID-19 感染要坚持以下原则：避免与急性患者密切接触；经常洗手，特别是在直接接触病人及其所处的环境后；避免无保护措施接触农场或野生动物；加强医院的感染预防与控制等。如果旅行者在旅行期间或之后出现呼吸道疾病的症状，应寻求医疗照顾，并与卫生保健提供者分享其旅行史。

武汉市是新冠疫情在中国的始发地，截至 2020 年 3 月 31 日，该市累计确诊 COVID-19 病例 50 007 例，各区累计确诊病例数的空间分布如图 10-7 所示。

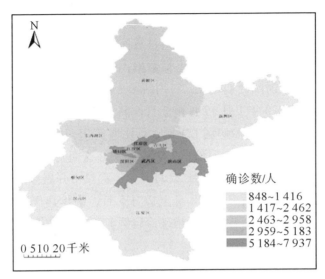

图 10-7 武汉市新冠疫情分布（截至 2020 年 3 月 31 日）

由图 10-7 可知，武汉市累计确诊病例数较多的区域主要是主城区，
包括江岸区、硚口区、武昌区等，主城区占地面积虽明显小于其他城区，
但城市建设的高层建筑及设施带来的众多就业机会使得人口越来越集中，
人口密度大且流动性强，因此主城区成了疾病传播的高风险区域。相比于
主城区，蔡甸区、江夏区等远郊城区，地广人稀，发展较落后于中心城
区，确诊病例数较少，传播风险低于主城区。根据武汉市卫生健康委发布
的新冠疫情统计数据，武汉市 COVID-19 确诊病例随时间的演变趋势可分
为低发期、增长期、减缓期和平稳期四个阶段，具体如图 10-8 所示。

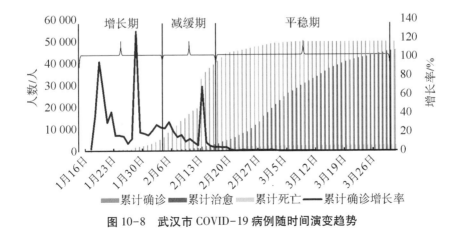

图 10-8 武汉市 COVID-19 病例随时间演变趋势

第一阶段，2019 年 12 月 1 日至 2020 年 1 月 16 日为低发期。Huang（2020）认为，新冠疫情在武汉初现可推算至 12 月 1 日，而武汉市卫生健康委于 1 月 16 日起公开报道新冠疫情数据，确诊病例为 45 例，该阶段虽然数据缺失，但因时间周期较长，日均新增 1 例，增速较缓。

第二阶段，2020 年 1 月 17 日至 2 月 5 日为增长期。1 月 18 日，新增确诊病例 59 例，累计确诊病例 121 例，环比增长 95.16%；1 月 24 日新增确诊病例 77 例，1 月 26 日新增确诊病例 80 例，这期间因武汉全市封控使得确诊病例数增速短暂减缓；1 月 27 日开始，武汉市开展范围更广的病例追踪，确诊病例数暴增；1 月 28 日至 2 月 5 日，确诊病例数增速时急时缓，但均不低于 15%；2 月 5 日新增确诊病例 1 766 例，累计确诊病例突破 4 位数。

第三阶段，2020 年 2 月 6 日至 2 月 18 日为减缓期。2 月 6 日至 2 月 9 日，新增确诊病例数为 1 500~2 000 例，平均增速为 13.73%，较增长期有明显下降；2 月 10 日至 18 日，新增病例缓缓下降（2 月 12 日除外，因加入了临床确诊病例），且确诊病例增速均小于 10%；2 月 18 日，新增确诊病例 1 660 例，累计确诊病例数 44 412 例，环比增长 3.88%，较 2 月 6 日下降了 10.96 个百分点。

第四阶段，2020 年 2 月 19 日至 3 月 31 日为平稳期。2 月 19 日，新增确诊病例数 615 例，较 2 月 18 日减少了 1 045 例，环比增长 1.38%；直至 3 月 16 日，新增病例数逐渐减少，增速大多低于 1%，较减缓期有明显的下降；3 月 15 日，累计确诊病例数突破 50 000 例，至 3 月 31 日，几乎保持一样的状态。

综上所述，自 2020 年 1 月 16 日起，武汉市累计确诊病例数经历了先增后减，之后趋于平缓的过程；从确诊病例环比增长率来看，数据波动较大，新冠疫情存在较大的不稳定性，但整体的增速是逐渐下降的，防控措施在其中也起到了较大的作用；累计治愈病例与累计确诊病例逐渐增多，治愈率先大幅增加后缓缓上升。图 10-8 体现了新冠疫情在武汉市随时间变化的演变特征，即经历了"低发—增长—减缓—平稳"四个阶段。此外，在采取了防控措施的两周后，确诊病例增加数量逐渐减少，新冠疫情的发展形势得到了较明显的控制，进入"减缓期"，充分体现了疫情干预与防控措施的有效性。

10.5.2 武汉市人口与医院空间适配性分析

武汉市是新冠疫情在中国的始发地，当新冠疫情大面积传播时，武汉市启动应急响应措施，2020年2月，借鉴因抗击"非典"而建的小汤山医院，火神山、雷神山医院分别用10天、12天时间建成，在大规模疫情暴发时，医院的合理配置显得尤为重要。本节通过对武汉市的医院分布特征、人工人口易感病人群进行可视化对比分析，以探究两者在空间上是否适配。

本节以高德地图为数据源，在高德地图中以关键词"医院"爬取了890条数据信息，医院主要包括三甲医院、综合医院及卫生院，每一条数据包括医院名称、医院所在县级区域、GCJ-02火星坐标系的经纬度、详细地址信息。考虑到新冠疫情的特殊性，三甲医院有更好的医疗救助手段，故只选取三甲医院数据（64家）进行分析。经坐标转换等操作处理，得到武汉市三甲医院的POI空间分布，如图10-9所示。

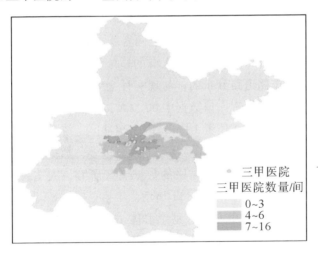

图 10-9　武汉市三甲医院 POI 空间分布

由图10-9可知，武汉市的医院主要集中于中心城区，同时向四周发散式生长，形成一心多点的形式，其中武昌区、江岸区、硚口区的医院数量最多，其次是洪山区、汉阳区、江岸区，远郊城区的三甲医院数量均为0~3间，处于武汉市最西边的东西湖区没有三甲医院，距离市中心最远的汉南区只有一家。根据世界卫生组织报告，COVID-19易感人群包括年龄段为60岁及以上的老年群体，因此选取该年龄段的人工人口数据作为研究数据源，其可视化结果如图 10-10 所示。

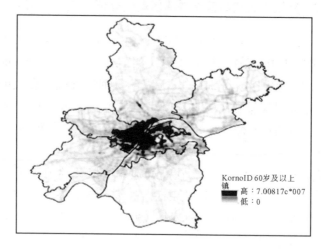

图 10-10　60 岁及以上人工人口核密度

由图 10-10 可知，易感人群集中于主城区，距主城区越远，人口数量越少。与图 10-9 进行比较发现，医院聚集区域与易感人群聚集区大致相同，仅借助直观观察，发现空间分布上两者基本适配。以居住区半径 1 km 范围内的医院数量，对医院与易感人群的适配性进行进一步分析。因所合成的人工人口是按照道路分布的，与现实社会中城市居民居住区沿道路分布是一致的，故选取人工人口数据中 60 岁及以上人群所在的位置作为疾病易感人群居住区，以所在位置 1 km 范围为缓冲区，统计各缓冲区内医院的数量。因武汉市人工人口中 60 岁及以上人数过多，数据量较大，难以呈现最佳分析效果，故只选取中心城区的数据展开研究，人工人口易感人群 1 km 范围内的医院覆盖率如图 10-11 所示。

由图 10-11 可知，中心城区易感群体 1 km 范围内的医院覆盖率均较低，都在 35%以下，且医院的分布也较集中于武昌区与江汉区。在图 10-11 中，青山区、洪山区、汉阳区的区域面积大于其他地区，而医院数量却最少，因此医院覆盖率很小。江汉区与武昌区是医院覆盖率最大的城区，原因在于江汉区是武汉市人口密度最大的城区，而武昌区是武汉市人口最多的城区，这两个城区内医院的数量也较多，覆盖易感人群的比率较高。整体而言，武汉市各区易感群体的数量与医院覆盖率的空间分布呈现大致相同的特征，主城区的人工人口中易感群体与医院的分布在空间上的适配性较远郊区县更好。

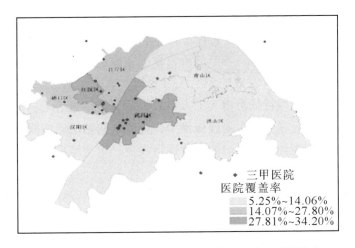

图 10-11　人工人口易感人群 1 km 范围内的医院覆盖率

10.5.3　基于人工人口的 COVID-19 的仿真建模

1. 模型框架

本节采用 Netlogo 软件，以合成的武汉市人工人口为基础，展开 COVID-19 的仿真建模研究。基于 Agent 的仿真模拟主要分为三个阶段，包括仿真准备、仿真模型运行、结果可视化与分析，具体的模型框架如图 10-12 所示。

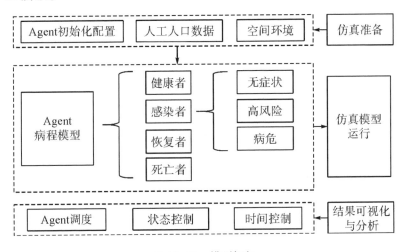

图 10-12　模型框架

第一，仿真准备阶段。仿真准备阶段主要是为模型提供可操作的数据，并运用数据对 Agent 模型中的每个个体（智能体）、空间环境以及各要素间的交互信息进行配置。本节的研究数据主要包括武汉市人工人口数据与地理栅格数据，因所合成的人工人口数据包含个体编号、坐标等属性，每一个智能体的属性特征可由人工人口数据的属性信息表示，坐标点保证了其所处的位置是在武汉市地理栅格中，确保其初始活动空间范围为城市内部。然后对智能体外部环境的参数进行设置，包括城市及 COVID-19 的相关参数。

第二，仿真模型运行阶段。仿真运行阶段是模型设计的核心，展现了各类居民智能体之间通过空间环境交互实现病毒的传播与自身状态的转换演化过程。通过设定智能体的行为移动规则使自身状态发生改变，同时，随着时间的推移，与智能体相关的状态统计计数也有序地进行实时更新。因此，本书建立了 SIRE 模型，即考虑智能体的状态为易感、感染、恢复与死亡。其中，感染者包括无症状、共病高风险及病危患者，通过实时统计相应病例数据，可计算传染病的再生数。

第三，结果可视化与分析阶段。结果的可视化贯穿于整个仿真运行阶段，只要智能体处于动态，智能体的移动画面及病例统计数据就会实时更新。可视化不仅体现在 Netlogo 界面的 Agent 微观层面的移动上，而且可以在视图窗口绘制与查看数据随时间推移产生的波动曲线，同时监视器窗口也会显示相应的统计值。此外，通过智能体调度，可以分配相应时间段的智能体资源，各参数及智能体属性的改变均由相应的模块进行控制，以保证模型各部分的有序运转。

2. Agent 模型

（1）COVID-19 的 SIRE 模型

根据 COVID-19 的发展历程，可将疾病状态分为易感、感染、恢复与死亡，因此本书建立的模型为 SIRE 模型，其病程转换事件为：

①易感态到感染态。如果一个健康的人与另一个带有传染性病毒的人接触，他可能会被感染。当传播发生时，新病例最初被定性为未确诊、未检测、不严重、不病危、未住院和未接受重症监护治疗。此外，以天为单位的恢复期（或疾病期）被指定为一个以平均寿命模型参数为中心的高斯分布的随机变量。

②感染态到恢复态。该阶段分为 3 种情况：第一，病情不严重，当受

感染的人达到恢复期的末期时，他就被治愈了，那么假设个体获得了对病毒的免疫力，不会被再次感染。第二，若病情严重，则实行住院治疗，这一事件的发生取决于医院病床的可用性（定义为模型参数），病床的分配是随时进行的。当患者入院时，其状态会切换到住院、检测和确认（如果之前没有确诊，则会切换到后两种状态）。这些床位的占用情况和需求每天都有更新，当感染源恢复或被转到重症监护室治疗或死亡时，病床就会被释放。第三，若病情非常严重，则进入 ICU，这一事件指的是对危急情况给予适当的治疗处理，从而减少死亡的概率。ICU 病床的分配、出院和可用性与医院病床类似，每天都要考虑有病危患者，当病人康复或死亡时，重症监护室的床位就会被释放。

③感染态变为死亡。根据以下参数，受感染个体的死亡概率取决于个体的状况（Tuomisto，2020）。根据病重患者是否在医院或病危患者是否进入 ICU 的情况，可将个体的死亡概率大致分为以下几种情况：病重患者在医院治疗时的死亡概率为 0.05，否则为 0.2；病危患者在 ICU 时的死亡概率为 0.5，否则为 1。假设病患死亡的峰值出现在这些个体特定的恢复期（半恢复期）之间，那么一天的实际死亡概率可表示为：

$$P（\text{Extinct} \mid \text{day}）= P（\text{day}）P（\text{Extinct} \mid \text{Conditions}） \quad （10-1）$$

$$P（\text{day}）= \text{CDF-Triangular}（x < \text{day} \mid \text{half-recovery-period}）$$
$$（10-2）$$

在式（10-1）、式（10-2）中，P（day）是指模拟死亡事件在患病到半恢复期发生的天数；CDF 表示累积分布函数。

④感染态的其他症状。处于感染态的患者存在其他的情况，例如无症状患者、高风险患者、病危患者等。首先，将前两类人群病情加重的概率参数设置为：有症状高风险患者病情加重概率为 0.25，有症状无高风险患者病情加重概率为 0.05，无症状患者病情加重概率为 0。因此，病情加重的概率为：

$$P（\text{Severe} \mid \text{day}）= P（\text{day}）P（\text{Severe} \mid \text{Conditions}） \quad （10-3）$$

$$P（\text{day}）= \text{CDF-Uniform}（x < \text{day}） \quad （10-4）$$

其次，将病情加重患者发展成为病危患者的概率参数设置为：病重患者转为病危患者的概率为 0.25，非病重患者则为 0.05。同样，在某一天该事件发生的概率为：

$$P（\text{Deadly} \mid \text{day}）= P（\text{day}）P（\text{Deadly} \mid \text{Conditions}） \quad （10-5）$$

$$P \text{ (day)} = \text{CDF-Uniform} \ (x < \text{day}) \tag{10-6}$$

在式（10-6）中，P（day）是指模拟死亡事件在患病期间均匀分布发生的天数。

（2）COVID-19 的 Agent 模型

①Agent 属性

居民智能体是城市中的个体，其属性包括空间位置、家庭位置及居住区域。根据上述的 SIRE 流行病模型，可模拟追踪每种病原体的个体疾病路径，从易受感染到感染、再到恢复或死亡。个体可在家中或在户外的日常活动中进行随机互动。当感染个体与其他易感个体在 0.5 个单位的空间半径内接近时，就会发生病毒传播，传染的概率取决于所采用的口罩保护干预措施。在疾病康复后，假定个人获得了病毒的免疫力，因此他们不会再被感染。在这一模型中，所有死亡都被认为是 COVID-19 造成的。

②Agent 行为干预措施

Agent 的行为包括日常出行、染病、隔离、保持社交距离、站点检测、区域封锁等。除了个体的日常活动，保持社交距离、隔离等属于对个体因处于传染病环境中所实行的行为干预与管控措施，包括个体层面与政府层面的措施，个体层面的非药物干预措施包括保持社交距离、隔离、戴口罩等；政府层面包括外出活动区域的封锁与限制、救护车站点检测等。

保持社交距离包括维持人与人之间的最低物理距离。该措施目的是减少感染者与易感者之间的接触次数，减缓传播速度。在该模型中，设置的传染阈值为 0.5，即在仿真栅格环境中，若个体之间的物理距离高于 0.5，如果有一方是感染者，另一方是易感者，那么就会有传染的可能性。

个人防护干预措施包括使用口罩作为个人防护设备，以避免传播或吸入通过空气传播的病毒颗粒。在模型中，这种干预由两个参数控制：是否戴口罩的感染者和是否戴口罩的易感者。当两个人接触时，特定组合条件下的感染概率设置为：如果双方都戴口罩，则为 3%；如果感染者戴口罩但易感者不戴口罩，则为 8%；如果感染者不戴口罩但易感者戴口罩，则为 50%；如果都没有戴口罩，则为 90%。

隔离措施分两种情况：一种是对智能体进行独自隔离，一人住一间房，包括将检测呈阳性的人或有充分症状的自我隔离的患者安置在一个封闭的环境中；另一种是实行居家隔离，有他人与其同住一个房子，此时，要对同住的亲属或室友进行隔离，假定居家隔离的健康人员严格遵守安全规程，以避免孤立病例的传染。

救护车站点检测措施即开展卫生监测活动，在随机地点进行大规模检测，以发现非孤立或未确诊的症状，以及无症状携带者病例。检测结果呈阳性的人立即被隔离。在模型中，可以选择将活动广泛部署或限制在研究区域内，可用的测试数量是模型的一个参数，定义为 10%~100% 的人口的一部分。本模型设置为 100%，即保证每个区域有一定数量的救护车或其他的监测站点，一旦开始实行，就要确保有充足等量的监测点进行补充。

外出区域限制这一干预措施是指社会生活区域实行封控政策，要求居民智能体只能待在家里，但有少部分人被允许可以外出，以满足人们的基本生活需求或提供必要的服务。本模型中设定可允许 10% 的人外出。在某些情况下，疫情只在个别小区域流行，按照城市更细层次的区域划分，建议居民只在他们各自的区域内行动，但也可以对整个城市实行全面封控，并设定外出边界的限制，其他的非药物干预措施也可以根据本地化情况执行。

3. 模型统计数据及指标

根据 SIRE 模型的过渡事件，模拟整个感染种群的疾病进展，这些计数器取决于完成模拟的一天所需的刻度（或迭代）的数量（由相应的模型参数定义）。在模拟过程中，需要统计每天受感染的人数。此外，还要统计基本再生数 R_0，包括两个估计值，第一个是使用人口水平方法，在给定的一天中获取累积发病率数据，即发病率[①]；此外 R_0 为流行病模拟最后一天后的易感者比例的倒数，如式（10-7）所示。

$$R_0 = \frac{\ln S_0 - \ln S_t}{S_0 - S_t} \qquad (10-7)$$

在式（10-7）中，S_0 指首次引入的初始易感者数量；S_t 指 t 时刻易感者的数量。

第二个估计值基于个体的方法得出，直接在整个流行时间轴上分别追踪病原体、接触者和传染情况，然后取平均值，如式（10-8）所示。

$$\bar{R}_0 = \frac{1}{|C^t|} \sum_k C_k^t \qquad (10-8)$$

在式（10-8）中，C_k^t 表示直到 t 时刻，被智能体 k 传染的人数，

---

① OBADIA T, HANEEF R, BOËLLE PY. The R0 package: a toolbox to estimate reproduction numbers for epidemic outbreaks [J]. BMC medical informatics and decision making, 2012, 12 (1): 147.

$|C^t|$ 表示在 t 时刻实际传染的人数。以上两个估计值，在总体上保持着相同的发展趋势，但也存在细微的差异，可通过可视化结果展现。此外，模型中还记录以下统计数据：健康病原总数（易感病原或已痊愈病原）、死亡总数、感染病原总数、新增感染和确诊病原数量、新增病例、检测阳性人数等。统计报告的致死率包括感染病死率（IFR）和确诊病死率（CFR），分别以每天累计感染总数或确诊病例的累计死亡人数计算。最后，是对模型中各疾病历程人数、医护资源的可视化。

4. 仿真实验

（1）参数及情景设定

本节在针对 COVID-19 的主要疫情干预与防控措施——完全无干预、保持社交距离、病例隔离、区域封控、站点检测及个人防护等场景下，对各类居民智能体的行为状态变化进行模拟。同时，将通过描述不同干预措施的组合，预测与分析疫情发展趋势。表 10-12 为 NPIs 不同场景的描述，以及模型中全局变量及参数的设定；模拟中使用的城市参数和 COVID-19 参数如表 10-13 所示。

表 10-12 模拟场景的描述

序号	情境编码	描述
1	DN	基线场景，疫情在完全无干预情况下暴发
2	SD	基线加社会距离，50%的人愿意保持社交距离
3	CI	基线加病例隔离，没有亲属的居家隔离
4	TL	基线加总封控，10%的人允许外出
5	ST	基线加哨点检测，无分区限制；保证有足够的检测库存
6	ZE	基线加分区执行或行动限制
7	MP	基线加口罩保护（患者或健康者都戴口罩）
8	SD+ZE	实行区域封控，并且50%的人愿意保持社交距离
9	CI+ZE	实行区域封控，且没有亲属的病例隔离
10	TL+ZE	实行区域封控与城市边界封控同时进行
11	ST+ZE	区域封控且布置哨兵检测
12	MP+ZE	区域封控且严令实行口罩保护措施
13	SD+ST+MP	区域封控、站点检测、口罩保护

表10-12(续)

序号	情境编码	描述
14	TOTAL	全面封控（全城+各区）、隔离、站点检测等以上全部措施

表 10-13　全局模拟场景中使用的参数

参数	描述	参数值
总人口/人	模拟人员（Agent）总数	1 000
区域个数/个	住宅用地数目	13
初始感染者比重/%	城市内感染者人数占总人数比重	10
天数/天	观测天数（模拟时长）	45
高风险比重/%	共病人数占总人数比重	50
医院床位数/张	医院可用床位总数	100
ICU 床位数/张	ICU 床位总数	20
区域救护车数/辆	每个区域救护车（站点）数量	3
平均时长/天	从疾病中恢复的平均天数	18
无症状患者比例/%	患者中无症状或轻症状的人数占比	30

表 10-12 中各情景的设定决定了个体行为的变化，个体之间的行为交互决定了疾病传播的速度与趋势，因此，不同干预措施下疾病传播的状态也有所不同。而表 10-13 中的参数主要是根据个体所处的环境进行设定的，在模型运行时，可通过调节参数来观察环境对个体行为及疾病传播产生的影响，同时，分析不同参数下的数据结果，可比较不同环境下疫情传播的特征。

（2）仿真结果分析

根据仿真模型实时统计的健康病原总数（易感病原或已痊愈病原）、死亡总数、感染病原总数、实时统计感染病死率（感染的死亡病例数占感染病例总数的比重，IFR）和确诊病死率（经确诊的死亡病例数占确诊病例总数的比重，CFR），分别计算每天的累计感染总数、确诊病例的累计死亡人数。此外，Netlogo 也可实时统计，得到基于总人数与个体两种估算方式的基本再生数 R_0、感染病死率 IFR、确诊病死率 CFR 以及再生数数值 $\bar{R}_0$，结果如表 10-14 所示。

表 10-14　各情景下疫情指标统计

情境	CFR/%	IFR/%	R_0	$\bar{R}_0$
DN	65.30	26.70	24.18	2.05
SD	61.80	24.90	10.80	1.92
CI	38.60	26.10	4.31	3.76
TL	62.10	25.70	2.58	2.57
ST	37.80	26.10	5.37	1.91
MP	54.80	22.60	1.50	1.73
DN+ZE	60.40	27.00	23.08	1.98
SD+ZE	61.10	26.80	6.50	1.88
CI+ZE	31.70	22.40	1.95	4.12
TL+ZE	55.60	22.50	2.49	2.62
ST+ZE	36.00	23.80	5.08	1.96
MP+ZE	50.50	20.90	1.36	1.74
SD+ST+MP	29.30	28.80	1.06	1.13
TOTAL	19.80	19.50	1.07	1.88

由表 10-14 可知，在不采取任何措施的情况下，确诊病死率达到 65.30%，而采取了保持社交距离或隔离等干预措施后，两种病死率均减少。其中，加入站点检测（ST）后的死亡概率较其他情境得到的值更小，其原因在于站点检测是在特定区域内就近随机选取检测对象，检测结果是阳性且确诊的个体则会被隔离，确保了确诊病例的及时发现与医治。在传染程度方面，整体上同样是采取了干预措施后的效果更佳，其再生数均小于 24.18，且所有人都佩戴口罩是最有效的预防措施，平均每个患者仅传染 1.5 单位人，其次为城市全面封控，再生数为 4.31。

在采取多项措施的情境下，每个单一措施与区域封控结合所得到的确诊病死率（CFR）均低于无任何措施（DN+ZE）产生的病死率，间接说明区域封控是有效的，且比只采取某一项措施作用更大。在传染程度方面，戴口罩依然是阻碍疾病传播的最有效方式，再生数较无措施下减少了 21.72，当政府实行区域封控时，每个人仅在限定的区域内活动，佩戴口罩在很大程度上阻挡了因空气流动产生的病毒传播。当新冠疫情处于相对稳定状态时，区域封控取消，但在个人防护包括佩戴口罩、保持社交距离与站点检测三项措施依然实行的情况下，所得到的统计值较上述的组合措施更小，防控效果得到了明显的改善。此外，当新冠疫情突然暴发时，所有的干预措施同时进行，病死率仅为 19.80，整体的疾病再生数为 1.07，远比其他情境下的效果更佳。因此，经上述分析可得出，采取措施优于不采取任何措施，多项防控举措同时进行优于单一措施。

针对上述的干预措施情境进行仿真实验，对完全无措施、外出区域限制、隔离、站点检测、个人防护、综合措施 6 个场景下的结果进行对比，结果如图 10-13 至图 10-22 所示。

①完全无措施。按照以往的居民日常生活进行设定，所有居民智能体流动无限制且无任何防护措施，也没有医护治疗参与其中。完全无措施场景下疫情的传播趋势如图 10-13 所示。

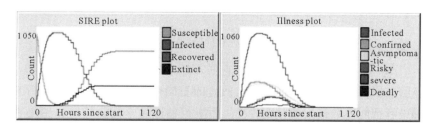

图 10-13　完全无措施场景下疫情的传播趋势

由图 10-13 可知，在完全无措施场景下，初始感染人数为 50 人，病毒传播率为 5%，随着时间的推移，感染者智能体数量剧增，同时易感者智能体数量急剧下降，在无症状、高风险、致命性患者等智能体只能得到医院的救护治疗，自身不采取任何保护措施的情况下，死亡率增加的趋势较明显。

②外出区域限制。由于社会生活区域实行封控政策，要求大部分居民智能体只能待在家里，只有少部分人能外出。区域限制也可分为城市边界封控和城市大小区域的全面封控。两种场景相对应的疫情传播趋势分别如图 10-14、图 10-15 所示。

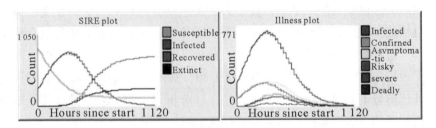

图 10-14　城市边界封控下疫情的传播趋势

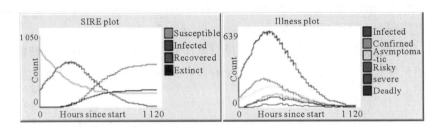

图 10-15　全面封控（城市边界+各区）下疫情的传播趋势

由图 10-14 与图 10-15 可知，两者左图中的感染者智能体及易感者智能体的数值增速存在稍许差异；从两者的右图可得知，在大范围实行封控时感染者智能体数最大值接近 771，而实行各区域全面封控时，感染者智能体数最大值接近 639，较单一的大范围封控数量更少，说明针对城市疫情控制，全面封控比只封控城市边界更有效。

③隔离。隔离措施包括对检测呈阳性的人或自我隔离后有充分症状的病人实行封闭管理，直到他们从疾病中康复。隔离场景与隔离加区域封控场景下疫情的传播趋势，分别如图 10-16、图 10-17 所示。

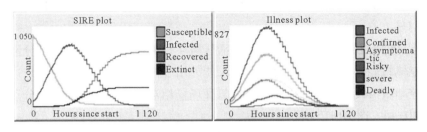

图 10-16　隔离措施下疫情的传播趋势

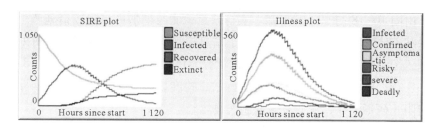

图 10-17　隔离+区域封控下疫情的传播趋势

由图 10-16 与图 10-17 可知，在实行隔离措施时，感染者智能体数量增速逐渐放缓，治愈者智能体数量随着时间的推移逐渐增多；右图中的确诊病例数在新冠病情初始暴发阶段的增速飞快，基本与感染者智能体数量变化同趋势，原因在于实行隔离的病例中大多是确诊病例，且确诊病例的隔离要求更严格。此外，比较两图可发现，智能体被隔离时对疫情的控制情况比在区域限制下实行隔离更差一些，前者的感染人数最大值接近 827 人，而后者是 560 人；同时，左图中展现出来的死亡病例也能够看出较大的差异，后者所产生的死亡智能体数量更少，且速度较慢。因此，同时实行区域封控与隔离对新冠疫情的传播能够产生更好的抑制作用。

④站点检测。该项干预措施要求救护车通过大规模的随机检测，找到病例携带者，一旦发现，立即隔离。救护车在活动区域范围与数量上有所限制，即保证每个区域有一定数量的救护车或其他的检测站点。站点检测场景与站点检测加区域封控场景下疫情的传播趋势分别如图 10-18 和图 10-19 所示。

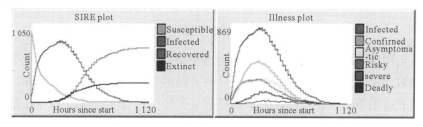

图 10-18　站点检测下疫情的传播趋势

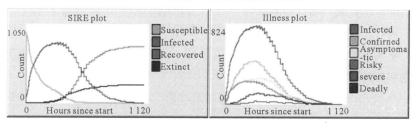

图 10-19　站点检测+区域封控下疫情的传播趋势

由图 10-18 与 10-19 可知，实行站点检测与增加区域封控措施产生的效果从整体来看差异较小，原因在于站点检测的初始点是基于当前所处的区域；图 10-18 与图 10-19 中感染者智能体最大的值分别是 869 与 824，可知实行严格的区域封控，同时执行站点检测，能更大程度地发现病原并及时阻止病毒传播，从而有效抑制病例增长。

⑤个人防护。个人防护即通过戴口罩的方式，来避免传播或吸入通过空气传播的病毒颗粒。当个体处于感染状态时，他们戴口罩的疾病传播概率会比不戴口罩的传播概率更小。戴口罩场景与戴口罩加区域封控场景下疫情的传播趋势分别如图 10-20 和图 10-21 所示。

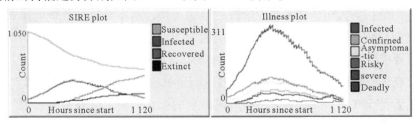

图 10-20　戴口罩场景下疫情的传播趋势

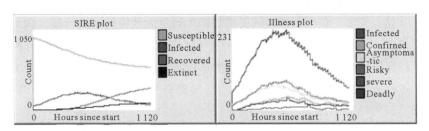

图 10-21　戴口罩+区域封控场景下疫情的传播趋势

由图 10-20 与图 10-21 可知，当每个智能体都戴口罩时，感染者智能体数量增速较之前其他场景更慢，且各阶段的病例数明显更少。此外，通过比较两图中感染者智能体数量接近的最大值，可知实行区域封控并做好个人防护对疫情防控的效果更好。

⑥综合措施。综合措施是指上述所有措施的结合，即同时采取全面封控、隔离、站点检测、个人防护措施。在此项综合措施下，设定初始感染人数为 50 人，经 45 天的传播后，共有 82 个感染者智能体。综合措施的传播趋势如图 10-22 所示。

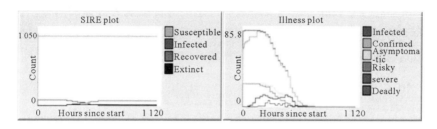

图 10-22　综合措施下疫情的传播趋势

由图 10-22 中可知，各阶段的病例数非常少，且传播曲线基本处于平缓的趋势，在新冠疫情暴发的较短时间内，感染者智能体及确诊智能体数量有较大幅度的减少，新冠疫情得到了明显的控制。以上仿真结果表明，采取的防控措施越多，防控力度越大，越有助于缓解疫情的传播，且防控措施开展得越早，疾病传播越能够得到控制。由于疫情传播的影响因素复杂多样，仅凭单一或两项措施难以有效地控制疫情蔓延，因此，实行及时的、多方面的、多手段的防控措施是遏制疫情传播的关键。

10.6　基于人工人口的气溶胶扩散研究

在过去的研究中，人工人口数据已经被用于诸多的仿真模拟，研究者们也基于此开发了很多仿真模拟软件。本节基于 Fluent 软件来模拟生物剂气溶胶在小区内的大气扩散过程。Fluent 最初是用于计算流体力学（CFD）的软件，经过不断的发展，如今它的应用非常广泛。首先是 Fluent 提供了非常丰富的流动模型，既可以模拟层流，还可以模拟湍流。本节模拟气溶胶的扩散使用的是离散相模型，其主要用于模拟颗粒的流动，主要有 DPM 模型（稀疏的颗粒流动）、DDPM 模型（稠密的颗粒流动）、PBM 模型（用欧拉方法求解颗粒流动）。

在健康方面，呼吸健康是基本内容之一。世界卫生组织指出，长期暴露于高浓度颗粒物环境下与呼吸系统和心血管系统疾病率的增加具有相关性。本书基于前面生成的人工人口数据，模拟生物剂气溶胶在大气中的扩散情况。气溶胶是指悬浮在空气中的固、液微粒或固液混合微粒，是一种稳定的扩散体系。气溶胶尺寸一般为 0.000 1~100 微米。生物剂气溶胶会导致人体免疫功能下降、过敏性哮喘、肺部病变等，某些疾病如流行性感冒、重症急性呼吸综合征以及新冠病毒感染等传染能力极强的病毒，会危害人类的生命安全，阻碍社会经济的正常运转，因此，基于人工人口数据模拟其空间传播具有重要的启发式意义。

10.6.1 气溶胶离散相模型

离散相模型是利用拉格朗日随机模型，经过数值计算来模拟湍流中颗粒的扩散。它的原理是将污染物颗粒作为离散相，在连续相空气流场中，通过颗粒作用力微分方程来求解离散相颗粒的轨迹。颗粒在 x 方向上的作用力平衡方程如式（10-9）所示。

$$\frac{\mathrm{d}\,u_p}{\mathrm{d}t} = F_D(u - u_p) + F_x \qquad (10\text{-}9)$$

在式（10-9）中，u 表示连续相流体的速度，u_p 为颗粒速度，$F_D(u - u_p)$ 表示颗粒的单位质量曳力，F_x 表示颗粒在 x 方向上受到的其他作用力。考虑到实际情况，我们做如下假设：本节选择的生物剂为炭疽杆菌，假设炭疽杆菌为球形固体颗粒，直径为 $3\,\mu m$；由于颗粒大小在 10^{-6} m 数量级，就算考虑 10^{-15} 炭疽杆菌在 $1\ m^3$ 内，其体积分数也在 0.1% 左右，远小于离散相模型的应用条件（离散相的体积分数为 $10\% \sim 12\%$），而在扩散过程中，其体积分数还在不断减小，因此我们可以认为颗粒之间没有相互作用。

为了分析人口属性对气溶胶扩散的影响，我们以个体的年龄为基础进行研究。不同年龄的个体拥有不同的呼吸速率，使得在相同条件下个体吸入的气溶胶剂量会有所差异。炭疽的计量反应模型是基于对实验数据的分析和拟合发展起来的，Wein 等人（2003）提出了与年龄相关的炭疽计量—反应模型，如式（10-10）所示。

$$P(s,\,a) = \Phi(-9.733 + 1.025\,lg^s - 0.016a + 0.000\,6\,a^2)$$

$$(10\text{-}10)$$

在式（10-10）中，$P(s,\,a)$ 表示年龄为 a 的人吸入 s 气溶胶后感染的概率，Φ 为标准正态累计分布函数。此外，生物剂气溶胶随大气扩散后，会由于空气的流动方向、大气中温度湿度的变化等，使不同区域的浓度产生差异。由于条件的限制，本节假设空气的流动方向为自西向东，风速为 5 m/s，暂时不考虑其他不确定性因素。

10.6.2　仿真模型构建

根据实际社区的平面图可以构建虚拟小区几何图，本节选择北大街街道的部分小区，其平面图如图 10-23 所示。

图 10-23　社区平面图

2000 年北大街街道生成的人工人口数据结构如表 10-15 所示，总共包括 4 243 户家庭和 13 064 个虚拟个体。因为 2000 年的人口总数少于当前的人口总数，所以本节假设所有北大街街道的人工人口都生活在研究区域中。

表 10-15　北大街街道人工人口数据

总户数/户	总人数/人	性别		年龄		
		男性/人	女性/人	0~14/人	15~64/人	65+/人
4 243	13 064	6 627	6 437	2 158	9 954	952

基于 ANSYS 2021 使用 SC 模块对研究区域进行三维模型的构建，构建中忽略建筑物本身的凹凸部分，将模型的计算域设定为 300 m×300 m×70 m 的箱体空间，图 10-24 为构建的小区模型的连续相空气流场图。

在图 10-24 中，连续相空气原本保持初始条件，以 5 m/s 的速度从左侧边界流入，受到建筑物分布的影响，原本自西向东的气流在建筑物周围出现了不规则变化，从而在建筑物中呈现湍流现象。可以发现，在建筑的背风侧都形成了风速相对较低的涡流，在建筑物的南北两侧，均出现了风速逐渐变快的涡流，这些比较明显的湍流现象正是生物剂气溶胶在区域内呈现不规则扩散的主要原因。

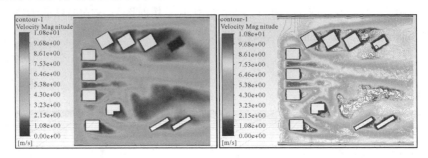

图 10-24　小区模型的连续相空气流场图

设定投放点为（10，145，10），初始速度为 0 m/s，建筑物表面设定为反射边界条件，其他边界设定为逃离边界条件。经过一段时间后，可以反映出湍流对颗粒扩散的影响，表明大量的颗粒在湍流中的扩散情况。图 10-25 表示了气溶胶刚进入小区和进入小区一段时间后浓度的扩散情况。

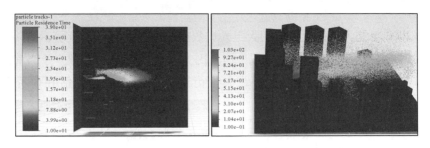

图 10-25　气溶胶的浓度扩散情况

由图 10-25 可知，扩散刚开始时，扩散入口处的浓度很高，并慢慢地向小区内部扩散，一段时间后，整个小区内部都已经充满了扩散物，每个地方的气溶胶浓度主要受周围建筑、天气以及人口密度的影响。基于以上模型，进一步使用人工人口计算生物剂气溶胶扩散一段时间内炭疽感染人数，结果如图 10-26 所示。本节使用的污染区域内个体吸入生物剂气溶胶剂量的计算公式如式（10-11）所示。

$$D(t) = \int_0^1 C(t)\, \rho b\, p_b t dt \qquad (10\text{-}11)$$

在式(10-11)中，$D(t)$ 表示吸入的剂量，$C(t)$ 表示气溶胶浓度(g/m³)，ρ 表示密度，b 表示呼吸速率(m³/min)，p_b 表示建筑保护因素，t 表示时间(min)。

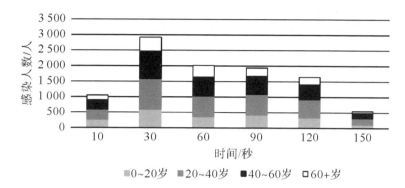

图 10-26　一定时间段内炭疽感染人数

　　结合炭疽杆菌的衰亡规律以及人们的自我保护意识，图 10-26 呈现的生物剂气溶胶扩散情况是合理的。随着时间的变化，气溶胶的感染人数快速增长，达到峰值后，感染人数就会逐渐下降。在上面的实验中，人工人口体现了重要的数据支持，人工人口数据中的虚拟个体属性——年龄决定了不同个体的呼吸速率，进而影响个体吸入的剂量；位置决定了所处环境的浓度，是评估发病人数的重要基础。因此，本书生成的人工人口数据，以及其拟合出的年龄、性别等个体属性和家庭位置属性，都具有重要的研究价值。

11 研究结论、建议与展望

本章主要对上述人口普查数格网化理论与应用研究的主要结论进行总结，并对我国人口普查数据的深层次应用提出针对性的对策建议，以及对课题研究的不足与未来的研究方向与内容进行展望。

11.1 研究结论

本书以"人口普查格网数据"为研究对象，对人口空间分布规律与机理，人口普查数据及其属性空间化模型创新，以及人口普查格网数据在人口与社会学中的应用进行了系统深入的研究，主要研究结论如下：

第一，关于人口空间化和人口空间分布的规律与机理，本书系统地阐述了人口空间化建模指标、建模方法、格网适宜性，以及应用研究与公共数据集，整理总结了人口空间分布的相关研究文献和相关理论，并从实证视角基于城市街镇尺度人口数据，采用空间统计分析方法、地理探测器和空间计量模型，对城市人口空间分布的时空特征及影响因素进行了实证研究。研究发现，自然地理和社会经济因素是影响人口分布的重要因素，但是其作用效应及途径存在显著的空间异质性与尺度依赖特征，因此在进行大范围区域人口空间化研究时，首先需要充分研究空间化区域人口的分布特征及其影响因素的异质性，将理论研究共性结论与实证研究特性结果相结合，然后再选用适当的模型方法和基础数据，以生成高精度人口格网数据集。

第二，对于我国的超大城市成都市而言，其人口空间分布不均衡、悬殊较大，人口分布以五个主城区为中心，呈同心圆状向郊区急剧减少，人口集中性及不均衡性较强；虽然近年来主城区的人口集聚能力减弱，次中心的人口集聚能力逐渐增强，但人口多中心结构仍处于发展阶段，呈零星点状分布，尚未成熟。人口集聚的核心区域逐步收缩，"西北—东南"方向上的集聚程度更高。社会经济因素、自然地理因素均对成都市人口空间分布具有驱动作用，但自然地理因素对人口分布的驱动作用弱于社会经济因素，影响因素之间存在显著的交互作用，特别是当经济因素与社会因素交互时，对人口分布的影响较大。

第三，在人口空间化和人口空间分布理论，以及成都市街镇尺度人口空间分布特征与影响因素的实证研究的基础上，本书收集并处理了相应区域 2000 年、2010 年和 2020 年的人口统计数据、成都市街镇级别区划数据、土地利用类型数据、夜间灯光数据和 POI 矢量数据，并分别使用 OLS、GWR、GTWR 和 MGWR 模型对研究区域的人口进行拟合，对比分析了四种模型在成都市人口空间化研究中的应用效果，最后选取精度较高的 MGWR 模型生成了 2000 年、2010 年和 2020 年成都市 20 个区（市）县 1 km×1 km、500 m×500 m、100 m×100 m，共计 9 个维度的人口分布格网数据集。研究发现，相较于其他三种模型而言，MGWR 模型具有较优的拟合效果和较高的生成精度，表明成都市人口空间分布是多因素的空间异质性与多尺度共同作用的结果；同时，将体现微观个体实时位置特征的位置服务数据，以及建筑物、住宅小区等 AOI 数据与传统人口空间化指标相结合，可以有效提高人口空间化结果的时空分辨率，可为构建高时空分辨率的人口数据奠定基础。

第四，基于机器学习模型拟合的人口空间分布的效果好于现有的 WorldPop 人口数据集，表明较为精确地获取和利用多源地理数据，同时利用机器学习的方法能够实现高精度的人口空间分布的拟合。而在机器学习模型中，无论是在空间分布直观的拟合效果上，还是在数值误差结果的对比上，基于 MGWR 的集成模型相较于其他模型在人口拟合精度和人口空间分布内在差异的刻画上都更为优秀，即以多尺度地理加权回归模型作为次级模型，对机器学习捕捉到的影响因素与人口分布的非线性影响进行精度修正，可以实现非线性影响与人口分布的空间分异拟合融合建模，能够最大程度地还原人口在空间中的实际分布。

第五，"自下而上"的人口数据集构建是人口空间化的前沿研究，本书基于 IPU 算法的人口属性空间化研究，在能够获取人口微观样本数据的情况下，基于 IPU 算法完成人工人口的生成，总体的收敛速度和拟合精度都能够满足进一步研究的需求，尤其是在家庭层面，IPU 算法能够有效地与属性信息的边际分布匹配；在个人层面，IPU 算法虽然具有一定的误差，但也能够满足一定的精度需求。在人工人口数据生成的基础上，面积权重模型可以较好地在中小尺度实现人口空间化建模，基于人工人口微观数据的格网化过程既能在数量上与实际情况接近，又能够包含人口的属性信息，是人口属性空间化建模的一种有效方法。

第六，基于 IPF 算法的人口属性空间化研究。本书对来自 IPUMS 和国家统计局试点开放的人口普查微观数据，采用简单随机抽样方法（SRS）、矩匹配算法（MM）和迭代比例拟合算法（IPF）分别进行人工人口的生成和精度分析，研究发现，城市人工人口的生成质量主要取决于微观人口数据源的质量，微观人口数据的属性信息越全面，合成的人工人口数据集的稳定性与精度就越高；微观数据样本量越多，合成的人工人口数据集的精度也越高。经过测试比较发现，国家统计局试点开放的人口普查微观数据，因人口属性信息详细，样本量多，合成的人工人口数据集较以世界微观人口数据库（IPUMS）生成的数据集稳定性更高、精度更优。合成方法的选择会影响合成的人工人口数据集的精度。相比于 SRS 方法与 MM 算法，IPF 算法在家庭户规模分布与户主民族分布的联合约束下，所合成的人工人口属性分布在武汉市整体与区域层面都更接近真实的人口统计特征，并且结果更稳定，精度保持在 85% 以上。

第七，基于遗传算法的人口属性空间化研究。本书探索了遗传算法及其改进方法构建人工人口的过程、步骤，并将其与传统迭代比例拟合方法进行了有效性比较。研究发现，微观人口数据源与人口属性交叉表是影响人工人口数据质量的关键因素，微观样本数据越全面，属性结构越准确，合成的人工人口数据集的精度越高。遗传算法的参数设定对人工人口数据集的合成精度有显著影响，相比于标准遗传算法，采用模拟退火算法生成初始解，并采取精英选择策略的遗传算法构建的人工人口数据的精度更高且更稳定。通过与传统 IPF 算法相比较，发现在家庭属性的拟合上，IPF 算法的误差更小，但是在个人属性的拟合上，遗传算法的误差更小；此外，在数据量相同的情况下，遗传算法的计算耗时要大于 IPF 算法。

第八，针对人口普查格网数据及人工人口数据集的应用研究，本书从空间属性和社会属性等层面对成都市的人口空间分布特征、人口分布影响因素识别、人口收缩时空格局分析、社会空间分异特征以及气溶胶传播人口测算进行了实证研究；并以合成的武汉市人工人口数据集为基础，对新冠疫情防控政策的效应进行研究，以及从多视角对人口普查数据的深层次开发进行应用探索。研究发现，基于人口普查格网数据的相关分析与上述基于行政区划统计人口的分析比较，局部地区的人口空间分布在细节表达上更准确，整体的人口空间化分布的边缘跳跃性较小；人工人口数据集则因其属性更真实接近于城市人口统计特征，建模时保证了个体的异质性与群体的联动性，所以在疫情防控仿真等基于多智能体的城市微观仿真模拟研究中具有更好的应用价值。

11.2 对策建议

针对我国当前的人口数据管理、人工人口数据的生成与应用情况，本书从政府统计视角，提出以下几点建议：

第一，提高人口数据的公开性与多样性。出于隐私与法律问题，我国人口调查机构中详细的个体级别数据多是保密的，通常很难获得。在人口统计数据方面，有关统计部门只公布了宏观汇总数据，科研工作者只能以宏观统计数据为基础，所合成的人工人口数据虽然在某些人口属性特征上高度接近真实数据，但很难构建更加精细与全面的大规模人工人口模型。然而随着互联网技术的发展，网络数据驱动的人工人口在时效性与精度上的优势越发明显，但是也存在一定的有偏性。因此，建议国家统计部门在开放人口普查微观样本数据时，同时试点开放除人口普查数据以外更多样的人口微观数据，如年度抽样调查数据。同时，建议以国家统计部门为主导，融合多源统计、遥感数据及时效性强的地理位置大数据，构建高时空分辨率（如月、周更新）的人口数据集，为社会管理与决策提供更精准有力的数据支撑。

第二，加强人工人口数据库建设。人口数据是城市日常运营与应急管理最基本的载体，人口数据的精准程度与完善程度对政府决策的实施与社会制度的形成至关重要；加之，我国当前还未形成大规模的精细化人工人口数据库。因此，希望政府部门加强人口数据的完善以及人工人口数据库的建设，特别是高精度的人口数据。同时，有关研究人员可与国家统计部门共同合作，充分利用现代大数据技术与方法，建立良好的数据维护与更新机制。此外，在建设人工人口数据库的基础上，可以考虑社会、自然等影响人口分布的关键因素，从而构建一个由人口、社会、自然等多个部分融合而成的人工人口系统，以实现人口的集成化管理。虽然人工人口系统的构建需要融合大量的数据与行为建模，但是随着我国社会的不断发展，以及政府的数字化与网络化的加速普及，丰富多样的数字系统不仅具备实时性、动态性，且交互性与集成性程度也逐步提高，因此，建设大规模精细化人工人口数据库及具有应用领域针对性的人工系统是必然的趋势和结果。

第三，提升高时空分辨率人口数据集与人工人口数据集的应用价值。高时空分辨率的人工人口数据在疫情防控方面，除了本书所提及的进行医院与人口的适配性分析，还可以进行多方面的应用研究，如医疗资源的适配性、疫情风险评估与预测、社会性突发事件的应急决策管理等。同时，还可以从更精细化的角度展开研究，如研究对象的范围更小（如社区）、设置更精准的干预措施等。此外，希望政府部门能够推动人工人口数据的使用、拓宽人工人口数据的应用范围，与科研工作者合作，通过紧密连接不同学科的模型或不同基础社会群体数据，解决更多社会性疑难问题（如群体突发事件），使人工人口在公共政策方面的价值被充分利用。

第四，积极探索构建高时空分辨率社会经济数据集。当前，社会数据空间化研究内容主要聚焦在人口空间化和GDP空间化上，特别是人口空间化的研究模型众多，取得了较多成果，公共数据集也不断成熟。在借鉴人口空间化数据、模型方法，以及在三大普查（人口、经济、农业）中收集的普查个体的地理信息基础上，积极探索社会和经济数据的空间化，构建社会和经济数据集，为国家宏观经济预测、经济政策效果评价、碳中和策略、人口和大气环境研究等国家重大战略需求提供底层基础。

11.3　研究不足与展望

本书基于多源数据和人口空间化前沿研究成果，采用空间计量模型与机器学习模型对我国特大型城市人口空间化指标、模型方法及应用进行了系统深入的研究。但囿于数据获取，在研究过程中仍存在一些不足之处，需要在后续研究中进一步深入分析。

第一，人口空间化建模指标的选取更加多元和精细。本书选取了人口空间分布的影响因子与人口空间分布的耦合因子作为人口空间化的数据源，探索了建筑物轮廓及楼层数据、住宅小区 AOI 数据以及腾讯位置定位数据在提升人口空间化时空分辨率上的可行性与效果，取得了初步研究成果。但是，关于建筑物的属性信息，当前只有空间位置与楼层信息，缺失建筑物的相关属性信息，如商务楼、别墅、普通住宅小区等类型信息，以及建筑物公摊面积、空置率数据，后续可以尝试爬取收集更多的建筑物属性信息，进行更高空间精度的人口分布模拟；也可以在研究中进一步将这一数据与更高分辨率的"珞珈一号"夜间灯光数据进行融合，以实现建筑物类型的识别与区分，在顾及真实居住、公摊面积、空置率和区域差异性的基础上，建立针对建筑物精细尺度的人口空间化模型。

另外，在人口空间化时间分辨率提升的研究中，本书用到了腾讯位置大数据，这一数据的采用证明了其在人口分布数据集动态更新中的有效作用，但是这类数据存在一定的有偏性，后续可以将手机信令数据与这一数据和夜间灯光数据进行融合，以构建综合指标用于人口空间化建模，尝试进一步提高人口空间化的生成精度。

第二，人口空间化模型进一步智能化和动态化。本书主要利用多尺度地理加权回归模型和堆叠集成学习模型进行城市人口空间化模型创新，并采用迭代比例拟合、迭代比例更新和改进遗传算法进行城市人口属性空间化模型研究，虽然总体拟合效果较好，但是在智能化和动态化方面还不足。此外，这两者的最新研究均朝着机器学习和多智能体的方向发展，后续可以在多源数据的支持下，采用深度机器学习和人工智能方法，进一步加强上述建模的智能化和动态化研究。

第三，本书以人口普查数据的深层次开发与应用研究为主题，这一主题深入的前提条件是"人口普查数据"中"人口微观数据"的进一步开放与共享，建议后续进一步加强对这一数据源开放共享与深层次开发的研究。

参考文献

[1] 柏中强, 王卷乐, 杨飞. 人口数据空间化研究综述 [J]. 地理科学进, 2013, 32 (11): 1692-1702.

[2] 柏中强, 王卷乐, 姜浩, 等. 基于多源信息的人口分布格网化方法研究 [J]. 地球信息科学学报, 2015, 17 (6): 653-660.

[3] 柏中强, 王卷乐, 杨雅萍, 等. 基于乡镇尺度的中国25省区人口分布特征及影响因素 [J]. 地理学报, 2015, 70 (8): 1229-1242.

[4] 曹向昀. 西方人口迁移研究的主要流派及观点综述 [J]. 中国人口科学, 1995 (1): 45-53.

[5] 陈彬, 杨妹, 艾川, 等. 基于人工社会的疫情传播风险预测和防控措施评估 [J]. 系统仿真学报, 2020, 32 (12): 2507-2514.

[6] 陈浩, 权东计, 赵新正, 等. 西部欠发达城市人口空间分布与演变: 以兰州市为例 [J]. 世界地理研究, 2019, 28 (4): 105-114.

[7] 陈晴, 侯西勇. 集成土地利用数据和夜间灯光数据优化人口空间化模型 [J]. 地球信息科学学报, 2015, 17 (11): 1370-1377.

[8] 陈晴, 侯西勇, 吴莉. 基于土地利用数据和夜间灯光数据的人口空间化模型对比分析: 以黄河三角洲高效生态经济区为例 [J]. 人文地理, 2014, 29 (5): 94-100.

[9] 陈悦, 陈超美, 刘则渊, 等. CiteSpace知识图谱的方法论功能 [J]. 科学学研究, 2015, 33 (2): 242-253.

[10] 成方龙, 赵冠伟, 杨木壮, 等. 集成地理探测器与随机森林模型的城市人口分布格网模拟 [J]. 测绘通报, 2020 (1): 75-81.

[11] 邓羽, 刘盛和, 蔡建明, 等. 中国省际人口空间格局演化的分析方法与实证 [J] 地理学报, 2014, 69 (10): 1473-1486.

[12] 丁金宏, 程晨, 张伟佳, 等. 胡焕庸线的学术思想源流与地理分界意义 [J]. 地理学报, 2021, 76 (6): 1317-1333.

［13］丁亮，钮心毅，宋小冬. 利用手机数据识别上海中心城的通勤区［J］. 城市规划，2015（9）：100-106.

［14］杜本峰，张耀军. 高原山区人口分布特征及其主要影响因素：基于毕节地区的 PanelData 计量模型分析［J］. 人口研究，2011，35（5）：90-101.

［15］杜国明，张树文，张有全. 城市人口分布的空间自相关分析：以沈阳市为例［J］. 地理研究，2007，26（2）：383-390.

［16］杜培培，侯西勇. 基于多源数据的中国海岸带地区人口空间化模拟［J］. 地球信息科学学报，2020，22（2）：207-217.

［17］董南，杨小唤，蔡红艳，等. 人口密度格网尺度适宜性评价方法研究：以宣州区乡村区域为例［J］. 地理学报，2017，72（12）：2310-2324.

［18］董海燕，潘耀忠，朱秀芳，等. 多因素贡献率权重的城市精细人口空间化方法：以北京市为例［J］. 北京师范大学学报（自然科学版），2022，58（1）：135-142.

［19］董南，杨小唤，蔡红艳. 人口数据空间化研究进展［J］. 地球信息科学学报，2016，18（10）：1295-1304.

［20］董南，杨小唤，蔡红艳. 基于居住空间属性的人口数据空间化方法研究［J］. 地理科学进展，2016，35（11）：1317-1328.

［21］董南，杨小唤，蔡红艳，等. 人口密度格网尺度适宜性评价方法研究：以宣州区乡村区域为例［J］. 地理学报，2017，72（12）：2310-2324.

［22］董南，杨小唤，黄栋，等. 引入城市公共设施要素的人口数据空间化方法研究［J］. 地球信息科学学报，2018，20（7）：918-928.

［23］樊杰. 中国人文地理学 70 年创新发展与学术特色［J］. 中国科学：地球科学，2019，49（11）：1697-1719.

［24］范一大，史培军，辜智慧，等. 行政单元数据向网格单元转化的技术方法［J］. 地理科学，2004（1）：105-108.

［25］方德泉. 基于随机森林模型与地理探测器的广西人口分布影响因素研究［D］. 南宁：南宁师范大学，2020.

［26］封志明，李鹏. 20 世纪人口地理学研究进展［J］. 地理科学进展，2011，30（2）：131-140.

［27］冯健，周一星. 近20年来北京都市区人口增长与分布［J］. 地理学报，2003（6）：903-916.

［28］符海月，李满春，赵军，等. 人口数据格网化模型研究进展综述［J］. 人文地理，2006，89（3）：115-119.

［29］付晶莹，江东，黄耀欢. 中国公里网格人口分布数据集［J］. 地理学报（增刊），2014，69：41-44.

［30］高新雨. 城市收缩问题研究进展［J］. 经济学动态，2021（3）：145-158.

［31］高雪梅，杨续超，陈柏儒，等. 基于随机森林模型的环渤海地区人口空间化模拟［J］. 地球信息科学学报，2022，24（6）：150-1162.

［32］高占慧. 区域生态环境评价中的统计数据空间化方法研究［D］. 济南：山东师范大学，2012.

［33］葛美玲，封志明. 基于GIS的中国2000年人口之分布格局研究：兼与胡唤庸1935年之研究对比［J］. 人口研究. 2008，321：51-57.

［34］葛美玲，封志明. 中国人口分布的密度分级与重心曲线特征分析［J］. 地理学报，2009，64（2）：202-210.

［35］葛渊峥. 基于agent的人工社会框架设计与生成方法［D］. 长沙：国防科学技术大学，2014.

［36］葛渊峥，宋智超，孟荣清. 人工社会大规模人工人口生成方法综述［J］. 系统仿真学报，2019，31（10）：1951-1959.

［37］谷国梁，王晓蕾，李雅静，等. 天津市面向震害快速评估的房屋和人口空间化研究［J］. 地震，2016，36（2）：149-158.

［38］顾朝林. 大发现时代的地理学［J］. 中学地理教学参考，2022（5）：25-29.

［39］郭璨，甄峰，朱寿佳. 智能手机定位数据应用于城市研究的进展与展望［J］. 人文地理，2014，140（6）：18-23.

［40］郭恒亮，杨硕，赫晓慧，等. 基于夜间灯光数据的郑州市大气污染暴露强度研究［J］. 河南理工大学学报（自然科学版），2019，38（3）：81-88.

［41］郭金铭. 四川省人口分布及影响因素分析［D］. 成都：四川师范大学，2014.

［42］郭金铭，王维婷，袁天凤，等. 重庆市人口半城镇化空间分布及

影响因素 [J]. 安徽师范大学学报（自然科学版），2020，43（3）：284-291.

[43] 郭菘蒳. 论韦伯对工业区位理论体系的贡献及其理论缺陷 [J]. 中国投资，2013（S1）：244.

[44] 何艳虎，龚镇杰，林凯荣. 基于地理大数据和多源信息融合的区域未来人口精细化空间分布模拟研究：以珠江三角洲为例 [J]. 地理科学，2022，42（3）：425-435.

[45] 韩惠，刘勇，刘瑞雯. 中国人口分布的空间格局及其成因探讨 [J]. 兰州大学学报，2000（4）：15-21.

[46] 韩嘉福，张忠，齐清文. 中国人口空间分布不均匀性分析及其可视化 [J]. 地球信息科学，2007（6）：14-19.

[47] 韩用顺，王文娟，张东水，等. 一种基于分区和识别真实居住区的人口空间化方法：以雅砻江流域为例 [J]. 山地学报，2022，40（2）：303-316.

[48] 杭轩，杨超. 城市居民个体属性数据获取方法 [J]. 交通信息与安全，2016，34（2）：37-44.

[49] 黄安，许月卿，孙丕苓，等. 基于多源数据人口分布空间化研究：以河北省张家口市为例 [J]. 资源科学，2017，39（11）：2185-2196.

[50] 黄杰，闫庆武，刘永伟. 基于DMSP/OLS与土地利用的江苏省人口数据空间化研究 [J]. 长江流域资源与环境，2015，24（5）：735-741.

[51] 黄耀欢，杨小唤，刘业森. 人口区划及其在人口空间化中的GIS分析应用：以山东省为例 [J]. 地球信息科学，2007（2）：49-54.

[52] 黄益修. 基于夜间灯光遥感影像和社会感知数据的人口空间化研究 [D]. 上海：华东师范大学，2016.

[53] 贾占华，谷国锋. 东北地区人口分布的时空演变特征及影响因素 [J]. 经济地理，2016，36（12）：60-68.

[54] 金君，李成名，印洁，等. 人口数据空间分布化模型研究 [J]. 测绘学报，2003（3）：278-282.

[55] 金耀，李士成，倪永，等. 基于地表覆盖及夜间灯光的分区人口空间化：以京津冀地区为例 [J]. 遥感信息，2021，36（5）：81-89.

[56] 蒋耒文. 社会化的图像和图像化的社会：遥感科学与人口科学研

究的结合 [J]. 市场与人口分析, 2002, 8 (2): 42-49.

[57] 姜彤, 赵晶, 景丞, 等. IPCC 共享社会经济路径下中国和分省人口变化预估 [J]. 气候变化研究进展, 2017, 13 (2): 128-137.

[58] 姜彤, 苏布达, 王艳君, 等. 共享社会经济路径 (SSPs) 人口和经济格点化数据集 [J]. 气候变化研究进展, 2022, 18 (3): 381-383.

[59] 江威, 吕娟, 左惠强, 等. 利用夜光遥感的中国人口参量空间化模拟 [J]. 遥感信息, 2021, 36 (6): 9-17.

[60] 康停军, 张新长, 赵元, 等. 基于 GIS 和多智能体的城市人口分布模拟 [J]. 中山大学学报 (自然科学版), 2012, 51 (3): 135-142.

[61] 克拉瓦尔. 地理学思想史 (第四版) [M]. 郑胜华, 刘德美, 刘清华, 等, 译. 北京: 北京大学出版社, 2015.

[62] 匡文慧, 杜国明. 北京城市人口空间分布特征的 GIS 分析 [J]. 地球信息科学学报, 2011, 13 (4): 505-512.

[63] 雷焕宇, 胡封疆. 基于 ExtendedIPU 的人口合成模型及应用 [C]. 第十五届中国智能交通年会科技论文集, 2020 (1): 353-367.

[64] 李博, 金淑婷, 陈兴鹏, 等. 改革开放以来中国人口空间分布特征: 基于 1982—2010 年全国四次人口普查资料的分析 [J]. 经济地理, 2016, 36 (7): 27-37.

[65] 李丹利, 苟思, 赵娜娜, 等. 基于 MODIS-NDVI 与 EVI 数据的若尔盖区域植被生育期分析 [J]. 灌溉排水学报, 2018, 37 (S1): 162-166.

[66] 李丁杰, 乐阳, 郭莉. 基于人口合成技术的居民出行调查数据扩样 [J]. 交通科技与经济, 2021, 23 (6): 24-31.

[67] 李飞, 张树文, 杨久春, 等. 社会经济数据空间化研究进展 [J]. 地理与地理信息科学, 2014, 30 (4): 102-107.

[68] 李慧敏, 罗大伟, 窦世卿. 利用腾讯位置大数据进行多尺度人口空间化估算 [J]. 测绘通报, 2022 (6): 93-97.

[69] 李佳洺, 陆大道, 徐成东, 等. 胡焕庸线两侧人口的空间分异性及其变化 [J]. 地理学报, 2017, 72 (1): 148-160.

[70] 李竞能. 现代西方人口理论 [M]. 上海: 复旦大学出版社, 2004: 139-179.

[71] 李军, 胡云峰. 我国经济社会统计数据空间均匀程度分析 [J].

地域研究与开发, 2009, 28 (3): 130-134.

[72] 李俊莉, 王慧, 曹明明. 西安市人口的分布变动研究 [J]. 人文地理, 2005 (1): 121-125.

[73] 李润田. 我国人文地理学发展的回顾与展望 [J]. 河南大学学报 (自然科学版), 1984 (3): 11-18.

[74] 李翔, 陈振杰, 吴洁璇, 等. 基于夜间灯光数据和空间回归模型的城市常住人口格网化方法研究 [J]. 地球信息科学学报, 2017, 19 (10): 1298-1305.

[75] 李小文, 曹春香, 常超一. 地理学第一定律与时空邻近度的提出 [J]. 自然杂志, 2007 (2): 69-71.

[76] 李雪, 李少达, 杨容浩, 等. 四川县域人口空间分布特征分析 [J]. 地理空间信息, 2018, 16 (12): 58-61.

[77] 李月娇, 杨小唤, 王静. 基于景观生态学的人口空间数据适宜格网尺度研究: 以山东省为例 [J]. 地理与地理信息科学, 2014, 30 (1): 97-100.

[78] 李志林, 王继成, 谭诗腾, 等. 地理信息科学中尺度问题的 30 年研究现状 [J]. 武汉大学学报 (信息科学版), 2018, 43 (12): 2233-2242.

[79] 厉飞, 闫庆武, 邹雅婧, 等. 利用 POI 提高夜间灯光数据提取建成区的精度研究: 以珞珈一号 01 星和 NPP/VIIRS 数据为例 [J]. 武汉大学学报 (信息科学版), 2021, 46 (6): 1-14.

[80] 廖顺宝, 孙九林. 基于 GIS 的青藏高原人口统计数据空间化 [J]. 地理学报, 2003, 58 (1): 25-33.

[81] 廖顺宝, 孙九林. 青藏高原人口分布与环境关系的定量研究 [J]. 中国人口·资源与环境, 2003, 13 (3): 65-70.

[82] 林锦屏, 周美岐, 易琦, 等. 近代德国地理学的理论与贡献 [J]. 世界地理研究, 2021, 30 (5): 957-965.

[83] 林丽洁, 林广发, 颜小霞, 等. 人口统计数据空间化模型综述 [J]. 亚热带资源与环境学报, 2010, 5 (4): 10-16.

[84] 刘德钦, 刘宇, 薛新玉. 中国人口分布及空间相关分析 [J]. 测绘科学, 2004, 29 (7): 75-79.

[85] 刘列, 许晴, 祖正虎, 等. 针对多代户家庭的人工人口生成方法

研究［J］. 生物技术通信，2016，27（2）：237-243.

［86］刘明亮，唐先明，刘纪远，等. 基于1km格网的空间数据尺度效应研究［J］. 遥感学报，2001（3）：183，190，243.

［87］刘睿文，封志明，游珍. 中国人口集疏格局与形成机制研究［J］. 中国人口·资源与环境，2010，20（3）：89-94.

［88］刘乃全，耿文才. 上海市人口空间分布格局的演变及其影响因素分析：基于空间面板模型的实证研究［J］. 财经研究，2015，41（2）：99-110.

［89］刘乃全，吴伟平，刘莎. 长三角城市群人口空间分布的时空演变及影响因素研究［J］. 城市观察，2017（5）：5-18.

［90］刘盛佳. 地理学思想史［M］. 武汉：华中师范大学出版社，1990.

［91］刘耀彬，李仁东，宋学锋. 中国城市化与生态环境耦合度分析［J］. 自然资源学报，2005（1）：105-112.

［92］刘艳姣，王介勇，王志炜. 基于NPP/VIIRS夜间灯光数据的黄淮海地区城乡常住人口格局模拟［J］. 地域研究与开发，2019，38（3）：175-180.

［93］刘艺，杨歆佳，刘劲松. 基于随机森林的人口密度模型优化试验研究［J］. 全球变化数据学报（中英文），2020，4（4）：402-416.

［94］刘瑜，康朝贵，王法辉. 大数据驱动的人类移动模式和模型研究［J］. 武汉大学学报（信息科学版），2014，39（6）：660-666.

［95］刘瑜. 社会感知视角下的若干人文地理学基本问题再思考［J］. 地理学报，2016，71（4）：564-575.

［96］刘云霞，田甜，顾嘉钰，等. 基于大数据的城市人口社会经济特征精细时空尺度估计：数据、方法与应用［J］. 人口与经济，2022（1）：42-57.

［97］刘正廉，桂志鹏，吴华意，等. 融合建筑物与POI数据的精细人口空间化研究［J］. 测绘地理信息，2021，46（5）：102-106.

［98］刘子鑫，殷江滨，曹小曙，等. 基于不同尺度的关天经济区人口格局时空变化特征与差异［J］. 人文地理，2017，32（1）：123-131.

［99］刘忠，李保国. 基于土地利用和人口密度的中国粮食产量空间化［J］. 农业工程学报，2012，28（9）：1-8.

［100］龙瀛，沈振江，毛其智. 城市系统微观模拟中的个体数据获取新方法［J］. 地理学报，2011，66（3）：415-426.

［101］罗君，石培基，张学斌. 基于乡镇尺度的兰西城市群人口分布特征及其影响因素［J］. 干旱区资源与环境，2020，34（7）：104-111.

［102］吕安民，李成名，林宗坚. 面积内插算法初探［J］. 测绘通报，2002（1）：44-46.

［103］吕晨，樊杰，孙威. 基于 ESDA 的中国人口空间格局及影响因素研究［J］. 经济地理，2009，29（11）：1797-1802.

［104］马晓帆，张海峰，高子轶，等. 改革开放以来西宁市主城区人口空间分布变动趋势研究［J］. 现代城市研究，2019（11）：20-25.

［105］马颖忆，陆玉麒，张莉. 江苏省人口空间格局变化特征［J］. 地理科学进展，2012，31（2）：167-175.

［106］马宇，李德平，周亮，等. 长沙市基础教育资源空间可达性和供需匹配度评价［J］. 热带地理，2021，41（5）：1060-1072.

［107］毛夏，徐蓉蓉，李新硕，等. 深圳市人口分布的细网格动态特征［J］. 地理学报，2010，65（4）：443-453.

［108］梅珊，何华，朱一凡. 空气传播传染病城市扩散建模［J］. 管理评论，2016，28（8）：158-166.

［109］孟延春，汤苍松. 改革开放以来北京市人口空间分布的变动特征：基于1982—2010年四次人口普查资料的分析［J］. 中国人口·资源与环境，2015，25（3）：135-142.

［110］米瑞华，高向东. 中国西北地区人口分布影响因素的空间计量分析［J］. 人口与经济，2019（4）：65-78.

［111］潘颖，黄万里，叶士琳，等. 基于土地利用类型数据的统计人口空间化模型研究：以福建省为例［J］. 云南大学学报（自然科学版），2020，42（4）：701-711.

［112］潘志强，刘高焕. 面插值的研究进展［J］. 地理科学进展，2002（2）：145-152.

［113］戚伟，刘盛和，赵美风. "胡焕庸线"的稳定性及其两侧人口集疏模式差异［J］. 地理学报，2015，70（4）：551-566.

［114］乔晓春. 中国人口普查研究［M］. 北京：中国人口出版社，1995.

［115］秦萧，甄峰，熊丽芳，等. 大数据时代城市时空间行为研究方法［J］. 地理科学进展，2013，32（9）：1352-1361.

［116］邱歌. 基于随机森林模型的高精度人口数据空间化［D］. 呼和浩特：内蒙古师范大学，2019.

［117］邱晓刚，陈彬，张鹏. 面向应急管理的人工社会构建与计算实验［M］. 北京：科学出版社，2017.

［118］冉斌. 手机数据在交通调查和交通规划中的应用［J］. 城市交通，2013（1）：72-81.

［119］施华萍，柯见洪，孙策，等. 中国人口分布规律及演化机理研究［J］. 物理学报，2009，58（1）：1-8.

［120］束磊，周美玲，鹿琳琳，等. 2000—2020 年京津冀城镇建设用地及 SDG11.3.1 指标数据集［J］. 中国科学数据（中英文网络版），2022，7（2）：171-181.

［121］宋万营，杨振，王平平，等. 基于 LUR 模型的大气 PM2.5 浓度分布模拟与人口暴露研究：以湖北省为例［J］. 华中师范大学学报（自然科学版），2019，53（3）：451-458.

［122］孙秀林，施润华，顾艳霞. 居住隔离指数回顾：方法、计算、示例［J］. 山东社会科学，2017（12）：98-105.

［123］谭敏，刘凯，柳林，等. 基于随机森林模型的珠江三角洲 30m 格网人口空间化［J］. 地理科学进展，2017，36（10）：1304-1312.

［124］唐楠，魏东，吕园，等. 秦巴山区人口分布的影响因素分析及分区引导：以陕西省安康市为例［J］. 西北人口，2015，36（1）：111-116.

［125］田永中，陈述彭，岳天祥，等. 2004. 基于土地利用的中国人口密度模拟［J］. 地理学报，59（2）：283-292.

［126］王芳，朱明稳，陈崇旺，等. 基于步行指数与人口空间格局的城市健康资源公平性：以广州市中心城区为例［J］. 资源科学，2021，43（2）：390-402.

［127］王广州. 大数据时代中国人口科学研究与创新［J］. 人口研究，2015，39（5）：15-26.

［128］王海涛，吴通宜，白正兵，等. 陕西省农业人口空间分布与时空演变特征研究［J］. 地理空间信息，2020，18（10）：105-109.

［129］王珂靖，蔡红艳，杨小唤. 多元统计回归及地理加权回归方法在多尺度人口空间化研究中的应用［J］. 地理科学进展，2016，35（12）：1494-1505.

［130］王劲峰，徐成东. 地理探测器：原理与展望［J］. 地理学报，2017，72（1）：115-134.

［131］王露，封志明，杨艳昭，等. 2000—2010 年中国不同地区人口密度变化及其影响因素［J］. 地理学报，2014，69（12）：1790-1798.

［132］王明明，王卷乐. 基于夜间灯光与土地利用数据的山东省乡镇级人口数据空间化［J］. 地球信息科学学报，2019，21（5）：699-709.

［133］王晓洁，王卷乐，薛润生. 基于普查和手机定位数据的乡镇尺度人口空间化方法研究［J］. 地球信息科学学报，2020，22（5）：1095-1105.

［134］王涛. 基于集成机器学习方法的青藏高原人口精细制图［D］. 重庆：西南大学，2021.

［135］王熙. 基于多源数据并顾及空间差异的北京市人口空间化方法研究［D］. 北京：中国测绘科学研究院，2021.

［136］王熙，宁晓刚，张翰超，等. 融合 LJ1-01 夜间灯光和微信定位数据的人口空间化：以北京市为例［J］. 测绘科学，2022，47（2）：173-183.

［137］王晓洁，王卷乐，薛润生. 基于普查和手机定位数据的乡镇尺度人口空间化方法研究［J］. 地球信息科学学报，2020，22（5）：1095-1105.

［138］王正兴，刘闯，阿尔弗雷多. 植被指数研究进展：从 AVHRR-NDIVI 到 MODIS-EVI［J］. 生态学报，2003（5）：979-987.

［139］王兴，楚恒，刘红彬，等. 基于 NDVI 和 EVI 联合使用的遥感图像植被提取方法［J］. 广东通信技术，2015，35（12）：65-70.

［140］吴吉东，王旭，王菜林，等. 社会经济数据空间化现状与发展趋势［J］. 地球信息科学学报，2018，20（9）：1252-1262.

［141］吴健生，沈楠. 基于步行指数的深圳市福田区公园绿地社会服务功能研究［J］. 生态学报，2017，37（22）：7483-7492.

［142］吴京航，桂志鹏，申力，等. 顾及格网属性分级与空间关联的人口空间化方法［J］. 武汉大学学报（信息科学版），2022（8）：1-14.

[143] 吴友, 刘乃全. 中国城市人口规模的空间演化及影响因素: 基于 264 个地级市的实证研究 [J]. 人口与经济, 2017 (6): 32-42.

[144] 吴文钰. 2000 年以来长三角人口分布变动研究 [J]. 西北人口, 2017, 38 (2): 39-45.

[145] 吴文钰, 高向东. 中国城市人口密度分布模型研究进展及展望 [J]. 地理科学进展, 2010, 29 (8): 968-974.

[146] 吴中元, 许捍卫, 胡钟敏. 基于腾讯位置大数据的精细尺度人口空间化: 以南京市江宁区秣陵街道为例 [J]. 地理与地理信息科学, 2019, 35 (6): 61-65

[147] 武鹏, 李同昇, 李卫民. 县域农村贫困化空间分异及其影响因素: 以陕西山阳县为例 [J]. 地理研究, 2018, 37 (3): 593-606.

[148] 向华丽, 杨云彦. 基于人口数据空间化技术的区域人口发展功能分区研究: 以武汉城市圈为例 [J]. 长江流域资源与环境, 2013, 22 (9): 1133-1141.

[149] 向云波, 张勇, 赵会丽. 湘江流域人口分布空间演化特征分析 [J]. 西北人口, 2011, 32 (2): 34-37.

[150] 肖东升, 练洪. 顾及参数空间平稳性的地理加权人口空间化研究 [J]. 自然资源遥感, 2021, 33 (3): 164-172.

[151] 肖东升, 杨松. 基于夜间灯光数据的人口空间分布研究综述 [J]. 国土资源遥感, 2019, 31 (3): 10-19.

[152] 肖洪, 田怀玉, 朱佩娟, 等. 基于多智能体的城市人口分布动态模拟与预测 [J]. 地理科学进展, 2010, 29 (3): 347-354.

[153] 肖金成, 洪晗. 城市群人口空间分布与城镇化演变态势及发展趋势预测 [J]. 经济纵横, 2021 (1): 19-30.

[154] 徐建华, 岳文泽. 近 20 年来中国人口重心与经济重心的演变及其对比分析 [J]. 地理科学, 2001 (5): 385-389.

[155] 许宪春, 叶银丹, 余航. 中国政府微观数据开发应用: 现状、挑战与建议 [J]. 经济学动态, 2018 (2): 88-98.

[156] 徐新良. 中国人口空间分布公里网格数据集 [D/OL]. 北京: 中国科学院资源环境科学数据中心数据注册与出版系统, 2017 [2020-06-28]. http://www.resdc.cn/DOI.DOI:10.12078/2017121101.

[157] 徐仲之, 曲迎春, 孙黎, 等. 基于手机数据的城市人口分布感

知［J］.电子科技大学学报，2017，46（1）：1-7.

［158］徐展凯.基于个体的传染病传播模型构建及应用［D］.北京：中国人民解放军军事医学科学院，2016.

［159］薛冰，李京忠，肖骁，等.基于兴趣点（POI）大数据的人地关系研究综述：理论、方法与应用［J］.地理与地理信息科学，2019，35（6）：51-60.

［160］薛冰，许耀天，赵冰玉.地理学视角下POI大数据的应用研究及反思［J］.贵州师范大学学报（自然科学版），2022，40（4）：1-6.

［161］闫庆武.空间数据分析方法在人口数据空间化中的应用［M］.南京：东南大学出版社，2011.

［162］闫庆武，卞正富，王红.利用泰森多边形和格网平滑的人口密度空间化研究：以徐州市为例［J］.武汉大学学报（信息科学版），2011，36（8）：987-990.

［163］杨波.中国县域人口空间分布格局研究［J］.西北人口，2014，35（3）：33-42.

［164］杨皓斐，曹仲，李付琛.基于手机大数据的动态人口感知［J］.计算机系统应用，2018，27（5）：73-79.

［165］杨剑，蒲英霞，秦贤宏，等.浙江省人口分布的空间格局及其时空演变［J］.中国人口·资源与环境，2010，20（3）：95-99.

［166］杨杰，张莹莹，王建雄，等.利用NDVI与EVI再合成的植被指数算法［J］.遥感信息，2020，35（5）：127-133.

［167］杨强，李丽，王运动，等.1935—2010年中国人口分布空间格局及其演变特征［J］.地理研究，2016，35（8）：1547-1560.

［168］杨瑞红.基于高精度数据的人口空间化方法和应用研究［D］.阜新：辽宁工程技术大学，2014.

［169］杨振，牛叔文.中国人口与经济空间分布关系研究［D］.兰州：兰州大学，2008.

［170］杨智威，陈颖彪，千庆兰，等.人口空间化下公共医疗服务水平匹配度评价：以广州市为例［J］.地理与地理信息科学，2019，35（2）：74-82.

［171］叶宇，刘高焕，冯险峰.人口数据空间化表达与应用［J］.地球信息科学学报，2006，8（2）：59-65.

[172] 尹旭，王婧，李裕瑞，等. 中国乡镇人口分布时空变化及其影响因素 [J]. 地理研究，2022，41 (5)：1245-1261.

[173] 游珍，王露，封志明，等. 珠三角地区人口分布时空格局及其变化特征 [J]. 热带地理，2013，33 (2)：155-163.

[174] 俞路，张善余. 近年来上海市人口分布变动的空间特征分析 [J]. 华东师范大学学报（哲学社会科学版），2006 (5)：10-14.

[175] 于婷婷，宋玉祥，浩飞龙，等. 东北三省人口分布空间格局演化及其驱动因素研究 [J]. 地理科学，2017，37 (5)：709-717.

[176] 曾永明. 中国人口空间分布形态模拟与预测：基于"五普"和"六普"的分县尺度人口密度研究 [J]. 人口与经济，2016 (6)：48-61.

[177] 曾永明，张利国. 中国人口空间分布格局演变与非均衡性测度：基于分县尺度人口普查数据：1990—2010 [J]. 南方人口，2017，32 (5)：68-80.

[178] 詹国辉，刘邦凡，王奕骅. 中心边缘理论与区域经济的研究脉络：兼评中心边缘理论与核心外围理论的逻辑差异 [J]. 南京财经大学学报，2015 (4)：7.

[179] 张光耀. 基于地理位置大数据的城市群划分研究 [D]. 大连：大连理工大学，2020.

[180] 张红历，梁银鹤，杨维琼. 市场潜能、预期收入与跨省人口流动：基于空间计量模型的分析 [J]. 数理统计与管理，2016，35 (5)：868-880.

[181] 张建辰，王艳慧. 基于土地利用类型的村级人口空间分布模拟：以湖北鹤峰县为例 [J]. 地球信息科学学报，2014，16 (3)：435-442.

[182] 张建武，高聪，赵菁. 中国人口、经济、产业重心空间分布演变轨迹：基于1978—2019 年省级数据的分析 [J]. 中国人口科学，2021 (1)：64-78.

[183] 张眉，韩照全，金有杰. 浙江省台风灾害风险评估 [J]. 科学技术与工程，2014，14 (10)：123-129.

[184] 张明龙. 杜能农业区位论研究 [J]. 浙江师范大学学报：社会科学版，2014，39 (5)：6.

[185] 张善余. 中国人口地理 [M]. 北京：科学出版社，2007：243-285.

[186] 张小林, 石诗源, 王亚华. 改革开放以来中国人文地理学发展的回顾与展望 [J]. 云南师范大学学报 (哲学社会科学版), 2009, 41 (1): 25-34.

[187] 张耀军. 空间分布视角下的中国人口结构布局 [J]. 国家治理, 2016 (32): 33-40.

[188] 张耀军, 岑俏. 中国人口空间流动格局与省际流动影响因素研究 [J]. 人口研究, 2014 (5): 54-71.

[189] 张耀军, 任正委. 基于地理加权回归的山区人口分布影响因素实证研究: 以贵州省毕节地区为例 [J]. 人口研究, 2012 (4): 53-63.

[190] 张镱锂, 李炳元, 郑度. 论青藏高原范围与面积 [J]. 地理研究, 2002 (1): 1-8.

[191] 张玉, 董春, 尹诗画, 等. 基于夜间灯光和地理国情数据模拟高精度人口分布 [J]. 地理信息世界, 2021, 28 (1): 73-79.

[192] 赵鑫, 宋英强, 刘轶伦, 等. 基于卫星遥感和 POI 数据的人口空间化研究: 以广州市为例 [J]. 热带地理, 2020, 40 (1): 101-109.

[193] 郑鹏, 彭航. 进步主义的敌人: 马尔萨斯 250 周年诞辰之后重读《人口原理》[J]. 山西农业大学学报 (社会科学版), 2017, 16 (7): 52-57.

[194] 赵蕊. 北京常住人口空间分布变动与对策研究 [J]. 北京社会科学, 2018 (1): 14-25.

[195] 钟易霖, 罗若愚. 成都市人口空间分布特征分析 [J]. 电子科技大学学报 (社科版), 2018, 20 (6): 33-38.

[196] 周靖祥. 中国人口分布的时空演化研究: 直面社会与经济双重困扰 [J]. 重庆大学学报: 社会科学版, 2014, 20 (1): 1-17.

[197] 周腊梅, 赵真, 王孝龙顾及人造地表空间聚集性的人口空间化探索: 以江苏省为例 [J]. 测绘与空间地理信息, 2022, 45 (3): 125-129.

[198] 朱瑾, 李建松, 蒋子龙, 等. 基于"实有人口、实有房屋"数据的精细化人口空间化处理方法及应用研究 [J]. 东北师大学报 (自然科学版), 2018, 50 (3): 133-140.

[199] 祝俊明. 国内外人口地理学的进展 [J]. 西北人口, 1994 (4): 44-48.

［200］邹雅婧，闫庆武，黄杰，等．基于 LJ1-01 夜间灯光影像的苏锡常地区人口空间化研究［J］．长江流域资源与环境，2020，29（5）：1085-1094．

［201］卓莉，黄信锐，陶海燕，等．基于多智能体模型与建筑物信息的高空间分辨率人口分布模拟［J］．地理研究，2014，33（3）：520-531．

［202］卓莉，张晓帆，郑璟，等．基于 EVI 指数的 DMSP/OLS 夜间灯光数据去饱和方法［J］．地理学报，2015，70（8）：1339-1350．

［203］ARENTZE．，TIMMERMANS H，HOFMAN F．Creating synthetic household populations：problems and approach［J］．Transportation Research Record，2007，2014（1）：85-91．

［204］BAKILLAH M，LIANG S，MOBASHERI A，et al．Fine-resolution population mapping using OpenStreetMap points-of-interest［J］．International Journal of Geographical Information Science，2014，28（9）：1940-1963．

［205］BECKMAN R，BAGGERLY K，MCKAY M．Creating synthetic baseline populations［J］．Transportation Research Part A，1996，30：415-429．

［206］BELGIU M，DRĂGUT L．Random forest in remote sensing：a review of applications and future directions［J］．ISPRS Journal ofPhotogrammetry and Remote Sensing，2016，114：24-31．

［207］BENGTSSON M，SHEN Y，et al．A SRES-based gridded global population dataset for 1990—2100［J］．Population and Environment，2006，28（2）：113-131．

［208］BREIMAN L．Random forest［J］．Machine Learning，2001，45（1）：5-32．

［209］BREIMAN L．Statisticalmodeling：the two cultures［J］．Statistical Science，2001，16（3）：199-231．

［210］BOYAM F Y，PASCAL G，PIERRE H，et al．Comparing methods for generating a two-layered synthetic population［J］．Transportation Research Recor，2020，2675（1）：135-147．

［211］BOGOCH I I．Assessment of the potential for international dissemination of Ebola virus via commercial air travel during the 2014 west African outbreak［J］．The Lancet，2015．385（9962）：29-35．

［212］BRIGGS D J，GULLIVER J，FECHT D，et al．Dasymetric modelling of small-area population distribution using land cover and light emissions data [J]. Remote Sensing of Environment, 2007, 108 (4): 451-466.

[213] BURKE D S, EPSTIN J M, CUMMINGS D A T. 2006. Individual-based computational modeling of smallpox epidemic control strategies [J]. Society for Academic Emergency Medicine, 2006 (7): 1142-1149.

[214] CHAPUIS, K, TAILLANDIER P, DROGOUL A. Generation of synthetic populations in social simulations: a review of methods and practices [J]. Journal of Artificial Societies and Social Simulation, 2020, 25 (2): 5-29.

[215] CHEN J, CHEN J, LIAO A P, et al. Global land cover mapping at 30m resolution: a POK-based operational approach [J]. ISPRS Journal of Photogrammetry and Remote Sensing, 2015, 103: 7-27.

[216] CHEN Y, GUO F, WAND J, et al. Provincial and gridded population projection for China under shared socioeconomic pathways from 2010 to 2100 [J]. Scientific Data, 2020, 7 (1): 83.

[217] CLARK J. Population Geography [M]. Oxford: Permagon Press, 1965.

[218] DEMING W E, STEPHAN F. On a least square adjustment of a sampled frequency table when the expected marginal totals are known [J]. Annals of Mathematical Statistics, 1940, 11 (4): 427-444.

[219] DEVILLE P, LINARD C, MARTIN S, et al. Dynamic population mapping using mobile phone data [J]. Proceedings of the National Academy of Sciences, 2014, 111 (45): 15888-15893.

[220] DONG P L, RAMESH S, NEPALIA A. Evaluation of small-area population estimation using LiDAR, Landsat TM and parcel data [J]. International Journal of Remote Sensing, 2010, 31 (21): 5571-5586.

[221] DOBSON J E, BRIGHT E A, COLEMAN P R, et al. LandScan: a global population database for estimating populations at risk [J]. Photogrammetric engineering and remote sensing, 2000, 66 (7): 849-857.

[222] DOXSEY W E, MACMANUS K, ADAMO S B, et al. Taking advantage of the improved availability of census data: a first look at the griddedpopulation of the world, version 4 [J]. Papers in Applied Geography, 2015, 1 (3): 226-234.

[223] ELVIDGE C D, BAUGH K E, DIETZ J B, et al. Radiance calibration of DMSP−OLS low−light imaging data of human settlements [J]. Remote Sensing of Environment, 1999, 68 (1): 77−88.

[224] ELVIDGE C D, BAUGH K E, ZHIZHI M, et al. Why VIIRS data are superior to DMSP for 100m apping nighttime lights [J]. Proceedings of the Asia−Pacific Advanced Network, 2013, 35: 62−69.

[225] EPSTIN J M. Modeling to contain pandemics [J]. Nature, 2009, 460 (7256): 687.

[226] ESCH T, HELDENS W, HIRNER A, et al. Breaking new groundin mapping human settlements from space−The Global Ur−ban Footprint [J]. ISPRS Journal of Photogrammetry and Remote Sensing, 2017, 134: 30−42.

[227] EUBANK S, GUCLU H, KUMAR V A, et al. Modelling disease outbreaks in realistic urban social networks [J]. Nature, 2004, 429: 180−184.

[228] FAROOQ B, BIERLAIRE M, HURTUBIA R G. Simulation based population synthesis [J]. Transportation Research Part B: Methodological, 2013, 58: 243−263.

[229] FIENBERG S E. Association and estimation in contingency tables [J]. Annals of Mathematical Statistics, 1970, 41 (3): 907−917.

[230] FOTHERINGHAM A S, CHARLTON M, BRUNSDON C. The geographically of parameter space: an investigation of spatial non−stationary [J]. International Journal of Geographical Information Systems, 1996, 10 (5): 605−627.

[231] FOTHERINGHAM A S, CRESPO R, YAO J. Geographical and temporal weighted regression (GTWR) [J]. Geographical Analysis, 2015, 47 (4): 431−452.

[232] FOTHERINGHAM A. S, YANG W, KANG W. Multiscale geographically weighted regression (MGWR) [J]. Annals of the American Association of Geographers, 2017, 107 (6): 1247−1265.

[233] FOURNIER N, CHRISTOFA E. Integrated population synthesis and workplace assignment using an efficient optimization−based person−household matching method [J]. Transportation, 2021, 48: 1061−1087.

[234] GALLAGHER S, RICHARDSON L F, VENTURA S L, et al.

SPEW: synthetic populations and ecosystems of the world [J]. Journal of Computational of Graphical Statistics, 2018: 1-12.

[235] GARRIDO S, BORYSOV S S, PEREIRA F C, et al. Prediction of rare feature combinations in population synthesis: application of deep generative modelling [J]. Transportation Research Part C: Emerging Technologies, 2020, 120: 102787.

[236] GARGIULO. An iterative approach for generating statistically realistic populations of Households [J]. Public Library of Science, 2010, 5 (1): 1-9.

[237] GALLAGHER S, RICHARDSON L F, VENTURA S L, et al. SPEW: synthetic populations and ecosystems of the world [J]. Journal of Computational & Graphical Statistics, 2018: 1-12.

[238] GEORGANOS S, GRIPPA T, VANHUYSSE S, et al. Less is more: optimizing classification performance through feature selection in a very-high-resolution remote sensing object-based urban application [J]. GIScience of Remote Sensing, 2018, 55 (2): 221-242.

[239] GERMANN T C, KADAU K, LONGINI I M, et al. Mitigation strategies for pandemic influenza in the United States [J]. Proceedings of the National Academy of Sciences, 2006, 103 (15): 5935-5940.

[240] GONG P, LI X, WANG J, et al. Annual maps ofglobal artificial impervious area (GAIA) between 1985 and 2018 [J]. Remote Sensing of Environment, 2020, 236: 111510.

[241] GOODCHILD M F, ANSELIN L, DEICHMANN U. A framework for the areal interpolation of socioeconomic data [J]. Environment and Planning A, 1993, 25: 383-397.

[242] HERMES K, POULSEN M. A review of current methodsto generate syntheticspatial microdata using reweighting and future directions [J]. Computers, Environmentand Urban Systems, 2012, 36 (4): 281-290.

[243] HOLT J B, LO C P, HODLER T W. Dasymetric estimation of population density and areal interpolation of census data [J]. Cartography and geographic information science, 2004, 31 (2): 103-121.

[244] HU L HE S, HAN Z, et al. Monitoring housing rental prices based on social media: an integrated approach of machine-learning algorithms and he-

donic modeling to informequitable housing policies [J]. Land Use Policy, 2019, 82: 657-673.

[245] HUANG Z, WILLIAMSON P. A comparison of synthetic reconstruction and combinatorial optimisation approaches to the creation of small-area micro data [R]. Department of Geography, University ofLiverpool, Working paper, 2001.

[246] HUANG B, WU B, BARRY M. Geographically and temporally weighted regression for modeling spatio-temporal variation in house prices [J]. International Journal of Geographical Information Science, 2010, 24 (3): 383-401.

[247] HUGO G. Populationgeography [J]. Progress in Human Geography, 2007, 31 (1): 77-78.

[248] KITCHIN R. Big data and human geography: opportunities, challenges and risks [J]. Dialogues in Human Geography, 2013, 3 (3): 262-267.

[249] JEONG B, LEE W, KIM, et al. Copula-based approach to synthetic population generation [J]. Public Library of Science, 2016, 11 (8): 11-20.

[250] JOHNSEN M, BRANDT O, GARRIDO S, et al. Population synthesis for urban resident modeling using deep generative models [J]. Neural Computing and Applications, 2022, 34 (11): 4677-4692.

[251] JONES B, O'NEILL B. Spatially explicitglobal population scenarios consistent with the Shared Socioeconomic Pathways [J]. Environmental Research Letters, 2016, 11 (8): 084003.

[252] KAVROUDAKIS D. SMS: an r package for the construction of microdata for geographical analysis [J]. Journal of Statistical Software, 2015, 68 (2): 1-23.

[253] KIM J, LEE S. A reproducibility analysis of synthetic population generation [J]. Transportation Research Procedia, 2015, 6: 50-63.

[254] KONDURI K C, YOU D, et al. Enhanced synthetic population generator that accommodates control variables at multiple geographic resolutions [J]. Journal of the Transportation Research Board, 2016, 2563: 40-50.

[255] KUANG W, ZHANG S, LI X, et al. A 30m resolution datasetof

China's urban impervious surface area and greenspace, 2000—2018 [J]. Earth System Science Data, 2021, 13 (1): 63-82.

[256] LEE D H, FU Y. Cross-entropy optimization model for population synthesis in activity-based microsimulation models [J]. Transportation Research Record, 2011, 2255 (1): 20-27.

[257] LEE E S. A theory of migration [J]. Demography, 1966 (3): 47-57.

[258] LINARD C, GILBERT M, TATEM A J. Assessing the use of global land cover data for guiding large area population distribution modelling [J]. Geograhical Journal, 2011, 76 (5): 525-538.

[259] LINARD C, GILBERT M, SNOW R W, et al. Population distri-bution, settlement patterns and accessibility across Africain in 2021 [J]. PLoS ONE. 2012, 7 (2): e31743.

[260] LIU X, DERUDDER B, WANG M. Polycentric urban development in China: a multi-scale analysis [J]. Environment Planning, 2018, 45 (5): 953-972.

[261] LIU Y, LIU X, GAO S, et al. Social sensing: a new approach to understanding our socioeconomic environments [J]. Annals of the Association of American Geographers, 2015, 105 (3): 1-19.

[262] LLOYD C T, SORICHETTA A, TATEM A J. High resolution global gridded data for use in population studies [J]. Scientific Data, 2017, 4: 170001.

[263] LWIN K, MURAYAMA Y. A GIS approach to estimation of building population for micro-spatial analysis [J]. Transactions in GIS, 2010, 13 (4): 401-414.

[264] MA L, SRINIVASAN S. Synthetic population generation with multi-level controls: a fitness-based synthesis approach and validations [J]. Computer-Aided Civil and Infrastructure Engineering, 2015, 30 (2): 135-150.

[265] MA T, ZHOU Y K, WAND Y J, et al. Diverse relation-ships between suomi-npp viirs night-time light and multi-scale socioeconomic activity [J]. Remote Sensing Letters, 2014, 5 (7): 652-661.

[266] MARTIN D. Mapping population data from zone centroidlocations

[J]. Transactions of the Institute of British Geographers, 1989, 14 (1): 90-97.

[267] MASSEY D S, DENTON N A. The dimensions of residential segregation [J]. Social Forces, 1998, 67 (2): 281-315.

[268] MENNIS J. Generating surface models of population using dasymetric mapping [J]. The Professional Geographer, 2003, 55 (1): 31-42.

[269] MILNE G J, KELSO J K, KELLY H A, et al. A small community model for the transmission of infectious diseases: comparison of school closure as an intervention in individual-based models of an influenza pandemic [J] Public Library of Science, 2008, 3 (12): e4005.

[270] MONTASSER O, KIFER D. Predicting demographics of high-resolution geographies with geotagged tweets [C]. Thirty first 100AAAI Conference on Artificial Intelligence, 2017: 1460-1466.

[271] MORRISSEY K, ODONOGHUE C, CLARKE G, et al. SMILE: an applied spatial micro-simulation model for Ireland [M]. Cheltenham: Edward Elgar Publishing, 2012.

[272] MÜLLER K A. Generalizedapproach to population synthesis [D]. Zurich: ETH Zurich, 2017.

[273] NOWOK B, RAAB G M, DIBBEN C. Synthpop: bespoke creation of synthetic data in R [J]. Journal of Statistical Software, 2016, 74 (11): 1-26.

[274] OBADIA T, HANEEF R, BOËLLE PY. The R0 package: a toolbox to estimate reproduction numbers for epidemic outbreaks [J]. BMC Medical Informatics and Decision Making. 2012, 12 (1): 147.

[275] OU J P, LIU X P, LIU P H, et al. Evaluation of Luojia1-01 nighttime light imagery for impervious surface detection: a comparison with npp-viirs nighttime light data [J]. International Journal of Applied Earth Observation and Geoinformation, 2019, 81: 1-12.

[276] PACIONE M. Population geography: progress & prospect [M]. London: Croom Helm, 1986.

[277] REES P H, WILSON A G. Spatial population analysis [M]. London: Edward Arnold, 1977.

[278] REICHSTEIN M, CAMPS-VALLS G, STEVENS, et al. Deep

learning and process understanding fordata-driven Earth system science [J].
Nature, 2019, 566 (7743): 195-204.

[279] PESARESI M, HUADONG G, BLAES X, et al. A global human
settlement layer from optical HR/VHR RS data: Concept and first results [J].
IEEE Journal of Selected Topics in Applied Earth Observations and Remote Sens-
ing, 2013, 6: 2102-2131.

[280] QIU F, CROMLEY R. Areal interpolation and dasymetric modeling
[J]. Geographical Analysis, 2013, 45 (3): 213-215.

[281] RYAN J, MAOH H, KANAROGLOU P. Population synthesis: com-
paring the major techniques using a small, complete population of firms [J]. Ge-
ography Analysis, 2009, 41 (2): 181-203.

[282] RICH J. Large-scale spatial population synthesis for denmark [J].
European Transport Research Review, 2018, 10 (2): 1-18.

[283] SAADI I, MUSTAFA A, TELLER J, et al. Hidden markov model-
based population synthesis [J]. Transportation Research Part B: Methodologi-
cal, 2016, 90: 1-21.

[284] SAADI I, EFTEKHAR H, TELLER J, et al. Investigating scalability
in population synthesis: a comparative approach [J]. Transportation Planning
and Technology, 2018, 41 (7): 724-735.

[285] STEVENS F R, GAUGHAN A E, LINARD C, et al. Disaggregating
census data for population mapping using random forestswith remotely-sensed and
ancillary data [J]. PloS one, 2015, 10 (2): e0107042.

[286] SMALL C, COHEN J E. Continental physiography, climate, and the
global distribution of human population [J]. Current Anthropology, 2004, 2
(45): 269-277.

[287] SORICHETTA A, HORNBY G M, STEVENS F R, et al. High-res-
olution gridded population datasets for Latin America and the Caribbean in 2010,
2015, and 2020 [J]. Scientific Data, 2015, 2 (1): 150045.

[288] SU M D, LIN R C, HSIEH R I, et al. Multi-layer multi-class dasy-
metric mapping to estimate population distribution [J]. Science of the Total En-
vironment, 2010, 408 (20): 4807-4816.

[289] SUEL E, POLAK J W, BENNETT J E, et al. Measuring social, en-

vironmental and health inequalities using deep learning and street imagery [J].
Scientific Reports, 2019, 9 (1): 1-10.

[290] SUN L, ERATH A. A bayesian network approach for population synthesis [J]. Transportation Research Part C: Emerging Technologies, 2015, 61: 49-62.

[291] TATEM A. WorldPop, open data for spatial demography [J]. Sci Data, 2017, 4: 170004.

[292] TEMPL M, MEINDL B, KOWARIK A, et al. Simulation of synthetic complex data: the R package simPop [J]. Journal of Statistical Software, 2017, 79 (10): 1-38.

[293] TOBLER W. A computer model simulation of urban growth in the detroit region [J]. Economic Geography, 1970, 46 (2): 234-240.

[294] VOAS D, WILLIAMSON P. An evaluation of the combinatorial optimization approach to the creation of synthetic microdata [J]. International Journal of Population Geography, 2000, 6 (5): 349-366.

[295] WAN C, LI Z, ZHAO Y. SynC: a unified framework for generating synthetic population with gaussian copula [J]. arXiv e - prints, 2019. DOI: 10. 48550/arXiv. 1904. 07998.

[296] WANG R. Significantly improving the prediction of molecular atomization energies by an ensemble of machine learning algorithms and rescanning input space: a stacked generalization approach [J]. The Journal of Physical Chemistry C, 2018, 122 (16): 8868-8873.

[297] WHEATON W D, CAJKA J C, CHASTEEN B M, et al. Synthesized population databases: a us geospatial database for agent - based models [J]. RTI Press Methods Report, 2009 (10): 905-921.

[298] WILLIAMSON P, BIRKIN M, REES P H. The estimationof population microdata by using data from small area statistics and samples of anonymized records [J]. Environment and Planning A, 1998, 30 (5): 785-816.

[299] WOODS R. Population analysis in geography [M]. London: Longman, 1979: 37-196.

[300] WOODS R. Theoretical population geography [M]. London: Longman, 1982.

[301] XIAO C, FENG Z, LI P, et al. Evaluating the suitability of different terrains for sustaining human settlements according to the local elevation range in China using the ASTER GDEM [J]. Journal of Mountain Science, 2018, 15 (12): 2741-2751.

[302] XIE M, JEAN N, BURKE M, et al. Transfer learning fromdeep features for remote sensing and poverty mapping [C]. Thirtieth AAAI Conference on Artificial Intelligence, 2016: 3929-3935.

[303] XU G, JIAO L, YUAN M, et al. How does urban populationdensity decline over time? an exponential model for Chinese cities with international comparisons [J]. Landscape and Urban Planning, 2019, 183 (11): 59-67.

[304] YANG X, YAO C, CHEN Q, et al. Improved estimates of population exposure in low-elevation coastal zones of China [J]. International Journal of Environmental Research and Public Health, 2019, 16 (20): 4012.

[305] YE T, ZHAO N, YANG X, et al. Improved populationmapping for China using remotely sensed andpoints-of-interest data within a random forests model [J]. Science of The Total Environment, 2019, 658: 936-946.

[306] YE X, KONDURI K, PENDYALA R M, et al. A methodology to match distributions of both household and personattributes in the generation of synthetic populations [C]. 88th Annual Meeting of the Transportation Research Board, Washington, 2009.

[307] YU L, XI L, SONG G, et al. Social sensing: a new approach to understanding our socioeconomic environments [J]. Annals of the Association of American Geographers, 2015, 105 (3): 512-530.

[308] ZELINSKY W. A prologue to population geography [M]. Englewood Cliffs: Prentice-Hall, 1966.

[309] ZENG C Q, ZHOU Y, WANG S X, et al. Population spatializa-tion in China based onnight-time imagery and land usedata [J]. International Journal of Remote Sensing, 2011, 32 (24): 9599-9620.

[310] ZHANG X, LIU L Y, CHEN X D, et al. GLC_FCS30: global land-cover product with fine classification system at 30 m using time-series Landsat imagery [J]. Earth System ScienceData, 2021, 13 (6): 2753-2776.

[311] ZHAO, LI, ZHANG. Improving the accuracy of fine-grained popula-

tion mapping using population-sensitive POIs ［J］. Remote Sensing, 2019, 11 (21): 2502.

［312］ZHAO S, LIU Y, ZHANG R, et al. China's population spatialization based on three machine learning models ［J］. Journal of Cleaner Production, 2020, 256: 120644.

［313］ZHU Y, FERREIRA J. Synthetic Population Generation at Disaggregated Spatial Scales for Land Use and Transportation Microsimulation ［J］. Transportation Research Record, 2014, 2429 (1): 168-177.

附　录

附录　主要章节示意图